·北京师范大学史学探索丛书·

中国史学思想史散论

汪高鑫 著

北京师范大学出版集团
BEIJING NORMAL UNIVERSITY PUBLISHING GROUP
北京师范大学出版社

图书在版编目(CIP)数据

中国史学思想史散论/汪高鑫著.—北京：北京师范大学出版社，2010.6
(北京师范大学史学探索丛书)
ISBN 978-7-303-10990-6

Ⅰ.①中… Ⅱ.①汪… Ⅲ.①史学史：思想史－中国－文集 Ⅳ.①K092-53

中国版本图书馆CIP数据核字(2010)第083966号

营销中心电话　010-58802181 58808006
北师大出版社高等教育分社网　http://gaojiao.bnup.com.cn
电　子　信　箱　beishida168@126.com

出版发行：北京师范大学出版社 www.bnup.com.cn
　　　　　北京新街口外大街19号
　　　　　邮政编码：100875

印　　刷：北京联兴盛业印刷股份有限公司
经　　销：全国新华书店
开　　本：170 mm × 230 mm
印　　张：23.25
字　　数：340千字
版　　次：2010年6月第1版
印　　次：2010年6月第1次印刷
定　　价：44.00元

策划编辑：李雪洁　　　责任编辑：李雪洁
美术编辑：毛　佳　　　装帧设计：毛　佳
责任校对：李　菡　　　责任印制：李　丽

版权所有　侵权必究
反盗版、侵权举报电话：010-58800697
北京读者服务部电话：010-58808104
外埠邮购电话：010-58808083
本书如有印装质量问题，请与印制管理部联系调换。
印制管理部电话：010-58800825

北京师范大学史学探索丛书
编辑委员会

顾　问　何兹全　龚书铎　刘家和　瞿林东　陈其泰
　　　　郑师渠　晁福林
主　任　杨共乐
副主任　李　帆　易　宁
委　员（按姓氏笔画排序）
　　　　马卫东　王开玺　王冠英　宁　欣　汝企和
　　　　张　皓　张　越　张荣强　张建华　郑　林
　　　　侯树栋　耿向东　梅雪芹

出版说明

在北京师范大学的百余年发展历程中，历史学科始终占有重要地位。经过几代人的不懈努力，今天的北师大历史学院业已成为史学研究的重要基地，是国家"211"和"985"工程重点建设单位，首批博士学位一级学科授予权单位。拥有国家重点学科、博士后流动站、教育部人文社会科学重点研究基地等一系列学术平台。科研实力颇为雄厚，在学术界声誉卓著。

近年来，北师大历史学院的教师们潜心学术，以探索精神攻关，陆续完成了众多具有原创性的成果，在历史学各分支学科的研究上连创佳绩，始终处于学科前沿。特别是崭露头角的部分中青年学者的作品，已在学术界引起较大反响。为了集中展示北师大历史学院的这些探索性成果，也为了给中青年学者的后续发展创造更好条件，我们组编了这套"北京师范大学史学探索丛书"，希冀在促进北师大历史学科更好发展的同时，为学术界和全社会贡献一批真正立得住的学术力作。这些作品或为专题著作，或为论文结集，但内在的探索精神始终如一。

当然，作为探索丛书，特别是以中青年学者作品为主的学术丛书，不成熟乃至疏漏之处在所难免，还望学界同仁不吝赐教。

北京师范大学史学探索丛书编辑委员会
2010年3月

序

高鑫将有关史学思想研究的论文结集付梓，值得高兴。从 20 世纪 20 年代李大钊编印的《史学思想史讲义》算起，这门学科发展经历了近 90 年的历程。这门学科建设有重要的意义。1986 年，白寿彝先生在上海人民出版的《中国史学史》第一册中说："史学思想史毕竟是构成史学史的重要内容，应当特别重视"（上海人民出版社 1986 年版，172 页）。先生说史学思想史的研究"应当特别重视"，这句话，我一直记在心中。二十多年过去了，先生的话，依然激励我也激励我的学生前行。高鑫的论文集，反映出他在探索道路上的踪迹。

史学思想的研究，在近代西方史学家那里，同样受到重视。尽管史学理念与视角不同，也因此产生、派生、衍生出各种流派，而思想、史学思想成为很多史学家、思想家讨论历史、史学的重要内容。美国鲁滨孙（James Harvey Robinson）在《新史学》中，说到思想史在人类从事有意识的社会改革事业过程中，有着很重要的作用，"思想史这样东西是一种消除成见和打破保守的最有力的手段之一。"（商务印书馆 1989 年版，91 页）意大利克罗齐（Benedetto Croce）在《历史学的理论和实际》中说到关于史学史的著作，有专门讨论个别作家的，也有一般地讨论成群作家的，他接着有一个说明，史学史还有以讨论某一民族、某一时期为限，或讨论整个

"普遍"史的史学史。他说我们不仅有书目性的著作或博学性的著作,我们也有批判,其中有些非常出色的著作,但他并不满意。克罗齐从方法方面划界入手,说到要思考的问题,有一句话是"史学的目的是发展史学思想"。(商务印书馆1982年版,131页)。对他的根本史学理念,或许有异议,但他重视史学思想,给人以启发。

中国史学史研究的深化,中外史学比较以及民族文化特点的理解,都要求我们把史学思想史的学科建设好。

"史学思想"研究的对象与方法是什么,史学思想史作为一门学科,这个问题,应当要有所说明。1992年,我在《宋代史学思想史》(黄山书社出版,23~24页)中提出过自己的想法。

我思考的要点是这样的。史学思想内容很丰富,归结起来是两个部分:
一是史家(包括思想家)对客观历史的认识;二是关于史学工作方面的认识。

对客观历史的认识又有两个方面,一是对历史社会和历史过程的认识,二是对历史发展动力的认识。关于历史社会、历史过程有各种观点,如历史发展规律论,历史进化的观点,历史变化趋势、大势的论点,历史退化的观点,历史循环论、历史停滞论,还包括气运观点、文明形态运转等各种提法。

关于历史动力的见解,有天意史观,神权史观,重人事的史学思想,其中又有民本观,英雄史观等;还有经济史观、地理环境论等。今天我们又有新的视野和视角,诸如生态问题、疾病问题、金融问题、科技问题等都会涉及历史盛衰的认识。

关于史学工作的认识,也有两个方面,一是"如何工作"的问题,这涵盖史料学观点、历史编纂思想和主张、历史文学观点和历史研究方法论。二是"为什么工作",这一方面体现为史学价值论、史学功能的观点。史学家治史总是有一定的目的,对治史的意义有不同的理解。思想家对史学工作的价值,对史学工作在学术中的地位,同样有自己的见解。在中国史学史上,就有诸如"垂训"的观点、"资鉴"的思想、史学"经世致用"的观点以及爱国主义史学思想等。这里要注意的是,在不同时期,不同的史家、思想家那里,即使是同一命题,却具有非常不同的内容。

这些问题的讨论又和历史教育的思想联系在一起。

史学思想史研究不只是研究杰出史家的思想，还要研究一个时期的史学思潮以及特定地域史家群体的思想特征。

史学思想史的研究当然要遵守治史的基本要求，下面几点有必要再提一提。史学思想研究要考察史学思想与社会现实的联结，要考察史学思想和哲学思潮的关系，要考察史学思想的渊源流变，要研究史学思想各个部分之间的辩证关系。研究史学思想史，要在强调读史学原著、代表作品上下大功夫，这是史学思想研究的原创性的要求。由于我国史学有一个传统，是史家寓论断于叙事中，把自己的观点与史事、史文融为一体。史书文字凝聚史家心底的呐喊，对历史的思索，对未来的追求，因而研究史著要细心体味，要做到"知其言"，"知其所以言"。

今天，我们更要站在时代的高度上，以辩证联系的天人整体思维，讨论史学思想史。

高鑫在文集中的 30 篇文章，分成两组，一组是总论性的文字，从弘扬民族精神的高度，从民族史学的重大问题，讨论史学思想；另一组则是研究史学家、思想家和政治家的历史理念、史学思想。书名曰"散"而实不散，文章多有新见。

论文集的重点是对秦汉史学思想的研究，有特色的地方，是对经与史关系的关注。经史关系研究，是关系到民族文化特点总结的大事。讨论经史关系，是一项很艰难的工作，通一经不易，通群经更难，而且在通群经后，还要看到经与史以及经学的变化与史学变动的关系，则是难上加难。学术无止境，但是总要起步。从这本文集看，高鑫有总论性、理论性的探索，也有个案的研究，还有论说今文经学与史学的近代化诸问题的文章。他已经迈开步子了。

现在他承担了《中国史学思想通论·经史关系论卷》的研究工作。他有了一定的基础，也有志在这方面做出成绩来，于此，吾诚有望焉。

吴怀祺

2010 年 4 月

目 录

历史、历史学与中华民族精神 ………………………………………… 1
传统历史编纂学的"求真"理念 ………………………………………… 16
史学"致用"思想与传统历史编纂学的发展 …………………………… 25
"实录"与"宣汉":汉代史学思潮的两种取向 ………………………… 31
五德终始说与汉代史学的正统观念 …………………………………… 39
论中国古代的经学与史学 ……………………………………………… 48
今文经学与史学的近代化——以康有为、崔适、梁启超和夏曾佑为
　　考察中心 ……………………………………………………………… 65
经史尊卑论三题 ………………………………………………………… 80
易学与历史思维的民族特性——读吴怀祺《易学与史学》 ………… 96

秦始皇历史意识散论 …………………………………………………… 101

陆贾的历史著述与历史思想 …………………………………… 111

贾谊对历史盛衰之理的探讨 …………………………………… 124

《淮南子》历史哲学三题 ……………………………………… 135

董仲舒与汉代史学思潮 ………………………………………… 148

"三统"说与董仲舒的历史变易思想 …………………………… 161

司马谈与《史记》 ……………………………………………… 172

《史记》的历史文化认同意识 ………………………………… 182

司马迁"成一家之言"新论 …………………………………… 194

论刘歆的新五德终始历史学说 ………………………………… 207

论班固史学思想的神意化倾向——兼论班固神意化史观的理论渊源
　　…………………………………………………………………… 222

何休对公羊"三世"说的理论构建 …………………………… 233

论荀悦的历史编纂思想 ………………………………………… 245

论袁宏史学思想的玄学倾向 …………………………………… 256

刘知幾班马优劣论平议 ………………………………………… 271

对司马光历史盛衰论的再认识 ………………………………… 281

司马光、范祖禹唐史观点不一致论 …………………………… 296

朱熹和史学 ……………………………………………………… 306

朱熹的史论和史学评论 ………………………………………… 320

白寿彝民族史学理论述略 ……………………………………… 330

论白寿彝先生对汉代史学思想史的研究 ……………………… 342

后　　记 ………………………………………………………… 357

历史、历史学与中华民族精神

中华民族是一个具有五千年文明史的伟大民族，同时又是一个历史记载长期持续、数千年不辍的传统历史学非常发达的民族。中华文明延绵不绝，既与中国古代以来统一的多民族国家的不断发展有着密切的关系，也与这种不间断的历史记载分不开。而在这五千年文明史发展过程中逐渐形成的中华民族精神，便是这不曾中断的中华文明精华的凝聚和沉淀，它既存在于大众的生产生活、风俗习惯与社会心理之中，也存在于小众的精英文化——古代历史文献当中，并且数千年以来一直成为中华民族赖以生存和发展的精神支撑和内在动力。因此，通过过往的历史记载来了解我们中华民族悠久的文明史，思索和追问、弘扬和培育独具深厚历史文化底蕴的中华民族精神，无疑是具有重要现实意义的。

一

中共十六大报告在论及中华民族精神时作如是说："在五千年的发展中，中华民族形成了爱国主义为核心的团结统一、爱好和平、勤劳勇敢、自强不息的伟大民族精神。"这就清楚地告诉人们，中华民族精神是在中华文明史的发展过程中逐渐形成的；而中华民族源远流长的文明史，也使得中华民族精神具有了一种悠久的历史底蕴。

"十六大"报告关于中华民族精神具体内涵的概括是准确、科学和富有时代精神的，是我们今天从事民族精神研究的指导思想，认识和揭示中华民族精神的指针。但是，作为历史文化深层次的民族精神，它涉及民族文化、民族心理、民族情感、民族品格、道德规范以及价值取向等诸多方面的因素，它的具体展开过程必然表现为更加具体化和多样化，因此，我们在民族精神研究中，切忌狭隘地理解"十六大"关于中华民族精神内涵的具体表述，从而使我们的研究停留在一种单纯的演绎和诠释上。

在中华民族五千年文明史的发展进程中所逐渐培养出来的中华民族精神，其内涵是深邃而丰富的。通过学者们不懈的思索与追问，人们对其具体内涵的认识已是愈益全面。"十六大"概括的爱国主义、团结统一、爱好和平、勤劳勇敢和自强不息等，是中华民族最可宝贵的民族精神，而像厚德载物、创新求变、理想人格、民族忧患、历史借鉴等，也都是中华民族在其历史发展过程中所养育出来的重要的民族精神。

爱国主义是指一种对祖国和人民的忠诚热爱之情。作为一种民族精神，它的具体内涵在古代和近代是有所不同的。爱国主义作为一个历史的概念，像中国古代的"天下兴亡，匹夫有责"的国家、民族利益至上观念，公而忘私、国而忘家的大公无私观念，不忘国耻、忧国忧民的民族忧患意识，精忠报国、舍生取义、勇赴国难的英勇献身精神，等等，都是这种民族精神的具体体现。当然，正如有的学者所指出的，"在古代，爱国主义是在国家彼此隔离的情况下形成的，它与忠君观念、盲目排外心态有着某些不可避免的联系，是一种旧式的爱国主义。"① 爱国主义作为一个近代概念，它是以反抗外国侵略和救亡图存为主题，并且与社会主义前途相联系的。从林则徐的虎门销烟、魏源的"师夷长技以治夷"，到以康有为、梁启超为代表的君主立宪派推动的戊戌维新运动，再到资产阶级革命派孙中山领导革命志士推翻中国两千年的帝制统治，无不表现出以救亡图存为主旨的具有近代特色的爱国主义精神。中国共产党人将爱国主义与社会主义前途相结合，最终推翻了三座大山的压迫，取得了中国新民主主义革命的胜利，中国人民从此站立起来，中华民族从此走上了复兴的道路。

团结统一精神与中国历史上秦汉大一统政治的建立有着密切的关系。在秦统一以前的夏、商和西周王朝，其政权统治中心主要是在中原地区，中原诸夏与四方夷狄共处。春秋、战国之后，中国历史出现了长期的诸侯争霸局面，人们渴望天下一统、社会安定，最终由秦国完成了国家的统一，建立起了封建大一统的政治统治制度。秦皇朝二世而亡，汉皇朝继承

---

① 方立天：《民族精神的界定与中华民族精神的内涵》，载王俊义、黄爱平主编：《炎黄文化与民族精神》，103页，北京，中国人民大学出版社，1993。

了秦的大一统政治体制，并且采取了"罢黜百家，独尊儒术"的思想大一统政策，从而有效地加强了封建大一统制度。从此以后，在中国漫长的历史发展进程中，尽管还出现了像魏晋南北朝的分裂、唐末五代十国的割据和宋辽与宋金的对峙，但是，各民族之间已有了共同的文化认同感，维护国家统一已成为历史的潮流。到了近代，随着外国列强的入侵和民族危机的加深，中国境内各民族已经成为一体，他们精诚团结，共同反对外国入侵，挽救民族危机，维护中华民族的统一。如果没有历史上中国各民族形成的文化认同感和维护国家统一的观念，也就难以出现近代中国各民族的团结御侮，从而最终取得反抗列强斗争的胜利和维护中华民族的主权与国家的独立。

爱好和平精神也就是中国传统文化中的和谐精神。众所周知，传统儒家的最高政治理想是"平天下"，而"平天下"的核心即是"和平"，只有和谐共生，才能天下太平。这种和谐精神的基本原则，一是讲求普遍意义上的和谐，即以天人万物的和谐为其境界。汤一介先生称此为一种"普遍和谐"，它包括自然的和谐、人与自然的和谐、人与人的和谐和人自我身心内外的和谐①。二是重视"和"与"同"、"和"与"流"、"和"与"中"、"和"与"合"之间的关系。"和"不是"同"，和谐不等于完全的一致，"君子和而不同"②，"和"是事物多样性的统一；"和"不等于"流"，和谐不是无原则的、一味地调和、讨好，"君子和而不流"③；"和"即是"中"，春秋思想家晏婴主张通过"济其不及，以泄其过"的方法来达到"中和"④ 的目的；"合"是"和"的另一种表达形式，"物必有合"，"合"是强调事物与对立面的统一与融合，和合交感是万物生成变化的根源。三是强调和谐的重要性。《易·乾·彖辞》说："乾道变化，各正性命，保合大和，乃利贞。首出庶物，万国咸宁。"《论语·学而》说："礼

---

① 汤一介：《略论儒学的现代意义》，载中国孔子基金会编：《儒学与二十一世纪》，245 页，北京，华夏出版社，1996。
② 《论语·子路》，新编诸子集成《四书章句集注》本，北京，中华书局，1983。
③ 《论语·中庸》。
④ 《左传·昭公二十年》，《十三经注疏》影印本，北京，中华书局，1980。

之用，和为贵。"《中庸》说："致中和，天地位焉，万物育焉。"《尚书·尧典》说："协和万邦"，等等，都是强调和谐对于万物生成、天下太平的重要性。中华民族数千年文明史的发展过程，充分体现了这样一种重视和谐的思想。如表现在古代民族关系上，总体来说，历代皇朝都比较重视推行"和抚四夷"的民族友好政策，唐贞观年间的民族友好关系更是堪称典范；表现在古代对外关系上，重视推行"协和万邦"的对外友好政策，使节往来频繁，唐都长安一度出现了万邦来朝的盛况；表现在人际关系上，则通过"礼"的规范作用，来达到人与人之间的和谐相处，如此等等。毫无疑问，中华文明数千年一系，与中华民族这种久远的、受到高度重视的和谐思想是分不开的。

勤劳勇敢与自强不息精神是中华民族的优良品格。勤劳勇敢的精神是指中华民族吃苦耐劳、勤俭节约、坚忍顽强的品格；而自强不息精神指的是中华民族的刚健有为、朝气蓬勃、奋发向上和百折不挠、不畏强暴的反抗斗争精神。中华民族自古以来便以勤劳勇敢和积极进取的精神著称于世，正是具有这样一种精神，我们的先民创造了以四大发明为代表的古代光辉灿烂的中华文明，从而赢得了世界的尊敬。近代以来，中华民族长期遭受外来侵略，虽然身处逆境，却依然表现出了自强不息、不畏强暴、浴血奋战的民族反抗精神。"中华民族不但以刻苦耐劳著称于世，同时又是酷爱自由、富于革命传统的民族。""中国人民，百年以来，不屈不挠、再接再厉的英勇斗争，使得帝国主义至今不能灭亡中国，也永远不能灭亡中国。"①"我们中华民族有同自己的敌人血战到底的气概，有在自力更生的基础上光复旧物的决心，有自立于世界民族之林的能力。"② 正是由于中国人民历经百余年不屈不挠、前赴后继的英勇斗争，最终赢得了我们的国家与民族的独立和解放。

厚德载物精神也就是博大宽容的精神，它要求人们具有宽阔的胸襟，宽容大度地对待人、事与自然，因而它的思想基础就是以和为贵的价值

---

① 毛泽东：《中国革命和中国共产党》，《毛泽东选集》第2卷，623、632页，北京，人民出版社，1991。

② 毛泽东：《论反对日本帝国主义的策略》，《毛泽东选集》第1卷，161页。

观。厚德载物精神与自强不息精神往往对举,如《易传》即以"天行健,君子以自强不息"和"地势坤,君子以厚德载物"来概述天地的精神,强调的是刚柔统一;老子哲学宣扬的也是以柔克刚的精神,等等。张岱年先生非常推崇中华民族厚德载物的精神,认为"'自强不息'的精神可以说是中国文化与西方文化共同具有的,并非中国文化的特点。'厚德载物'的宽容而爱好和平的精神,却是中国文化所独有的特点"①。由于厚德载物精神以"和为贵"的价值观为基础,因而在强调人与自然的和谐以及本着和平共处的原则处理国家与民族之间的关系方面,二者是完全一致的。同时,厚德载物的精神还特别表现为文化上的一种宽容态度。在中国古代,汉民族文化虽然长期处于最先进的地位,却总能积极吸纳域内外各种不同的文化,化胡为华,为中华文化注入新鲜的血液,这也是中华文化长盛不衰的重要原因之一。正如有的学者所说:"中华民族特有的世界主义的交往方式,没有民族沙文主义和民族偏见,在中国这块土地上,天下(世界)各地的各民族人们都可以自由和平地从事经济和文化活动。没有内外之分,没有固执的狭隘性,有的是对外邦风土人情和特产的友善和喜爱。这种'有容乃大'的民族精神,在汉唐时代发展到了极致。"② 今天的中国,在处理国内民族关系与对外关系时,古代这种博大宽容的厚德载物精神,依然是我们中华民族的重要传统和基本精神。

创新求变精神是一种重视剔除不利于民族国家发展的因素、追求民族国家不断进步的精神,这是中华民族与中华文化历久不衰或衰而复振的重要原因。一个民族如果固步自封,失去创新求变与批判的精神,那么这个民族也就失去了发展动力,最终只能是自我毁灭。中华民族自古以来就是一个重视创新求变的民族,《易·系辞下》说:"穷则变,变则通,通则久",这是肯定变通对于事物发展的作用;《大学》说:"苟日新,日日新,又日新",这是强调事物只有通过日日创新,才能有持久、有发展。这些

---

① 张岱年:《炎黄传说与民族精神》,载王俊义、黄爱平主编:《炎黄文化与民族精神》,12页。
② 李鹏程:《中华文化中的民族观念》,载中国社会科学院学术交流委员会编:《中华民族文化精神的呼唤》,5页,北京,经济管理出版社,2000。

说法，是关于不断创新求变的中华民族精神的最为精练的表述。中国古代的这种创新求变思想，其涵盖的范围非常广泛，小到具体的技术革新，大到制度变革、甚至政权革命。如《易·革·彖辞》就说："天地革而四时成，汤、武革命，顺乎天而应乎人，革之时大矣哉！"《周易》宣扬"汤武革命"的思想，对于后世政治思想与政权更替都产生了重要的影响。此外像历史上的思想、文化、风俗习惯、生产工具等变革，也都一直持续不断。到了近代，中华民族落伍了，在被外国枪炮惊醒之后，一批批先进的中国人为了救亡图存，不断地推动并尝试着进行新的社会政治与思想等诸多变革，谋求民族新的出路。毫无疑问，没有创新求变的中华民族传统或精神，也就没有中华民族繁荣富强的今天。

理想人格精神的主旨是追求人格价值。中国传统文化是一种具有人文精神的文化，《易·贲·彖辞》说："观乎人文，以化成天下"，体现的就是这种以人为本位的文化精神；中国传统文化又是一种崇尚道德的文化，传统儒家崇尚以人为本，重视人格塑造，他们所追求的理想人格是圣贤君子和志士仁人，这是人生的一种道德境界。尽管圣贤君子和志士仁人的道德境界又有所不同，但他们无疑都是道德的楷模，集真善美人格于一身的人。具体而言，像"三军可夺帅，匹夫不可夺志"的英勇气概，"富贵不能淫，贫贱不能移，威武不能屈"的浩然正气，"先天下之忧而忧，后天下之乐而乐"的忧乐观，"鞠躬尽瘁，死而后已"的公而忘私精神，"路漫漫其修远兮，吾将上下而求索"的追求真理精神，"人生自古谁无死，留取丹心照汗青"的视死如归精神，等等，都充分表达了数千年来中华士人的崇高人格和理想追求。而一代代仁人志士们的理想人格又不断地熏陶着后代无数的中华儿女，指引着他们去追求这种人格境界，实现自己的人生价值。在中国历史上，每当我们的民族处在危急关头，总是有一批批的仁人志士会挺身而出，带领着人们誓死捍卫我们民族的利益。因此，理想人格精神，是中华民族不断发展的一种人格素质保证。

民族忧患精神也就是一种责任精神，它与理想人格精神和爱国主义精神都有某种相通之处。忧患意识是理想人格的一种具体体现，因为仁人志士一定是具有忧患意识、具有责任感的；忧患意识表现在忧国忧民上，自然也就是一种爱国主义的精神。中华民族的忧患意识产生很早，《易传》的作者就明确指出："作《易》者，其有忧患乎？""《易》之兴也，其当殷之末世，周之盛德邪？当文王与纣之事邪？是故其辞危。"① 孟子更是明确地将这种忧患意识概括为"生于忧患，死于安乐"②，使得这种忧患意识遂积淀成为中华民族的一种普遍精神。范仲淹的"先天下之忧而忧，后天下之乐而乐"，龚自珍的"当以良史之忧忧天下"，都充分表达了这种忧患精神，表达了中华士人的一种历史与民族国家的责任感。与这种忧患意识相一致的是"居安思危"的意识，《易·系辞下》说："危者，安其位者也；亡者，保其存者也；乱者，有其治者也。是以君子安而不忘危，存而不忘亡，治而不忘乱，是以身安而国家可保也。"《左传》的作者也说："居安思危，思则有备，有备无患。"③ 在中国政治史上，"居安思危"常常是封建大臣对封建帝王的谏言，对封建政治产生过重要的影响。

历史借鉴精神就是要从历史当中汲取教训、获得智慧，从而把握正确的历史发展方向，求得正确的历史发展道路，从挫折与失败中将历史引领向正确的未来。我们的民族之所以拥有人类文明史上绝无仅有的持续数千年发展而不辍的文明发展史，其中一个重要原因，就是我们的民族懂得历史借鉴，重视历史借鉴，也善于历史借鉴。一部中国政治变革史，就充分说明了这种历史借鉴的价值。西周初年的统治者正是从"殷鉴"中懂得了天命唯德是移和尊天、敬德唯在保民的治国道理，从而稳定了"小邦周"的统治，建立起了800年姬周统治基业；西汉初年推行清静无为的黄老政治，从而造就汉初文景之治的封建盛世局面，也是汲取了亡秦一味实行重刑、苦民的"有为"政治，不懂得"攻守之势异"和"逆取而顺守"的通变道理的历史教训的结果；唐贞观年间重视以隋为鉴，大臣进谏成风、帝王从谏如流，由此造就前古未有的贞观盛世，则更是中国封建政治史上重视历史借鉴的典型事例。而历史上一些成功的政治统治经验，也常常为后代统治者所提倡、学习和仿效，从中获得智慧。如汉初推行的与民休息政

---

① 《周易·系辞下》，《十三经注疏》影印本。
② 《孟子·告子下》，新编诸子集成《四书章句集注》本。
③ 《左传·襄公十一年》。

策，就常常为后代初建时期的皇朝统治者所重视和仿效，并且取得了显著的效果；唐朝的贞观之治，也一直被后代统治者和思想家奉为中国封建统治的楷模，从中汲取政治经验，等等。可以说，中华民族的历史为什么在经历无数的挫折之后，总是能够不断地取得新的发展与进步，具有历史借鉴精神无疑是其中的重要原因之一。

二

中华五千年文明发展史的深厚历史底蕴，孕育出了中华民族的爱国主义、团结统一、爱好和平、勤劳勇敢、自强不息、厚德载物、创新求变、理想人格、民族忧患和历史借鉴等优良传统与民族精神，这是中华民族的精魂。从一定程度而言，一部中国历史，也就是中华民族精神的形成与发展的历史。

在中华民族精神的形成与发展过程中，数千年延绵不绝的中国传统史学实际上肩负起了记录和传承中华民族精神的重要使命。因此，通过研究传统历史学以汲取其中内蕴的中华民族精神，无疑是我们今天弘扬和培育中华民族精神的重要途径。正如有学者所说："发展社会主义先进文化，培育和弘扬民族精神的重要途径之一，是发掘丰厚的中国历史文化资源。优秀的中国史学遗产，不仅是中华民族精神发展的记录，同时也是当今为实现中华民族的伟大复兴，培育和弘扬中华民族精神取之不竭、用之不尽的宝藏。"①

首先，中国史学数千年延绵不绝，有着悠久的历史传统。据《吕氏春秋·先识》载，早在夏朝，就已经设有史官——太史令。商周时期史官名称繁多，史职分工也更加细致。史官的基本职责便是本着公正的态度"记事"，还有与记事相关的如编修史书、掌管文献，以及占卜、祭祀、典礼等一些活动。史官通过记事、修史，也就由此流传下了一篇篇宝贵的史籍。据《尚书·多士》载，"惟殷先人，有册有典"，这里所谓"册"、"典"，便

---

① 于沛：《民族精神、先进文化和历史研究》，载《史学理论研究》，2003（4）。

是商代史官记录下的历史文献资料。周代史官们留下的历史记录更为丰富，今文《尚书》中的《周书》19篇绝大部分为西周时期史官的作品；春秋、战国时期各诸侯国都有史官们撰述的历史作品，孟子所谓"晋之《乘》，楚之《梼杌》，鲁之《春秋》"①，墨子称见"百国《春秋》"②，庄子所称"旧法世传之史"③，以及《礼记》所引《楚书》、《左传》所引《郑书》、《韩非子》所引《梼杌春秋》等，足以说明这一时期诸侯国撰述的史籍是非常丰富的。至于如《竹书纪年》、《世本》、《左传》、《战国策》和《国语》等，则更是这一时期撰成，并且流传于后世的重要先秦史籍。秦汉以后，先秦重视史官建制与修史制度的传统被沿袭下来。此后的历朝历代，都设有史官，从事掌管文献和修史等工作。同时，也都非常重视修撰前朝和本朝的历史，出现了大量官、私修撰的史书。特别是唐朝官修史书制度确立以后，本朝修撰前朝历史的做法更是形成了一种惯例和传统，一直延续到清代。

中国古代延绵数千年历史记载的长期延续，就如同中华文明传统数千年长期延续一样，它们是世界文明发展史上独一无二的伟大奇观。由于中国历史记载的延绵不绝，留存的历史文献浩繁，人们用"浩如烟海"、"汗牛充栋"来形容它们；中华民族也因为文明悠久、史籍浩繁，而被人们称为"礼仪之邦"、"文献之邦"。而中国历史的发展与中国史学的发展之间存在着密切的联系。中国史学有一个重要原则，那就是"藏往知来"，或谓"述往事"以"思来者"。"藏往知来"，《易·系辞上》说："神以知来，知以藏往"，即是指通过保存历史资料，总结历史经验，就能够做到神以知来，对未来作出准确的预测或判断。而"述往事"以"思来者"，则主要是通过对过往历史的叙述，为后来者提供历史借鉴。因此，前者是从保存历史资料角度说的，后者则是从历史叙述与撰述角度说的，而它们的目的都是一致的，即是要以历史的经验教训来指导现实、预测未来，从而避免或者减少历史发展过程中的盲目性。中国史学的这一功能或基本原则，

---

① 《孟子·离娄下》。
② 刘知幾：《史通·六家》，浦起龙通释本，上海，上海书店，1983。
③ 《庄子·天下》，诸子集成本，北京，中华书局，1954。

无疑是中国历史能够得以持续发展、延绵不绝的重要原因；而二者之间的相互促进关系，又赋予中国历史与史学发展的旺盛的生命力。

其次，数千年延绵不绝的历史记载，本身就是中华民族自强不息、生生不已精神的体现。无论世事多么艰难，环境如何险恶，中华民族的历史记载从来就没有停止过，一直保持着它的连续性，从而为今天留下了一份丰厚的史学遗产，同时也给我们留下了一份宝贵的精神财富。

中国史学发展所体现的这种精神，无疑是来自于中国古代史家的一种历史责任感与使命感。孔子之所以要作《春秋》，司马迁认为是为了宣扬道义，拨乱反正①；孟子也说孔子因惧乱世而作《春秋》，结果是"孔子成《春秋》而乱臣贼子惧"②，达到了整饬人心的效果。司马谈临终遗命司马迁续撰《史记》说："自获麟以来四百有余岁，而诸侯相兼，史记放绝。今汉兴，海内一统，明主贤君忠臣死义之士，余为太史而弗论载，废天下之史文，余甚惧焉"。③ 在此司马谈交代得很清楚：历史记载不能中断，而从孔子《春秋》绝笔后至今400余年已经没有历史记载了，史家应该肩负起这个历史责任；同时大一统的汉朝人才辈出，功业宏大，作为这一伟大时代的史家，理所当然要及时地记载下这一伟大时代的伟大历史。班固为何要断代为史作《汉书》，其主旨思想是"宣汉"，要为大汉皇朝歌功颂德。司马光为什么要写《资治通鉴》，他是要为封建帝王治理国家写一本帝王政治教科书，《进〈资治通鉴〉表》对此说得很清楚："患迁、固以来，文字繁多，自布衣之士读之不遍，况于人主日有万机，何暇周览？臣常不自揆，欲删削冗长，举撮机要，专取关国家兴衰，系生民休戚，善可为法，恶可为戒者，为编年一书。"龚自珍重史、"尊史"，认为"智者受三千年史氏之书，则能以良史之忧忧天下。"④ 如此等等。不难看出，中国古代史家作史的目的无非是出于道德目的，像孔子作《春秋》；或出于治政目的，像司马光作《资治通鉴》；或主要出于连续历史记载，像司马谈

---

① 《史记》卷一三〇，《太史公自序》，北京，中华书局，1959。
② 《孟子·滕文公下》。
③ 《史记》卷一三〇，《太史公自序》。
④ 龚自珍：《龚自珍全集》上册，《乙丙之际箸议第九》，北京，中华书局，1959。

作史；或出于为皇朝歌功颂德，像班固作《汉书》；或出于忧国忧民忧天下的情怀，像龚自珍尊史、作史，等等。当然，以上各种目的往往又都是具体史家撰述史书所兼具的。而正是这些历史撰述目的，培育了中国古代史家历史撰述的责任感、使命感和自觉意识，也培育了中国古代史家的生生不息的史学精神，从而最终造就了中国数千年历史文献连绵不绝的伟大奇观。

最后，在浩如烟海的中国历史典籍中，蕴涵着丰富的中华民族精神，提供了一个个生动的体现中华民族精神的具体范例。

爱国主义是中华民族精神的核心，传统史学非常重视颂扬这种民族精神，培育中华儿女一种热爱祖国的情怀。像《史记》对屈原这一历史人物的塑造，就非常重视突出他的忧君、忧国、忧民情怀，肯定他是一个伟大的爱国主义诗人。① 又如《史记》、《汉书》对于西汉反击匈奴战争时期涌现出的杰出青年将领霍去病的忧国忘家精神的颂扬，也非常感人。霍去病的一生，虽然只有短短的24个春秋，却在西汉抗击匈奴的战争中六度出师，每战皆捷，立下了赫赫战功。然而当汉武帝提出要为他建立府第时，他却拒绝说："匈奴未灭，无以家为"②，他的这种忧国忘家的博大胸怀和崇高志向，千百年来，一直激励着一代又一代的中华儿女们去努力为国效劳。如此等等，不一枚举。在传统爱国主义精神的感召下，近代中华儿女又积极投身于救亡图存的反对外国侵略的斗争当中。值得注意的是，这一时期的史家不但通过他们的史笔及时记载下这场反侵略斗争的过程，而且还通过研究边疆史地、研究外国宪政改革史等，拿起他们的史笔积极投身到救亡图存的爱国大潮中去。

传统史学也非常重视颂扬团结统一、反对国家分裂的精神。在中国历史撰述中，史家普遍重视对于大一统政治的颂扬，其中《汉书》的"宣汉"思想最具有代表性。而"海内一统"、"夷夏一统"，则往往被视为这种大一统政治的理想境界。魏晋南北朝是中国历史经历秦汉大统一之后的一个大分裂时期，反映在这一时期各民族的历史撰述上，都重视为各自建

---

① 《史记》卷八十四，《屈原贾生列传》。
② 《史记》卷一一一，《卫将军骠骑列传》。

立的政权争正统,而斥其他政权为"僭伪"。特别是在南北朝对峙形势下,南朝汉人修的史书斥北朝为"北虏",北朝各族修的史书则称南朝为"岛夷"。这种历史撰述争正统的现象,其实是从深层次反映了各民族对于中华礼义大文化的一种认同,反映了一种民族的内聚力,地域和族系在这种正统论当中已经不成其为评判政权是否为正统的标准或尺度了。魏晋南北朝史书反映的强调文化认同的正统论,对于此后中国大一统政治是有着重要影响的。传统史学重视团结统一,还具体表现在对于维护国家统一的杰出人物的颂扬和对分裂国家、背叛祖国的国家与民族的败类进行鞭挞上。

传统史学非常重视通过民族文化认同、各民族之间的往来以及中外不同文明之间的交流,来积极颂扬中华民族的厚德载物和爱好和平的优良品格。古代史家主要通过对历史上各少数民族政权推行的汉化措施如北魏孝文帝改革等的记录,系统反映了民族融合的历史进程以及各民族对于中华文化的普遍认同感;通过叙述中国各民族之间的交往,肯定了各民族之间尽管时有战争发生,但友好往来毕竟是主流,而且民族间的冲突往往又促使各民族走向新的团结,"民族关系就是这样发展起来的,一步比一步团结"[1];通过对古代中外交流史,特别是关于陆上丝绸之路和海上丝绸之路的开通的叙述,肯定了中外不同文明与文化的相互交流与影响,颂扬了中华文明对于世界文明所作出的杰出的贡献。在古代各民族政权交往、各民族人民的交往以及与域外文明交往过程中,集中体现了中华民族一种求同存异、和谐共存的理念和厚德载物、爱好和平的精神。与这种厚德载物、爱好和平相对应的,是中华民族勤劳勇敢、自强不息的精神。中华民族的历史已经充分证明我们的民族是一个勤劳勇敢、自强不息的民族,否则也就不可能有五千年延绵不绝的中国历史。虽然一部中国古代史,主要是叙述帝王将相的历史,尽管这样,我们依然从中不难看出我们民族的这种精神。而正是这种传统精神,使我们的民族在近代遭受外国入侵时,才能够齐心协力、团结一致、同舟共济、共赴国难,表现出了民族顽强的生

---

[1] 白寿彝:《在清史国际学术讨论会上的讲话》,《白寿彝史学论集》上册,北京,北京师范大学出版社,1994。

命力。

　　创新求变精神体现的范围很广，而从政治上讲，主要是历史上的制度和政权变革。前者表现为各朝各代的政治改革，后者则是"汤武革命"式的改朝换代。而政治上的创新求变精神与历史借鉴精神又是相通的，创新求变是在历史借鉴基础上的创新求变，中国历史上每一次重大改革或革命，往往都是以历史为依据、以历史为借鉴的。中国传统史学非常关心皇朝的政治命运，因而重视叙述历史上的改朝换代和变革运动，重视观察历史的盛衰之变，探讨历史的盛衰之理。从根本上说，历朝历史撰述的本质，就是为新兴朝代汲取历史经验教训，从而除旧布新服务的。

　　从某种角度说，中华文化也是一种道德文化，重视理想人格精神的培养，是这种文化的应有之义。在传统史著中，不但通篇充斥着道德宣传和说教，而且非常重视通过具体历史人物的道德言行的典范作用，肯定理想人格精神培养的重要性。像曾母杀猪、岳母刺字等，已是中华民族妇孺皆知的道德教育典型事例。而正是这种自幼的理想人格精神的培养，才有可能使幼童长大成人之后能够成为忧国忧民的仁人志士、民族精英。传统史学非常重视宣扬民族忧患意识，宣扬具有民族忧患意识的仁人志士，有关这方面的名人名言与典型事迹，可谓史不绝书。清代史家龚自珍的"当以良史之忧忧天下"的情怀，正集中反映了传统史学所具有的这种忧患精神。

三

　　由于传统史学内蕴着丰富的中华民族精神，因此，进行历史研究、挖掘历史文化资源，也就成为我们今天弘扬和培育中华民族精神的重要途径。

　　对于学习历史、从中汲取民族精神的重要性，中国共产党的领导是有着充分认识的，并且作过很多重要的论述。毛泽东同志对于传统历史学的认识有一个经典的说法："我们这个民族有数千年的历史，有它的特点，有它的许多珍贵品。对于这些，我们还是小学生。今天的中国是历史的中国的一个发展；我们是马克思主义的历史主义者，我们不应当割断历史。从孔夫子到孙中山，我们应当给以总结，承继这一份珍贵的遗产。"① 毛泽东同志要我们不但不能割断历史，忘掉文化传统，还要好好总结和继承这份珍贵的遗产，这其中当然也包括中华民族精神。邓小平同志指出："中国人民有自己的民族自尊心和自豪感，以热爱祖国、贡献全部力量建设社会主义祖国为最大光荣，以损害社会主义祖国利益、尊严和荣誉为最大可耻。"② "要懂得些中国历史，这是中国发展的一个精神动力。"③ 很显然，正是中国光辉灿烂的五千年文明史培育了中华儿女的民族自尊心和自豪感，而中国历史蕴含的丰富的民族精神自然会成为中国继续发展的精神动力。江泽民同志在《中国通史》出版之际写给白寿彝先生的贺信中也充分肯定了学习中国历史的重要性，他说："几千年来，中华文明得以不断传承和光大，一个重要原因就是我们的先人懂得从总结历史经验中不断开拓前进。我国的历史，浩淼博大，蕴含着丰富的治国安邦的历史经验，也记载了先人们在追求社会进步中遭遇的种种曲折和苦痛。对这个历史宝库，我们应该运用历史唯物主义的观点不断加以发掘，在前人研究的基础上不断作出新的总结。这对我们推进今天祖国的建设事业，更好地迈向未来，具有重要的意义。"④ 江泽民同志这里所谓发掘历史文化宝库，其中就有丰富的中华民族精神的内涵，他于1998年9月28日在全国抗洪抢险总结表彰大会上的讲话中就指出："一个民族、一个国家，如果没有自己的精神支柱，就等于没有灵魂，就会失去凝聚力和生命力。有没有高昂的民族精神，是衡量一个国家综合国力强弱的一个重要尺度。"⑤ 这就将学习历史、

---

① 毛泽东：《中国共产党在民族战争中的地位》，《毛泽东选集》第2卷，533～534页。

② 邓小平：《中国共产党第十二次全国代表大会开幕词》，《邓小平文选》第3卷，3页，北京，人民出版社，1993。

③ 邓小平：《振兴中华民族》，同上书，358页。

④ 江泽民：《中共中央总书记江泽民给白寿彝同志的贺信》，载《史学史研究》，1999（3）。

⑤ 江泽民：《江泽民论有中国特色社会主义》（专题摘编），395页，北京，中央文献出版社，2002。

弘扬和培育民族精神的重要性提升到了一个新的高度。

今天的中国正处于实现中华民族伟大复兴的重要时刻，为完成历史赋予我们这个时代中华儿女的伟大使命，我们需要通过对于历史的学习，从中汲取一种民族的精神，来增强我们民族的凝聚力、意志力和生命力，提高我们民族的责任感、使命感和进取心。然而，现实的状况却并不尽如人意。在当前经济大潮影响下，一些人特别是一些年轻人不重视对于自己祖国历史的学习，不重视对于中华民族精神的汲取，因而对于自己的民族和国家缺乏感情，没有为国家和民族效劳的责任感和自觉性。杨叔子先生曾经在2002年10月9日的《中华读书报》上撰写过一篇关于《高等教育的五"重"五"轻"》的文章，文中说："1982年我在美国的一个大学访问，有几位华人教授跟我讲，内地教育有个缺陷，什么缺陷呢？内地的留学生，ABC很好，XYZ也很好，也懂得美元、英镑，就是不太了解长城、黄河，不太了解文天祥、史可法，一点也不知道《史记》、《四书》、《资治通鉴》，请问这种学生毕业出去以后能为中华民族服务？我认为他们提得非常好，非常深刻，也非常生动……对自己的国家、民族的地理、历史知之甚少，对悠久文化传统一无所知，可不可能对自己的国家与民族有感情？会不会为这个国家与民族很好去服务？现实的很多例子已经证明了这个批评是对的。"这段话发人深省，它反映了当前我国高等教育由于存在着严重的重理轻文现象，从而导致培养出来的只是些对我国传统文化一无所知、对祖国历史地理知之甚少的人。这样所谓的高等人才，对于自己的国家、民族根本没有感情，也不可能去为他们自己的国家、民族好好地服务。毫无疑问，这种教育弊端所连带的后果是十分严重的，它直接关系到我们的传统文化能否得到传承，中华民族精神能否得到弘扬和培育，社会主义现代化建设事业能否取得成功，一言以蔽之，即是关系到能否真正实现中华民族的伟大复兴这一远大理想。因而，它实际上是一个大是大非问题，必须引起高度的重视。本文以杨叔子先生的这段话做结尾，是希望人们特别是青年一代因此有所警醒。我们要通过对于传统文化、传统史学的学习，来弘扬和培养我们中华民族的民族自尊心与自豪感，从而能真正肩负起复兴中华民族的伟大事业。

传统历史编纂学的"求真"理念

"求真"是传统历史编纂学的根本要求,如何做到"求真",它要求史家既要有品德、责任感和勇气,也要有史才、史学和史识,还应掌握征实求信的科学的治史方法。传统历史编纂学的"求真"呈现出明显的二重性特点,它既是指一种史实之"真",也包含着一种道义之"真"。

一

传统历史编纂学一贯重视以"求真"为其根本要求或所应遵守的法度。早在先秦时期,《左传》宣公二年记载的"赵盾弑其君"和襄公二十五年记载的"崔杼弑其君",其书法不隐的精神就深得孔子赞许,被后人视为楷模。孔子作《春秋》,不但按照"董狐笔"和"太史简"的书法记载晋、齐弑君之事,而且整部《春秋》都体现了只记人事而不记诬妄之说的特点。对于先秦史家这种"求真"理念,白寿彝先生通过列举《左传》庄公二十三年"君举必书。举而不书,后嗣何观"等例子后作如是说:"从这些引文里看到,直书就是当时史官所应当共同遵守的法度……史官本是神职,有自己的神圣的职守,这就可能要求最大的忠实。"[①] 不仅肯定了直书是当时史官所应遵守的法度,还具体分析了史官崇尚直书的原因。

以司马迁《史记》和班固《汉书》为代表的汉代历史编纂,很好地承继了先秦史学的"求真"传统。《史记》以"实录"而著称,扬雄在所著《法言·重黎》中说:"或问《周官》,曰立事;《左氏》,曰品藻;《太史公》,曰实录。"班固在《汉书》本传中也称赞司马迁《史记》说:"自刘向、扬雄,博及群书,皆称迁有良史之才,服其善叙事理,辨而不华,质而不俚,其文直,其实核,不虚美,不隐恶,故谓之实录。"《汉书》虽然

---

① 白寿彝:《中国史学史》第1册,357页,上海,上海人民出版社,1986。

以"宣汉"为其旨归，却又能直书其事，不为汉讳，如《鲍宣传》所记"民有七亡、七死"论、《景十三王传》对诸侯王草菅人命的揭露，如此等等，即是体现了史家直书不隐的"求真"精神。

　　魏晋以降的历史编纂，也普遍重视这一"求真"理念。从纪传体的编修来看，如唐初史家令狐德棻，便是基于"如文史不存，何以贻鉴今古"① 这样一种认识，积极向唐高祖倡议修撰前朝史的；而唐高祖在下达的《命萧瑀等修六代史诏》中，则对这次修史提出了"务加详核，博采旧闻，义在不刊，书法无隐"② 的具体要求。由此可见，唐初史家与封建帝王对保存历史文献与历史撰述需要"求真"的重要性，是有着深刻认识的。从编年体的编修来看，如司马光的《资治通鉴》，即明确以"鉴前世之兴衰，考当今之得失"为撰述目的，通过求历史兴衰之"真"，来服务于现实政治统治的需要。从典制体的编修来看，以杜佑《通典》、郑樵《通志》和马端临《文献通考》之"三通"为代表，也无不体现了一种"求真"的理念。他们的"求真"意识都是非常强烈的。明清之际，以顾炎武、王夫之和黄宗羲为代表，掀起了一股实学风潮，他们著书立说，尤其重史，像顾炎武的《天下郡国利病书》与《日知录》、王夫之的《读通鉴论》与《宋论》、黄宗羲的《明儒学案》和《宋元学案》等，都是体现实学精神的杰出的史学著作。到了乾嘉时期，以赵翼的《廿二史札记》、王鸣盛的《十七史商榷》和钱大昕的《廿二史考异》为代表的考据史学，虽然没有很好地承继清初顾炎武等人倡导的经世致用的学风，却对传统历史编纂的"求真"在方法论上作出了重大突破。

　　传统史学不但在历史编纂实践中贯彻了"求真"的理念，而且还在史学理论上对这种历史编纂的"求真"理念作了具体阐发。南朝梁时史学评论家刘勰，在所著《文心雕龙·史传》中，即以"辞宗邱明，直归南董"对传统历史编纂进行了总结，并且提出了关于历史撰述的"文疑则阙，贵信史"的重要命题，明确以"信史"作为史家进行历史撰述的重要原则。

---

① 《旧唐书》卷七十三，《令狐德棻传》，北京，中华书局，1975。
② 《唐大诏令集》卷八十一，北京，中华书局，2008。

唐代史评家刘知幾著《史通》，专辟"直书"篇，对直书不隐的重要性和中国历史编纂的直书传统进行了系统论述。刘知幾认为，只有实录直书者，才能称得上是良史；而评判实录的标准，则是"善恶必书"①。刘知幾认为在中国史学史上像董狐、南史，左丘明、司马迁，以及史佚、倚相等史家，他们的历史撰述从对社会的作用而言虽然有高下层次之分，却都以直书而著称，是恪守史家职守的榜样。② 清代史评家章学诚对于历史编纂"求真"的认识最为深刻，《文史通义·史德》明确指出："盖欲为良史者，当慎辨于天人之际，尽其天而不益以人也。"这就是说，历史撰述应该辨明主客观的关系，要忠于客观事实，而不掺杂自己的主观见解，更不能随心所欲地去杜撰历史。章学诚所谓"当慎辨于天人之际，尽其天而不益以人"的思想，无疑是对传统历史编纂学"求真"理念最好的理论总结。

二

然而在历史编纂实践中，史家要真正做到"求真"却并非易事。这首先是由历史学认识特点所决定的。史学认识是一种三极思维，它包括认识主体——治史者，认识客体——客观历史，以及作为中介物的史料——主体得以认识客体的各种文本与出土文献，以及前人留下来的各种遗物、遗迹等。史学认识的这种特点，显然又是由客观历史本身所具有的一去不复返特性所决定的，人们要认识一去不复返的客观历史，只能通过前人留下来的各种史料以及历史痕迹，而不能直接去作用于它。其次，史学这样一种认识特点，决定了在这一认识活动过程中，史家可以充分发挥其主观能动性。于是，历史撰述是否能做到真实可信，与史家本身所具有的素养有着密切的关系。换言之，凡是具有较好素养的史家，其撰写的史著往往也是"求真"之作，从而流传于后世。也正因此，在传统历史编纂思想与理论中，人们普遍重视史家的素养问题。

---

① 刘知幾：《史通·惑经》。
② 刘知幾：《史通·辨职》。

1. 史家的品德、责任感、勇气与历史编纂的"求真"。史家的道德品质与性格特点，是会影响到历史编纂的"求真"的；而这种品德是可以通过后天修养的，史家应该重视品德修养。同时，"胆量和责任感也是史学家应该具备的修养。"①

关于史家品德对于历史编纂"求真"的重要性，其实早在刘勰的《文心雕龙·史传》中就强调过，不过《史传》篇用的是"素心"这一概念："析理居正，为素心乎！"这里所谓"素心"，范文澜解释说："素心，犹言公心耳。"② 周振甫也说："素心，犹公心，言心无偏私。"③ 在刘勰看来，史家必须本着一种公心，才能写出可信的历史。刘知幾以直书和曲笔区分史家的撰述态度，强调"直书其事"的重要性，其实也是在讲史家的品德问题。明代史评家胡应麟提出"公心"和"直笔"之"二善"说④，凸显了对史家品德的高度重视。章学诚是直接提出"史德"概念的史家，《文史通义》专辟《史德》一篇，肯定"能具史识者，必知史德。德者何？谓著书者之心术也"，认为修史者只要能"慎辨于天人之际，尽其天而不益以人"，即使不能完全做到客观，也"足以称著书者之心术"了。

史家的责任感与勇气，也会影响到史著的真实程度。《史记》之所以能成为一部实录之作，与司马迁所具有的高度的史家责任感和使命感有密切关系。在《报任安书》中，他表明了自己受刑作史的心迹："草创未就，适会此祸，惜其不成，是以就极刑而无愠色。仆诚已著此书，藏之名山，传之其人通邑大都，则仆偿前辱之责，虽万被戮，岂有悔哉！"⑤ 刘勰在《文心雕龙·史传》中，提到了史家的责任与勇气问题："史之为任，乃弥纶一代，负海内之责，而赢是非之尤，秉笔荷担，莫此之劳。"刘知幾也重视强调史家的勇气和献身精神，如《辨职》篇以"彰善贬恶，不避强御"为史家最高境界，《直书》篇一再强调史家要"仗气直书，不避强御"，

---

① 彭忠德：《史胆与史责》，载《光明日报》，2000-04-28。
② 范文澜：《文心雕龙注》，306页，北京，人民文学出版社，1958。
③ 周振甫：《文心雕龙注释》，181页，北京，人民文学出版社，1981。
④ 胡应麟：《少室山房笔丛·史学占毕一》，北京，中华书局，1958。
⑤ 《汉书》卷六十二，《司马迁传》，北京，中华书局，1962。

而《惑经》篇则以"得失一朝，荣辱千载"，来肯定史家所肩负的重大责任。当然，要成为一名兼具责任与勇气的史家，是要冒着"身膏斧钺"或者"书填坑窖"的危险的，在中国史学史上，"若齐史之书崔弑，马迁之述汉非，韦昭仗正于吴朝，崔浩犯讳于魏国"① 等即是如此，然而他们这种忠于职守和无所畏惧的精神也一直垂范于后世。

2. 史才、史学、史识与历史编纂的"求真"。才、学、识作为传统史学修养论的三个重要范畴，是刘知幾在答礼部尚书郑唯忠"自古已来，文士多而史才少"问题时首先提出来的。他的回答是："史才须有三长，世无其人，故史才少也。三长，谓才也，学也，识也。"根据刘知幾的理解，所谓史才，主要是指掌握文献、进行历史编纂与表述的能力；所谓史学，是指涉及历史认识与历史编纂的知识；所谓史识，则是指史家的器局与胆识。

才、学、识如何，对于史家历史撰述的"求真"是有影响的。史家如果没有史才，就无法驾驭史料，从而通过史料去认识客观真实的历史；没有史才，就无法运用一定的编撰方法与体裁将历史内容组织起来，就无法运用恰当的语言文字将历史内容表述出来。史家如果缺乏史学知识，掌握的史料就一定有限，甚至无法识别史料的真伪；如果缺乏与史学相关的各种知识，那么对于社会与自然的认识就一定有限，从而也就难以正确地认识客观历史。此外，史家如果缺乏史识，见识与胆识有限，就不可能写出信史来。刘知幾的"史识"论着重强调的就是史家的品德与胆识问题，他说："犹须好是正直，善恶必书，使骄主贼臣所以知惧，此则为虎傅翼，善无可加，所向无敌者矣。"② 这里所谓"好是正直，善恶必书"的史识标准和"善无可加，所向无敌"的史识境界，其实谈的就是史家的品德与胆识问题，他一再强调史家要有不畏权贵的胆识和勇气直书其事，肯定"良史以实录直书为贵"③。

3. 征实求信的科学的治史方法与历史编纂的"求真"。传统历史编纂

---

① 刘知幾：《史通·直言》。
② 《旧唐书》卷一〇二，《刘子玄传》。
③ 刘知幾：《史通·惑经》。

学为了"求真",在长期实践中也创造和积累了一些具体而科学的"求真"方法,包括史料的选取与辨伪方法、历史叙述的客观性与准确性方法,等等。

先说史料的选取与辨伪方法。在传统历史编纂学中,重视实地考察、利用金石史料和讲究文献考据的方法,无疑都是具有科学性的史料选取与辨伪方法。司马迁最早采用实地考察的方法,《太史公自序》具体记载了他青年游学访古情况,所寻求到的遗闻故事对他后来撰写成《史记》起到了非常重要的作用;宋代史家郑樵治史强调"核实之法",《通志·昆虫草木略序》说他为了获得实践真知,"结茅夹漈山中,与田夫野老往来,与夜鹤晓猿杂处,不问飞潜动植,皆欲穷究性情";顾炎武的《天下郡国利病书》,是他通过访查祖国的山川地势和关津险隘,遍访老兵退卒,广交名流才士,然后将调查研究所得与书本知识相对照而最终写成的。传统历史编纂学重视金石史料的历史也很悠久,它们或者视金石为直接的史料,或者以金石为考订文献资料的佐证。如司马迁在《史记·秦始皇本纪》中,就直接征引了秦始皇巡游天下、勒石颂功的刻石原文内容;宋代以后随着金石学的逐渐发达,史家运用金石史料更加成为一种自觉行为。清朝乾嘉时期是传统史学之考据学最为发达的时期,人们为了对史料进行辨伪,采用了诸如归纳演绎方法、史料比较方法等一些"已经具备了近代科学的精神"① 的历史考证方法。

再说历史叙述的客观性与准确性方法。历史叙述的客观性,是指在叙述历史的过程中,尽量避免着史家的主观意识。孔子作"六经",奉行"述而不作"的原则;司马迁作《史记》,重视于对于历史事实的陈述,而不去过多地对历史事实进行评论,顾炎武在《日知录》卷二十六中说:"古人作史,有不待论断而于序事之中即见其指者。惟太史公能之。"白寿彝也说:"司马迁不用专门说一些议论的话,就可以在史实的叙述中把自己的论点表达出来,这是他表达历史论点的特殊形式。"② 这种追求历史叙

---

① 林璧属:《中国传统史学求真方法的科学性》,载《光明日报》,2008-05-04。
② 白寿彝:《中国史学史论集·司马迁寓论断于序事》,80页,北京,中华书局,1999。

述的客观性，也成为传统历史编纂学历史叙述的重要特点。历史叙述的准确性，则是指历史语言的运用问题，其基本精神无非一是要简洁，二是要达义，像《左传》、《史记》、《三国志》等，都堪称为简洁、达义的代表之作。刘知幾在《史通·鉴识》中，对史书叙事的准确性问题提出了具体标准："夫史之叙事也，当辨而不华，质而不俚，其文直，其事核，若斯而已可也。"这也是传统历史编纂学追求历史叙述准确性的标准。

三

传统历史编纂学所谓"求真"，它不仅是指一种史实之"真"，也包含着一种道义之"真"，前者乃为一种"记录的直笔"，后者则是一种"定性的直笔"①，也可以说前者是一种历史叙述之"求真"，后者则兼含着史家对历史事实评价之"求真"。这两种不同思想内涵的"求真"，体现了传统历史编纂学"求真"理念的二重性特点。

早在先秦时期，这种"求真"之二重特性就已经明显地表现出来了。前述记录"赵盾弑其君"之"董狐笔"，便是指一种道义之"真"；而记录"崔杼弑其君"之"太史简"，则为一种史实之"真"。在春秋历史上，齐太公确为崔杼所杀，这是历史事实，齐太史如此记录历史，是追求一种史实叙述之"真"。而晋灵公实际上是被晋国大夫赵穿所杀，董狐何以书"赵盾弑其君"？《左传》宣公二年记载了董狐对赵盾否定弑君之事的回答："子为正卿，亡不越境，返不讨贼，非子而谁？"认为赵盾对晋灵公被杀事件负有政治上和道义上不可推卸的责任。在中国史学史上，齐太史冒死追求历史叙述之"真"受到后人敬仰，同样，董狐从道义出发而不畏权贵的精神也被后人视为良史的楷模。孔子治史，继承了这两种传统：一方面重视文献征实，追求历史叙述之"真"，《论语·八佾》说："夏礼，吾能言之，杞不足征也。殷礼，吾能言之，宋不足征也。文献不足故也。足则吾

---

① 刘家和：《史学经学与思想——在世界史背景下对于中国古代历史文化的思考》，31页，北京，北京师范大学出版社，2005。

能征之矣";另一方面,却又强调道义之"真",《春秋》重视对于史实的褒贬予夺,采用"据鲁亲周"和为尊亲贤者扬善隐恶等书法,如同《左传》昭公三十一年所说:"《春秋》之称微而显,婉而辨。上之人能使昭明,善人劝焉,淫人惧焉,是以君子贵之。"

秦汉以后的历史编纂,继承了追求史实之"真"的传统,像司马迁《史记》以实录著称,刘知幾主张直书、反对曲笔,章学诚重视"史德",乾嘉史学以考据见长。同时,史家也继承了先秦历史撰述重视道义之"真"的传统,自觉维护着这种道义之"真"。只是所谓"道义"的思想内涵,明显打上各时代政治与道德的烙印。纵观秦汉以下传统历史编纂所追求的道义之"真"的思想内涵,主要表现为以下三个方面内容:

1. 宣扬天命史观。班固的《汉书》,堪称为宣扬天命史观的代表之作。前已述及,班固撰写《汉书》,重视"据事直书",不为汉讳。同时,《汉书》出于"宣汉"的需要,又大力宣扬以"汉绍尧运"、"神器有命"为主旨内容的天命史观,来解说汉朝的历史统绪,旨在从道义上确立刘汉政权的合理、合法性。这种对道义之"真"的追求,已经超出了一般意义上对于史实的评判与定性,有着故意曲解历史之嫌。而《汉书》这种浓厚的维护刘汉正统的思想,得到历代统治者与史学家、思想家的大力推崇,成为中国传统史学的正宗思想。此后的史著,像荀悦《汉纪》宣扬的汉统永存的思想,陈寿《三国志·魏书·文帝纪》记载的"黄龙见谯"之符命说,等等,都是在自觉地通过宣扬天命思想以维护封建统治。

2. 推崇《春秋》褒贬书法。宋代历史编纂最重视运用《春秋》褒贬书法。像欧阳修作《新五代史》,其目的就是要通过《春秋》书法来褒贬五代史实与人物,正如他自己所说:"昔孔子作《春秋》,因乱世而立法;余为本纪,以治法而正乱君,发论必以'呜呼',曰:此乱世之书也!"[①] 朱熹作《资治通鉴纲目》,通过法《春秋》用字规则以明"《春秋》之义",将《春秋》褒贬书法发挥到了无以复加的程度。其间出于序名分、明顺

---

① 马端临:《文献通考》卷一九二,《经籍考第十九》,转引自陈振孙:《直斋书录题解》,北京,中华书局,1991。

逆、倡明纲常伦理道德的需要，而为尊亲贤者虚美隐恶的现象比比皆是。

3. 维护名教。这是传统历史编纂学一以贯之的思想。如陈寿作《三国志》，《晋书》本传称赞其"辞多劝戒，明乎得失，有益风化。"袁宏作《后汉记》，明确标榜以"通古今而笃名教"。刘知幾的直书观也明显具有重视名教的思想，《史通·曲笔》在谈论直书与名教的关系时作如是说："肇有人伦，是称家国。父父子子，君君臣臣，亲疏既辨，等差有别。盖'子为父隐，直在其中'，《论语》之顺也。略外别内，掩恶扬善，《春秋》之义也。自兹已降，率由旧章。史氏有事涉君亲，必言多隐讳，虽直道不足，而名教存焉。"认为虽然为君、父避讳"直道不足"，却是合理的。章学诚的《文史通义·史德》说："《骚》与《史》，皆深于《诗》者也。言婉多风，皆不背于名教，而梏于文者不辨也。"肯定《史记》并非"谤书"，而是恪守名教之作，这说明章氏本人也是重视维护名教的。

从上所述可知，传统历史编纂学的"求真"，不仅是追求一种史实之"真"，更是追求一种道义之"真"；在倡导"据事直书"的同时，又极力维护着封建正统意识、等级秩序和伦理道德。这种"求真"的二重特性，反映了传统历史编纂学直书观的局限性。

史学"致用"思想与传统历史编纂学的发展

传统史学最为显著的特点是重视"致用",它是传统史学发展的动力所在。在传统史学发展过程中,人们通过对史学"致用"功能的认识和阐发,形成了非常丰富的史学"致用"思想。而传统史学的"致用"思想,对于传统历史编纂学的发展有着重要影响,传统史书体裁的产生和发展,以及史书笔法的运用等,都和这些"致用"思想密不可分。

一

纵观传统史学丰富的"致用"思想,主要表现在以史为鉴、以史资政、彰善瘅恶、歌功颂德和以史蓄德等几个方面。

1. 以史为鉴思想。早在先秦"六经"时代,以《尚书》和《诗经》为代表,就已经有了明确的以史为鉴思想。《尚书·召诰》所谓"我不可不鉴于有夏,亦不可不鉴于有殷"和《诗经·大雅·荡》所谓"殷鉴不远,在夏后之世",集中表达了周人希望通过历史借鉴来巩固政权统治的愿望;而"殷鉴"一词便是以历史为借鉴思想的最初表述,也一直为后代统治者和思想家、史学家所沿用。汉初以思想家兼史学家陆贾、贾谊为代表,重视总结秦亡汉兴的历史经验教训,由此掀起了一股"过秦"思潮,"逆取顺守"① 和"攻守之势异"②,便是他们以秦为鉴而得出的重要历史认识。史家荀悦认为,"君子有三鉴,世人镜鉴。前惟顺(训),人惟贤,镜惟明。"③ 肯定史鉴对政治训诫的重要性。魏晋南北朝乱世时代的史家普遍重

---

① 《史记》卷九十七,《郦生陆贾列传》。
② 分见《史记》卷六《秦始皇本纪》、卷四十八《陈涉世家》和《汉书》卷三十一《陈胜传》。
③ 荀悦:《申鉴·杂言上》,上海,上海古籍出版社,1990。

视史鉴作用,如刘勰《文心雕龙·史传》就说:"原夫载籍之作也,必贯乎百姓,被之千载,表徵盛衰,殷鉴兴废"。常璩《华阳国志·序志》也说:"天人之际,存亡之术,可以为永鉴也。"唐初一连撰述八部正史,与其重视以史为鉴是分不开的,如史臣令狐德棻就说:"如文史不存,何以贻鉴今古?"① 唐高祖李渊也在《命萧禹等修六代史诏》中明确提出要"惩恶劝善,多识前古,贻鉴将来"②。

2. 以史资政思想。如果说以史为鉴主要是从汲取历史教训而言,旨在避免重蹈历史覆辙的话,那么,以史资政则既要汲取历史教训,更要总结历史经验,以对现实统治有所裨益。中晚唐政治家兼史家杜佑作《通典》,明确以"征诸人事,将施有政"为其撰述旨趣。《通典》凸显"以食货为之首",重视探讨"礼法刑政",以及不录空言等做法,都充分体现了其以史资政思想。北宋政治家兼史家司马光著《资治通鉴》,以"资治"名篇,其强调史学的政治效用意识更为强烈。顾炎武是明末清初倡导经世致用之学的代表,他明确指出"引古筹今,亦吾儒经世之用"③。所撰史学名著《日知录》和《天下郡国利病书》,皆蕴涵了丰富而深刻的经世致用思想。龚自珍是鸦片战争前夕倡导经世致用的史家,在他看来,史学是一切学问之源,是治理国家的宝典,"欲知大道,必先为史"④,肯定治史对于治国安邦的重要作用。

3. 彰善瘅恶思想。旨在发挥史学对于维护社会纲常伦理道德和社会等级秩序的作用。传统史学重视发挥彰善瘅恶功能,首推孔子作《春秋》。按照孟子的说法,孔子是因为"惧"于春秋乱世,希望通过史笔对乱臣贼子进行鞑笞,同时寄予自己的王道社会理想而作《春秋》的⑤。司马迁也说:《春秋》"上明三王之道,下辨人事之纪,别嫌疑,明是非,定犹豫,

---

① 《旧唐书》卷七十三,《令狐德棻传》。
② 《唐大诏令集》卷八十一。
③ 顾炎武:《亭林文集》卷四,《与人书》,北京,中华书局,1983。
④ 龚自珍:《龚自珍全集》上册,《尊史》。
⑤ 《孟子·滕文公下》。

善善恶恶，贤贤贱不肖，存亡国，继绝世，补敝起废，王道之大者也。"①欧阳修作《新五代史》，旨在仿效孔子书乱世之史。陈师锡在所作《五代史记序》中，对欧阳修《新五代史》的撰述动机与旨趣作了很好的概括："五代距今百有余年，故老遗俗，往往垂绝，无能道说者。史官秉笔之士，或文采不足以耀无穷，道学不足以继述作，使五十有余年间，废兴存亡之迹，奸臣贼子之罪，忠臣义士之节，不传于后世，来者无可考焉。惟庐陵欧阳公，慨然以自任，盖潜心累年而后成书"。朱熹的《资治通鉴纲目》也是一部以重视道德评判而著称的史著，其学生李方子在《后序》中说，《资治通鉴纲目》的"大经大法"，是"一本于圣人之述作"，旨在"使明君贤辅有以昭其功，乱臣贼子无所逃其罪……以合于天理之正，人心之安。"称赞《纲目》"义正而法严，辞核而旨深，陶铸历代之偏驳，会归一理之纯粹，振麟经之坠绪，垂懿范于将来，盖斯文之能事备矣。"

4. 歌功颂德思想。为统治者歌功颂德，是传统政治的一种需要，也是传统史学"致用"思想的一种体现。司马谈治史，就具有明显的"宣汉德"和"颂功臣"思想。在给司马迁的临终遗言中，司马谈就讲到了历史上周公、孔子的颂德之功，以及他本人颂汉德未竟的遗憾；而为了弥补自己这份遗憾，他希望司马迁"无忘吾欲所论著矣"。② 在传统史学中，明确而公开地标榜以歌功颂德为历史撰述中心旨趣者当属班固。《汉书》的主旨在于"宣汉"，班固在《汉书·叙传》中明确认为，史家的职责，就是要通过典籍，以使帝王功德"扬名于后世，冠德于百王"，所谓"巍巍乎其有成功，焕乎其有文章也！"认为他作为汉朝史臣，叙述汉朝功德是责无旁贷的。《汉书》通过宣扬"汉为尧后"的天命史观，"上下洽通"地反映西汉皇朝的历史，确实起到了为汉皇朝歌功颂德的作用，也因此而得到历代封建统治者和史家的推崇，被奉为封建正宗史学的代表。

5. 以史蓄德思想。这是讲史学对于人生修养的价值。《易·大畜·象传》说："君子以多识前言往行，以畜其德。"所谓"前言往行"，是指前

---

① 《史记》卷一三〇，《太史公自序》。
② 同上。

人的嘉言懿行；所谓"德"，白寿彝先生认为"不光是指道德、品行说，还包含有见解、器识。"① 即是说君子要通过学习历史来养育德行和增长见识。司马迁认为《春秋》乃"礼义之大宗"，是"为人君父"和"为人臣子"所必须通晓的。而元代史家胡三省在《新注〈资治通鉴〉序》中也对《资治通鉴》作了类似的评价，肯定其对于人君知"自治之源"与"防乱之术"、对于大臣事君治民、对于为人之子谋身行事、对于国家"用兵行师"和"创法立制"，都是不可不读之书。刘知幾则着重肯定了史学对于修养道德的重要作用，《史通·人物》说："夫人之生也，有贤不肖焉。若乃其恶可以诫世，其善可以示后，而死之日名无得而闻焉，是谁之过欤？盖史官之责也。"王夫之则肯定史学有"治身"和"治世"两方面的作用，他在解释《资治通鉴》书名时说："鉴之者明，通之也广，资之也深，人自取之，而治身治世，肆应而不穷。"② 这是对传统史学修养论的理论总结。

二

传统史学丰富的"致用"思想，对于传统历史编纂学的发展有着重要影响，具体表现在对于史书体裁的创立、发展和对于史书直书、褒贬书法的运用两个方面。

1. 对于史书体裁创立与发展的影响。传统史书体裁的创立，与重视史学"致用"是有密切关系的。司马迁之所以能创立以人物为中心的纪传体通史体裁，自然是受到了先秦历史编纂思想的影响，同时也与其历史撰述的"致用"旨趣分不开。《史记》以"究天人之际，通古今之变，成一家之言"和"稽其成败兴坏之理"③ 为宗旨，即是要通过对古往今来历史盛衰之变的考察，从中找寻出"成败兴坏之理"，这便是《史记》之所以要采用通史体裁，叙述自黄帝至汉武帝三千年历史的思想根源。同时，历史

---

① 白寿彝：《中国史学史》第1册，323页。
② 王夫之：《读通鉴论·叙论四》，北京，中华书局，1975。
③ 《汉书》卷六十二，《司马迁传》。

是人类的历史，历史的"成败兴坏"，其实也就是人事的"成败兴坏"；考察历史"成败兴坏之理"，也就是考察人事"成败兴坏之理"，而这也正是《史记》之所以高扬人的价值、重视书写人事、创立以人物为中心的纪传体史书体裁的原因所在。唐朝政治家兼史学家杜佑作《通典》，创立典制体通史体裁，也与其"征诸人事，将施有政"的经世致用史学宗旨分不开。作为中晚唐时期的政治家兼史学家，面对唐朝政局的衰败，杜佑希望能从历代"礼法刑政"及其演变当中找寻出救世良方，这便是其创立典制体通史体裁的思想基础。宋代朱熹作《资治通鉴纲目》，创立纲目体史书体裁，显然也是出于以史叙理以宣扬理学思想的需要。《通鉴纲目》的叙事方法如该书《序》文所说，是"表岁以首年，因年以著统，大书以提要，分注以备言。"叙事内容分别以"纲"和"目"加以条理，"纲"为史事提纲，"目"为"纲"的具体叙述。这种史书体裁的特点与好处是便于叙事明理，所谓"纲举而不繁，目张而不紊，国家之理乱，君臣之得失，如指诸掌。"①

　　传统史书体裁的发展，也明显受到传统史学"致用"思想的影响。班固对司马迁创立的纪传体史书体裁的发展，就与其重视史学"致用"思想有密切关系。《汉书》对纪传体的发展主要有两个表现，一是断汉为史，创立断代纪传体；二是整齐纪传体史书体例，改"书"为"志"，除去"世家"体例。其中改通史为断代的做法，就蕴涵着班固强烈的"宣汉"意识。如前所述，《汉书》的撰述宗旨是要使当代君主"扬名于后世，冠德于百王"。因此，班固反对司马迁通史撰述将刘邦"编于百王之末，厕于秦、项之列"的做法②，而断汉为史，凸显刘汉帝王和刘汉皇朝的历史地位，体现了鲜明的"致用"特色。司马光《资治通鉴》，不但做到了力求详尽事之本末，将传统编年体史书体裁发展到极致，而且也直接启发了袁枢和朱熹的纪事本末体与纲目体的创立。《资治通鉴》对于编年体的发展，既与司马光的个人素质和传统历史编纂学的发展密切相关，也与《通

---

① 黄宗羲：《宋元学案·晦翁学案附录》，北京，中华书局，1980。
② 《汉书》卷一〇〇下，《叙传》。

鉴》作为帝王教科书，其编年纪事必须克服以往史书繁杂的缺点，而力求简明清晰有关。《通鉴》的撰述，在内容上突出了"国家兴衰"和"生民休戚"两大主题；在叙事方法上采取了以正史"本纪"为经、以"传"为纬、将"志"的内容编入相当之年的做法，又充分运用追叙、补叙、并叙、代叙等方法，尽可能去详明事之始末，以便于日理万机的帝王有所借鉴。

2. 对于史书直书与褒贬书法运用的影响。传统史学以"据事直书"为根本要求，而这种直书不隐的书法又是在一定程度上由史学的"致用"特性所决定的。史家要发挥史学以史为鉴、以史资政的经世致用功能，就必须要直书不隐，为时人和后人留下真实可信的历史；反之，一部曲解历史的史书，是不可能达到取鉴、资政目的的。司马迁《史记》为何能在两千多年中一直发挥着巨大的"致用"功能，是与其直书不隐的实录书法分不开的。人们通过阅读《史记》，便能知晓五帝、三王之所以能得天下是积善累德的结果，而夏桀、商纣之所以失天下是因为暴虐百姓；秦朝之所以会速兴速亡，是不懂得"逆取顺守"的道理，而推行酷法和苦民的暴政所致；汉初"文景盛世"局面的出现，是与其持续推行与民休息的黄老政治分不开的……史评家刘知幾则着重从道德角度谈了直书不隐对于社会教化的警示作用，《史通·直书》说："况史之为务，申以劝诫，树之风声。其有贼臣逆子，淫君乱主，苟直书其事，不掩其瑕，则秽迹彰于一朝，恶名被于千载。"

当然，有时出于彰善瘅恶、进行道德教化的需要，也要求史家运用褒贬与夺的书法来评述历史，论定是非善恶。最典型的例子便是孔子作《春秋》，采用寓褒贬、别善恶，为尊亲贤者避讳的书法，即所谓《春秋》笔法。孔子因"惧乱世"而作《春秋》，他通过褒贬书法彰善惩恶，对历史进行道德评判，而最终使"乱臣贼子惧"，[1] 由此达到史学经世致用目的。刘知幾出于维护封建纲常的需要，对于史学这种褒贬书法也是给予认可的，《史通·曲笔》就说："略外别内，掩恶扬善，《春秋》之义也……史氏有事涉君亲，必言多隐讳，虽直道不足，而名教存焉。"

---

[1] 《孟子·滕文公下》。

"实录"与"宣汉":汉代史学思潮的两种取向

"求真"是史学的本质属性,"致用"则是史学的价值属性,它们总是共同作用于史家的史著里,体现于史家的思想中。然而,由于史家所处时代和主观意识的不同,他们对于"求真"与"致用"所表现出的思想取向往往又是不尽相同的。在汉代史学发展过程中,司马迁的"实录"精神与班固的"宣汉"意识,便是代表了汉代史学思潮的两种取向。

一

司马迁《史记》最突出的特点是"实录",这从汉人对于《史记》的评述便可明晓。扬雄是汉代最早以"实录"称许《史记》的学者,其《法言·重黎》说:"或问《周官》,曰立事;《左氏》,曰品藻;《太史公》,曰实录。"班固在《汉书》本传中称赞《史记》说:"自刘向、扬雄博极群书,皆称迁有良史之才,服其善序事理,辨而不华,质而不俚,其文直,其事核,不虚美,不隐恶,故谓之实录。"由此可见,肯定《史记》为"实录"之作,乃是汉代人的一种共识。《史记》的"实录"特点,从史学思想的角度而言,则是体现了史家司马迁的一种强烈的史学"求真"意识。关于司马迁的史学"求真"意识,《报任安书》有一个集中表述:"网罗天下放失旧闻,考之行事,稽其成败兴坏之理,凡百三十篇,亦欲以究天人之际,通古今之变,成一家之言。"① 这就是说,司马迁是要在"网罗天下放失旧闻"的基础上,通过对"天人之际"和"古今之变"的"考实"与"求真",找寻出历史的"成败兴坏之理",从而形成史家的"一家之言"。具体分述如下:

---

① 《汉书》卷六十二,《司马迁传》。

1. 司马迁的"究天人之际"思想体现了"求真"意识。西汉人的天人观念,以董仲舒为代表,大力宣扬天人感应学说,带有浓厚的神秘主义色彩。司马迁曾"闻董生曰",也以"究天人之际"作为撰史旨趣,而他的天人观却表现出了一种"求真"的意识。(1) 司马迁借着作《伯夷列传》,以具体人事为依据,对汉代天人感应论者流行的"天道无亲,常与善人"说法提出质疑。他说:"或曰:'天道无亲,常与善人。'若伯夷、叔齐,可谓善人者非邪? 积仁洁行如此而饿死! 且七十子之徒,仲尼独荐颜渊为好学。然回也屡空,糟糠不厌,而卒蚤夭。天之报施善人,其何如哉? 盗跖日杀不辜,肝人之肉,暴戾恣睢,聚党数千人横行天下,竟以寿终。是遵何德哉……余甚惑焉,倘所谓天道,是邪非邪?"(2) 司马迁高扬人的价值,肯定历史治乱兴衰的决定性因素在于人事而非天命。如《楚元王世家》提出"存亡在所任"的思想,肯定人才对于国家祸福存亡的重要性;《秦楚之际月表》认为夏、商、周、秦之所以能王天下,都是修仁行义、积德用力的结果;而《三王本纪》和《秦始皇本纪》则指出夏、商、周、秦后来的灭亡,也是人为造成的。司马迁对于天命主宰历史的说法提出批评,如在《项羽本纪赞》中,他否定项羽"天之亡我"的说法;《蒙恬列传》则对蒙恬将自己的死因归于绝地脉而违忤天意的说法提出批评。(3) 司马迁肯定"富者,人之情性,所不学而俱欲者也。"承认追求财富是天经地义、合情合理的。认为人在社会上之所以有贵贱之分,是由其拥有的财富多寡来决定的,"凡编户人民,富相什则卑下之,伯则畏惮之,千则役,万则仆,物之理也。"社会道德是建构在物质财富基础之上的,所谓"仓廪实而知礼节,衣食足而知荣辱"①。

2. 司马迁的"通古今之变"思想体现了"求真"意识。历史本身是发展变化的,然而人们对于历史发展变化的认识却是不尽相同的。我们通过《尚书·周书》的记载,既能看到商周之际历史的发展变化,也能看到周初以周公为代表的思想家顺应这种变化之势而因势利导的进步思想与举措;我们通过孔子修《春秋》之事,可以知晓春秋战国时期历史变化的事

---

① 《史记》卷一二九,《货殖列传》。

实，同时也看到了孔子不希望这种不合周代礼乐的变化发生。司马迁主张"通古今之变"，这种主变的思想本身就是符合历史发展变化的客观实际，是一种"求真"意识的体现；而正是在这种"通古今之变"的"求真"过程中，司马迁对历史作出了评判，对历史的治乱兴衰进行了总结。如对秦的统一与速亡这一巨变，《六国年表序》既指出了秦因多暴而导致短祚，又充分肯定了秦的统一对于结束春秋战国几百年国家分裂局面的重要意义，认为是"世异变，成功大"。《高祖本纪》则分析了周秦以来的制度变化情况，肯定汉朝是"承敝易变，使人不倦，得天统矣。"而司马迁"通古今之变"的基本方法，便是"原始察终，见盛观衰"①，它要求人们把历史当作一个整体过程来加以考察，并注意从盛世中观察其可能向衰的方向的转变。《史记》正是依此对自黄帝至汉武帝三千年历史作了系统而全面的史实"求真"。

3. 司马迁的历史撰述书法体现了"求真"意识。班固所谓"其文直，其事核，不虚美，不隐恶"，集中体现了司马迁历史撰述书法的"求真"意识。"文直事核"，就是要做到直书其事。而史书的直书其事，是建立在全面占有史料、认真核实史实的基础上的。司马迁写史，重视占有史料，靠史料说话，《史记》的很多篇章都注重交待所记之事的史料出处，如《五帝本纪》说："予观《春秋》、《国语》"；《殷本纪》说："自成汤以来，采于《书》、《诗》"；《管晏列传赞》说："吾读管氏《牧民》、《山高》、《乘马》、《轻重》、《九府》，及《晏子春秋》"，等等。同时，司马迁重视于对史实的核实，如在《五帝本纪赞》中，司马迁通过对涉及"五帝"历史的各种史料的考察，最终"择其言尤雅者"而撰之；司马迁写"三代本纪"，在各篇的"太史公曰"中，他对夏商帝王的姓氏、大禹葬会稽、周天子是否"居洛邑"等诸多史实问题，都进行了认真考证。"不虚美、不隐恶"，则是要求史家不但要直书其事，而且要善恶必书，采善贬恶，明辨是非，这是对史家"求真"的一种更高要求。《史记》无论是记载历史人物或是历史事件，总是能关注两点，如它反对秦的暴政，却对秦统一之功给予充

――――――――――
① 《史记》卷一三〇，《太史公自序》。

分肯定；它颂扬汉德，却对西汉各种弊政进行揭露；它肯定项羽反秦之功和英雄气概，却批评他残暴不仁，等等，都很好地体现了司马迁"不虚美、不隐恶"的"求真"意识。

当然，《史记》重视"求真"，同时也讲"致用"。《高祖功臣侯者年表序》就明确指出："居今之世，志古之道，所以自镜也"。《太史公自序》也说："汉兴以来，至明天子，获符瑞，封禅，改正朔，易服色，受命于穆清，泽流罔极，海外殊俗，重译款塞，请来献见者，不可胜道。臣下百官力诵圣德，犹不能宣尽其意。且士贤能而不用，有国者之耻；主上明圣而德不布闻，有司之过也。且余尝掌其官，废明圣盛德不载，灭功臣世家贤大夫之业不述，堕先人所言，罪莫大焉。"这段话所表明的《史记》以"宣汉德"和"颂功臣"为撰述目的，似乎不能简单地被理解为是言不由衷的。

二

班固《汉书》则凸显一种"宣汉"意识。《汉书·叙传》说："固以为唐虞三代，《诗》《书》所及，世有典籍，故虽尧舜之盛，必有典谟之篇，然后扬名于后世，冠德于百王，故曰'巍巍乎其有成功，焕乎其有文章也！'汉绍尧运，以建帝业，至于六世，史臣乃追述功德，私作本纪，编于百王之末，厕于秦、项之列。太初以后，阙而不录，故探纂前记，缀辑所闻，以述《汉书》。"班固认为，即使如儒家心目中的尧、舜盛世，也必须要依靠典籍，才能使其"扬名于后世，冠德于百王"。而对于上接帝尧统绪的汉皇朝，以往的历史记述没有肩负起"宣汉"的历史重任，加上汉武帝太初以后的汉史又"阙而不录"，所以他要断汉为史作《汉书》，以史学家特有的历史自觉去肩负起"宣汉"的历史重任。从《叙传》的字里行间，我们已清楚地看到，班固作史，是要以颂扬大汉之德为己任，这突出体现了班固史学以"宣汉"为中心内容的"致用"特色。那么，班固究竟是如何通过"宣汉"来贯彻他的史学"致用"意识的呢？这主要体现在以下三个方面：

1. 班固断汉为史作《汉书》，旨在凸显汉皇朝的历史地位。在《汉书》问世以前，有关西汉一朝历史的记载，武帝以前有《史记》，武帝之后则有自褚少孙至班彪10余家《史记》续作。续作相继而作，难以系统反映汉史自不必论。而司马迁的《史记》，在班固看来，也没有很好地肩负起"宣汉"的历史使命，一则《史记》的记述内容只涉及汉武帝以前的汉朝历史，非汉朝全史；二则《史记》采用通史纪传，将汉皇朝"编于百王之末，厕于秦、项之列"，这在班固看来，是贬低了汉皇朝的历史地位。有鉴于此，班固要断汉为史作《汉书》，旨在系统记述汉皇朝的历史，凸显其历史地位。因此，《汉书》断汉为史，不只是体例的变化，更主要是出于"宣汉"的需要。

2. 《汉书》重视"上下洽通"，最大限度地反映有汉一代的历史及其盛衰之变。班固撰述《汉书》，所奉行的一个基本原则便是："综其行事，旁贯《五经》，上下洽通"。① 这里所谓"上下洽通"，是强调《汉书》记载史事既要博洽，又要贯通。《汉书》的博洽，主要体现在"十志"上。"十志"围绕着政治制度、经济制度和思想文化三个方面，对于西汉典章制度作了全面叙述。同时，《汉书》虽然断汉而作，却是断而不断、断中有通，体现了历史的贯通意识，其中尤以"表"和"志"最为突出。通过《汉书》的"八表"，我们对于伏羲以来特别是西汉历史的兴衰之变有了一个清晰的了解；而《汉书》的"十志"，则是把汉代的典章制度放在历代典章制度发展及其沿革的进程中来写，这样便于人们了解历代典章制度的发展脉络和变易情况。

3. 班固重视以神意史观解说汉朝统绪。西汉建朝与以往王朝有很大的不同，以往的王朝建立者多为圣王之后，而刘邦起于闾巷，无尺土之封，却在秦末乱世之时，手持三尺剑而得以倒秦灭项，最终建立了汉皇朝。正如班固所说："夫大汉之开原也，奋布衣以登皇极，繇数期而创万世，盖六籍所不能谈，前圣靡得而言焉。"② 刘邦"无土而王"，这是时人感到困

---

① 《汉书》卷一〇〇下，《叙传》。
② 《后汉书》卷四十下，《班彪列传》，北京，中华书局，1965。

惑不解的问题，班固一方面肯定人为因素的作用，另一方面重视以神意史观来对汉皇朝的历史统绪作出解说。在《汉书·高帝纪赞》中，班固叙述了一个非常具体的汉绍尧运的刘氏家族世系，并由此认为汉高祖之所以能成就帝业，是因为"汉承尧运，德祚已盛，断蛇著符，旗帜上赤，协于火德，自然之应，得天统矣。"从理论渊源而言，班固的"汉为尧后"、"断蛇著符"说，主要是承继了刘歆的五行相生之"五德终始说"历史理论。由于《汉书》为我国封建正统史学的代表，它对于汉皇朝统绪所作的神意解释所产生的影响自然是不同凡响的。

值得注意的是，班固重视"宣汉"，却又能直书其事，不为汉讳；在追求史学"致用"的同时，又不失史学的"求真"本质。《汉书》直书不隐和不为汉讳的具体表现：(1) 对老百姓疾苦所给予的极大同情，如《汉书·食货志》对西汉统治者大肆兼并土地，由此导致老百姓生活困苦作了揭露；《鲍宣传》则通过载录鲍宣的"民有七亡、七死"论，对西汉后期政治腐败、民不聊生作了真实写照。(2) 对封建统治阶级的奢侈无度和穷凶极恶进行了无情的揭露，如《贡禹传》借贡禹之口对统治者的奢侈腐朽进行大胆揭露；《景十三王传》则指出西汉诸侯王"率多骄淫失道"，穷凶极恶。(3) 不为"文景盛世"避讳，如《贾谊传》借贾谊之口，指出文帝时期的国势已是"可为痛哭者一，可为流涕者二，可为长太息者六"；而《路温舒传》则对景帝时期用刑之酷进行暴露，揭示了"盛世"温情表面的背后，有其冷酷的另一面。

三

就史学的"求真"而言，《左传》宣公二年所记载的"赵盾弑其君"之所谓"董狐笔"和襄公二十五年所记载的"崔杼弑其君"之所谓"太史简"，则是春秋时期的史家对后世中国史学所作出的直书不隐书法的最好垂范。不过细加区分，二者的直书又是不相同的，前者体现的只是道义之"真"，后者体现的则是史实之"真"。刘家和先生将这两种不同的直书分别称为"定性的直笔"和"记录的直笔"①。春秋末年孔子作《春秋》，对这两种直书都作了继承，他一方面重视文献征实，另一方面则又高悬起道义之"真"，而采用"据鲁亲周"的书法，寓褒贬、别善恶，为尊亲贤者扬善隐恶。与传统史学的"求真"意识相比，司马迁的史学"求真"则表现出以下的不同：（1）从记述内容来看，《史记》以"究天人之际"和"通古今之变"为撰述旨趣，记载了自黄帝以来至汉武帝三千年的历史，其记述历史之全面和悠久，都是前无古人的；（2）从文献资料来看，《史记》取材广泛，"网罗天下放失旧闻"，同时又重视考实，"择其言尤雅者"而撰；（3）从撰述书法来看，《史记》不但直书其事，文直事核，而且还不虚美、不隐恶，采善贬恶，明辨是非，突破了传统史学思想重道义的特点。毫无疑问，司马迁的史学"求真"，已经将中国传统史学的"直书"提升到了一个新高度，是传统史学"求真"思想的新发展。

中国史学的"致用"传统则始于"六经"。《尚书》的史学"致用"意识，集中表现为以"殷鉴"为中心内容的历史借鉴思想；《易·大畜·象传》所谓"君子以多识前言往行以畜其德"和《礼记·经解》所谓"疏通知远，《书》教也"，说的都是怎样运用历史知识来提高自己的辨是非、观成败的见解与器识，以及观察当今和预知未来的能力②；孔子作《春秋》则是为了"制义法"、"达王事"而仪表天下后世③。与以往史学讲"致用"相比，班固史学讲"致用"则表现出不同的特点：一是凸显史学的歌功颂德功能。《汉书》以"宣汉"为其撰述宗旨，以颂扬汉德为己任，旨在使当代君主"扬名于后世，冠德于百王"。二是彰显史学的二重性特征。班固为巩固新兴的东汉政权提供历史借鉴，需要通过史学的"求真"，认真总结西汉历史的治乱兴衰；要在"上下洽通"中全面、系统地对西汉大一统盛世作出反映，以达到"宣汉"的目的。同时刘邦"起于闾巷"、"无土

---

① 刘家和：《史学经学与思想——在世界史背景下对于中国古代历史文化的思考》，31页。

② 参见白寿彝：《中国史学史》第1册，323~324页；《说"疏通知远"》，载《中国史学史论集》。

③ 《史记》卷一三〇，《太史公自序》。

而王"的历史,与刘秀再造东汉的现实,使得班固重视从神意角度对刘氏政权的合理合法性作出解说,而重视宣扬天命王权的思想。这种"真实的历史和虚幻的历史结合在一起,就构成封建史学的二重性。"① 班固正是充分发挥了史学的二重属性,从而很好地使其史学服务于汉皇朝的统治,《汉书》也因此而成为中国正统史学的代表。

---

① 吴怀祺:《中国史学思想史》,89页,合肥,安徽人民出版社,1996。

五德终始说与汉代史学的正统观念

中国史学言正统由来已久，而学界对于这种正统之论大多秉持一种否定的态度。梁启超就说过："正统之辨，昉于晋而盛于宋"；而"中国史家之谬，未有过于言正统者也"①。梁氏关于中国古代史学正统论之评说颇具代表性，在学术界有很大影响。笔者则认为，这一评说与史实并不完全相符。其一，中国的正统之辨实始于秦汉而非晋代，兴盛于秦汉时代的五德终始说和三统说就内蕴有强烈的正统观念；其二，正统论作为一种深层次的历史观念，不但蕴涵了史家的经世致用意识，也是时代政治对于史学的一种要求，并非只是一种谬论。据此，本文通过对五德终始说之产生及其对秦汉政治之影响的考察，拟对汉代史学的正统观念作一具体述评。

一

五德终始说作为一种解释王朝更替和历史变易的学说，包含两个解释系统：一个是按照土木金火水五行相胜之序来解说自黄帝以来的中国历史王朝更替情况；另一个是按照木火土金水五行相生之序来解说自伏羲以来中国历史王朝的统绪。其中，五行相胜之五德终始说的创立者是战国时期阴阳家的代表人物邹衍，而五行相生之五德终始说的创立者则是西汉末年经学家刘歆②。自五德终始说创立以来，中国历朝历代都重视推演五德之序，以为本朝建立的合法性寻求理论依据。欧阳修说："故自秦推五胜，

---

① 梁启超：《新史学·论正统》，《饮冰室合集》文集之九，北京，中华书局，1989。
② 班固《汉书·郊祀志赞》认为以五行相生之五德终始说来解说自伏羲以来王朝更替历史的是刘向、歆父子，笔者则认为秉持这一学说的是刘歆而非刘向，详细考证参见拙著《中国史学思想通史·秦汉卷》，312～314页，合肥，黄山书社，2002。

以水德自名，由汉以来，有国者未始不由于此说。"①

邹衍五德终始说②的主要思想，依据《吕氏春秋·应同》的记载：（1）讲五行相胜，即认为黄帝、大禹、商汤、文王依次得土德、木德、金德和火德建朝，《吕氏春秋》替邹衍代言，"代火者必将水"，周朝之后的新朝一定是一个以水为德的王朝。（2）讲祥瑞符应，即认为每朝的兴起，必有祥瑞符应出现，如黄帝得土德是"天先见大蚓大蝼"，这是土气胜的表现；大禹得木德是"天先见草木秋冬不杀"，这是木气盛的表现；商汤得金德是"天先见金刃生于水"，这是金气盛的表现；文王得火德是"赤乌衔丹书集于周社"，这是火气胜的表现。（3）讲治各有宜，即得新德建立起来的王朝，都必须要变更旌旗服色和文物制度，如黄帝得土德，"其色上黄，其事则土"；大禹得木德，"其色上青，其事则木"；商汤得金德，"其色上白，其事则金"；文王得火德，"其色上赤，其事则火"。以此类推，得水德者"其色上黑，其事则水"。

邹衍这套学说，在秦至汉初的政治史上有着重要影响。秦皇朝为解说自己是一个承运而建的合法皇朝，以为秦代周是以水德代火德，由此建立起了一套系统的秦朝水德制度：

> 始皇推终始五德之传，以为周得火德，秦代周德，从所不胜。方今水德之始，改年始，朝贺皆自十月朔。衣服旄旌节旗皆上黑。数以六为纪，符、法冠皆六寸，而舆六尺，六尺为步，乘六马。更名河曰德水，以为水德之始。刚毅戾深，事皆决于法，刻削毋仁恩和义，然后合五德之数。③

---

① 欧阳修：《欧阳修全集·居士集》卷十六，《正统论上》，北京，中国书店，1986。

② 关于邹衍的五德终始说，《史记·孟子荀卿列传》说其曾著有《终始》、《大圣》之篇10余万言，《汉书·艺文志》也著录有《邹子》49篇和《邹子终始五德》56篇，然而这些自著均已散佚，我们今天主要是依据《吕氏春秋·应同》和《史记》的《秦始皇本纪》、《封禅书》、《孟子荀卿列传》等篇的有关记载来加以了解。

③ 《史记》卷六，《秦始皇本纪》。

从《史记·秦始皇本纪》这段记载可知，秦皇朝改正朔、上黑色、定数纪、行法治，这套文物制度建立的依据，便是邹衍创立的五行相生的五德终始说。汉朝初年，朝中大臣有过关于汉朝德属的争论，张苍认为秦朝短祚，汉当以水德上继周之火德①；而贾谊、公孙臣等人则坚持"秦在水德，故谓汉据土而克之。"②后来汉武帝修《太初历》，"遂顺黄德"，汉朝的土德制度由此确立③。毫无疑问，秦朝依据五德终始说建立水德制度，是为了论证秦朝代周的合法性；而汉朝前期土德制度的确立，也是为了说明汉之土德代替秦之水德的合理性。

西汉末年，汉朝的德属发生了变化，由土德说转为火德说，而从理论上对此作出系统解说的人便是刘歆。刘歆通过创立五行相生之五德终始说，对汉朝的德属进行了重新解释④。与邹衍创立的五行相胜之旧五德终始说相比，刘歆的新五德终始说有两个明显的区别：（1）旧五德终始说以得土德的黄帝作为历史开端，认为历史王朝的更替是循着"土木金火水"五行相胜之序进行的；新五德终始说则"以为帝出于《震》"⑤，而以得木德的伏羲为中国历史的开端，认为历史王朝的更替是依循"木火土金水"五行相生之序进行的。（2）旧五德终始说解说汉以前的历史，只涉及黄帝、夏禹、商汤、周朝、秦朝和汉朝五朝，新一轮循环刚好开始；新五德终始说解说汉以前的历史，其古史系统则有太昊伏羲氏为木德，（共工氏为水德）炎帝神农氏为火德，黄帝轩辕氏为土德，少昊金天氏为金德，颛顼高阳氏为水德；帝喾高辛氏为木德，（帝挚为水德）帝尧陶唐氏为火德，帝舜有虞氏为土德，伯禹夏后氏为金德，成汤为水德；周武王为木德，汉朝为火德，历史已经循环到第三轮。

西汉末年刘歆创立这套五行相生之五德终始说，就其实质而言，主要

---

① 《史记》卷九十六，《张丞相列传》。
② 《汉书》卷二十五下，《郊祀志赞》。
③ 同上。
④ 关于刘歆的新五德终始说，详见《汉书·律历志》所载《三统历谱》之《世经》篇。
⑤ 《汉书》卷二十五下，《郊祀志赞》。

表现为两个方面：(1)宣扬"汉为尧后"说。"汉为尧后而得火德"说，这是西汉末年的一种普遍说法。从史料记载来看，此说最早见于汉昭帝时眭孟（董仲舒三传弟子）的"汉家尧后"说①，而对此在理论层面进行系统论证的则是刘歆。刘歆宣扬"汉为尧后"说，其目的之一，是为了宣扬刘邦乃圣王尧之后代，而上天佑护圣王，所以让他的后代刘邦建立大汉皇朝，旨在说明汉政权的建立是合理合法合乎统绪的。(2)主张汉新禅让。新五德终始说的产生，是与西汉后期统治危机的日益严重、社会上出现要求禅让的呼声紧密相连的。眭孟就曾上书说："汉家尧后，有传国之运"②，鼓吹禅让异姓；汉成帝时大臣谷永也说："彗星，极异也，土精所生"，认为出现土精所生的彗星，这预示着汉家之火德不久将要被得土德的人所取代③。实际上在元帝、成帝、哀帝时，社会上"异姓受命"和同姓"更受命"的呼声已甚嚣尘上，汉哀帝改元易号和准备禅让于董贤的举动，更是充分说明刘家统治已经很难再继续下去，与其等待革命来推翻自己，不如通过禅让来求得和平过渡。而刘歆构建这套五行相生之五德终始说，其政治动机就是服务于汉新禅让的需要，因为禅让，所以相生；如果革代，则是相胜。而从历史上看，尧舜禅让便是火德让位于土德，汉为尧后是火德，而《汉书·王莽传》载，王莽在其下达的即位诏书中就说自己是得土德的黄帝和虞舜④的后代。于是，历史上的尧舜禅让，变成了现实中汉新禅让的样板。

二

由上可知，五德终始说对于秦汉时期的政治有着重要影响，秦皇朝正是依据这一学说建立起一整套水德制度，而汉朝火德制度的确立，则与王

---

① 《汉书》卷七十五，《眭弘传》。
② 同上。
③ 《汉书》卷八十五，《谷永传》。
④ 自邹衍五德终始说流行于世后，黄帝是被公认为得土德而建朝的古帝王；而据《淮南鸿烈》载，虞舜得的也是土德。

莽代汉这一政权更替政治事件紧密相连。同时，五德终始说作为一种解释王朝更替的历史学说，它所提出的古史系统和内蕴的经世意识与正统观念，对于以司马迁、班固为代表的汉代史学也产生了重要影响。

西汉史家司马迁撰述《史记》，对邹衍的五德终始说做了重要汲取。

1. 《史记》接受了五德终始说以得土德的黄帝为历史开端的说法，系统宣扬了"祖黄帝"的思想，确定了黄帝为中华人文始祖的地位。司马迁的"祖黄帝"思想，其具体内涵包括两个方面：（1）"圣王同祖于黄帝"。在《五帝本纪》中，司马迁将五帝中黄帝之外的其他四帝都说成是黄帝的后代，其中颛顼为黄帝之孙、昌意之子；帝喾为青阳（黄帝子）之孙、蟜极之子；帝尧为帝喾之子；帝舜为颛顼之后、瞽叟之子。《五帝本纪》和《史记·三代世表》还认为夏王朝的开创者大禹和商、周始祖契、后稷都是黄帝的后代。至于秦的祖先，《秦本纪》则说："秦之先，帝颛顼之苗裔孙曰女修。"自然也是黄帝的后代。（2）"华夷各族同祖于黄帝"。司马迁认为黄帝不仅是华夏民族的祖先，而且是中国各民族的共同祖先。《世家》诸篇认为周代各国的诸侯王，包括被人们视为南蛮之地的吴、越、楚等国诸侯王，也都是黄帝的后代。《吴太伯世家》说："中国之虞与荆蛮勾吴兄弟也"；《越王勾践世家》说："越王勾践，起先禹之苗裔"；《楚世家》说："楚之先祖出自帝颛顼高阳"。甚至像匈奴等少数民族也是黄帝的后代，"匈奴，其先祖夏后氏之苗裔也，曰淳维。"①

2. 《史记》按照邹衍五德终始说的五德运次来叙述黄帝以来的历史。《五帝本纪》说黄帝"有土德之瑞，故号黄帝。"《殷本纪》说"汤乃改正朔，易服色，上白，朝会以昼。"色尚白，显然是说商为金德。《秦始皇本纪》则说："始皇推终始五德之传，以为周得火德，秦代周德，从所不胜。方今水德之始……"由上可知，司马迁关于秦朝以前的王朝更替历史，完全是按照邹衍的五德终始说来加以诠释的。至于继秦而建的汉皇朝的德属，前已述及，汉初有水德与土德两种不同的说法，司马迁赞同土德说，《汉书·郊祀志赞》说："孝武之世，文章为盛，太初改制，而儿宽、司马

---

① 《史记》卷一一〇，《匈奴列传》。

迁等犹从臣、谊之言，服色数度，遂顺黄德。彼以五德之传从所不胜，秦在水德，故谓汉据土而克之。"

司马迁在《史记》中叙述的黄帝以来的历史，除黄帝时期增加了四帝，从而构成五帝外，其历史王朝系统与邹衍五德终始说中勾勒的古史系统基本上是一致的。从史学思想角度而言，这套古史系统和王朝体系的建立，无疑确立了这些王朝在中国政治历史统绪中的正统地位。从此以后，人们讲述中国古史，基本上都遵循着这个王朝体系，西汉末年出现的新五德终始说所提出的古史系统，也只是对这一王朝体系的进一步丰富而已。同时，司马迁将五德终始说中得土德的黄帝作为中国历史开端，而系统宣扬了"祖黄帝"的思想，司马迁也因此而成为中国历史上第一个宣扬中华民族都是黄帝子孙的杰出史学家和思想家。而这一思想在汉武帝大一统时代的提出，自然也蕴含了深刻的大一统之义。在司马迁看来，既然中华民族本来就是一个同宗同祖的大家庭，这就从血缘和伦理上论证了中华民族实行政治大一统的必要性和必然性。

东汉史家班固撰述《汉书》，则系统汲取了刘歆的五行相生之五德终始说。

1. 班固接受了刘歆新五德终始说构建的古史系统。班固有感于《尧典》颂尧之德，而作《典引篇》以叙汉德。《典引篇》开篇即粗略地勾勒出了一个自伏羲氏至刘汉的天命王权体系的大致轮廓：

> 太极之原，两仪始分，烟烟煴煴，有沈而奥，有浮而清。沈浮交错，庶类混成。肇命人主，五德初始，同于草昧，玄混之中。逾绳越契，寂寥而亡诏者，《系》不得而缀也。厥有氏号，绍天阐绎者，莫不开元于大昊皇初之首，上哉夐乎，其书犹可得而修也。亚斯之世，通变神化，函光而未曜。
>
> 若夫上稽乾则，降承龙翼，而炳诸《典》《谟》，以冠德卓踪者，莫崇乎陶唐。陶唐舍胤而禅有虞，虞亦命夏后，稷契熙载，越成汤武。股肱既周，天乃归功元首，将授汉刘。①

---

① 《后汉书》卷四十下，《班彪列传》。

在这段话中，班固完全接受了刘歆的说法，也以《易传》"帝出乎《震》"为依据，而以得木德而王天下的伏羲氏为人文始祖，故说王者"莫不开元于大昊皇初之首"。从得木德的伏羲开始，帝王之位依据相生之序而依次下传于得火德的炎帝神农氏、得土德的黄帝轩辕氏，他们被合称为"三皇"。班固认为，亚斯之世的少昊、颛顼、高辛诸帝虽然"通变神化"，却由于《系辞》不载其事，致使他们的功业"函光而未曜"；而陶唐氏由于炳诸《典》、《谟》之故，遂使其德得以彰显。自陶唐之后，帝王统绪依次为舜虞、夏禹、成汤和武王，而继周之后，天命"将授汉刘"。

2.《汉书》接受了新五德终始说宣扬的"汉为尧后"思想。刘歆为服务于王莽代汉的需要而宣扬"汉为尧后"说，班固则出于"宣汉"的需要而宣扬"汉为尧后"说。众所周知，西汉皇朝的建立与秦以前各朝的建立有着很大不同，之前的王朝建立者多为圣王之后，秦皇朝也不例外。而刘邦起于闾巷，无尺土之封，却在秦末乱世之时，手持三尺剑而得以倒秦灭项，最终建立了汉皇朝。正如班固所说："夫大汉之开原也，奋布衣以登皇极，繇数期而创万世，盖六籍所不能谈，前圣靡得而言焉。"① 刘邦"无土而王"，这是时人感到困惑不解的问题，却又是必须要作出说明的问题。对此，自西汉以来，人们已经做过不少努力。刘歆的"汉为尧后"说着重用神意史观来解说这一问题，而司马迁、班彪等人则在肯定其有神意一面的同时，也强调其与重人事是分不开的。班固出于宣汉的需要，在肯定有人为因素的同时，大力宣扬"汉为尧后"说，更加重视以神意史观来解说汉皇朝的历史统绪。《汉书》"汉为尧后"思想，集中见诸《高帝纪赞》，班固在该篇中提出了一个具体而又系统的汉绍尧运的刘氏家族的世系：

《春秋》晋史蔡墨有言，陶唐氏既衰，其后有刘累，学扰龙，事孔甲，范氏其后也。而大夫范宣子亦曰："祖自虞以上为陶唐氏，在夏为御龙氏，在商为豕韦氏，在周为唐杜氏，晋主夏盟为范氏。"范

---

① 《后汉书》卷四十下，《班彪列传》。

氏为晋士师，鲁文公世奔秦。后归于晋，其处者为刘氏。刘向云战国时刘氏自秦获于魏。秦灭魏，迁大梁，都于丰，故周市说雍齿曰："丰，故梁徙也"。是以颂高祖云："汉帝本系，出自唐帝。降及于周，在秦作刘。涉魏而东，遂为丰公。"丰公，盖太上皇父。其迁日浅，坟墓在丰鲜焉。及高祖即位，置祠祀官，则有秦、晋、梁、荆之巫，世祠天地，缀之以祀，岂不信哉！由是推之，汉承尧运，德祚已盛，断蛇著符，旗帜上赤，协于火德，自然之应，得天统矣。

就理论渊源而言，班固的"汉为尧后"、"断蛇著符"说，其实主要是承继了刘歆的历史思想①。由于《汉书》为我国封建时代的正史，它对刘汉世系与王朝统绪所作的神意解释产生的影响自然是不同凡响的。

3.《汉书》继承了新五德终始说以"五德"言正闰的正统思想。在刘歆以五行相生之五德终始说所排列的古史系统中，我们却没有看到我国封建社会第一个大一统皇朝秦皇朝。当然，刘歆不可能无视秦皇朝的存在，他之所以未将秦皇朝排列于历史王朝统系之内，是因为在他看来，秦皇朝是以水德介于周（木）、汉（火）之间，故而未得五行相生之序，只能属于闰朝。《世经》为了不使历史王朝仅有秦朝为闰统，故而又将共工氏和帝挚归并到闰统之列——共工氏得水德居于伏羲木德和炎帝火德之间，帝挚得水德居于帝喾木德和帝尧火德之间。这样做的目的，是觉得仅以秦朝为闰统，会让人感到他所编订的这个古史系统过于偶然而不可信。实际上共工氏和帝挚是刘歆为说明秦皇朝得闰统而找来的两个陪衬。《汉书》继承了刘歆的"摒秦"思想，班固在《典引篇》中勾勒出的古史系统中，就明确认为"股肱既周，天乃归功元首，将授汉刘"；而在《高帝纪赞》中更是大力宣扬"汉为尧后"说，许汉以火德上继周之木德，将秦皇朝排除于历史统绪之外。

---

① 《高帝纪赞》所记刘氏自尧以来的世系，主要出自《左传》文公十三年、襄公二十四年和昭公二十九年三条材料。而据清人考证，《左传》是一部经过刘歆整理并改头换面过的史书，他为宣扬"汉为尧后"说而将编造的刘氏世系窜入其中不是没有可能的。详见拙著《中国史学思想通史·秦汉卷》第八章第二节的考证。

《汉书》继承刘歆新五德终始说的历史思想，大力宣扬"汉为尧后"说和"摒秦"论，从本质而言，是出于政治上"宣汉"和史学上确立正统主义的需要。而出于这样一种需要，班固从历史编纂角度对于司马迁的通史做法提出了批评，认为这种通史撰述的结果使汉皇朝"编于百王之末，厕于秦、项之列"，是贬低了汉皇朝的历史地位，与史家叙史将当代君主"扬名于后世，冠德于百王"的作史旨趣完全相违背①；而从德运而言，这也违背了汉以火德上继周之木德的五德运次。正是出于史学服务于时代政治的需要，班固"断汉为史"作《汉书》，对大汉皇朝歌功颂德，由此开启了断代纪传体历史撰述的先河，《汉书》也因此成为中国正统史学的代表。

---

① 《汉书》卷一〇〇下，《叙传》。

论中国古代的经学与史学

作为古代中国的两大显学——经学和史学，它们之间的因缘颇深。一方面，经学作为古代中国社会的统治思想，对于不同历史时期的史学与史学思想的发展和演变有着重要的影响和指导作用；另一方面，史学也为经学的建构和发展提供了具体的历史素材，人们关于经义的探求不能离开具体的古今历史的发展变化，不能缺少历史的说明和验证。正是这种非同寻常的因缘，经史关系自然也就成了历代学者津津乐道的问题。本文试图通过对中国古代各个历史时期经史之学发展脉络与演变特征作出系统梳理，以期揭示二者之间的密切关系。

一

中国的经学因汉武帝接受董仲舒"罢黜百家，独尊儒术"建议、立五经博士而兴起，与此同时，中国的史学也因汉武帝时期司马迁撰成《史记》而成就史家的"一家之言"。以此计算，经史因缘已有2100余年之久。然从学术发展史角度而言，经学与史学又皆起源于先秦，而且有着共同的渊源。由于孔子创立儒学，整理"六经"，后世才得以据此为经典，训释传记，从而逐渐形成经学；而经过孔子整理的"六经"，作为上古三代时期的"先王政典"，本身就是重要史料，其中的《尚书》、《春秋》等典籍实为先秦史籍之源。"六经"亦经亦史的特点，表明早在先秦经史起源时期二者就结下了不解之缘。由此观之，则中国古代的经史因缘至少要追溯到孔子整理"六经"的春秋时期。

作为后世儒家经典专称的"经"，在先秦时期它的含义有一个演变和发展过程。"经"字最早见于周代金文，其本义按照《说文解字》的说法，是"经，织从丝也。"① 清人段玉裁注曰："织之从丝谓之经。必先有经，

---

① "从丝"二字原文脱，清人段玉裁据《太平御览》卷八二六补。

而后有纬"①。经，是指编织的纵丝，因而只不过是一个普通的古老纺织工艺的概念。春秋战国时期，"经"开始用来指称官府和诸子百家的基本典籍，如《释名·释典艺》所谓"经，径也，常典也。"像《墨子》的《经上、下》、《经说上、下》，《管子》的《经言》、《解》等。作为典籍的"经"，在这一时期并不局限于只是对儒家经典的指称。不过，在这一时期能够得到普遍尊崇的经典，还属《诗》、《书》、《礼》、《乐》、《易》、《春秋》。把这六部经典并称为"六经"，始见于战国文献《庄子·天运》②。此外，像《庄子·天下》、《商君书·农战》、和《荀子·儒效》等篇亦有记载。近年出土的荆门郭店楚墓竹简，称此"六经"为"六德"，而且排序同《庄子·天运》③，更是打消了人们对于战国时期是否存在"六经"的疑伏。但是，在《庄子》一书看来，"六经"只是有关古圣先贤的经籍，是诸家皆称引的天下道术④。

"六经"后来之所以逐渐演变成为儒家学派的基本经典，追根求源，还是与孔子对它的整理和传习有着密切的关系，正如周予同所说，"六经""无疑经过孔子整理，也因此而成为儒家学派的'经典'"⑤。关于孔子与"六经"的关系，最早作出明确记载的，当属《史记》的《孔子世家》和《太史公自序》。按照司马迁的说法，孔子编次了《尚书》，删订了《诗经》，编订或修订了《礼》、《乐》，作了《周易》的一部分，因鲁史而编写了《春秋》。对于这一说法，周予同认为"值得人们重视"，又指出它"显然受到董仲舒的影响。因而后来的经学家，并不都以为他的说法可信。"⑥清季以来，甚至出现了根本对立的观点，有认为"六经"皆为孔子所作，

---

① 段玉裁：《说文解字注》，644页，上海，上海古籍出版社，1981。

② 《庄子·天运》说："孔子谓老聃曰：'丘治《诗》、《书》、《礼》、《乐》、《易》、《春秋》六经，自以为久矣。'"

③ 参见荆门市博物馆编：《郭店楚墓竹简·六德释文注释》，北京，文物出版社，1998。

④ 《庄子·天下》说："《诗》以道志，《书》以道事，《礼》以道行，《乐》以道和，《易》以道阴阳，《春秋》以道名分，其数散于天下而设于中国者，百家之学时或称而道之。"

⑤ 朱维铮：《周予同经学史论著选集》，802页，上海，上海人民出版社，1983。

⑥ 同上书，796页。

亦有认为"六经"与孔子无关。① 对此，我们的看法是："六经"决非一时一人之作，这从"六经"所反映的具体内容便可了然；"六经"是经过孔子整理过的上古三代历史文化典籍，孔子以"六经"作为教材教授弟子②，出于教学的需要而对古老的"六经"传本有所删编，是完全合乎情理的；如果没有孔子对古老的"六经"传本的整理，也就不可能有我们今天所谓的儒家学派的"六经"经典和经学了。当然，后世儒家基本经典，还有一个从先秦"六经"到汉代"五经"，再到唐代"十二经"，最后到宋明"十三经"的发展和演变过程③，不过经过孔子整理的"六经"一直是其中的核心经典。而这些基本的儒家经典，在中国封建时代里，则是神圣不可侵犯的。

先秦时期的"史"字出现很早，最初的含义是指史官，赋予其史籍之义则是较晚的事情。白寿彝先生说："从用以称史官的'史'，到用以称历史记载的'史'，不知要经过多少年代。"④ 不过，我们这里的关注点并不是古人什么时候赋予了"史"字以史籍的含义，而是先秦时期的史籍究竟从什么时候开始有了，最初的史籍又有哪些，它们与经籍有何关系？从逻辑上说，有了史官，便有了历史记录。《尚书·多士》说："惟殷先人，有册有典"。这里所谓"册"、"典"，便是商代史官记录的历史文献资料。实

---

① 前者代表人物如皮锡瑞，参见其《经学历史》，1～2页，北京，中华书局，1959；后者代表人物如钱玄同，参见其《答顾颉刚先生书》，载《古史辨》（一），69～70页，上海，上海古籍出版社，1982。

② 《史记》不但记载了孔子删编"六经"，而且认为孔子是以其作为开办私学的教材的，如《史记·孔子世家》说："孔子以《诗》《书》《礼》《乐》教，弟子盖三千焉，身通六艺者七十有二人。"

③ 汉代设"五经"博士，其"五经"是指《诗》、《书》、《礼》、《易》、《春秋》，没有《乐经》。关于《乐经》的亡佚有两种不同说法，一是认为亡于秦火，二是认为"乐"本无经，只是附于《诗经》的乐谱。不过，近年出土的荆门郭店楚墓竹简已有与《庄子》所记完全相同的"六经"之名，可以证明后一说法并不正确。到了唐代后期，儒家"五经"已扩大为"十二经"，除了《易》、《书》、《诗》三经外，《礼》分《周礼》、《仪礼》、《礼记》三种，《春秋》有《公羊》、《穀梁》和《左传》"三传"，外加《论语》、《孝经》和《尔雅》。宋明时期，随着孟子儒学地位的提高，又增添了《孟子》一书，于是有了"十三经"之说。

④ 白寿彝：《中国史学史》第1册，6页。

际上在春秋以前，由于学在官府，大凡典章故事和礼法度数，皆为官司所守，而这些内容，无不都是历史记录，像左史倚相"能读三坟、五典、八索、九丘"①，申叔时所谓"故志、训典"② 等，这些典籍虽然不足考，恐怕都是春秋以前史官留下的重要史料。不过，史官们留下的历史记载，从严格意义上讲还不能完全等同于史籍。金毓黻先生按照章学诚的记注与撰述两分法，将先秦历史记载分为史料和史籍两类，肯定先秦"史官所掌，属于史料之科，即章氏所谓记注也"③，明确提出先秦史籍始于《尚书》和《春秋》，"故榷论吾国古代之史籍，应自《尚书》、《春秋》二书始。"④ 并认为"六经"之为史，是有着史著与史料之分的，"是故谓《尚书》、《春秋》为史，可也。谓《易》、《诗》、《礼》、《乐》为史，不可也。谓《易》、《诗》、《礼》、《乐》为史料，可也。径谓为史著，不可也"⑤。刘家和先生则在肯定金先生观点的基础上进一步认为，"六经"当中的《周易》"固可以视为史料，然其意义恐有甚于作为史料者在，即《易》之思想适与中国传统史学之通变思想相通，甚至若和符节。"⑥ 实际上，"六经"中不仅仅只有《尚书》和《春秋》是史，其他诸经也不仅仅只具有重要的史料价值，"六经"对于后世史学的影响，主要还是表现为对史学思想的影响。刘先生已经指出了《周易》的思想对于传统史学的通变思想有影响，而《尚书》的历史借鉴思想、《诗经》的天命王权思想、《礼经》的改制思想和《春秋》的史义与史法，等等，其实对于传统史学都有巨大的影响。在"六经"之后问世的《竹书纪年》、《世本》、《左传》、《战国策》和《国语》等，则是战国时期撰成的、流传于后世的重要先秦史籍。其中《左传》和《国语》与六经有着密切的关系，《左传》一般被认为是左丘明所著的解释《春秋》的著作，为《春秋》三传之一；而《国语》则被称作是《春秋》

---

① 《左传·昭公十二年》。
② 《国语·楚语上》，北京，中华书局，2002。
③ 金毓黻：《中国史学史》，310 页，北京，商务印书馆，2003。
④ 同上书，28 页。
⑤ 同上书，311 页。
⑥ 刘家和：《史学经学与思想》，78 页。

外传。① 唐代史评家刘知幾曾将古史流派分为《尚书》、《春秋》、《左传》、《国语》、《史记》和《汉书》六家②，史书的六个家派竟然有四个同于经传。

综上所述可知，先秦时期是一个经史未分的时代。先秦的经籍与史籍，皆须溯源到经过孔子整理而成的"六经"。"六经"不单是先秦时期重要的儒家典籍，作为"先王之政典"、上古三代的历史文献，它们也或为史料，或为史籍；而随着后来"六经"地位的提高，它们内蕴的思想更是对后世史学思想产生了巨大的影响。

二

西汉初年，儒家"六经"被称作"六艺"。思想家贾谊在《新书·六术》中说："是故内本六法，外体六行，以与《诗》、《书》、《易》、《春秋》、《礼》、《乐》六者之术，以为大义，谓之六艺。"司马谈的《论六家要指》则说："夫儒者以六艺为法，六艺经传以千万数"。董仲舒在所上《天人三策》中也说："愚以为诸不在六艺之科、孔子之术者，皆绝其道，勿使并进。"他们所谓"六艺"，当然都是指经孔子整理的属于孔子和儒家之术的"六经"经典。不过由于秦火的缘故，《乐经》已经散佚，汉代"六经"（或"六艺"）有名无实，于是便有了《诗》、《书》、《礼》、《易》、《春秋》"五经"的说法③。汉武帝接受董仲舒"罢黜百家，独尊儒术"的建议，于建元五年（公元前136年）所设置的经学博士便称作"五经博

---

① 《国语》的《春秋外传》之名，始见于《汉书·律历志》所引刘歆《三统历谱》，说明这是西汉所传的一个古说。不过，学术界对此有不同的看法，有些学者认为《左传》和《国语》都是独立的史书，并不是为解释《春秋》而作。

② 刘知幾：《史通·六家》。

③ 今人王葆玹认为汉初有"六艺"和"五经"的说法，二者旨义不同，"六艺"是指"诗"、"书"、"礼"、"乐"、"易"、"春秋"六种学科或学术；而"五经"则是指《诗》、《书》、《礼》、《易》、《春秋》五部儒家经典，所以陆贾《新语·道基》才说后圣"定五经，明六艺"。参见王葆玹：《今古文经学新论》，第一章《六艺五经系统的形成》，北京，中国社会科学出版社，1997。

士"，《史记·儒林列传》对五经博士的学术系统作了叙述："今上（汉武帝）即位，赵绾、王臧之属明儒学，而上亦乡之。于是招方正贤良文学之士。自是之后，言《诗》于鲁则申培公，于齐则辕固生，于燕则韩太傅；言《尚书》，自济南伏生；言《礼》，自鲁高堂生；言《易》，自淄川田生；言《春秋》，于齐鲁自胡毋生，于赵自董仲舒。"

纵观汉代经学的发展，西汉时期最受尊显的莫过于属于今文经学系统的董仲舒的《春秋》"公羊学"，汉武帝"独尊儒术"，其实就是"独尊"公羊学。西汉末年经学家刘歆提出立《左传》、《古文尚书》、《毛诗》等古文经，于是发端了中国经学史上的今古文之争。① 东汉以后，一方面尽管今文经学依然被立于学官，古文经学却在民间和学者中间大行其道，盛极一时，出现了贾逵、许慎、马融等一大批古文经学大家。另一方面，今古文学派之间的斗争不断，而这种争斗的结果则表现为一种学术思想方法的趋同性，今文家开始打破师法、家法的藩篱，出现了像东汉末年何休这样的研习古文的公羊学集大成者；而古文家也注意吸收今文学，从而出现了像东汉末年郑玄"括囊大典，网罗众家"②、融合今古文的"郑学小一统"的经学新局面。

汉代经学对于汉代史学影响很大，经史之间存在着密切的关系。首先从汉代的学术分类来看。据《汉书·艺文志》可知，汉代史籍在目录分类上尚未形成独立的部类，而是主要依附于经书"六艺略"的《春秋》经下。汉代目录学上出现的"史附于经"的现象，究其原因，主要是因为秦

---

① 汉代今古文学派之间的斗争主要有四次：第一次是西汉末年刘歆争立《左传》、《古文尚书》、《毛诗》等古文经，为今文博士和执政大臣所责让，而王莽当政托古改制，古文经得以立学官，古文学派取得暂时的胜利；第二次是东汉建武初年，光武帝诏论立古文经，古文家陈元与今文家范升辩难，光武帝采纳陈元的建议立古文，后迫于舆论而作罢，古文经仍为私学；第三次是汉章帝时期，章帝好古文，于建初四年（79）在白虎观讲议五经异同，今文博士李育以《公羊》义难古文家贾逵，汉章帝让诸儒各选高材生受《左传》、《公羊传》、《穀梁传》、《古文尚书》、《毛诗》，古文经学取得了一定的胜利；第四次是东汉末年古文家郑玄与今文家何休争论《公羊》与《左传》孰优孰劣的问题，郑玄博通今古，何休感叹地说："康成入吾室，操吾矛，以伐我乎！"（《后汉书·郑玄列传》）郑学由此确立了在汉末经学中的优势地位。

② 《后汉书》卷三十五，《郑玄列传》。

火之后，先秦史籍大量被焚毁，以至于数量太少而不能形成独立的部类。可问题是《汉志》为何要以"史附于经"而不是将其附于其他部类之下呢？我们认为这是由经史之间的密切关系所决定的。一方面，先秦时期，经史同源、亦经亦史、经史相兼是一种普遍存在的现象；另一方面，即使是到汉代经史开始分离之后，我们从《史记》、《汉书》等汉代史籍中依然能够看到经史之间的密切关系。

其次从汉代史家的经学态度来看。汉代随着《史记》、《汉书》等史著的问世，司马迁写《史记》提出要成史家"一家之言"，说明已经在学术实践中开始了经史的分离过程。不过，司马迁作史，却又明确提出要"正《易传》，继《春秋》，本《诗》、《书》、《礼》、《乐》之际"①，以"继《春秋》"为其撰述旨趣，以"六经"来统率其史著；同时他的评判史实与选取史料的原则还是"折中于夫子"②、"考信于六艺"③。东汉史家班固更是具有浓厚的崇经意识，他的"史公三失"论，直斥司马迁"论大道则先黄老而后六经"，"是非颇缪于圣人"④；其《汉书》撰述奉行的一个基本原则便是"旁贯《五经》"⑤。

最后从汉代经学家对于汉代史学与史学思想的影响来看。汉武帝独尊"公羊学"，因而汉代经学的标志性人物当属董仲舒。董仲舒虽然没有写过专门的史著，然而他的"见之于行事"之作——《春秋繁露》，其中蕴含的历史思想却是非常丰富的。纵观董仲舒的历史思想，他的天人感应理论、"三统"历史变易学说和"大一统"理论，对于有汉一代史学思潮的发展、演变及其走向，都有重要的影响。西汉末年的刘向、刘歆父子不但是杰出的经学家，也是杰出的史学家，他们辨章学术、考镜源流、整理古文献，是中国目录学、文献学的开山鼻祖；刘歆作《三统历谱·世经》，以五行相生来解说古史，其所提出的古史系统以及内蕴的历史思想，对于

---

① 《史记》卷一三〇，《太史公自序》。
② 《史记》卷四十七，《孔子世家》。
③ 《史记》卷六十一，《伯夷列传》。
④ 《汉书》卷六十二，《司马迁传》。
⑤ 《汉书》卷一〇〇下，《叙传》。

班固以后中国正统史学的确立和发展有着重要影响。

三

魏晋南北朝时期，经学出现了明显的变化，那就是：一方面，从汉末郑玄之学到魏晋王肃之学，再到东晋郑玄之学的复兴，依然承继了汉代训诂经学的传统；另一方面，曹魏正始年间开始出现了以何晏、王弼为代表的玄学，这种玄学经学重在义理，不拘章句，表现出了反传统的风貌，并作为一种学术思潮流播于世。郑玄是博通今古文经的经学通家，"郑学小一统"于东汉后期至曹魏时期。随着魏晋政权的嬗变，出现了反郑玄之学的王肃之学，并且很快成为西晋占统治地位的经学学派。从治经路数来讲，其实王肃也是一位兼采今古文的经学通家，与郑玄颇为相似。王学与郑学之间的斗争，不是经学观点与治经方法之争。清代今文经学家皮锡瑞就说，王肃驳斥郑学，往往"或以今文说驳郑之古文，或以古文说驳郑之今文。"① 也就是说，王肃并没有开辟出一条经学新路来。王学与郑学之间的斗争，具有鲜明的政治色彩。王学作为司马氏集团的思想工具，它代替郑玄之学，是政治上司马氏势力代替曹魏势力在经学思想上的一种反映。也正因此，东晋以后，随着政权的南渡，郑学又重新取得了对王学的胜利。不过，魏晋时期的王郑经学之争在学术思想史上还是有意义的，这"主要在于动摇了郑玄在人们心中的至上权威，使人们对旧的章句之学发生怀疑，从而为玄学经学的顺利成长创造了独立思考、自由竞争的思想环境。"② 相对于郑、王等传统章句训诂经学，玄学经学是一种义理经学，"其特征是用老庄思想解释儒经，并且只把儒经作为一种凭借，重点不在疏通经义，而在发挥注释者自身的见解。这样，它就与郑王的训诂经学有了根本性的差别，使经学发生划时代的变化。"③ 南北朝时期，皮锡瑞的

---

① 皮锡瑞：《经学历史》五，《经学中衰时代》，155 页。

② 任继愈主编：《中国哲学发展史》魏晋南北朝卷，627 页，北京，人民出版社，1988。

③ 同上书，628 页。

《经学历史》一书将其称作"经学分立的时代"。从总体上看，北朝经学受汉末郑玄之学影响较大，重视章句训诂，而不尚玄谈；而南朝经学不拘守一家，善谈玄理，且还深受佛学影响。对于南北朝经学的不同风格，《北史·儒林传》有一个概述："南人约简，得其英华；北学深芜，穷其枝叶。"当然，我们不应该将南北朝经学的差异性绝对化。其实在北学中不但有习郑学、有习王学者，也有讲王弼《易》注的；同样，南学中不但重玄、重佛，也有兼习郑、王之学的，只是南北学的主要倾向不同罢了。

魏晋南北朝时期史学的发展，与这一时期经学的发展和变化，特别是玄学经学的兴起和发展有着密切关系。首先是重视人物品评和历史评论。重视人物品评，是魏晋玄谈特点之一。而这一时代经学风气，也深深影响到了史学领域。在魏晋南北朝的历史撰述中，陈寿《三国志》的人物品评颇具代表性。《三国志》的人物品评几乎涉及所记载的每一个历史人物，以局量才识和风度容貌为视角。应该说这样的人物品评有轻历史评价的倾向，但它毕竟是对人事作用的一种肯定，还是有一定的进步意义的。历史评论的玄化倾向，则是魏晋南北朝史著反映出的又一特点，其中以袁宏的《后汉纪》最具代表。袁宏既是一位玄学化的史学家，也是一位颇具史识的玄学家，援玄入史、玄儒合一，是其学术思想与方法的基本特征。

其次是与南北朝经学分立相一致的南北朝史学风格的迥异。"南人约简，得其英华；北学深芜，穷其枝叶"，反映在史学上，南朝以范晔《后汉书》、沈约《宋书》、萧子显《南齐书》等为代表，从他们所著史书的序、论、赞来看，确实体现了南方玄学经学"清通简要"、"得其英华"的特点，反映了史家的一种历史洞察力；反观北朝史学，以北朝史家魏收所撰《魏书》为代表，则表现出明显的记事分散、繁琐，历史评论只是就事论事，缺乏全局观、发展观、联系性和思辨性，反映了北学"渊综广博"、"穷其枝叶"的特点。

四

隋与唐初经学的一个显著特点，是伴随着大一统政治的建立而开始由南北朝时期的分立局面逐渐走向统一，其标志则是孔颖达等人编订《五经正义》。隋朝经学的代表性人物是人称"二刘"的刘焯和刘炫。刘焯著有《五经述义》，该书虽已散佚，但其弟子孔颖达在《五经正义》中多有引述；刘炫的经学著作有《五经正名》、《尚书述义》、《毛诗述义》等，今有辑佚本。二刘的经学不拘一家之说，对于南北朝时期的南学和北学做了某些折中，他们的经学贡献主要表现为对唐代群经正义有重要影响。清人皮锡瑞说："隋之二刘，冠冕一代。唐人作疏，《诗》、《书》皆本二刘。"① 唐初，经学家陆德明著《经典释文》，对唐初以前的经学汉学系统作了初步总结，奏出了隋唐统一经学的先声。此后，唐太宗先是诏命颜师古考订"五经"，完成了关于"五经"的文字统一工作；数年后又诏命孔颖达等人撰修《五经正义》，从而最终完成了对"五经"经义的统一疏解。

由于《五经正义》坚守的解经原则是"注不驳经，疏不破注"，因而在它宣告"五经"经义实现历史性统一的同时，也就意味着儒学的被禁锢和走向僵化，儒学的发展因此失去了活力和创造性。而在经学走向统一、同时也是趋向僵化的时候，一些经学家意识到了经学发展的危机，于是大胆地站出来疑经惑传，从而掀起了一股疑经之风。经学家王元感撰写《尚书纠缪》、《春秋振滞》、《礼记绳愆》三书，上表请写上秘阁。此三书虽已散佚，然顾名思义，是对传统经说的怀疑和纠缪。经史学家刘知幾是这一时期疑古惑经的重要代表人物，他在《史通》这部史评著作中专辟《疑古》、《惑经》二篇，其中《疑古》篇疑《尚书》、《论语》，《惑经》篇批《春秋经》；对于《春秋》"三传"，他主要站在古文学派的立场上，赞《左传》有"三美"，《公羊传》、《穀梁传》有"五短"。唐中叶后，更是出现了以经学家啖助、赵匡、陆淳等人为代表的《春秋》学派，对《春秋》传注提出批评，而直接以己意去取"三传"，倡导以经为本、舍传求经的经学之风，开宋学经学风气之先。无独有偶，宋学"四书"系统也由唐中后期的韩愈、李翱先发其端。韩愈的"道统说"推本《大学》、尊崇《孟子》，其弟子李翱承继师说，着重表彰《中庸》、《大学》、《论语》、《孟子》

---

① 皮锡瑞：《经学历史》七，《经学统一时代》，196页。

和《易传》，宣扬"复性"之说，他们实为宋学的开路先锋。

隋唐时期的经史关系，首先表现为由于统治者的重视而出现了经史同步大总结的现象。当盛唐的经学经过总结，逐渐由分立走向统一之时，这一时期的史学也迎来了大总结时期；如果说隋唐经学总结的标志是孔颖达等人编撰的《五经正义》颁行的话，那么这一时期史学总结的标志则是唐初八部正史——《梁书》、《陈书》、《北周书》、《北齐书》、《隋书》、《晋书》、《南史》、《北史》和杰出的史评专著刘知幾《史通》的问世。毫无疑问，盛唐出现的经史大总结的局面，是与统治者重视经史之学分不开的。唐朝开国后，唐太宗崇尚儒学，兴学读经，却深感儒学多门、经学繁杂，不利于经学的发展，于是便有了诏令整理经学典籍的举动和《五经正义》的撰成，从而最终实现了经学的统一。而唐初统治者对于史学也是异常重视的，为了保存史籍以"贻鉴今古"，唐朝立国不久，唐高祖就下达《命萧瑀等修六代史诏》，至唐太宗时撰成梁、陈、北齐、北周、隋的"五代史"；后来唐太宗又下达《修〈晋书〉诏》，这六部史书与李延寿的《南史》、《北史》一起构成了"唐初八史"。唐高宗还专门下达《谏择史官诏》，提出了对史官的素质要求问题。值得一提的是，唐初的修史工作是在史馆中进行的，而设馆修史是中国史学史上的一件大事，它充分反映了唐朝统治者对于修史工作的高度重视。唐初统治者对于经史之学的重视，还表现在唐朝的科举考试中，这就是明令"五经"与"三史"[①]皆为应试科目。

其次，在隋唐经史之学的发展过程中，很多卓有成就的学者往往是经史兼通的。许凌云先生就说过，盛唐时期"经学的总结与史学的总结平行发展，而从事经学总结与史学总结的学术精英中不少是经史兼通。陆德明撰《经典释文》，是对'汉学'系统地初步总结，走出了隋唐时代统一经学的先声。陆氏是隋唐间经学家，又是经史学家。孔颖达受诏与颜师古等撰定《五经正义》，标志经学的汉学系统的统一，对封建社会后半期的思

---

① 指西汉司马迁的《史记》、东汉班固的《汉书》和南朝范晔的《后汉书》这三部史书。

想学术和文化，具有极其重要的影响。颜师古是名儒颜之推之孙，唐初著名经学家、史学家，以自己考订《五经正本》为底本与孔颖达撰成《五经正义》。他还是研究《汉书》的专家，有《汉书注》传世，对两汉以来经学史亦十分熟悉。"① 除此之外，唐代开疑经之风的主要代表人物之一刘知幾，不但是一位倾向于古文学派的经学家，对于唐代疑古惑经之风的兴起和经学由汉学向宋学的转变过程有着重要的影响，而且更是一位杰出的史学家，他撰写的《史通》是中国史学史上第一部史学评论专著，也是盛唐史学大总结的代表之作。

五

宋明时代的经学，出现了一个主要以"性与天道"为中心范畴的学派——理学，为南宋以后中国封建社会后期的统治思想。宋明理学的主要流派有程朱理学和陆王心学，前者是客观唯心主义，后者为主观唯心主义。宋明理学的解经，在内容上重视探寻经书的"性"、"理"奥秘，在方法上重视将传统佛、道思想纳入其中，由此形成了别具一格的具有高度哲理性、思辨性特点的新经学。与宋明理学的兴盛相对应，宋元史学的发展也进入了中国史学发展史上的黄金时代。在这一时期，出现了一批史学的鸿篇巨制，在传统史书体裁发展的基础上又产生了一系列新的史书体裁，重视会通、通识的史学思想得到提倡，等等。这种经史并行发展的状况，一方面是社会现实影响的结果，正是社会现实的矛盾，驱动着理学家和史学家们的学术研究，同时也决定着他们学术研究的价值取向或思想走向；另一方面，我们也应该看到这一时期理学与史学之间的相互影响对于经史之学发展所产生的作用，一个很重要的现象，这一时期大凡重要的史学家像欧阳修、司马光等人，他们本身都是理学家或理学中人，反之，像理学的集大成人物朱熹，也是颇有建树的史学家，这充分反映了这一时期经史之学的相互影响。

---

① 许凌云：《经史关系略论》，载《经史因缘》，济南，齐鲁书社，2002。

从史学对于理学发展的影响来讲,主要表现为史学思想中的历史观本身就是时代哲学的重要组成部分,因而它会直接影响到理学思想体系的形成。道理很简单,理学的求理,理学家要证明封建等级秩序是永恒不变的,封建纲常名教是天理的体现,就必须要从历史当中求得说明和验证,否则就不可能有说服力,也不可能为人们所接受。换句话说,"史学的理学化是理学发展的需要。"① 吴怀祺先生曾经以二程理学与朱熹理学作比较,说明史学义理化对于理学体系构建的重要性,他说:"二程奠定理学的根基,却不是理学的集大成者,一个十分重要的原因,是他们论历史兴衰之'理',却对史学的价值认识不足,至少是在史学的领域内没有做什么工作,这影响到二程对理学的建构。朱熹成为理学的集大成者,不但因为他能集理学诸家之说,熔铸成朱学的基本的内容,而且还在于他十分重视史学,努力把包括史学在内的各个学术门类,纳入到他的理学的体系中去。他在史学方面所做的工作,一个很重要的方面是使史学'会归理之纯粹'。"②

具体到宋明理学对于史学的影响,主要是表现在对史学思想的指导上。(1) 贯通意识。理学的"求理"思维特征之一是通天通地,贯古贯今,这种思维特征对于史学的影响,则表现为一种"通识"意识。如胡宏的《皇王大纪》、苏辙的《古史》等著作,论及宇宙的运动、生命的起源和社会的产生与发展,他们通过贯通天地来对这些问题作出思考;又如司马光的《资治通鉴》和《稽古录》、郑樵的《通志》等,都是在"通识"意识指导下写成的名著。(2) 历史划分。理学家的最高境界是天理流行,而这也成为其划分历史阶段的标准。在宋明理学家中,较为普遍的历史阶段划分是三代以前和三代以后(或先王和后王)两个阶段,在他们看来,三代以前是天理流行,而三代以后则是人欲横流;三代以前是以道治天下,而三代以后则是以法把持天下。理学家的这种思想,对于这一时期的史学家是有重要影响的,如司马光等人就明显地表现出了一种对三代的推

---

① 许凌云:《经史关系略论》,载《经史因缘》。
② 吴怀祺:《中国史学思想史》,214 页。

崇。(3) 历史盛衰观。在理学家们看来，决定历史存亡兴衰的是天理，因此，人们必须从天理的角度来总结历史兴衰。这种理学思想同样影响了宋代史学家的历史意识，如司马光就认为，维护纲常名分的等级制度，是使"上下相保而国家治安"的根本办法。这一时期的各种史书论赞，大多都是以天理为标准来评论历史事件和历史人物功过的。(4) 正统论。理学家讲儒学要讲道统，讲史学则讲正统。朱熹的《资治通鉴纲目》就是一部讲究正统的史著。这种理学中人的道统、正统观念，对于这一时期的史学有很大影响。如范祖禹的《唐鉴》，就援引"公在乾侯"例而不以武则天为正统；即使如司马光这样的不囿于正统的史家，也还是要为三国曹魏争正统。(5) 提倡《春秋》褒贬书法。如欧阳修的《新五代史》、朱熹的《资治通鉴纲目》和范祖禹的《唐鉴》等，都既是史学著作，又是言理的著作，非常重视运用《春秋》书法褒贬史事。

六

清朝初年，中国经学经过汉唐经学与宋明理学两个高峰之后，进入了一个新的学术思想大总结时代，顾炎武、黄宗羲和王夫之便是这一时代最有代表性的经史学家。作为经学家，顾炎武、黄宗羲和王夫之通过对传统经学发展历史的反思与总结，而表现出反对宋明理学的空疏学风、倡导穷经经世的实学精神。顾炎武对明末"束书不观，游谈无根"的空疏学风深恶痛绝，直斥其清谈误国有过于当年的西晋。[①] 他强调学术研究应当以经世为宗旨，要有扎实、朴实的学风与训诂考据的方法。黄宗羲明确提出"穷经以经世"的经学思想，"穷经"就是要泛观博览和认真穷究以求经书之理；"经世"则是"穷经"的目的，"儒者之学，经纬天地"，而不是"以《语录》为究竟"。[②] 王夫之反对宋明空疏学风，则主要在理气、道器、能所、知行、理欲、动静诸范畴上对理学进行系统批判，涉及本体论、认

---

① 顾炎武：《日知录》卷七，《夫子之言性与天道》，秦克诚点校本，长沙，岳麓书社，1994。

② 黄宗羲：《南雷文定》后集卷三，《赠编修弁玉吴君墓志铭》，四部丛刊本。

识论和人生论的根本问题，体现了王夫之作为哲学家的理论方法之本色。作为史学家，顾炎武、黄宗羲和王夫之不但关注历史发展，探寻历史发展之"理"，而且重视史学及其作用，并对经史关系提出自己的看法。顾炎武认为"引古筹今，亦吾儒经世之用"①，作史的目的在于"鉴往所以训今"②，史学乃经世之学，应该给予高度重视。所撰写的实学名著《天下郡国利病书》，也是一部历史地理名著，它把历史与现实、考证与经世紧密结合，其中的经世之义显而易见。黄宗羲通过对历史的批判与总结，进而作出对历史前途的思考，《明夷待访录》便是其代表作。在经史关系上，黄宗羲认为"学必原本于经术而后不为蹈虚；必证明于史籍，而后足以应务"③，也就是说，经学的经世需要通过史学来加以体现，所以二者不可偏废。王夫之重视通过发表历史评论，来探寻历史治乱兴衰之理，所著《读通鉴论》和《宋论》便是这样的历史评论名著。在王夫之看来，历史乃"述往以为来者师也"④，人们可以从中求得历史借鉴。当然，师古又需不拘泥于古，要有变通思想，将历史借鉴与现实条件和需要紧密结合起来，也就是王夫之说的"时"的重要性。

乾嘉以后的经学以乾嘉考据学和兴起于清代中期以后的今文经学为代表。乾嘉经学重视考据，主张论必有据，"实事求是"，人称"乾嘉之学"。由于这一学派尊崇汉代经学，反对宋明理学，故而又被称为"汉学"；又因其学风朴实、重视考据，也称为"朴学"或"考据学"。乾嘉考据学以尊汉求是为旗帜，从学术研究来讲，其在名物考证、章句注疏、声韵训诂和校勘辑佚等方面，为整理儒家经典作出了重要贡献；而从学术思想来讲，正是乾嘉汉学的兴起，引领人们对宋学的怀疑之风，才最终导致了宋明空疏理学的衰落。但是，乾嘉汉学各派在承继顾炎武等人朴学学风的同时，却并不去领会和把握顾炎武等人通经致用的精神实质；他们把自己的

---

① 顾炎武：《亭林文集》卷四，《与人书》。
② 顾炎武：《亭林文集》卷六，《答徐甥公肃书》。
③ 参见《全祖望集汇校集注》之《鲒埼亭集外编》卷十六，《甬上证人书院记》，上海，上海古籍出版社，2000。
④ 王夫之：《读通鉴论》卷六，《光武帝》。

经学研究局限于对儒家经典的考据、注疏、章句、训诂和辑佚等狭窄的范围之中，却并不关心现实的社会政治，缺乏清初实学人士的爱国热情。结果，他们的经学研究只能是为考据而考据，走向了狭隘、繁琐和僵化的死胡同，无法肩负起时代赋予士人的历史使命。与乾嘉考据学背离现实的学风不同，这一时期一部分具有忧患意识的经学人士开始打破这种风气。他们从汉学崇汉疑宋的逻辑出发，进而提倡盛行于西汉时期的今文经学，企图通过今文经学擅长微言大义和援经议政的特点，来关注和议论现实政治，常州学派正是在此背景之下崛起的清代今文学派。常州学派的代表人物主要有庄存与、刘逢禄、宋翔凤等人，其中庄存与是清代今文经学开风气之先的学者，刘逢禄是常州今文学派的真正奠基人。鸦片战争前后，清代今文学派又涌现出了龚自珍、魏源等著名学者。由于时代的变化，与早年常州今文学派不同，龚自珍和魏源等人推崇今文，主要是为了抨击时政，倡导变革，其经世致用的特点更加明显。晚清时期，康有为以今文经学掀起政治变法运动之后，今文经学更是家喻户晓。汉代以后长期中绝的今文经学，又焕发出了第二春。

乾嘉以后的史学以乾嘉考证史学、浙东史学和晚清今文学家的经世史学为代表。开乾嘉考证史学先声的清初阎若璩、胡渭和毛奇龄等人，他们的经学思想都倾向于尊汉抑宋，从反对宋明空虚学风出发，强调历史研究必须博征材料。其中阎若璩的贡献最大，他不但撰成《尚书古文疏证》，考证出《古文尚书》乃是伪作，而且还创立了考证辨伪的通例。随着乾嘉汉学的兴盛，考史也蔚然成风，并且取得了很大成就。这一时期考证史学以王鸣盛、赵翼和钱大昕为代表，并称为乾嘉三大考史家；而他们各自的考史著作——《十七史商榷》、《廿二史札记》和《廿二史考异》，则被并称为乾嘉三大考史名著。值得注意的是，王鸣盛和钱大昕都是乾嘉汉学的代表人物，他们都是由经学入史学，所以他们的经学对于其史学有着很大的影响；只有赵翼是由文入史的，这也使得赵氏史学的经学气味较淡。如果说乾嘉考证史学从方法到思想还是受乾嘉汉学的藩篱所囿，那么乾嘉时期以浙东史学为代表的史学流派则是很好地继承了明清之际经世史学思想，代表人物便是杰出的史学家章学诚。梁启超说："清代史学开拓于黄梨洲，万季野，而昌明于章实斋。"① 这就将清代浙东经世史学从黄宗羲、经弟子万斯同、再到乾嘉时期章学诚的发展轨迹作了叙述。章学诚的《文史通义》是中国古代史学理论名著，标志着中国古代史学理论达到顶峰。该书开篇就提出了"六经皆史"这一中国古代史学史，当然也是经学史上著名的命题："六经皆史也，古人不著书，古人未尝离事而言理，六经皆先王之政典也。"针对乾嘉汉学狭隘的考据学风，章学诚提出了史学的层次之分：独断之学的撰述之作与考索之功的比次之作，前者为高明者所为，后者为沉潜者所尚，同时二者又是相互联系的。至于清代今文经学之与史学的关系也是非常密切的。如果说常州学派崇《公羊》，其主旨还是在于打破狭隘、繁琐的汉学考据风气的话，那么鸦片战争前后的龚自珍和魏源，他们崇尚公羊学，则是注重于以公羊家的"三世"历史变易学说为思想武器，积极倡导社会变革，以挽救社会危机，寻求社会出路。龚自珍是近代史学开风气之先的人物。他通过对传统公羊"三世"说进行革命性的改造，而提出著名的"治世—乱世—衰世"（或"早时—午时—昏时"）之新"三世"说，旨在警告统治者要变法革新，以摆脱衰世局面；他提出"欲知大道，必先为史"②，肯定历史记载蕴含着治国"大道"，关系到国家的生死存亡；在经史关系上，他提出"六经"乃"周史之宗子"③ 的观点，反对重经轻史，肯定史学在社会政治中的重要地位。魏源于史学也颇有建树。其史学代表作《圣武记》通过描述清初盛世，旨在激励国人奋起抵抗外国侵略、维护国家统一的信心和志气；《海国图志》的主题则是"师夷长技以制夷"，对近代社会与史学都有重大影响；《元史新编》则是通过对元朝兴亡原因的总结，告诫清朝统治者应当以元为鉴，其间浸透了作者的经世思想。很显然，龚自珍、魏源作为鸦片战争前后经世致用史学的重要代表，其经学思想与史学思想是相互一致的。

---

① 梁启超：《中国近三百年学术史》，331 页，北京，东方出版社，1996。
② 龚自珍：《龚自珍全集》上，《尊史》。
③ 龚自珍：《龚自珍全集》上，《古史钩沉论二》。

今文经学与史学的近代化
——以康有为、崔适、梁启超和夏曾佑为考察中心

在史学近代化①的过程中，今文经学给予了这种转向以极大的影响②。一方面，今文经学斥古文经为伪经，提出孔子作"六经"说，以及由经及史的经学研究方式，不但直接促成了传统经学的动摇，而且破除了尊古、泥古的传统学术风气，启发了史学的疑古辨伪与史料审查；另一方面，今文经学宣扬公羊三世朴素进化思想，并与这一时期传入的西方进化论结合，成为近代新史学的指导思想。在史学的近代化过程中，今文经学家康有为的经学研究，对于史学的近代化起到了思想启蒙作用；而今文经学家兼史学家崔适、梁启超和夏曾佑的经史之学研究，则反映了史学近代化的过程。相比较而言，崔氏的今文经学家本色更浓，而梁、夏的史学成就更大，是近代新史学的重要开创者。

一

康有为在维新变法期间，撰写了两部被誉为时代狂飙的重要著作——《新学伪经考》和《孔子改制考》，"二考"珠联璧合，前者主在清算古文经学，由此促使人们对于"卫道"经书的怀疑和经学的动摇；后者旨在宣扬孔子托古改制，否定先秦古史的真实性，由此促成人们关于古史的审查。同一时期，康有为还依据传统公羊学的"三世"说和《礼记·礼运》

---

① 史学近代化，亦即是指近代新史学，其基本特点是：在历史观上，以西方进化论为指导思想；在史书体裁上，普遍采用章节体；在叙述内容上，反对君史、提倡民史，重视对政治、经济、典制、学术、宗教等内容的贯通。

② 古文经学对于这种转向也同样有重要影响，本文限于篇幅，只探讨今文经学对史学近代化的影响，而对于古文经学的影响则作另文探讨。

中"大同"、"小康"说的朴素进化观，以及所接触的西方资产阶级进化论观点，开始对中国历史作了具有进化思想的解说，由此开启了一种新的史学观念。

1891年刊行的《新学伪经考》，主要内容是认为古文经学乃为西汉刘歆所编造，旨在服务于王莽篡汉的需要，因而是王莽新朝之学，故曰"新学"；既然古文经学不是孔子所作的真经，自然也就是"伪经"。《新学伪经考》的价值当然不在学术考辨，若以此论定，它其实是最能反映康氏主观武断的学风特点的，正如梁启超所说：

> 《伪经考》之著，二人者多所参与，亦时时病其师之武断，然卒莫能夺也。……乃至谓《史记》、《楚辞》经刘歆羼入者数十条，出土之钟鼎彝器，皆刘歆私铸埋藏以欺后世。此实为事理之万不可通者，而有为必力持之。实则其主张之要点，并不必借重于此等枝词强辩而始成立，而有为以好博好异之故，往往不惜抹杀证据或曲解证据，以犯科学家之大忌，此其所短也。[①]

《新学伪经考》的真正价值，是要推翻古文经学系统，打击那些尊崇古经、抱残守缺、顽固不化的汉学家、宋学家，促使人们对于经典的怀疑，由此动摇封建统治赖以维护的思想基础，进而震荡整个封建制度。而从史学价值来讲，则是开启了近代学者重新审查古籍、认识古籍，破除尊古、泥古的新的史学风气。从某种意义上说，《新学伪经考》也是"五四"以后古史辨派掀起疑古之风的思想先驱。

1897年刊行的《孔子改制考》，则是从思想方面直接促成史学近代转向的第一部著作。周予同说：

> 康有为是经学家而非史学家；《孔子改制考》是在打通《春秋》、《公羊传》、《王制》、《礼运》、《论语》以及其他各经各子，以为倡言

[①] 梁启超：《清代学术概论》，70页，北京，东方出版社，1996。

变法改制的张本。康氏著作的目的在于假借经学以谈政治；但康氏著作的结果，却给予史学以转变的动力，破坏儒教的王统与道统，夷孔子与先秦诸子并列，使史学继文字学之后逐渐脱离经学的羁绊而独立。①

在周氏看来，康有为著《孔子改制考》的目的是借经学来谈政治改制问题，结果却成为近代史学转变的动力。

《孔子改制考》这部今文学著作之所以能成为史学近代化转向的动力，源自于它对中国古代历史的解说。康有为认为，孔子以前那些所谓的家喻户晓的中国上古历史，其实都是孔子为了救世改制而假托出来的宣传作品，都是茫昧无稽的；而被后代经学家、史学家深信不疑的先秦典籍《尚书》中的许多篇章，如《尧典》、《皋陶谟》、《益稷》、《禹贡》、《洪范》等，其实也都是孔子所作。只有秦汉以后的中国历史，才是可信的信史。康氏说："《六经》以前，无复书记，夏殷无征，周籍已去，共和以前，不可年识，秦汉以后，乃得详记。"② 那么，先秦的历史又是怎样被编造出来的呢？康氏说，这是周秦诸子百家为了创立自己的教义，企图将他们各自设计出的理想化的社会制度假托为古代曾经试行过的政治制度，旨在取得人们的信仰，从而有了那些虚构的历史。像墨子假托夏禹、老子假托黄帝、韩非附会古圣等③，皆是如此。由于祖述尧舜、宪章文武的孔子所创的儒教，其教义更为完善、政教礼法更为系统、信奉的后学众多，才最终在汉武帝时获得了"独尊"地位，孔子也因此成为"万世教主"④。康有为还进一步指出，孔子身处乱世，他是出于改制以救世的需要而托古的，因为人们总是喜欢"荣古而虐今，贱今而贵远"，要想提出自己的改制主张，

---

① 周予同：《五十年来中国之新史学》，载朱维铮编：《周予同经学史论著选集》，523页，上海，上海人民出版社，1996。
② 康有为：《孔子改制考》，重印本，1页，北京，中华书局，1958。
③ 同上书，67～82页。
④ 同上书，165页。

"非托之古，无以说人"①；而孔子所托之古，也就是所谓的尧舜盛世，其实是孔子的一种理想或虚构，并非历史真实。也就是说，孔子是出于救世而改制、出于改制而托古、出于托古而制作六经和编造古史。于是，孔子这位长期以来一直被儒家后学奉为"述而不作"、"信而好古"的古代文献保存者，却成了六经的制作者、先秦古史的缔造者、托古改制的"万世教主"。

对于《孔子改制考》之于史学近代化的思想启蒙作用，梁启超明确指出："《伪经考》既以诸经中一大部分为刘歆所伪托，《改制考》复以真经之全部分为孔子托古之作，则数千年来共认为神圣不可侵犯之经典，根本发生疑问，引起学者怀疑批评的态度。""虽极力推挹孔子，然既谓孔子之创学派与诸子之创学派，同一动机，同一目的，同一手段，则已夷孔子于诸子之列。所谓'别黑白定一尊'之观念，全然解放，到任意比较的研究。"② 周予同则就《孔子改制考》之于近代新史学产生的影响作如是说：

这一部书，与其说是研究孔子，兼及诸家；不如说是假借孔学，表现自身。然而这一部书却给予中国史学的转变以极有力的影响；我们甚至于可以说，如果没有康氏的《孔子改制考》，决不会有现在的新史学派，或者新史学的转变的路线决不会如此。③

在戊戌变法前后，康有为还依据公羊学所谓据乱、升平、太平之"三世"说和《礼记·礼运》中的"大同"、"小康"说的朴素进化观，以及开始接受的一些西方资产阶级进化观点，对中国历史乃至人类社会的历史进行了新的解说，从而构建起了自己关于社会历史进程的模式。

1897年刊印的《春秋董氏学》，就已经开始对公羊"三世"与《礼运》"小康"、"大同"作了糅合。康氏说：

三世为孔子非常大义，托之《春秋》以明之。所传闻世为据乱，

---

① 康有为：《孔子改制考》，48页。
② 梁启超：《清代学术概论》，72页。
③ 周予同：《五十年来中国之新史学》，载朱维铮编：《周予同经学史论著选集》，519页。

所闻世托升平，所见世托太平。乱世者，文教未明也；升平者，渐有文教，小康也；太平者，大同之世，远近大小如一，文教全备也。①

这就清楚地表明，康有为是以《公羊传》的"所传闻世"为"乱世"；以《公羊传》的"所闻世"为"升平世"，亦即《礼记》的"小康"之世；以《公羊传》的"所见世"为"太平世"，亦即《礼记》的"大同"之世。汤志钧先生认为，这样糅合"是康有为前所刊布的书籍中所没有的"②。而在稍后的《礼记注》（1897年撰成）中，康有为则结合中国历史，对其构建的"三世"蓝图作了这样的描述：

> 吾中国二千年来，凡汉、唐、宋、明，不别其治乱兴衰，总总皆小康之世也。凡中国二千年儒先所言，自荀卿、刘歆、朱子之说，所言不别其真伪精粗美恶，总总皆小康之道也。……今者，中国已小康矣，而不求进化，泥守旧方，是失孔子之道而大悖其道也，甚非所以安天下、乐群生也；甚非所以崇孔子、同大地也。

在此，康有为是以中国两千年封建社会为"小康"之世，而认为当今应该实现君主立宪的资本主义制度，社会才能逐渐进化至"大同"之世。

从以上两书可知，在《春秋董氏学》中，康有为已经将传统公羊学的据乱—升平—太平"三世"说，发展成为据乱—小康—大同之"三世"说，体现了一种历史进化、发展的观点；而在《礼记注》中，康有为又进一步以"小康"（升平世）和"大同"（太平世）来作为中国的"古"与"今"、封建君主专制与资产阶级君主立宪之区隔，认为当今应该实行资产阶级的君主立宪制度，表达了维新派的一种政治理想。《礼记注》所反映的"三世"说，代表了康氏戊戌变法前的"三世"主张。

大约在1902年左右，康有为又撰成了《大同书》，这是康氏今文学又

---

① 康有为：《春秋董氏学》卷二，《春秋例》第二《三世》，北京，中华书局，1990。

② 汤志钧：《近代经学与政治》，170页，北京，中华书局，2000。

一部颇有影响的力作。该书既汲取了古代儒家的社会理想，又融入了西方资产阶级天赋人权与平等理念，以及空想社会主义等思想内容，在此基础上构建了一个人人平等、民主、自由、幸福的理想社会——大同世界。与先前的《礼记注》所反映的"三世"说相比，《大同书》中体现的"三世"说又有一些新变化。《礼记注》的"三世"说只是以"小康"与"大同"说明社会历史从君主专制到君主立宪的过程，而《大同书》则在此基础上进一步对未来社会历史——民主共和作了展望和描述。然而它们的共同之处，则是汲取西方资产阶级的进化论和民主思想。从《春秋董氏学》到《礼记注》再到《大同书》，我们可以非常清晰地看到康有为历史进化观的形成和发展轨迹。

康有为宣扬资产阶级进化论的政治目的，在戊戌变法以前，主要是为维新变法张本，希望通过维新变法以实现由封建君主专制到资产阶级君主立宪的过渡；在戊戌变法失败以后，随着资产阶级革命时代的到来，康有为虽然进一步提出了未来民主共和的大同理想社会构想，却固守这种循着一定轨道而不能超度的进化之理，结果成为时代的落伍者。而康有为宣扬的进化史观的历史学意义，则无疑是对以往中国传统历史观的颠覆。众所周知，传统主流历史观，由于受到经学特别是古文经学的影响，普遍认为世愈古而治愈盛，肯定五帝、三王时代的政治，主张法先王。康有为则大张旗鼓地宣传历史进化论，肯定历史是沿着据乱——升平——太平，也就是君主专制——君主立宪——民主共和的轨迹向前发展。正如周予同所说的，"康氏的进化论不仅在中国史学界引起一大波澜，对于民族的复兴也无异于一针强心剂。"[①]

二

崔适今文学对史学近代化的影响，主要表现在进一步扩大所谓古文伪经的范围，以及采取由经及史的研究方法，由此不但进一步促使经书权威

[①] 周予同：《五十年来中国之新史学》，载朱维铮编：《周予同经学史论著选集》，526~527页。

的动摇和疑古风气的兴盛，而且也明显表现出由经学而史学的转向。

崔适早年曾拜著名古文经学家俞樾为师，是一位古文经学基础深厚的学者。后来因受康有为《新学伪经考》影响，而改治今文经学，成为一个严守今文壁垒的"清末今文学派最后的经学家"①。崔适一生著述很多，而其今文学的代表作则是《史记探源》和《春秋复始》② 二书。前书成于1910年，是以今文学的观点来探讨《史记》的本质问题；后书成于1914年，是一部纯粹的经学著作，它依据今文经的观点来探讨《春秋穀梁传》的本质问题。这两部书确定了崔适在近代今文经学和在近代史学转向过程中的地位，"崔氏所以能取得清代今文学最后的经师的地位以此，崔氏所以与转变期的史学有关也以此。"③

《史记探源》探讨《史记》，是结合《汉书》进行的。众所周知，《史记》和《汉书》都是纪传体史书，前者是纪传体通史，后者是断代史；两书在关于西汉开国到汉武帝时期的历史记载是重叠的，《汉书》多照抄《史记》内容。以往人们涉及对《史记》和《汉书》的评价都是从史学角度立论，《史记探源》则一反前人做法，从经学角度来探讨。在《史记探源》一书中，崔适明确指出，《史记》属于经今文学著作，《汉书》属于经古文学著作。并且断然认为，《史记》中大凡与今文学说法不一致，却与古文说及《汉书》相吻合的，便一定是经过刘歆窜乱过的。那么刘歆为何要窜乱《史记》呢？崔适认为，刘歆既然已经"颠倒五经"，就必然会波及《史记》，旨在为其已经颠倒的经书树立佐证。该书《窜乱》篇对刘歆之所以要窜乱诸经及《史记》作如是说：

> 刘歆之续《史记》，非不足于太史公也，亦既颠倒五经，不得不波及龙门以为佐证，而售其为新室典文章之绝技也。其所以颠倒五经者，刘向在成帝世，刺取春秋灾异作《洪范五行传》，端绪虽纷，要以讥切世卿、比例王氏为宗旨。歆主翊戴新室，务与向说相反，于是

---

① 周予同：《五十年来中国之新史学》，载朱维铮编：《周予同经学史论著选集》，528页。
② 两书版本分别为北京大学1922年版、北京大学1918年铅字排印版。
③ 周予同：《五十年来中国之新史学》，载朱维铮编：《周予同经学史论著选集》，528页。

夺孔子之《春秋》而归之鲁史，自造《书序》百篇而托之孔子。……如是则孔子之宗旨顿渝，而刘向之传说皆谬矣。又须多造古文经传，广树证据，而辞繁旨博，非歆一人之力所能胜任也，乃征天下有通《逸礼》、《古书》、《毛诗》、《周官》、《尔雅》、天文、图谶、钟律、月令、兵法、史篇文字者皆诣公车，至者前后千数，皆令记说廷中，将令正乖谬、壹异说云。……于是群经皆受其窜乱，而《史记》为五经门户，则亦不得不窜乱矣。

按照崔适的说法，刘歆是为了王莽代汉的需要而伪造经传的，而出于伪造经传的需要又不得不窜乱《史记》以广树证据。并且明确指出当时这种伪造经传而广树证据的做法绝非刘歆一人所为，而是一个大的文化工程，涉及的有"千数人"，他们都是帮助刘歆一同造伪的人，是刘歆手下的打手。

从学术思想渊源来讲，《史记探源》的说法明显受到康有为《新学伪经考》的启发。康氏《新学伪经考》中有一篇题为《史记经说足证伪经考》，就已经说过《史记》"多为刘歆所篡改，而大体明粹。以其说与《汉书》相较，真伪具见"之类的话，崔适《史记探源》中采用的许多论据，也都是沿袭康氏《新学伪经考》的陈说，或者在此基础上加以补充。甚至崔适治学的武断特性，也颇有康氏之风。

《春秋复始》的主要论点是定《穀梁传》为古文学，也是出自刘歆伪造。崔适说："歆造《左氏传》，以篡《春秋》之统，又造《穀梁传》为《左氏》驱除，故兼论《三传》则申《左》，并论《公》《穀》则右《穀》。"①那么刘歆又是怎么造出《穀梁传》的呢？崔适认为，《左传》、《国语》都是"周末之异闻，非春秋之信史"，"刘歆得之，以为事实既不相同，义理更可立异，而复杂取传记，附以臆说，伪造《左》、《穀》二传，藉以破坏《春秋》。"② 众所周知，传统观点一直认为《左传》、《公羊传》和《穀梁传》为《春秋》"三传"，《左传》为古文学，《公》、《穀》为今文学。《春

---

① 崔适：《春秋复始》卷一，《谷梁氏亦古文学》，北京大学1918年铅字排印版。
② 崔适：《春秋复始》卷一，《以春秋为春秋》。

秋复始》不但认为古文经是伪说,而且认为《穀梁传》也是古文学,乃刘歆伪造,于是《春秋》"三传"就剩下《公羊传》是真经、《春秋》正传了,甚至提出《公羊传》应当正名为《春秋传》。显然,《春秋复始》是希望通过对《春秋》"三传"进行正本清源,以此确立今文《公羊传》传《春秋》的正宗地位。

崔适《史记探源》与《春秋复始》二书的写作,其实是反映了近代经学的动摇和向史学转变的开始。首先,从治学方法来讲,"今文经学在经部范围之内,无论分经的或综合的研究,都已没有发展的余地,于是转而治史,首及于《史记》,把《史记》和《汉书》的今古文问题也提出来了。看来似乎是扩大了经学的领域,由经及史,实际上却正反映了不能只从经书中考证经书,'皓首穷经',是不易找到出路了。"① 其次,从学术怀疑角度而言,今文学不但斥古文经为伪书,甚至连一向被认为是今文经的《穀梁传》也被说成是古文经,成了造伪之作,于是乎,被认为是经书的范围缩小了,诸经的疑问被加深了,经书的权威进一步遭到动摇,这种疑经思想自然会进一步影响到近代史学疑古思潮的兴起。

三

梁启超是受今文经学影响,而真正促使近代史学脱离经学的羁绊转向"新史学"的代表人物。所著《新史学》,初步构建起了近代新史学的理论体系。

梁启超早年在广州万木草堂师从康有为,开始接触到康有为的公羊学和维新思想,并且是康有为宣传维新变法的代表作《新学伪经考》与《孔子改制考》的协助编撰者。后来积极投身于维新宣传活动和戊戌变法政治实践当中,时人将其与康有为并称为"康梁"。与康有为始终只是一个经师不同,梁启超却最终由康有为的经学弟子而转变成为"新史学"的开山人物。然而从思想渊源来讲,梁氏这种转变,是与他受康有为今文学的影

---

① 汤志钧:《近代经学与政治》,363～364 页。

响而系统接受今文学思想密不可分的。他的"新史学"史观是建立在进化论的基础之上，而这种进化论思想最初便是导源于今文公羊三世朴素的进化观，进而经过接受西方进化论思想之后，最终成为一种比较系统的进化论学说。

1901年，梁启超在《清议报》上发表了《中国史叙论》一文，别开生面地把整个中国历史划分为"上世史"、"中世史"和"近世史"三大阶段，亦即"中国之中国"、"亚洲之中国"和"世界之中国"，"封建"、"帝制"和"立宪"之相互对应的三大阶段。梁启超已经意识到中国地缘环境的逐次变迁、民族内部的长期混合及其与政体依次嬗变之间的相互关系，由此而呈现出历史演变的阶段性特征。

1902年，梁启超写成《新史学》，这是一篇号召史界革命的檄文，也是要求以进化史观为指导建立近代新史学体系的宣言书。首先，对过往两千年中国之旧史学的各种积弊作了清算。《新史学》通过总结旧史学的弊病，提出旧史学有"四弊"、"二病"。"四弊"，其一是"知有朝廷而不知有国家"，一部二十四史，只不过是"二十四姓之家谱而已"，是相砑书、墓志铭、蜡人院的偶像；其二是"知有个人而不知有群体"，不知道叙述群体"相交涉相竞争相团结之道"，以及"所以休养生息同体进化之状"；其三是"知有陈迹而不知有今务"，不重视当代史的撰述；其四是"知有事实而不知有理想"，不懂得"史同于人，亦有精神"的道理。"二病"，则是指"能铺叙而不能别裁"、"能因袭而不能创作"①。

其次，大力宣扬进化论，以进化史观作为近代"新史学"的指导思想。梁启超认为，历史学的本质就是考察历史进化之理，他说："进化者，往而不返者也，进化无极者也。凡学问之属于此类者，谓之历史学。"② 这就明确指出了历史学的研究必须以进化论为指导思想。梁启超对于旧学术多持批判态度，但对公羊三世说却赞赏有加，肯定它的进化意义。他说："三世者，进化之象也。所谓据乱、升平、太平，与世俱进是也。三世则

---

① 梁启超：《饮冰室合集》文集之九，《新史学》。
② 同上。

历史之情状也。……三世之义,既治者则不能复乱;借曰有小乱,则必非与前此之乱等也。"① 在《新史学》一文中,梁启超通过对新史学研究对象的论述,系统阐明了其关于历史进化论的基本观点:其一,"叙述进化之现象"。梁启超认为,世界万物的变化现象不外乎有两种,一是"循环之状",一是"进化之状",研究循环现象的属于天然学,亦即自然科学;研究进化现象的属于历史学,亦即历史科学。其二,"叙述人群进化之现象"。梁启超认为,"进化云者,一群人之进也,非一人之进也。"历史学所关注的,"惟人群之事";如果事情并不关乎人群,哪怕是"奇言异行","必不足以入历史之范围"。其三,"叙述人群进化之现象而求得其公例公理者也"。梁启超认为,历史研究的目的,是要寻求一种理性的认识,这就将历史认识上升到了哲学层面。梁氏一方面将历史哲学与"良史"问题结合起来,他说:"是故善为史者,必研究人群进化之现象,而求其公理公例之所在,于是有所谓历史哲学者出焉。历史(撰述)与历史哲学虽殊科,要之,苟无哲学之理想者,必不能为良史,有断然矣。"另一方面,梁氏还将历史哲学与史学功能问题结合起来。他明确指出,历史研究之所以要"求得其公例公理",一是要说明历史变化的成因与影响,"以过去之进化,导未来之进化","使后人循其理、率其例,以增幸福于无疆";二是如果历史叙述只是叙事而不能明理,就如同一个人"有魄无魂",了无生气。②

毫无疑问,在《新史学》一文中,梁氏批判旧史学的激烈言辞多有偏颇失当之处,具体论断也过于武断,明显带有感情色彩,而且断然将"新史学"与"旧史学"截然对立起来,这种割裂古今的做法也并非一种科学方法(梁氏后来对此也有察觉,并且作了修正和补充)。梁启超以进化史观作为新史学指导思想,然而在将优胜劣败的生物进化原理直接运用到人类历史发展的解释时,并没有区别自然与人类社会的公理公例的不同,没有触及到人的物质生产活动同人类进化之间的关系,这说明其运用进化论

---

① 梁启超:《饮冰室合集》文集之九,《新史学》。
② 同上。

尚有生吞活剥之嫌。然而，梁启超通过发表《新史学》，高举史界革命、新史学的大旗，大力宣扬进化史观，猛烈抨击封建史学，从历史理论、历史编纂、史学性质和史学功用等多方面勾画出新史学的总体面貌与特征，对于近代中国史学的转型，起到了开山辟路的作用。学者认为《新史学》的发表，"标志了中国古典史学的终结，标志中国史学开始走上近代化的历程。"①

四

夏曾佑的《中国历史教科书》，是受今文学影响、以进化论为指导思想而撰述成的近代中国"第一部有名的新式通史"②。

夏曾佑好谈今文学，最初可能受到同乡前辈龚自珍、邵懿辰影响。戊戌变法前后，他不但在思想上受到康有为今文学的影响，而且还结识了康氏弟子、今文家梁启超，成为终身挚友。梁启超追忆当时情景时说："启超屡游京师，渐交当世士大夫，而其讲学最契之友，曰夏曾佑、谭嗣同。"③ 这一时期，夏曾佑还开始接受西学，而其至交严复的西学，对他经由今文学的朴素进化论进而服膺西方资产阶级进化论，有着重要影响。严复曾经翻译了《天演论》、《群学肄言》、《原富》、《社会通诠》和《法意》等一批西方学术名著，夏曾佑不但通读了这些著作，而且还时常与严复相互切磋④，并为其中一些著作写书序或按语。由此可以说，正是严复，使得夏曾佑有了接触、了解西学，进而接受西方进化论的机会。

夏曾佑所著《中国历史教科书》，全称《最新中学中国历史教科书》，后改名为《中国古代史》。该书原计划写作五册，实际完成三册，至隋代为止。第一册初版于光绪三十年（1904），第二、第三册初版于光绪三十二年（1906）。《中国历史教科书》是夏曾佑留下的唯一一部著作，而正是

---

① 刘新成主编：《历史学百年》，8页，北京，北京出版社，1999。
② 齐思和：《近百年来中国史学的发展》，载《燕京社会科学》，1949-10（2）。
③ 梁启超：《清代学术概论》，76页。
④ 参见夏循垍：《夏穗卿传略》，载《史学年报》，1940（2）。

这部著作，确定了其由今文学走向史学，并且作为近代中国新史学重要开创者的历史地位。

从《中国历史教科书》的内容来看，夏曾佑明显采用了今文学的观点。对此夏曾佑自己说得很清楚："本编亦尊今文学者，惟其命意与国朝诸经师稍异，凡经义之变迁，皆以历史因果之理解之。"① 这就是说，他尊崇今文学，采纳今文学的观点，但又有所变化。从《中国历史教科书》的具体论述上，我们也能很清楚地看到夏曾佑受今文经学观点的影响。如，该书第一编第一章"传疑时代"关于尧、舜的叙述，其说法与康有为《孔子改制考》如出一辙，他说："儒家言政治者，必法尧、舜。……九流百家托始不同，墨子言禹，道家言黄帝，许行言神农，各有其所宗。即六艺之文，并孔子所述作，而托始亦异。"又如，第一编第二章"化成时代"关于周秦之际学派的论述，夏曾佑从今文学角度对《汉书·艺文志》经史混乱的书籍分类提出批评，他说："著录百家之说，始于《汉书·艺文志》，后人皆遵用其说。然《艺文志》实与古人不同。……因（刘）向（刘）歆之大蔽，在以经为史。古人以六艺为教书，故其排列之次，自浅至深，而为《诗》、《书》、《礼》、《乐》、《易》象、《春秋》。向、歆以六艺为史记，故其排列之次，自古及今，而为《易》、《书》、《诗》、《礼》、《乐》、《春秋》。……既已视之为史，自以为九流之所共矣，然又何以自解于附《论语》、《孝经》于其后乎？其不通如此。"很显然，这样的评述完全是戴上今文学眼镜来看的。

《中国历史教科书》最突出的特点，当然是采用进化史观来解说中国历史。纵观《中国历史教科书》一书进化史观的具体表现，主要有如下数端：(1) 以世运之说，将中国历史的进化过程分为三个大时期，肯定近代中国处于"更化之期"。该书以自草昧以至周末为上古之世，自秦至唐为中古之世，自宋至今为近古之世。每一大时期，又分为若干阶段，上古之世分为两个阶段，由世界之初至西周为传疑时期，春秋战国为化成之期，中国的文化是在这个时期造成的；中古之世有三个阶段，自秦至三国为极

---

① 夏曾佑：《中国历史教科书》第2册，158页，光绪三十二年（1906）。

盛之期，自魏晋至隋为中衰期，唐室一代为复盛时期；近古之世分为两个阶段，五季宋元明为退化之期，清朝261年历史为更化之期，所谓"更化"，是指历史出现转机，"将转入他局"。（2）在具体历史评述上，体现了进化的思想。如关于伏羲、神农时代的历史，认为伏羲时代历史已经离开渔猎社会而进入游牧社会，婚姻关系上已经由乱婚进入"嫁娶"时代；神农时代的历史已经由游牧社会进入耕稼社会，也就是农业时代。夏曾佑明确指出，中国上古历史的这种进化，乃"万国各族所必历"，所不同的只是"为时有迟速"。又如第一章之"古今世变之大概"一节中关于清朝261年更化期历史的评述，夏曾佑认为它的前半段历史，是学问、政治集秦以来之大成；而后半段历史，则无论世局还是人心，皆开秦以来所未有，"此盖处秦人成局之已穷，而将转入他局"。（3）明确以西方进化论之核心观点——优胜劣败来解说历史与社会的发展。夏曾佑说："循夫优胜劣败之理，服从强权，遂为世界之公例。威力所及，举世风靡，弱肉强食，视为公义，于是有具仁智勇者出，发明一种反抗强权之学说，以扶弱而抑强，此宗教之所以兴，而人之所以异于禽兽也。"① 在此，夏曾佑以为宗教可以反抗强权，其认识显然是不正确的，但他强调优胜劣败、弱肉强食乃世界之公例，希望发明一种学说以抵抗帝国主义的强权，其拯救危局之用心是好的。

此外，《中国历史教科书》在历史编纂上，已经明显具有近代"新史学"的特征。首先从史书体裁角度而言。该书采用章节体裁，全书由篇、章、节组成；每册正文之前皆有序、凡例或者按语；所作的注文，旨在交代引用材料的来源。其次从通史撰述来讲。与中国传统史学"通史"含义不同，传统"通史"是与"断代史"相对应的"贯通古今"的历史撰述，而夏曾佑的《中国历史教科书》则是接受了西方史学的影响，其"通史"是相对于"专史"而言的，是对政治、经济、学术、宗教等内容的贯通。如关于宗教方面，该书具体叙述了孔子以前的原始宗教、秦汉的方士、汉代道教的产生与佛教的输入情况；又如学术及其与宗教的关系，该书对

---

① 夏曾佑：《中国历史教科书》第2册，217页。

老、孔、墨三家之"道",周、秦之际的学派,西汉今文学与方士的关系,东汉古文学与方术的分离等问题,都设立了专题来进行讨论。这样一种新型的通史撰述,一般认为是经由西方传入日本,再由日本传入中国的。周予同对夏曾佑《中国历史教科书》所受到的学术思想影响作了这样的总结:"夏氏《中国古代史》(即改名前的《中国历史教科书》)一书,在内容或本质方面是中国经今文学与西洋进化论思想的糅合……在形式或体裁方面,实受日本东洋史编著者的影响。"① 这一说法是很有见地的。

---

① 周予同:《五十年来中国之新史学》,载朱维铮编:《周予同经学史论著选集》,534～535 页。

经史尊卑论三题

经学与史学，是中国古代学术的两个重要门类。由于经史之学涉猎广泛，古代又没有严格的学科区分，特别是经与史之间特殊的渊源关系，以及经学在中国古代学术中的正宗地位，由此引发了人们关于经史关系的种种争论，成为中国传统文化与学术的一大特色。从学术发展史的角度来讲，经史关系的争论不仅涉及经与史之间的地位高低与相互关系，而且还直接涉及中国古代史学的自主独立问题。本文无意对中国古代经史关系作出全面梳理，只是就有关经史尊卑的长期纷争中涉及的《汉志》"史附于经"现象、宋代"荣经陋史"观和明清"六经皆史"说三个论题展开讨论，提出一些粗浅看法。

一、《汉志》"史附于经"问题

提到中国古代经史尊卑问题，就不得不从班固《汉书·艺文志》（依据刘歆《七略》而成）目录分类中的"史附于经"现象说起。学界有一种较为流行的说法，即认为迟至两汉，中国的史学尚未从经学当中分离出来，成为一门独立的学科，而是"史附于经"，为经学之附庸[①]。持这一观点者的主要依据便是东汉班固《汉书·艺文志》的群书目录分类中，《战国策》、《史记》等史书没有独立成类，而是依附于经书"六艺略"的《春

[①] 如周予同、汤志钧两位先生在《有关中国经学史的几个问题》一文中认为，"两汉以前，史学不是一门独立学科，而是隶属于经。"（载《文汇报》，1961-11-19）许凌云先生也认为，"在汉代，经学占统治地位，而史学是经学的附庸。"（许凌云：《经史关系略论》，载《经史姻缘》）。

秋》类下①；曹魏时秘书郎郑默依据皇家图书馆藏书撰写《中经》，西晋秘书监荀勖因《中经》而作《中经新簿》，将书籍分为甲、乙、丙、丁，其中丙部即为史书，至此"史"才独立成类；而唐初撰成《隋志》，则正式有了经、史、子、集四部群书目录分类。

上述说法如果纯粹从目录学角度来看，无疑是正确的，它反映了这样一种客观事实：至少在目录分类上，迟至汉代时史籍尚未形成一大类别，而是主要依附于"六艺"，魏晋以后才独立成类。但是，这种目录学上的分类，并没有真正反映出先秦至两汉时期史学发展的实际情况，没有反映出两汉时期在学科分类上经史已经分离而不是"史附于经"的客观事实。

首先，先秦已有源远流长的"史"的传统。我们说先秦时期经与史没有出现明确的分离，这是事实，但这不等于说先秦无"史"。实际上，先秦时期不但史官名称繁多、分工细致，而且史官通过记事，流传下了丰富而宝贵的史籍。《尚书·多士》说："惟殷先人，有册有典"，这里所谓"册"、"典"，便是指商代史官记录下的历史文献资料。像左史倚相"能读三坟、五典、八索、九丘"②，申叔时所谓"故志、训典"③ 等，这些典籍虽然不足考，也大致可以被看做是春秋以前史官留下的重要史料。至于"六经"，其中《尚书》和《春秋》自当为史，其他诸经不但具有重要的史料价值，而且对后世史学与史学思想都有重要影响。在"六经"之后问世的《竹书纪年》、《世本》、《左传》、《战国策》和《国语》等，都是战国时期撰成、流传于后世的重要先秦史籍。因此，实际上先秦已有源远流长的"史"的传统。

其次，汉代司马迁撰写《史记》而成史家之言，是中国古代史学已经

---

① 有些史书著录于"诸子略"儒家类和"数术略"历谱类等类别之下，如《高祖传》13篇、《孝文传》11篇都著录于儒家类下，《帝王诸侯世谱》、《古来帝王年谱》等书则被著录于历谱类下，等等。之所以出现这种分类不规范的现象，主要是因为《汉志》没有单独设立"史部"的缘故。不过，像《史记》、《国语》、《战国策》、《楚汉春秋》、《世本》等重要的、具有代表性的汉以前史籍，还是被著录于"六艺略"的《春秋》类下的。

② 《左传·昭公十二年》。

③ 《国语·楚语上》。

与经学相分离，开始成为一门独立学科的重要标志。对于司马迁的"成一家之言"，白寿彝先生明确认为这是史家的一家之言，"是在史学领域里第一次提出了'家'的概念。"① 刘家和先生也认为，"经学是在汉代正式产生的，史学也随着《史记》、《汉书》等巨著的出现而开始崭露头角，正是在汉代开始了经史分离的过程。"② 这就是说，西汉时期中国史学已经开始与经学相脱离而成为一门独立学科。值得注意的是，古代经史学科的形成颇为相似，史学开始独立于西汉，是以先秦源远流长的"史"的传统为基础的；同样，经学作为一门学科也形成于汉代，可是如果没有先秦"六经"典籍的形成，汉代经学的兴起也就无从谈起。

现在的问题是，既然西汉史学已经逐渐与经学分离而成为独立的学科，为何东汉成书的《汉志》还要在目录分类上以史附经呢？深究其原因，主要有两条：其一，秦火对先秦史籍的毁灭，致使汉代史籍稀少而形不成部类。先秦史官撰述成的种种史书，到了汉代，流传下来的已经屈指可数。据《汉志》的著录，汉人所能见到的历史书籍仅有34种1300余篇。与此相比，被《汉志》著录的"六艺"、"诸子"、"诗赋"和"兵书"、"数术"、"方技"诸"略"（后三"略"在后来《隋志》经史子集四部分类当中被归并到"子部"）著作，其总数多达600家、12 000篇（《汉志》共著录图书13 000余篇，其中包括史书1300余篇）之多。若以后来的经史子集四部分类观之，汉代的历史书籍与当时的经、子、集相比，确实是过于稀少，当时最少的经书也有103家、3123篇（包括《春秋》类下一部分史书共500余篇在内，其余史书篇目在其他"略"里），无怪乎《汉志》只能将其主要附录于"六艺略"《春秋》类之下了。那么，先秦经史之籍到了汉代为何经书多能流传而史籍却留存甚少呢？对此，司马迁在《史记·六国年表序》中说得很清楚："秦既得意，烧天下《诗》《书》，诸侯史记尤甚，为其有所刺讥也。《诗》《书》所以复见者，多藏人家，而史记独藏周室，以故灭。惜哉，惜哉！"就是说，先秦史籍大量失传是秦火所致；而

---

① 白寿彝：《说'成一家之言'》，《中国史学史论集》，99页。
② 刘家和：《经学和史学》，载《北京师范大学学报》，1985（3）。

汉以后《诗》、《书》得以复见而史籍不能，是因为《诗》、《书》藏于民间而史籍藏于周室易遭毁灭；至于秦始皇为何要毁灭史籍，是因为这些史籍"有所刺讥"。而秦火之后汉初史籍稀少，从《史记》的取材也可看出。正是由于秦火对先秦史籍造成的毁灭，致使特别重视史料的司马迁在写作《史记》时，不得不面临史料匮乏的问题。据统计，《史记》一书引用的先秦史书及档案只有24种（其中21种今已亡佚）。

其二，经史之间的密切关系，决定了《汉志》采取"史附于经"的目录分类方法。汉代史籍在群书分类上构不成一个部类，那为何《汉志》要将其附录于"六艺略"的《春秋》类下呢？即为何要"史附于经"呢？我们认为这是由经史之间的密切关系所决定的。先秦时期，经史相兼是一种普遍存在的现象。"六经"中的《尚书》、《春秋》自然也被后人当作史书来看待，而《诗经》的史料价值、《周易》的历史思想，同样引起治史者的高度重视；而在"十三经"当中，《春秋左传》、《三礼》也都是重要的先秦史书。即使是到汉代经史开始分离之后，我们从《史记》、《汉书》等汉代史籍中依然能够看到经史之间的密切关系，司马迁写《史记》就明确说过，他是要"正《易传》，继《春秋》，本《诗》《书》《礼》《乐》之际"①。正是这种经史之间的密切关系，决定了《汉志》的"史附于经"的目录分类。

由此可以得出结论，《汉志》的群书目录分类之所以要以"史附于经"，完全是汉代史籍太少不能形成一个部类，同时史籍又与经传关系密切所致，也可以说它是一种技术处理或权宜之计。那种依据《汉志》"史附于经"的目录分类现象，而认为汉代史学依附于经学，经与史尚未实现学科分离，无疑只是一种主观臆测，不符合史学发展的客观实际；同时，《汉志》"史附于经"的目录分类现象，虽然反映了经史之间的密切关系，却并不能因此说明二者之间存在着先后、尊卑和主从依附等关系。换句话说，汉代并不存在一个所谓的经史地位之争的问题。

---

① 《史记》卷一三〇，《太史公自序》。

二、宋代"荣经陋史"观问题

汉代经史分离现象的出现，标志着经与史都开始成为一种独立的学科。但是，这种学科的分离发展，却并不表示经史之间因缘关系的割断或结束。由于经籍本身具有史料与史学价值，经学在汉代兴起以后又成为中国封建时代的统治思想而对各门学术具有普遍的指导作用，因此它对汉代以后史学的发展有着重大影响；同时经学的发展也离不开史学的解读与论证，史学是经学赖以发展的主要凭借。也正因此，人们在讨论汉代以后中国学术发展史时，经史关系总是成为其永恒的话题，喜欢以经史并论，探讨它们的相互关系与影响，比较它们的学术价值与学术地位的高低。

从经史尊卑角度而言，一种观点认为，在中国古代学术发展史上，出现尊经卑史的现象当自宋代开始。清代考史家钱大昕堪为此论代表人物，他在为赵翼《廿二史札记》所作的序文中，就明确提出了"荣经陋史"观念始于宋儒的观点，这是一个在学术史上很有影响、颇为流行的说法。钱大昕通过对经史关系的历史考察，认为经史之间"初无经史之别。厥后兰台、东观，作者益繁，李充、荀勖等创立四部，而经史始分，然不闻陋史而荣经也。自王安石以猖狂诡诞之学要君窃位，自造《三经新义》，驱海内而诵习之，甚至诋《春秋》为断烂朝报。章、蔡用事，祖述荆舒，屏弃《通鉴》为元祐学术，而十七史皆束之高阁矣。嗣是道学诸儒，讲求心性，惧门弟子之泛滥无所归也，则有诃读史为玩物丧志者，又有谓读史令人心粗者。此特有为言之，而空疏浅薄者托以借口，由是说经者日多，治史者日少。彼之言曰，经精而史粗也，经正而史杂也。"

这段话中，钱大昕以目录学为视角，认为从李充、荀勖等创立四部后，经史开始分途。我们认为这与经史之学在实际发展过程中的分离情况不相符合。同时他又认为，无论是经史未分之际还是经史已分之后，很长时间里人们并没有听到过"陋史而荣经"这样的说法，直到宋儒王安石废除汉唐注疏之学，倡导义理新学，直斥《春秋》为"断烂朝报"，开始贬损史学；后来的道学人士大力提倡心性之学，而当心门弟子读史玩物丧志，于是有了"经精史粗"、"经正史杂"的训诫；而那些空疏浅薄者更是以道学诸儒的训诫为托词，只说经而不治史，宋代"荣经陋史"的风气由此兴起。我们认为，钱大昕提出"经精史粗"、"经正史杂"的"荣经陋史"之风是随着宋代王安石新学和理学的兴起而开始出现的，说明他看到了中国学术史上经史观念在宋代确实出现了明显变化。不过，钱大昕以"荣经陋史"来概说宋代的经史之学未免失之偏颇。众所周知，宋代文风昌盛，学术发达，学派众多，仅从经史之学而言，经学由理学的兴起而盛；同样，其史学的发达程度在中国古代也是空前绝后。与王安石义理新学、二程理学同时并世的有司马光史学；与朱熹理学同时的有袁枢史学，有以吕祖谦、程亮、叶适为代表的提倡经世的浙东史学，有蜀中二李（李焘、李心传）史学（其中李心传稍晚于诸贤），这些都是在中国史学史上很有地位、很有影响的史家与学派。也许有人会认为，钱氏此说主要是针对宋代义理之学的经史观念而言。对此我们的理解是：如果钱氏此说只是反映宋代义理之学的一种普遍的荣经风气的话，那么这无疑是正确的；如果认为宋代义理之学都是"荣经"而"陋史"的，这一提法是否全面、准确，则是一个值得商榷的问题。

宋代义理之学的代表学派无疑要数程朱理学，透过他们的经史观念，将有助于我们对宋代义理之学经史观念的整体把握。二程（颢、颐）的经史观是通过其理学思想而得以阐发的。作为宋代义理之学的重要发展时期，二程理学以"天理"为其最高范畴。二程明确认为"天下只有一个理"[①]，"理"是唯一的绝对，是物质世界之外的永恒存在；同时理又是万物的本源，支配着万物，万物的变化都是天理的体现。与这种天下绝对之理相对应，万物又各有情形，各有其理，这叫做"理一分殊"。人们从万物具体的理，去推究"天下一理"之"理"。从这种天理观出发，二程一方面从求理的角度肯定史学的作用，认为要识"理"，识得历史治乱兴衰之理，就必须要"考古今，察物情，揆人事，反复研究而思索之"[②]；另一

[①] 程颢、程颐：《程氏遗书》卷十八，载《二程集》，北京，中华书局，1981。

[②] 程颢、程颐：《程氏粹言》卷一，《论学》，载《二程集》。

方面，二程又认为经书是教人道理的，必须先通过读经识得道理，然后才能读史。二程说："尝语学者，且先读《论语》、《孟子》，更读一经，然后看《春秋》，先识得个义理，方可看《春秋》。"① 又说"凡读史，不徒要记事迹，须要识得治乱安危兴废存亡之理。"② 《上蔡先生语录》卷之中记载弟子谢良佐"记闻甚博"、"举史文成诵"，程颢却批评他是"玩物丧志"，意思是说他只知道"记诵博识，而不理会道理"。在二程的理学思想中，以经为本、经先史后的观点是非常明确的。

　　南宋朱熹继承并发扬了二程理学思想，是宋代理学的集大成者和宋代义理之学体系的建立者。在对待经史关系问题上，朱熹也承继了二程的先经后史的经史观。朱熹从万物一理、理一分殊的角度肯定古今历史与事物中存在着天理，要想明理，就必须要读书、读史，朱熹说："是其粲然之迹，必然之效，盖莫不具于经训史册之中，欲穷天下之理而不即是而求之，则是正墙面而立尔。此穷理所以必在乎读书也。"③ 但是，朱熹又明确指出，对于明理而言，经相对于史更为重要，更加强调读经对于明理的重要性。究其原因，一是经书全是天理，而史书则不竟然。朱熹说："《六经》是三代以上之书，曾经圣人手，全是天理，三代以下文字有得失，然而天理却在这边自若也。"④ 既然史书是三代以下文字，并非全是天理，人们读书明理，就必须要以经为本、先经后史。二是既然史书并非全是天理，如果不以经为本、先经后史，就容易为史所坏。他批评同时代的学者吕祖谦说："伯恭（吕祖谦字）于史分外子细，于经却不甚理会。""缘他先读史多，因所以看粗着眼。读书须是以经为本，而后读史。"⑤ 朱熹强调要站在天理的高度来认识历史、学习历史，才能做到"陶铸历代之偏驳，会归一理之纯粹。"⑥ 因此，他一再指出："故程夫子教人先读《论》、

---

① 程颢、程颐：《程氏遗书》卷十五。
② 程颢、程颐：《程氏遗书》卷十八。
③ 朱熹：《朱文公文集》卷十四，四部丛刊本。
④ 朱熹：《朱子语类》卷十一，北京，中华书局，1986。
⑤ 朱熹：《朱子语类》卷一二二。
⑥ 朱熹：《资治通鉴纲目后序》，四库全书本。

《孟》，次及诸经，然后看史，其序不可乱也。"① 值得注意的是，相比较于二程，朱熹理学更加强调"格物致知"的穷理功夫，而史学正是这种为"格物致知"而应该从事并且能够从中取得感发的一种学问。正是基于这种认识，朱熹在史学方面下的气力更大，并且取得了非凡的成就。

从上所述可知，作为宋代义理之学的代表，程朱理学主张先经后史、以经为本的经史观念，表现出明显的重经、崇经、荣经的思想倾向；而这种经史观念的哲学基础，则是其万物一理、理一分殊、理在事先的理学思想。在程朱理学看来，"天下只有一理"，理在事先，而经学是理，史学是事，故而明理必须崇经、荣经，经先史后。正是由于程朱理学大力宣扬以经为本、先经后史的经史观，这在客观上确实有助于此后经学风气的兴盛，我们从唐宋时期科举考试内容上唐人考诗赋而宋代易之以经义的变化也可看出这种风气的转变情况。但是，问题的关键是程朱理学荣经是否就是陋史？我们的答案是否定的。我们认为程朱理学宣扬以经为本、经先史后是实，但这并不等于就是轻视史学。程朱理学还有一个重要哲学思想是宣扬理在事中、格物穷理，认为万物皆有其理，史事之中有历史兴衰之理，明理既离不开"经训"，同样也离不开"史册"，所以朱熹一再向人申明，他叫人读经并不等于不要人去读史，他说："昨日有人问看史之法，熹告以当且治经，求圣贤修己治人之要，然后可以及此，想见传闻又说不教人看史矣。"② 朱熹本人既是理学家，也是史学家，他在史学上所取得的卓越成就，就是他重视史学的一个最好注脚。③ 由此得出结论，以程朱为代表的宋代义理之学的以经为本、先经后史的经史观念，由于程朱理学的特殊地位，对于宋代以后荣经轻史之风的兴起无疑是有着重要影响的，至于宋学末流则更是只知空谈性命道理。但是，就程朱理学本身的经史观念而言，说他们荣经是实，陋史则不确；尊经是实，卑史则不尽然。

---

① 朱熹：《朱文公文集》卷三十五。
② 朱熹：《朱文公文集》卷四十四。
③ 朱熹的史学成就斐然，他与学生赵师渊合写的《资治通鉴纲目》，创立了中国古代史学的纲目体体裁；他撰述的《伊洛渊源录》一书，则是古代学案体史书的滥觞之作；他还有大量的历史评论与史学批评散见于《朱文公文集》和《朱子语类》之中。

三、明清"六经皆史"说问题

"六经皆史"说是明清学术史、经学史与史学史上一个重要命题。从王阳明的"五经亦史"说,到王世贞的"六经,史之言理者"、李贽的"六经皆史"说,再到章学诚的"六经皆史"说,关于经史关系的论述也随之而不断深入。然而,关于明清诸贤此说所反映的经史观念,特别是是否蕴含有经史尊卑问题,迄今为止学界还存在着较大的分歧。

谈到明清的"六经皆史"命题,人们往往要追溯到隋朝的王通,学界一般认为他是最早提出"以经为史"的人[①]。《文中子·中说》卷一《王道》篇说:"昔圣人述史三焉:其述《书》也,帝王之制备矣,故索焉而皆获;其制《诗》也,兴衰之由显,故究焉而皆得;其述《春秋》也,邪正之迹明,故考焉而皆当。此三者,同出于史而不可杂也,故圣人分焉。"在此,王通提出了"六经"中的《尚书》、《诗经》、《春秋》"同出于史"的观点。在王通看来,《尚书》、《诗经》和《春秋》"三经"的立意有别于其他经书,圣人分此三经以述史,旨在"备帝王之制"、"显兴衰之由"和"明邪正之迹"。很显然,述史述经,只是圣人的一种分说,本身并不体现经与史孰尊孰卑的问题;同时,"三经亦史"说可能在形式上对后来明清时期"六经皆史"命题的提出有启发作用,但二者之间存在着本质的区别。

明代心学家王阳明在批判与继承宋儒经史关系论的基础上,明确提出

---

① 也有一些学者不同意这一说法,如钱钟书先生就认为此说与先秦道家有关系,他说:"《庄子·天运》篇记老子曰:'夫六经,先王之陈迹也,岂其所以迹哉';《天道》篇记,桓公读圣人之书,轮扁谓书乃古人糟粕,道之精微,不可得传。《三国志·荀彧传》注引何劭为《荀粲传》,记粲谓:'孔子言性与天道,不可得闻,六籍虽存,固圣人之糠秕'云云。是则以六经为存迹之书,乃道家之常言,六经皆史之旨,实肇端于此。"(钱钟书:《谈艺录》,266页,北京,中华书局,1984)周予同先生则认为:"古代'经'、'史'不分,隋朝王通也不能说是'以经为史'的最早者。如果上溯的话,孔子即曾说过:'《春秋》其文则史,其义则丘窃取之矣!'那么,孔子就是以《春秋》为史了。"(朱维铮:《周予同经学史论著选集》,716页)我们认为,先秦道家和孔子的"以经为史",是经史未分时代的一种说法,与经史已分时代的隋朝王通的"三经亦史"说及其以后的"五经亦史"、"六经皆史"说所谈论的经史关系还不是一个概念。

了"五经亦史"的观点，成为中国古代学术史上"六经皆史"说最早的系统阐述者之一。王阳明一方面从"心即理"、"心理无二"的心学观点出发，反对宋代理学家们将"理"看作超然之物、绝对观念；另一方面又继承了宋儒从理事、道器的哲理高度探讨经史关系的传统。王阳明认为，经史之间的关系，"以事言谓之史，以道言谓之经。事即道，道即史，《春秋》亦经，'五经'亦史。《易》是包牺氏之史，《书》是尧舜以下史，《礼》、《乐》是三代史，其事同，其道同，安有所谓异？"又说："'五经'亦只是史。史以明善恶，示训戒。善可为训者，特存其迹以示法；恶可为戒者，存其戒而削其事以杜奸。"① 从这两段话可以清楚地看到王阳明经史关系论的基本内涵，其一是不仅提出了"五经亦史"的经史命题，而且还从理事、道器合一的哲理高度对"五经亦史"说作出了理论论证；其二是从"事即道，道即史"的经史观出发，而肯定存史的目的即在于存"道"，在于"明善恶，示训戒"。因此，王阳明"五经亦史"的理论意义，是肯定了经史、事道之相同、无异和合一的关系。

王阳明之后的明儒，显然是受到王阳明的影响，似乎都热衷于讨论经史关系问题，注重阐发"六经皆史"的命题，其中最具代表性的学者有王世贞、李贽等人。王世贞认为，"天地间无非史而已。……六经，史之言理者也；曰编年、曰本纪、曰志、曰表、曰书、曰世家、曰列传，史之正文也；曰叙、曰记、曰碑、曰碣、曰铭、曰述，史之变文也……"② 这就是说，所谓经书，其实也就是史书的一种。王世贞还继承了王阳明的理事、道器合一说，认为史中含道，道依赖史而得以相传。他说："史不传则道没，史即传而道亦系之而传"③。王世贞甚至将史的作用看得比经还大，他说："经载道者也，史纪事者也。以纪事之书较之载道之书，孰要？人必曰经为载道之书，则要者属经，如是遂将去史弗务。嗟乎！智愈智，愚愈愚，智人之所以为智，愚人之所以为愚，其皆出于此乎？"在王世贞

---

① 王阳明：《王阳明全集》卷一，《传习录上》，10页，上海，上海古籍出版社，1992。
② 王世贞：《弇州山人四部稿》卷一四四，明万历刻本。
③ 王世贞：《纲鉴会纂序》，载《纲鉴会纂》万历刊本卷首。

看来，造成"愚愈愚"局面的原因，就在于世人重经轻史，所以他大声疾呼"史学在今日倍急于经，而不可以一日而去者也"，"君子贵读史"①。王世贞的"贵史"论，不但与宋儒过分荣经有明显的不同，而且对于晚明以来学风的转移和重史思潮的出现也是有一定影响的。

李贽是一个被称为具有"异端"思想的学者，他评价历史事件与历史人物不以孔子和儒家的是非为是非，而是"一切断以己意"②。他曾作《经史相为表里》一文，对经史关系作出论述："经、史一物也。史而不经，则为秽史矣，何以垂戒鉴乎？经而不史，则为说白话矣，何以彰事实乎？故《春秋》一经，春秋一时之史也。《诗经》、《书经》，二帝三王以来之史也。而《易经》则又示人以经之所自出，史之所从来，为道屡迁，交易匪常，不可以一定执也。故谓'六经'皆史可也。"③ 在此，李贽一方面以理事合说经史，肯定史以经明理、经以史彰事，二者是统一的关系；另一方面，李贽则明确提出了"六经皆史"的说法，这在中国古代学术史上至少在字面上还是第一次。李贽提出"六经皆史"说，其主旨是利用王学此说的积极因素，进一步在思想领域反对程朱理学，挑战程朱理学的正统与权威。

当然，对于"六经皆史"命题作出最系统阐述的，还得数清代史评家章学诚。关于章学诚"六经皆史"说的提出及其理论价值，学术界的认识与评价存在着很大的分歧。褒之者认为"六经皆史"说是章学诚的一种创见，它将"六经""从神圣的宝座拉下来"，在思想上有进步意义；④ 贬之者认为"六经皆史"说并非章学诚首倡，甚至他关于此说的表述也没有王阳明"清楚明白"⑤；也有学者中肯地提出"六经皆史"说的发明权不是章学诚，不过他却赋予这一命题"以充实的内容和系统理论"⑥。之所以会出现各种分歧，既有研究者主观的学术素养与思想认识上的差异，也与章氏

---

① 王世贞：《纲鉴会纂序》，载《纲鉴会纂》万历刊本卷首。
② 梅国祯：《藏书序》，见李贽《藏书》卷首，北京，中华书局，1959。
③ 李贽：《焚书》卷五，《经史相为表里》，北京，中华书局，1960。
④ 参见侯外庐：《中国早期启蒙思想史》，509 页，北京，人民出版社，1956。
⑤ 参见喻博文：《两则史料辨证》，载《学术月刊》，1981（5）。
⑥ 仓修良、叶建华：《章学诚评传》，158 页，南京，南京大学出版社，1996。

该命题本身内容繁富、概念的内涵与外延全书不统一有一定的关系。

其实关于章学诚并非"六经皆史"说的首倡者学界已经基本上形成共识,问题的关键是:章学诚究竟有没有赋予此命题以新的含义?他重提并且着力系统阐发这一命题的真正目的究竟何在?章氏"六经皆史"说是否蕴涵着经史尊卑的含义于其中?这才是需要史界同仁应该加以关注和作出回答的。

要了解章氏"六经皆史"说的基本内涵,须着重把握章氏有关论述的三个要点:

第一,古代"无经史之别",后世史学源于《春秋》。章学诚认为,古代"无经史之别,六艺皆掌之史官,不特《尚书》与《春秋》也"①。又说:"三代以前,《诗》《书》六艺,未尝不以教人,非如后世尊奉六经,别为儒学一门,而专称为载道之书者。"② 这就清楚地告诉人们,所谓视"六经"为专门的载道之书,那是后世儒者所为,其实在三代以前,经史没有区别,"六经"就是由史官执掌的教人行事之书。这就将儒家"六经"还原其本来面目。章学诚认为,后世经史分途,后世之史学则源于《春秋》。《章氏遗书补遗·上朱大司马论文》说:"盖《六艺》之教通于后世有三:《春秋》流为史学;官礼诸记,流为诸子;论议诗教,流为辞章辞命。其他《乐》亡而入于《诗》、《礼》;《书》亡而入于《春秋》。《易》学亦入官礼,而诸子家言,源委自可考也。"又说:"叙事实出史学,其源本于《春秋》'比事属辞',左、史、班、陈家学渊源,甚于汉廷经师之授受。马曰:'好学深思,心知其意';班曰:'纬六经,缀道纲,函雅故,通古今'者,《春秋》家学,递相祖述,虽沈约、魏收之徒,去之甚远,而别识心裁,时有得其仿佛。"由此可知,史学属于《春秋》家学。

第二,"六经皆先王之政典",是"切人事"的学问。《文史通义》开篇即说:"古人未尝离事而言理,六经皆先王之政典也。"《校雠通义·原道》解释说:"后世文字,必溯源于六艺。六艺非孔氏之书,乃《周官》

---

① 章学诚:《文史通义》卷六,《论修史籍考要略》,叶瑛校注本,北京,中华书局,2000。

② 章学诚:《文史通义》卷二,《原道中》。

之旧典也。《易》掌太卜，《书》藏外史，《礼》在宗伯，《乐》隶司乐，《诗》领于太师，《春秋》存乎国史。夫子自谓述而不作，明乎官司失守，而师弟子之传业，于是判焉。"《文史通义·经解上》也说："古之所谓经，乃三代盛时，典章法度，见于政教行事之实，而非圣人有意作为文字以传后世也。"这些论述都明确指出，"六经"不过是记载三代盛世时期政典史事之书，而非孔子留于后人的载道之书。章学诚又认为，三代的学术并没有将后世所谓"六经"当作经书来看待，而只是将这些"先王之政典"当作"切人事"之史来看，"三代学术，知有史而不知有经，切人事也"①。认为三代时期虽然有"经"书，但它不过是诸子书的一种分类，"诸子著述，往往自分经传，如撰辑《管子》者之分别经言，墨子亦有《经篇》，韩非则有《储说》经传，盖亦因时立义，自以其说相经纬耳"②。与后世儒家所遵奉的经书的含义是不同的。

第三，"道不离器"，"六经皆器也"。章学诚"六经皆史"说的哲理基础则是他的"道不离器"说。《文史通义·原道中》说："《易》曰：'形而上者谓之道，形而下者谓之器。'道不离器，犹影不离形。后世服夫子之教者自六经，以谓六经载道之书也，而不知六经皆器也。"这段话清楚地表明，"道不离器"、"道器合一"是事物的普遍法则，因此，"六经"不仅只是"著理"的载"道"之书，而且也是"未尝离事"的"器"，是道与器、理与事的统一。这就从形上与形下两个层面对"六经"的本质作出了回答。

那么，章学诚着力阐发"六经皆史"说这一命题的真正目的究竟何在？我们认为也主要有三个方面：

第一，章学诚的"六经皆史"说是为阐发其经世致用史学思想提供理论依据的。章学诚治史，是以经世致用为目的的，他说："史学所以经世，固非空言著述也。"③ 众所周知，章学诚所处的乾嘉时代，是考据之风大盛的时代。如果说当年顾炎武为宣扬经世致用的学风而提倡考据实学，那么这个时期的考据学则完全是一种脱离现实、逃避现实的学术，人们埋头于

---

① 章学诚：《文史通义》卷二，《浙东学术》。
② 章学诚：《文史通义》卷一，《经解上》。
③ 章学诚：《文史通义》卷二，《浙东学术》。

故纸堆，与现实隔膜。同时，这一时期的宋学尽管相对微弱，却仍然还是以空谈性命道理为务。毫无疑问，清初所提倡的那种经世致用学风到了这一时期已经丧失殆尽。章学诚在这样一种特定的历史时代而大倡"六经皆史"说，就是要将斗争的锋芒直指空谈性命的宋学和务求考索的汉学。章学诚肯定"六经皆史"，其实就是要从源头上去论证史学的经世致用性。在章学诚看来，既然六经是"切人事"的，"皆先王得位行道，经纬世宙之迹，而非托于空言"① 的政典，后人学习经书，就应该要弘扬这种"经世"的学风，继承这种"经世"的精神，而不应该将经学变成一种只是空谈义理，或是专务考索的学术，那样，就完全偏离了经学的本意。

第二，章学诚"六经皆史"说具有扩大史学视野与把握史学思潮的价值。章学诚所谓"六经皆史"之"史"，当然是具有史料含义的。因为章学诚明确认为"六经"是先王的政教典章，是历史的记录，是"切人事"的文献。肯定"六经"是史料，它的史学意义是重大的：人们因此可以将"六经"当作先王时期的重要史料来看待，以对先王时期的各种社会政治制度作出研究，从而有助于我们对于先王时期历史的认识；经史合一，从而扩大了人们的史料收集和历史研究范围，有助于人们对于历史的全面了解和正确解读。另一个方面，六经都注重阐发历史观点，而正是这种历史观点给予了史学及其史学思想的发展以极大的影响。正如吴怀祺先生所说的，说"六经"是史，"这主要不是从历史编纂学上说，也不是着重从史料学上说，应当从历史意识上、从史学思想上来理解这个问题。中国的史学思想的主要思潮，溯源探流，都可以追寻到《六经》那里。《六经》的每一部经书中不是孤立地、简单地阐述一种见解，反映一种历史意识；情况比较复杂，但每一部经书，相对地说，比较集中地表达一种历史见解，一种史学观点"②。

第三，章学诚的"六经皆史"说还蕴涵了一种史学变革的精神。章氏重视学术"流变"，倡导史学创新与著作精神，他认为三代以上之史与三

---

① 章学城：《文史通义》卷一，《易教上》。
② 吴怀祺：《中国史学思想史》，15页。

代以下之史存在着明显的不同,"三代以上,记注有成法,而撰述无定名。三代以下,撰述有定名,而记注无成法。"① "撰述欲其圆而神,记注欲其方以智。"② 这里所谓"记注",指的是以保存史料为务之史书,它追求"方以智",有一定之成规;所谓"撰述",则是指依据记注而撰成的史学著作,它没有固定的名称,重视"圆而神"。章氏认为"六经皆史",如"《尚书》无定法,而《春秋》有成例"③,他们都很好地体现了史书的"圆而神"、"方以智"的精神。然而三代以下"继《春秋》而有作"之史,只有司马迁"近于圆而神"、班固"近于方以智",其他皆失去了史学的创新精神,"纪传行之千有余年,学者相承,殆如夏葛冬裘,渴饮饥食,无更易矣。然无别识心裁,可以传世行远之具,而斤斤如守科举之程序,不敢稍变;如治胥吏之簿书,繁不可删。以云方智,则冗复疏舛,难为典据;以云圆神,则芜滥浩瀚,不可诵识。盖族史但知求全于纪表传之成规,而书为体例所拘,但欲方圆求备,不知纪传原本《春秋》,《春秋》原合《尚书》之初意也"④。由此来看,章氏提倡"六经皆史"说,就是要在复古的旗帜下,复史学固有的讲求通变,提倡"圆而神"、"方以智"的精神。

如果我们将章学诚的"六经皆史"说与王阳明以来的"六经皆史"说作一比较便不难看出,他们谈论的命题相同,提出的道器合一、理事合一、经史合一的观点也相近,似乎看不出之间有什么区别。然而,正如吴怀祺先生所说的,"章氏学术与王氏的心学则是貌似而心异"⑤ 的。王氏"五经亦史"说是从心学角度肯定五经皆"吾心之记籍"⑥;他的道器合一、经史合一,只是为了论证"五经"与史同具于吾心罢了。从目的论而言,章氏与王氏的经史之学可谓是有天壤之别的。至于王世贞所谓"六经,史之言理者也",是从区分典籍立论的;他提出的"贵史"论对于扭转当时的荣经空疏学风有一定的积极意义,但却是以经载道、史纪事二分经史孰

---

① 章学诚:《文史通义》卷一,《书教上》。
② 章学诚:《文史通义》卷一,《书教下》。
③ 同上。
④ 同上。
⑤ 吴怀祺:《中国史学思想史》,296 页。
⑥ 王阳明:《王阳明全集》卷七,《稽山书院尊经阁记》。

重立论的。而李贽虽然最早说出"六经皆史"一语，然而他的目的只是要否定儒学权威，所以他说"《六经》、《语》、《孟》，非其史官过为褒崇之词，则其臣子极为赞美之语。"① 由此可见，王、李二人的"六经皆史"说与章学诚的"六经皆史"说之旨趣可谓是风马牛不相及的。

那么，章学诚的"六经皆史"说是否涉及经史尊卑的问题？是否如有的学者所言是将经学从神圣宝座上拉了下来？从我们以上叙述其实不难看出，章学诚的"六经皆史"说从根本上说是服务于经世致用这样一个学术思想主题的，他认为古代经书都是治理国家、切于民生日用的典籍，因而也就是史，这种"切人事"的经书是一切著述的根本精神所在，后世史书出自《春秋》，理应承继经书"切人事"的传统。同时，章氏认为经书切于人事的著述精神反映在其编纂上，则以"圆而神"、"方以智"为旨趣，而这种撰述旨趣在后来的史著中除去《史记》和《汉书》之外，都已经不具有了。章学诚提倡"六经皆史"，也是希望后世史学撰述能够继承这一古代经学撰述的优良传统，重视学术流变，从而赋予学术永恒的生命力。由此可见，章学诚的"六经皆史"说其意根本不在于比较经与史孰轻孰重，因而也不存在什么贬低"经"的意思。

---

① 李贽：《焚书》卷三，《童心说》。

易学与历史思维的民族特性
——读吴怀祺《易学与史学》

吴怀祺教授精心研究中国史学思想史已有数十年之久,阶段性的成果主要有《宋代史学思想史》、《中国史学思想史》,以及主编的从 2002 年开始推出的 10 卷本《中国史学思想通史》(已基本出齐),此外尚有相关论文数十篇。这些论著对史学思想史研究的意义、对象进行了阐述,对史学思想史与史学史学科之间的关系作了辨析,对史学思想史学科性质与研究方法作了分析和探讨,对史学思想史的一些重大理论问题提出了自己的看法。毫无疑问,这些理论研究对于构建史学思想史学科体系作出了重要贡献。

吴怀祺教授关于中国史学思想史研究的一个显著特点,是重视揭示中国历史思维的民族特性;而其中的一个重要入手点,则是注重探讨中国史学与经学、理学、诸子学等之间的关系,换言之,也就是探讨经学、理学、子学对于史学家历史思维的影响。最近,吴怀祺教授又一部力作《易学与史学》,已经作为《易学智慧丛书》之一,于 2004 年 3 月由中国书店正式出版。这是新时期易学研究的重要成果,更是对中国史学思想史研究的新拓展。该著通过对易学与中国史学之关系的深入考察,对历史思维的民族特性作了更深层次的揭示,细读之后,启发良多。

一、中国的史学与易学有着不解之缘

系统阐述易学与中国史学的关系,是《易学与史学》一书撰述的主要旨趣。该书认为,"中国史学还在童年时代就和易学结下了不解之缘"[①]。这种"不解之缘"主要表现在两个方面:

---

① 吴怀祺:《易学与史学》,2 页,北京,中国书店,2004。

其一，史家大多通《易》。中国史学发展史上有一个非常重要的现象，那就是从先秦的史官到秦汉以后的历代大史学家，大多都是通晓《周易》的。先秦史官职掌复杂，大体说来，一是记录军国大事，解说军国大事发展趋势；二是观察天象，整理历书。这里记录与整理是固定的，而解说则需要依据，"这个依据很重要的来源是《周易》"①。因为《周易》本来就是卜筮之书。由此看来，先秦史官通晓《周易》，首先是出于职能的需要。史官们正是依据《周易》的思维方式来思考和解说历史变化，从而使他们的历史思维更加活跃，历史眼光更加深邃，历史思想更加丰富。同时，他们关于历史的易学思维解说，反过来又丰富了《周易》理论的发展，使易学的发展有了历史事实的支撑。秦汉以后，从司马迁到章学诚再到郭沫若，这些史学大家都是精通易学的。司马迁的家学中有易学传统，"正《易传》"是司马迁的使命之一，易学是司马迁史学的哲理基础，易学的通变思想是司马迁史学思想的核心。"可以说，对司马迁的易学成就不了解，对司马迁的史学也就不可能有深入的认识。"② 班固的《汉书》颇受汉易的影响，《汉书·艺文志》关于各类书籍的序录，多以《易》理论起源流；而《汉书·五行志》把董仲舒等人的天人感应说与京房的易学观点糅合在一起，以此解说历史的变动；此外，从《高祖本纪》到各篇《传》，也都能清楚地看到汉易的影响。西汉末年的荀悦，虽然在易学领域建树不大，但他重视以《易》解史，在史学领域却取得了很大的成就。《汉纪》宣扬天命王权思想，同时强调重人事的思想，其间都反映出易学的痕迹。魏晋南北朝时期，袁宏的史学援玄入史，以《易》解史，颇具时代特色；而范晔以《易》论史，着眼点则是强调人事对于得失、存亡的影响，反映了汉易对史学影响的新变化。唐代史评家刘知幾对《汉书》的易学观进行了反思，对《五行志》的虚伪与错谬提出了批评；同时经学家孔颖达《周易正义》对"易"之本意乃"变化之总名，改换之殊称"的揭示，以及对《易》的忧患意识的关注，对此后史学思想的发展产生了重要影响。宋代

---

① 吴怀祺：《易学与史学》，17页。

② 同上书，31页。

史学家如欧阳修、司马光、朱熹等人，史学成就卓著，易学成就也非凡，他们的易学观是其史学观的哲理基础。欧阳修的《易童子问》着重从义理上解易，进而对史学提出看法；司马光的《温公易说》等所体现的易学观，是其史论的逻辑起点；朱熹的《周易本义》等易学论著重视以易解史，肯定《易》理的精义在于人事，因而与史是相通的。明末清初思想家兼史学家黄宗羲，在其早年易学著作《易学象数论》中对象数学的流弊作了批判，晚年则提出将义理与象数会归于一的思想，反映到其学术史撰述思想上，则是肯定学术上的"万殊总为一致"的趋向是一种历史必然；王夫之易学撰述甚丰，其易学思想对其史论著作《读通鉴论》、《宋论》有着重要的影响。清代史评家章学诚，其史评名著《文史通义》以《易教》上、中、下开篇，说明其史学理论是以易学观为基础的。近代史家的易史观与古代不同，他们强调以史的眼光来认识《周易》，如顾颉刚解《易》，是将其易学讨论纳入到对古史的疑辨之中；而郭沫若则重视用社会史的眼光来认识《周易》，肯定《周易》是中国古代社会存在的反映，是变革的产物，并且通过剥出《周易》辩证法的合理内核，从而将其从神的启示录还原为"世俗人"的思维术。

其二，三种影响模式。《易学与史学》一书通过对易学与史学之关系的探究，从学术史的角度对易学与史学之关系作了理论总结，认为二者的相互影响，总体上可以概括为"三种模式"，即以史证易、以易说史和以易解史。其中以史证易，按照《四库全书总目提要》的说法，此派可以宋代李光、杨万里为代表。该书认为，以史证易，"这是易学范围内的事，是以历史事实解说易理，说明易理的正确，因而它是易学史的义理派。"①而以易说史，主要是从文献学的角度来考察《周易》与史学的关系。这一学派治《易》的特点，是"把《周易》作为社会史的影子，或作为史料"。如果说以史证易的目的只是为了阐明易理，不能说明易学与史学的关系的话，那么，以易说史以《周易》等同于反映周代历史的史料，则"同样不

---

① 吴怀祺：《易学与史学》，4页。

能阐明易学与史学的内在关系"①。因此，真正能说明易学与史学之相互关联、相互影响的，是以易解史。所谓以易解史，就是"以易学的思维方式认识人类历史，洞察古今兴衰，评论行事得失"。这就是说，易学对于史学的影响，主要不是它本身所具有的史料价值，也不只是将史料作为解易的工具，而是表现在它的思维方式对于史学家认识历史、研究历史，以及对于中国史学发展走向的影响。正因此，吴怀祺教授明确指出，"这本书主要是从这样的角度讨论易学与史学的关系……只有从思维方式的角度认识易学对史学的影响，才能更好地揭示易学变化与史学进展的关联。"②

二、易学对历史思维方式的具体影响

既然易学对于史学的影响主要表现在思维方式上，那么，纵观中国史学发展史，史学家们究竟受到易学那些思维方式的影响呢？该书认为，这种影响主要表现在以下几个方面：（1）究天人之际的整体思维。《易》的思维特点之一，是重视将天、地、人联系起来思考，所谓"观于天文"、"察于地理"，便是这种重视于考察天人之际的整体思维方式的具体表述。影响到史学，则是启发了历代史学家们注重"究天人之际"，由此成为史学思想发展的一个重要潮流。（2）通变思维。"《易》穷则变，变则通，通则久"，这是《周易》关于通变思维的集中表述。《易》的通变思维对于史学的影响，则是启发了历代史学家们注重见盛观衰和主张社会变革的历史思维。（3）创新思维。《易》以"变易"为核心思想，易学强调神无方而易无体，肯定"日新之谓盛德"。它对史学家的启发，则是历史认识不应局限或固定于一种程式，应该具有创新的思维。（4）"天下同归而殊途，一致而百虑"的思维，语出《易大传》。这是对学术发展的一种思维，也是对学术发展规律的一种总结。"易道广大"，易学本身就是一个具有广泛包容性的理论体系。易学这一思维方式，对于史学家的历史思维影响极

---

① 吴怀祺：《易学与史学》，5页。

② 同上。

大。正如吴怀祺教授所说的,"没有《易大传》的思维方式,司马迁不可能进行学术大总结,也就不可能写出一种新思想体系的《史记》。"①（5）忧患意识。《易》为忧患之学,所谓"君子安而不忘危,存而不忘亡,治而不忘乱"、"作《易》者其有忧患乎"（《系辞》),便是《易》家忧患意识的一种表述。《周易》的忧患意识是史学家关心历史前途的哲理概括。如身处天崩地解大变动时代的王夫之,就非常重视将易学的这种忧患意识和历史通变、借鉴思想相结合,从而将古代历史思维推向一个新的高度。

当然,易学对于历史思维的影响并不都是积极的,也有负面的。比如在两汉时期盛行一时、并且在中国史学史上有着久远影响的谶纬神学史观和天人感应史观,就与易学思潮有关,这是我们应该加以注意的。同时,易学对于历史思维的影响,在不同的史学发展阶段,其具体表现也是不尽相同的。具体来讲,该书认为主要发生过三次大的冲击:"第一次是从先秦到两汉易学的变化,为中国古代史学家思考天人关系、总结历史兴衰提供了思想基础。第二次是魏晋时期,《易》是玄学三个组成部分之一,史学家品评历史人物、总结历史的思维方式都受到易学的影响。第三次是两宋的易学成为理学的要素,也成为史学家论历史兴亡、说历史因革的哲理依据,波澜所及,直到明清。"② 以上所述,基本上勾勒出了中国史学与史学思想不同发展阶段易学的主要影响。

---

① 吴怀祺:《易学与古代历史思维》,载《云南民族学院学报》,2002（1）。
② 吴怀祺:《易学与史学》,4页。

秦始皇历史意识散论

作为千古一帝，秦始皇是一位颇具历史意识的政治家。天下初定，他就急切要大臣们替他议定尊号，认为不这样做，就"无以称成功，传后世。"① 他非常了解历史的经世致用功能，一方面借助于阴阳家的历史观点，极力宣扬秦皇朝是应五德之运而建，是以水德而胜周之火德的结果，从而为秦皇朝的建立披上了一层合法而又神秘的外衣；另一方面到处巡游，刻石纪功颂德，歌颂他的统一功业，美化秦皇朝的政治统治，宣扬封建统治秩序的永恒不变性，以为后人留下一篇篇美化秦政的史文。他也非常注重运用政治手段来干预史学，为了不让人们以史论今和是古非今，他焚毁了除秦国所记之外的所有先秦史书和《诗》、《书》、百家语等先秦文献，通过毁史来推行愚民政策。以下对秦始皇的历史意识作一分述。

一、以历史作借鉴，议定皇朝制度

首先，表现在立尊号、废谥法上。秦统一全国后，秦始皇就立即命令群臣议定尊号，他的理由是："寡人以眇眇之身，兴兵诛暴乱，赖宗庙之灵，六王咸伏其辜，天下大定。今名号不更，无以称成功，传后世。"② 这段话充分体现了秦始皇的历史意识。他一方面把自己与过去的帝王们联系在一起，将之看做是历史的一种连续和整体；另一方面又将自己与过去的帝王作比，认为自己完成了统一天下的大业，其历史功绩已经超越了任何过去的帝王，因此必须改变尊号，以此显名于后代。否则的话，他认为就是"无以称成功，传后世"。根据秦始皇的旨令，丞相王绾、御史大夫冯劫、廷尉李斯和博士们进行了商议，他们认为秦始皇"平定天下，海内为

---

① 《史记》卷六，《秦始皇本纪》。
② 同上。

郡县，法令由一统，自上古以来未尝有，五帝所不及"。因此，应以古代三皇之至尊"泰皇"作为尊号。对于群臣所上尊号，秦始皇并未完全采纳，他用了"皇"字，而除去"泰"字，另外又"采上古'帝'位号，号曰'皇帝'"①。这一字之增减，不仅体现了秦始皇的一种历史意识，而且还有一种政治寓意。张华松认为"泰皇"这一尊号，虽然是群臣与博士共同商议，"然首倡者必博士官无疑。""皇"之义为"处虚守静而无所事事"，博士们的意愿是"希望秦王清心寡欲，无所作为，垂拱而治"。而秦始皇加上"帝"字，"帝尊贤授德而大有作为"，体现了秦始皇要"集尊贵与权力于一身"的意愿。② 张华松的论说是很有见地的。与立尊号相对应的还有除谥法。秦始皇除谥法的依据仍然是历史，他说：

> 朕闻太古有号毋谥，中古有号，死而以行为谥。如此，则子议父，臣议君也，甚无谓，朕弗取焉。自今以来，除谥法。朕为始皇帝。后世以计数，二世三世至于万世，传之无穷。③

这段话含义有三：一是认为太古有号无谥，中古有号有谥；二是认为定谥号，以子议父、以臣议君是无谓的；三是仿效太古除去谥号，并决定以后以世计统。由此可知，更立尊号的本意是为了突显秦始皇所成就的大一统功业，同时还蕴涵着一种积极有为的思想；而除谥法则是为了维护皇权的至高无上性和永恒性。正如许殿才所说的，除谥法表现了秦始皇的一种"既借重历史，又惧怕历史的矛盾心情"④。

其次，表现在德运制度的建立上。秦始皇建立秦皇朝德运制度的理论依据，是战国时期齐人邹衍所创立的以五德终始为内容的历史哲学。邹衍的著作已散佚，但其历史哲学的主要内容，秦相吕不韦在组织门人编写《吕氏春秋》时，对此已作了载录。

---

① 《史记》卷六，《秦始皇本纪》。
② 张华松：《秦代的博士与方士》，载《孔子研究》，1999（1）。
③ 《史记》卷六，《秦始皇本纪》。
④ 许殿才：《说秦史学》，载《史学史研究》，1997（2）。

《吕氏春秋》编成时，秦尚未统一全国，因此它只是说"代火者必将水"，肯定继周而建的王朝是以水为德的王朝，并没有说就是秦。而且它也未给这个水德王朝规定具体的祥瑞之物。而齐人所上的这套德属理论则说："今秦变周，水德之时。昔秦文公出猎，获黑龙，此其水德之瑞。"不但明确指出秦为水德，而且还为秦朝找到了水德之瑞——黑龙。秦始皇有了这套邹衍发明的、被齐人加以发挥的五德终始理论，便开始着手建立秦皇朝的水德制度。《史记·秦始皇本纪》对此作了记载：

> 始皇推终始五德之传，以为周得火德，秦代周德，从所不胜。方今水德之始，改年始，朝贺皆自十月朔。衣服旄旌节旗皆上黑。数以六为纪，符、法冠皆六寸，而舆六尺，六尺为步，乘六马。更名河曰德水，以为水德之始。刚毅戾深，事皆决于法，刻削毋仁恩和义，然后合五德之数。

秦始皇利用邹衍以五德终始为内容的历史哲学，一方面为秦皇朝这个大一统政权的合法性作了论证；另一方面也为秦皇朝建立起了一整套具体的水德制度。如果说邹衍是五德终始历史哲学的创立者，那么秦始皇就是这一历史哲学的第一个实践者。邹衍所创立的五德终始历史哲学和秦始皇对这一学说的政治实践，对以后的中国政治史产生了巨大影响。

再次，表现在政治体制的确立上。秦始皇统一全国后，采取何种体制来统理这一亘古未有的大一统国家，便成了秦朝君臣必须要面对的问题。从历史上看，无论是三王时代，还是远古的五帝时代，政治体制的基本形式都是既有天下共主之天子，又有相互并存之诸侯。因此，分封制是人们心目中的一种当然的政治体制。就当时社会的普遍心理而言，人们饱受春秋、战国以来社会长期动荡之苦，渴望着国家的统一，但并不等于说他们希望用一种新的体制来代替过去的分封体制。他们只是深感"近古之无王久已"①，而迫切希望出现一个新的天下共主，来结束混战的局面，重新建

---

① 贾谊：《新书·过秦中》，载《贾谊集》，王洲明、徐超校注本，北京，人民文学出版社，1996。

立起一个天下共主的有序社会。就已经亡国的六国贵族而言，他们当然希望秦始皇这个新的天下共主能够继续推行以往的"继绝世，兴亡国"这一传统法则，让他们继续得以分封建国。而从以后秦朝关于政治体制的争论来看，以博士官为代表的秦朝知识分子，是分封制的主要代言人。可以说，秦统一后，社会的主流思想是主张推行分封制度的。然而，秦始皇并没有简单地去迎合这一主流思潮，而是下令让群臣就此进行讨论。廷尉李斯以周朝历史为借鉴，明确表示反对分封体制，而主张实行郡县制度。他说：

> 周文武所封子弟同姓甚众，然后属疏远，相攻击如仇雠，诸侯更相诛伐，周天子弗能禁止。今海内赖陛下神灵一统，皆为郡县，诸子功臣以公赋税重赏赐之，甚足易制。天下无异意，则安宁之术也。置诸侯不便。①

李斯的观点与秦始皇不谋而合，后者也是从历史的角度肯定了分封制的危害。他说：

> 天下共苦战斗不休，以有侯王。赖宗庙，天下初定，又复立国，是树兵也，而求其宁息，岂不难哉！②

在此，秦始皇不仅认为过去天下战斗不休的原因是分封侯王导致的结果，而且明确认为统一之后再实行分封，无疑是重蹈周代历史的覆辙，而使天下重新陷入混乱之中。因此，他明确表态"廷尉议是"。从这次秦皇朝议论政治体制的过程来看，正是由于秦始皇、李斯君臣本着强烈的历史意识，以周朝分封导致诸侯相争这一历史事实为前车之鉴，从而正式确立了秦皇朝的郡县体制。而这一政治体制的确立，对于以后的中国历史无疑

---

① 《史记》卷六，《秦始皇本纪》。
② 同上。

有着巨大影响。当然，郡县制度在秦皇朝得以大力推行，并不等于说它已经为当时朝内外人士所普遍认可，特别是那些博士儒生们，他们对于秦朝推行郡县制度是极力反对的。直到始皇三十四年（公元前213年），博士淳于越还力陈郡县之弊。

针对淳于越的"师古"论，李斯则本着历史变易的观点进行了驳斥。他明确指出："五帝不相复，三代不相袭，各以治，非其相反，时变异也。"[①] 充分肯定当今实行郡县制的必要性。当然，这一次交锋的结果，不但主张分封的观点再一次被秦始皇所否定，而且还引发了一场大规模的焚书运动，秦始皇开始用暴力来压制博士儒生的是古非今思想。应该说，秦始皇用焚书的办法来禁止人们主要是博士儒生们对政治体制的议论，这种做法无疑是极端残暴的。但是，秦始皇、李斯君臣在论证推行郡县制度的合理性时，都非常重视以史为鉴。他们肯定历史的变易性，这种历史观比起一味地只知师古的博士儒生们无疑要进步。

最后，表现在封禅仪式的议定上。封禅说出于何人何派学说已不得而知，但就其内容而言，它与邹衍创立的五德终始说很相似。五德终始说讲祥瑞符命，讲真命天子应运建朝；封禅说也讲祥瑞符命，讲真命天子要举行封禅活动。五德终始说编排了自黄帝以来五德转移的历史；按照封禅说，凡禀德受命的帝王，都必须要进行封禅，《史记·封禅书》说："自古受命帝王，曷尝不封禅？"《风俗通义·封禅》也说：受命天子要"增泰山之高以报天，附梁甫之基以报地，明天之所命，功成事就有答于天地。"在这派学说看来，天与人是一系、合一的。自古以来，凡受命于天、依照德运建朝的帝王，都必须要封泰山、禅梁父，以报答于天地。

秦始皇统一天下以后，儒生博士们积极鼓吹封禅说，引起了秦始皇对封禅的兴趣。他自认为功过三皇五帝，秦皇朝又是以黑龙为符、禀水德而建，自然很想像古圣王一样去封泰山、禅梁父。始皇二十八年（公元前219年），秦始皇征从齐、鲁儒生博士七十人巡游泰山，准备举行封禅大典。然而，封禅之说虽然由来已久，可究竟如何进行封禅人们却并不知

[①] 《史记》卷六，《秦始皇本纪》。

晓，司马迁说："厥旷远者千有余载，近者数百载，故其仪阙然堙灭，其详不可得而记闻也。"① 根据《史记·封禅书》记载，当时随从的儒生中就有人议论说："古者封禅为蒲车，恶伤山之土石草木；埽地而祭，席用菹秸，言其易遵也。"秦始皇认为儒生们的议论"各乖异，难施用"，而独自进行封禅活动。秦始皇"遂除车道，上自泰山阳至颠，立石颂秦始皇帝德，明其得封也。从阴道下，禅于梁父。其礼颇采太祝之祀雍上帝所用，而封藏皆秘之，世不得而记也。"从《史记》记载可知，秦始皇统一全国不久，因受到儒生博士的鼓动，而仿效历史上古圣王的做法，首次巡游泰山举行了封禅大典。如果说古帝王们的封禅还只是一种传说的话（从礼仪不详可知，起码秦统一以前封禅之事已是久废），那么秦始皇举行的封禅大典则已被《史记》所确载。与借用五德终始说建立秦皇朝水德制度一样，秦始皇举行封禅大典也是借用了封禅说的结果。自从秦始皇首行封禅大典后，举行封禅大典便成了封建帝王们的一项重要国事活动。值得注意的是，此次秦始皇封禅活动的直接鼓动者是儒生博士，他们也被秦始皇所征从随行，结果却因所议封禅之仪不合秦始皇之意而被绌，未能参加这次封禅大典。秦始皇与儒生博士的矛盾实肇端于此。

二、刻石与焚书：政治对史学的利用和干预

秦始皇善于借鉴以往的历史来建立皇朝的各项具体政治制度，同时他又重视控制现实的历史学来为巩固政治统治服务。出于"颂今"的需要，他重视历史纪录，利用历史学；而当历史学不利于秦皇朝统治时，则会非常残酷地加以扼杀。刻石与焚书，充分反映了秦始皇既重视利用历史学为其封建政治统治服务，又惧怕历史学会不利于甚至威胁他的封建政治统治这一矛盾心理。

先说刻石。刻石是秦皇朝的一种特殊的历史纪录。秦始皇称帝总共才只有十二年时间，他却先后五次巡游天下，七次刻石纪功颂德，这在历代

---

① 《史记》卷二十八，《封禅书》。

帝王当中可谓是绝无仅有的。频繁地巡游刻石纪功颂德，无疑是反映了秦始皇对"颂今"工作的高度重视。他要以这种特殊的历史纪录方式，来为后人留下一篇篇歌颂始皇帝、美化秦政的史文。因此说，刻石于名山胜地，这种形式体现了秦始皇的一种强烈的历史意识。而碑文的内容不仅在一定程度上体现了秦始皇的治国思想，而且也反映了其历史思想。秦始皇七次刻石所表述的基本治国思想有如下两个方面：其一是"作制明法"以治理国家。如泰山刻石云："皇帝临位，作制明法，臣下修饬。"琅邪刻石云："端平法度，万物之纪。"之罘刻石云："大圣作治，建定法度，显著纪纲。……普施明法，经纬天下，永为仪则。"会稽刻石云："秦圣临国，始定刑名，显陈旧章。初平法式，审别职任，以立恒常。"① 刻石所言之"法"，即包括国家法令，也指各项制度。秦始皇强调法的绝对权威，其实就是树立自己的绝对权威，因为秦朝的法是根据秦始皇的意志来制定的。因此说秦始皇"作制明法"以治理国家的思想，其实就是高度专制集权的思想。其二是"行同伦"以规范社会。如泰山刻石云："贵贱分明，男女礼顺，慎遵职事。昭隔内外，靡不清静，施于后嗣。"琅邪刻石云："以明人事，合同父子。圣智仁义，显白道理。……尊卑贵贱，不逾次行。奸邪不容，皆务贞良。……远迩辟隐，专务肃庄。端直敦忠，事业有常。……六亲相保，终无寇贼。"会稽刻石云："遂登会稽，宣省习俗，黔首斋庄。……饰省宣义，有子而嫁，倍死不贞。防隔内外，禁止淫泆，男女洁诚。夫为寄豭，杀之无罪，男秉义程。妻为逃嫁，子不得母，咸化廉清。大治濯俗，天下承风，蒙被休经。……黔首修洁，人乐同则，嘉保太平。"② 从以上刻石所宣扬的"行同伦"思想来看，我们似乎无法想象这就是以法治国的秦始皇所宣扬的治国思想，因为它同儒家的重伦理思想几乎是一致的。其实这是我们对秦始皇治国思想认识上的一个误区。我们认为秦始皇重视以法治国，但他并不否认人伦规范对社会治理的作用，刻石的内容便是最好的证明。从史书记载来看，秦始皇还重视对皇子们进行人伦教育。如秦始皇

---

① 《史记》卷六，《秦始皇本纪》。
② 同上。

死后，赵高劝立胡亥，胡亥最初还是犹豫的，他说："废兄而立弟，是不义也；不奉父诏而畏死，是不孝也。"当长子扶苏见到赵高伪造的让他自杀的秦始皇遗诏时，他没有接受蒙恬让他"复请"的劝告，而明确表示"父而赐子死，尚安复请？"① 胡亥和扶苏的言论足以证明他们是受过人伦教育的。我们只能说秦始皇由于过分注重法治，致使人伦规范力行不够。同时，他不是以礼义教化的方式来规范人们的行为，而是主张用严刑酷法来规范人们的行为，其结果往往事与愿违。

秦始皇刻石所体现的历史思想也主要有两个方面。其一是歌颂大一统。如琅邪刻石云："六合之内，皇帝之土。西涉流沙，南尽北户。东有东海，北过大夏。人迹所至，无不臣者。功盖五帝，泽及牛马。莫不受德，各安其宇。"之罘东观刻石云："武威旁畅，振动四极，禽灭六王。阐并天下，甾害绝息，永偃戎兵。"碣石刻石云："皇帝奋威，德并诸侯，初一泰平。"会稽刻石云："皇帝休烈，平一宇内，德惠修长。……圣德广密，六合之中，被泽无疆。皇帝并宇，兼听万事，远近毕清。"② 从这些刻石所云可知，秦始皇对他所完成的统一大业是感到无比自豪的，认为这是一个前无古人的功业。他颂扬大一统，当然是为自己歌功颂德。但是，希望国家统一，这又是当时广大人民的一种普遍愿望。而秦始皇完成了国家的统一，这无疑是顺应时代和合乎民心之举。其二是宣传"顺承勿革"的历史不变论。如泰山刻石云："治道运行，诸产得宜，皆有法式。大义休明，垂于后世，顺承勿革。……化及无穷，遵奉遗诏，永承重戒。"之罘刻石云："普施明法，经纬天下，永为仪则。"之罘东观刻石云："常职既定，后嗣循业，长承圣治。"会稽刻石云："皆遵度轨，和安敦勉，莫不顺令。"③ 从这些刻石内容来看，秦始皇是要为后代定立法式，并训诫后人要"永为仪则"、"顺承勿革"。众所周知，秦国是具有变革传统的诸侯国家，秦始皇则是具有变革思想的帝王。然而，秦始皇重视变革旧有的制度，却不愿后人变革他所创下的各项制度。如果说面对过去而言，秦始皇是一位

---

① 《史记》卷八十七，《李斯列传》。
② 《史记》卷六，《秦始皇本纪》。
③ 同上。

历史变易论者的话，那么面向未来而言，秦始皇则又是一位历史不变论者。

再说焚书。秦始皇对待历史学的态度是既重视又恐惧的。他重视历史学，是因为历史学能为他的政治统治服务；他恐惧历史学，是怕人们借古论今，而不利于甚至威胁到他的政治统治。秦政的主要特点是法治，是集权，独断专行的秦始皇是容不得人们借用过去的历史来议论朝政的。因此，他认为消除对历史的恐惧感的最好办法莫过于推行愚民政策，使民众没有历史知识。秦始皇的焚书，是他推行愚民政策的一种必然结果。秦的焚书，发生在秦始皇三十四年（公元前213年）。事因博士淳于越议封建而起，丞相李斯由驳封建之议转而对"私学"道古害今进行发难，进而提出了焚书的建议。李斯禁私学的理由是：

> 古者天下散乱，莫能相一，是以诸侯并作，语皆道古以害今，饰虚言以乱实，人善其所私学，以非上所建立。今陛下并有天下，别白黑而定一尊；而私学乃相与非法教之制，闻令下，即各以其私学议之，入则心非，出则巷议，非主以为名，异趣以为高，率群下以造谤。如此不禁，则主势降乎上，党与成乎下。①

这段话主要说明了这样几层意思：一是认为过去"诸侯并作，语皆道古以害今"是"天下散乱"导致的结果；二是认为现在天下已经统一，应该"别黑白而定一尊"，不应该允许议政非主的私学继续存在；三是指出不禁止私学的后果将是"主势降乎上，党与成乎下"。在李斯看来，禁止私学的最好办法就是焚书。

值得注意的是，这次所焚之书一是六国史书，即所谓灭人之国还要灭人之史；一是《诗》、《书》和百家语，这些都是具有重要史料价值的先秦典籍。由此不难看出，李斯的焚书，其实就是灭史。从上述李斯提出的禁私学的理由和焚书的具体主张来看，都与秦始皇推行的愚民政策是完全吻

---

① 《史记》卷八十七，《李斯列传》。

合的。也正因此，李斯的建议立即得到了秦始皇的采纳。

秦始皇的焚书，正如陈其泰所说："即是以惨暴的手段对不利于秦朝统治的历史记载实行干预和禁绝，企图把民众变成没有历史知识、不懂总结历史经验、可以任意摆布的愚民，以达到毫无阻碍地'别黑白而定一尊'、加强专制统治的目的。"① 然而，秦始皇推行愚民和文化专制政策，以政治的力量来灭绝以往的史籍，并没有达到巩固皇权统治的目的。当秦皇朝二世而亡时，他的毁史的文化专制政策也随之被埋葬了。

---

① 陈其泰：《秦汉史学和秦汉政治》，载《学习与探索》，1999（5）。

陆贾的历史著述与历史思想

陆贾为西汉初期著名的政治家、思想家、外交家和史学家。在政治实践中，陆贾亲身参加了秦末反秦战争，"以客从高祖定天下，名为有口辩士，居左右，常使诸侯。"① 西汉初年，陆贾分别于汉高祖十一年和汉文帝即位之初，两次奉命出使南越。首次出使，使南越武王赵佗接受了汉朝"南越王"的封号，"称臣奉汉约"；第二次出使，使赵佗答应"去帝制黄屋左纛"，致使终文景两朝，南越"朝命如诸侯"②。就在高祖十一年首次出使南越归后，陆贾与刘邦进行了一场关于"居马上得之，宁可以马上治之"的著名对话，提出了"逆取而以顺守之"的治国之策，对西汉初年统治政策的改变有着重要影响。此外，陆贾还在诛灭诸吕集团和拥戴汉文帝两件事上扮演了重要角色，司马迁说："及诛诸吕，立孝文帝，陆生颇有力焉。"③ 陆贾终其一生，虽然官位仅止太中大夫，却事功显赫，身名俱荣，而以寿终。正如班固所说："陆贾位止大夫，致仕诸吕，不受忧责，从容平、勃之间，附会将相以强社稷，身名俱荣，其最优乎！"④

作为思想家和史学家，陆贾给后人留下了两部重要著作，这便是《新语》和《楚汉春秋》。《新语》乃奉帝王之命而作，它既是一部政论著作，又是一部历史著作。汉高祖十一年，刘邦因反感陆贾常常以《诗》、《书》进说而怒骂说："乃公居马上而得之，安事《诗》、《书》！"陆贾则反驳道："居马上得之，宁可以马上治之乎？"并警告刘邦说："乡使秦已并天下，行仁义，法先圣，陛下安得而有之？"对于陆贾的发问，汉高祖刘邦面有惭色，无以对答。于是对陆贾说，"试为我著秦所以失天下，吾所以得之

---

① 《史记》卷九十七，《郦生陆贾列传》。
② 《史记》卷一一三，《南越列传》。
③ 《史记》卷九十七，《郦生陆贾列传》。
④ 《汉书》卷四十三，《陆贾传》。

者何，及古成败之国。"① 陆贾奉命而撰成的这部著作便是《新语》。《新语》一书，共十二篇，陆贾每写完一篇，便上奏高祖刘邦一篇，每篇都得到了刘邦的称许，左右大臣也迎合着欢呼万岁。很显然，陆贾"粗述存亡之征"而成的《新语》，对汉初政治无疑产生了重要影响。对于《新语》的影响和地位，后人已经作了充分肯定。班固在《答宾戏》中写道："陆子优繇，《新语》以兴；董生下帷，发藻儒林；刘向司籍，辩章旧闻；扬雄覃思，《法言》、《大玄》。"② 在班固看来，陆贾因作《新语》，而与董仲舒、刘向、扬雄在思想史上拥有同等地位。东汉思想家王充则更是给予陆贾以崇高的评价，他说："《新语》，陆贾所造，盖董仲舒相被服焉，皆言君臣政治得失，言可采行，事美足观。鸿知所言，参贰经传，虽古圣之言，不能过增。陆贾之言，未见遗阙；而仲舒之言雩祭可以应天，土龙可以致雨，颇难晓也。"③ 在王充看来，陆贾《新语》言无遗阙，连董仲舒也"相被服"。《楚汉春秋》则是一部记载秦汉之际史事的近代史，班彪、班固、司马贞等人皆肯定为陆贾所撰。作为汉初仅有的一部反映秦汉之际历史的近代史著作，《楚汉春秋》有着较高的史料价值，是司马迁撰写《史记》的重要参考文献之一。对于《楚汉春秋》的史料价值，后人也给予了较高的评价，班固说："秦兼诸侯，有《战国策》。汉兴伐秦定天下，有《楚汉春秋》。故司马迁据《左氏》、《国语》，采《世本》、《战国策》，述《楚汉春秋》，接其后事，讫于[天]汉。其言秦汉，详矣。"④ 一方面肯定《楚汉春秋》是记载秦汉之际史事的重要史著，另一方面认为它与《左传》、《国语》、《世本》、《战国策》都是司马迁撰写《史记》所参考的重要资料。史评家刘知几则更是对《楚汉春秋》推崇备至，他说："刘氏初兴，书唯陆贾而已。子长述楚汉之事，专据此书。"⑤ 《楚汉春秋》今已散佚，但其不少内容因被后人著作大量引用而得以保存，由此出现了一些辑本。

---

① 《史记》卷九十七，《郦生陆贾列传》。
② 《汉书》卷一〇〇上，《叙传》。
③ 王充：《论衡》卷二十九，《案书》，黄晖校释本，北京，中华书局，1990。
④ 《汉书》卷六十二，《司马迁传》。
⑤ 刘知几：《史通·杂说上》。

如洪颐煊所辑的《楚汉春秋佚文》，据其资料来源统计就有：《史记集解》1条、《史记索隐》20条、《史记正义》5条、《汉书》颜注4条、《汉书》晋灼注1条、《后汉书》注1条、《史通》1条、《困学纪闻》1条、《水经注》1条、《北堂书钞》3条、《文选》注7条、《艺文类聚》3条、《太平御览》20条。① 《楚汉春秋》被后人大量引用，无疑也体现了它的史料价值。当然，《楚汉春秋》的史料价值还与陆贾的直书不隐精神分不开。此举一例：《史记》卷七《项羽本纪》载有陆贾奉命"说项王，请太公"失败，而侯公出使却取得成功一事，《史记正义》在此引述了《楚汉春秋》所载高祖因此封侯公一事："上欲封之，乃肯见。曰：'此天下之辨士，所居倾国，故号曰平国君。'"并作按语道："说归太公、吕后，能和平邦国。"《楚汉春秋》是否记载陆贾本人这次有辱君命的出使不得而知，但它却明确记载了侯公的成功出使，给予侯公以高度评价，仅此可知他实际上是间接地表述了自己这次出使的失败，并没有为己讳言此事。王利器认为，"说项王归太公、吕后事，陆贾实在有辱君命。现在虽然仅见侯公说项王一节，必然是陆贾无功，才命侯公复往而踵成之。则陆贾之记此事，必然要详其本末，可以想见，当其秉笔直书之时，必然不会为己之失败而掩饰，则其史德，亦足以风人矣。"② 他对陆贾的直书不隐精神给予了高度评价。

作为思想家和史学家，陆贾的历史思想是极其丰富的。众所周知，秦汉之际是一个风云突变的时代，秦的速亡和汉的突兴，引起了汉初政治家、思想家和史学家们的诸多深思，他们迫切希望通过对过去特别是秦朝历史的反思，从中总结出历史的经验教训，而为汉代政治提供借鉴。陆贾无疑是他们中间的重要代表人物之一。陆贾的历史思想概言之主要包括以下两个方面：

（一）"逆取而以顺守之"：对历史治乱兴衰的一种理解

"逆取而顺守"是陆贾与刘邦辩论"居马上得之，宁可以马上治之"时提出的统治天下之术。当刘邦辱骂他"乃公居马上而得之，安事《诗》、

---

① 参见陆贾：《新语·附录二》，王利器校注本，北京，中华书局，1986。
② 陆贾：《新语·前言》。

《书》"时，陆贾针锋相对道："居马上得之，宁可以马上治之乎？且汤、武逆取而以顺守之，文武并用，长久之术也。"① 正如牛运震《史记评注》所说的："'逆取顺守'四字，道理极深，似涉权术家言，实三代以后有天下者不易之道也。"这里"似涉权术家言"似有贬义，但牛运震肯定其"道理极深"，为"不易之道"。应该说，"逆取而顺守"的提出，是建立在陆贾对历史的深刻反思基础上，是他对历史治乱兴衰的一种理解。

"逆取"是指一种力政或霸道。陆贾肯定暴力在夺取政权过程中的积极作用，并认为这是古圣王传示后人的一条成功经验。他认为商汤、周武王都是通过武力而夺取政权的，"若汤、武之君，伊、吕之臣，因天时而行罚，顺阴阳而运动，上瞻天文，下察人心，以寡服众，以弱制强，革车三百，甲卒三千，征敌破众，以报大仇，讨逆乱之君，绝烦浊之原，天下和平，家给人足，疋夫行仁，商贾行信，齐天地，致鬼神。"② 但在夺取政权后，他们都改变了统治术，而推行王道政治，即所谓"逆取而以顺守之，文武并用"。同样，对于秦始皇以武力兼并六国、统一天下的做法，陆贾也是采取肯定态度的。但他认为，秦统一以后，却不知道改变统治政策，而继续推行"逆取"天下时的做法，结果导致了国家的迅速败亡。他说："秦始皇设刑罚，为车裂之诛，以敛奸邪，筑长城于戎境，以备胡、越征大吞小，威震天下，将帅横行，以服外国，蒙恬讨乱于外，李斯治法于内，事逾烦天下逾乱，法逾滋而天下逾炽，兵马益设而敌人逾多。秦非不欲治也，然失之者，乃举措太众、刑法太极故也。"③ 在他看来，秦始皇也想治理好天下，但他却不懂得夺取政权与巩固政权的做法是不相同的。也就是说，他只知"逆取"而不知"顺守"，在统一天下以后，还一味地推行力政，"举措太众、刑法太极"，结果导致政权的迅速败亡。他认为历史上有很多统治者都不懂得"顺守"之术，其结果往往是重者亡国，轻者身死国乱。如晋厉公、齐庄公、楚灵王、宋襄公之流皆是如此，他们"乘大国之权，杖众民之威，军师横出，陵轹诸侯，外骄敌国，内刻百姓，邻

---

① 《史记》卷九十七，《郦生陆贾列传》。
② 陆贾：《新语》卷上，《慎微》。
③ 陆贾：《新语》卷上，《无为》。

国之仇结于外，群臣之怨积于内，而欲建金石之统，断不绝之世，岂不难哉？"结果"金石之统"不但没有建成，反倒是自己死于非命，"宋襄公死于泓之战，三君弑于臣之手"。所以陆贾告诫后人说："三君强其威而失其国，急其刑而自贼，斯乃去事之戒，来事之师也。"①

当然，陆贾"逆取而顺守"的落脚点还在于"顺守"，强调"逆取"天下以后必须推行王道政治。众所周知，王道政治是先秦儒家文化观、政治观的一个基本内涵，陆贾的"顺守"之论无疑是对这种文化观、政治观的一种继承。与先儒略有不同的是，陆贾把推行王道政治看做是古圣王"逆取"天下之后而采取的一种基本统治术，而不是像先儒那样，一味地只讲王道、不讲霸道，只讲顺守、不讲逆取。那么，陆贾"顺守"之论的具体内涵究竟是什么呢？这在高祖十一年陆贾面折刘邦时已作了明确表述，这便是"行仁义，法先圣"。以下对陆贾的"顺守"之论作一离析。

首先，要无为而治。陆贾的无为之论当然是针对秦朝政治过于有为而作有感之发的。如前所说，陆贾认为秦朝过于有为的政治导致的结果则是"事逾烦天下逾乱，法逾滋而天下逾炽，兵马益设而敌人逾多。"因此，他认为"顺守"天下，最好的办法就是推行无为政治。他说："道莫大于无为，行莫大于谨敬。何以言之？昔舜治天下也，弹五弦之琴，歌《南风》之诗，寂若无治国之意，漠若无忧天下之心，然而天下大治。周公制作礼乐，郊天地，望山川，师旅不设，刑格法悬，而四海之内，奉供来臻，越裳之君，重译来朝。故无为者乃有为也。"② 这段话包含了两层含义：一是认为无为乃最大之道，也是古圣王治国之道；二是肯定只有通过无为，才能达到有为。陆贾为他的无为政治设计了一个美好的蓝图："是以君子之为治也，快然若无事，寂然若无声，官府若无吏，亭落若无民，闾里不讼于巷，老幼不愁于庭，近者无所议，远者无所听，邮无夜行之卒，乡无夜召之征，犬不夜吠，鸡不夜鸣，耆老甘味于堂，丁男耕耘于野，在朝者忠于君，在家者孝于亲；于是赏善罚恶而润色之，兴辟雍庠序而教诲之，然

---

① 陆贾：《新语》卷下，《至德》。
② 陆贾：《新语》卷下，《无为》。

后贤愚异议，廉鄙异科，长幼异节，上下有差，强弱相扶，大小相怀，尊卑相承，雁行相随，不言而信，不怒而威，岂待坚甲利兵，深牢刻令、早夕切切而后行哉？"① 这段话乍一看似先秦道家之言，其实并不然。陆贾的无为论与先秦道家老子、庄子的无为论相比，是存在着很大不同的：其一，陆贾讲逆取，先秦道家则反对逆取；其二，陆贾言无为而以有为为目的，先秦道家则消极遁世；其三，陆贾的政治理想是建立一个既重物质基础，又讲文明道德的社会，而先秦道家则是以小国寡民作为其理想社会。由此可知，陆贾的无为之论，其精神实质是希望统治者在逆取天下以后，要少生事端，轻动干戈，与民休息。而不要像秦朝那样，"举措太众"、"用刑太极"。他把秦朝的败亡看做是"去事之戒，来事之师"，希望汉王朝认真吸取这一教训，通过无为的办法来"顺守"天下，以使国家达到大治。

其次，"以仁义为本"。陆贾"顺守"论的中心思想是"行仁义"，司马迁在记述陆贾与刘邦的那场争论时已经道出了这一点。陆贾说："治以道德为上，行以仁义为本。"② 又说："君子握道而治，据德而行，席仁而坐，杖义而强。"③ 在陆贾看来，统治者治理国家，必须讲究道德仁义，这是治政之本。陆贾认为，不讲仁义道德的统治者，尽管一时富有四海、权力无比，其结果必然是功威尽丧、身败名裂。他说："夫酒池可以运舟，糟丘可以远望，岂贫于财哉？统四海之权，主九州之众，岂弱于武力哉？然功不能自存，而威不能自守，非贫弱也，乃道德不存乎身，仁义不加于下也。"④ 值得注意的是，在陆贾的言论中，其仁义论多与道德论相提并论，这是儒家本色的一种体现，而与先秦道家有较大不同。道家的老子不但将道德与仁义对立，而且根本否定仁义。《老子》第三十八章明确说道："失道而后德，失德而后仁，先仁而后义，失义而后礼。"在老子看来，正是由于人们丧失了道德，结果才出现了仁义，因此，仁义是道德沦丧的结果。

---

① 陆贾：《新语》卷下，《至德》。
② 陆贾：《新语》卷下，《本行》。
③ 陆贾：《新语》卷上，《道基》。
④ 陆贾：《新语》卷下，《本行》。

那么，陆贾仁义论的主要内涵究竟有哪些？其一，怀德者得民。陆贾认为，治理国家的根本在于得民，他说："欲富国强威，辟地服远者，必得之于民。"① 而能否得民，关键在于统治者是推行德治还是推行法治。陆贾明确指出："天地之性，万物之类，怀德者众归之，恃刑者民畏之，归之则充其侧，畏之则去其域。故设刑者不厌轻，为得者不厌重，行罚者不患薄，布赏者不患厚，所以亲近而致远也。"② 在他看来，统治者只有怀德于民，民众才会归顺于他；反之，统治者重设刑罚，民众就会离他而去。陆贾认为，对于统治民众而言，教化的作用要远远大于刑法，所以他说："夫法令所以诛暴也，故曾、闵之孝，夷、齐之廉，此宁畏法教而为之者哉？故尧、舜之民，可比屋而封，桀、纣之民，可比屋而诛，何者？化使其然也。"③ 由上可知，陆贾在强调以德得民的同时，也对德与法之间的关系作了论述。他不否认法令的作用，但认为法令止在诛暴，而教化功在劝善。因此，统治者只有以德得民，而不可以法得民。其二，"笃于义而薄于利"。陆贾认为，以仁义治国的根本点在于富民，而不是困民。因此，作为统治者，就必须要"笃于义而薄于利"，不与民争利。在陆贾看来，统治者与民争利是极其荒谬的，他说："夫释农桑之事，入山海，采珠玑，捕豹翠，消筋力，散布泉，以极耳子之好，快淫侈之心，岂不谬哉？"④ 同时，统治者与民争利，也决不会有好的下场。他说："故察于利而悟于道者，众之所谋也；果于力而寡于义者，兵之所图也。"⑤ 认为历史上的鲁庄公便是一个典型的例子："鲁庄公一年之中，以三时兴筑作之役，规虞山林草泽之利，与民争田渔薪菜之饶，刻桷丹楹，眩曜靡丽，收民十二之税，不足以供邪曲之欲、缮不用之好，以快妇人之目，财尽于骄淫，力疲于不急，上困于用，下饥于食，乃遣臧孙辰请滞积于齐，仓廪空匮，外人

---

① 陆贾：《新语》卷下，《至德》。
② 同上。
③ 陆贾：《新语》卷上，《无为》。
④ 陆贾：《新语》卷下，《本行》。
⑤ 同上。

知之,于是为齐、卫、陈、宋所伐,贤臣出,邪臣乱,子般杀,鲁国危也。"① 有鉴于此,陆贾奉劝统治者一定要谨守仁义道德,而不可贪图民利。同时,为了不使民困,他希望统治者能"不兴不事之功",从而"稀力役"、"省贡献",以养育民力。他告诫统治者说:"故圣人卑公室而高道德,恶衣服而劝仁义,不损其行,以好其容,不亏其德,以饰其身,国不兴不事之功,家不藏不用之器,所以稀力役而省贡献也。"②

最后,"以圣贤为杖"。陆贾的"顺守"论,不仅强调"行仁义",而且主张用圣贤。他把仁义比作君主之"巢",而将圣贤视为君主之"杖",他说:"夫居高者自处不可以不安,履危者任杖不可以不固。自处不安则坠,任杖不同则仆。是以圣人居高处上,则以仁义为巢,乘危履倾,则以圣贤为杖,故高而不坠,危而不仆。"③ 陆贾重用圣贤的思想,无疑是受到了先秦儒家贤能政治观的影响。同样,他论证贤能政治的作用,显然也是与先儒如出一辙,而以古代圣王治国重用人才的成功经验为据。他说:"昔者,尧以仁义为巢,舜以稷、契为杖,故高而益安,动而益固。处宴安之台,承克让之途,德配天地,光被八极,功垂于无穷,名传于不朽,盖自处得其巢,任杖得其人也。"④ 他认为后世君主则与此相反,他们弃仁义、用刑罚,拒贤纳邪,结果导致政治的衰败乃至国破家亡。如秦朝的政治便是如此,"秦以刑罚为巢,故有覆巢破卵之患;以李斯、赵高为杖,固有顿仆跌伤之祸,何者?所任者非也。"⑤ 在陆贾看来,秦政与古圣王之政无疑形成了鲜明的对比。陆贾正是从古圣王之政与秦政的成功与失败这一正反两方面的经验得出了结论:"故杖圣者帝,杖贤者王,杖仁者霸,仗义者强,杖馋者灭,杖贼者亡。"⑥

当然,陆贾也肯定在后世君主中,不乏一些人是希望"求贤以自助,

---

① 陆贾:《新语》卷上,《至德》。
② 陆贾:《新语》卷下,《本行》。
③ 陆贾:《新语》卷上,《辅政》。
④ 同上。
⑤ 同上。
⑥ 同上。

近贤以自辅"的,但他们最终并没有得到圣贤的辅助,因而无法使天下得到大治,甚至导致国家的倾覆。究其原因,陆贾认为有三:(1)君主必须以仁义道德修身治国,才能得到贤才的辅佐。否则,贤才就会离君而去,或隐而不现。陆贾认为,古圣王之所以能得到圣贤们的辅佐,关键在于他们自己注重以道德修身、以仁义治国。他批评当时的统治者说:"今之为君者则不然,治不以五帝之术,则曰今之世不可以道德治也。为臣者不思稷、契,则曰今之民不可以仁义正也。"① 所以他认为,君主能否得到人才,在很大程度上取决于君主是否身怀道德、行本仁义:"故仁者在位而仁人来,义者在朝而义士至。是以墨子之门多勇士,仲尼之门多道德,文王之朝多贤良,秦王之庭多不详。"②(2)"圣贤或隐于田里",而"观听之臣不明于下",结果导致上下不通,君主受蔽而不能认识贤才。他说:"人君莫不知求贤以自助,近贤以自辅;然圣贤或隐于田里,而不预国家之事者,乃观听之臣不明于下,则闭塞之讥归于君;闭塞之讥归于君,则忠贤之士弃于野;忠贤之士弃于野,则佞臣之党存于朝;佞臣之党存于朝,则下不忠于君;下不忠于君,则上不明于下;上不明于下,是故天下所以倾覆也。"③ 陆贾认为,每一个时代都有贤才,而他们能否得到重用,关键要看君王身边是否有蔽君耳目之佞臣。所以他说:"鲍丘之德行,非不高于李斯、赵高也,然伏隐于蒿庐之下,而不录于世,利口之臣害之也。"④ 当然,陆贾一方面将人才不得重用归之于"观听之臣"、"利口之臣"对君主的蒙蔽,另一方面也指出君主不知辨惑,也难辞其咎。如他评赵高指鹿为马一事时说:"秦王(指秦二世)不能自信其直目,而从邪臣之言。鹿与马之异形,乃众人之所知也,然不能别其是非,况于暗昧之事乎?《易》曰:'二人同心,其义断金。'群党合意,以倾一君,孰不移哉!"⑤ (3)怀才之士与公卿子弟、贵戚党友所处的地位不同,怀才之士"无绍介通之

---

① 陆贾:《新语》卷下,《思务》。
② 同上。
③ 陆贾:《新语》卷下,《资质》。
④ 同上。
⑤ 陆贾:《新语》卷上,《辨惑》。

者",而公卿子弟、贵戚党友则"身在尊重之处",从而导致贤愚非其位的状况出现。陆贾说:"夫穷泽之民,据犁接耜之士,或怀不羁之能,由禹、皋陶之美,纲纪存乎身,万世之术藏于心;然身不容于世,无绍介通之者也。公卿之子弟,贵戚之党友,虽无过人之有,然身在尊重之处,辅之者强而饰之众也,靡不达也。"① 很显然,陆贾对公卿子弟、贵戚党友们因所处的特殊地位而飞黄腾达是不满的,他希望统治者能为真正的怀才之士填铺通达之途。

(二)"三圣"说与古今论:关于历史变易与发展的表述形式

"三圣"说见于《新语·道基》。该篇认为远古历史的发展,经历了一个从先圣到中圣再到后圣的过程,但它并未明言此三圣何所指。《汉书·艺文志》提到了圣人作《易》的过程,说是"《易》道深矣,人更三圣,世历三古。"韦昭释"三圣"为伏羲、文王、孔子。孟昭解"三古"以"伏羲为上古,文王为中古,孔子为下古。"王利器认为此三圣,"即陆氏所谓先圣、中圣、后圣也。"② 我们姑且不对《汉书》"三圣作《易》"说的正确与否作出评判,但认为陆贾所言三圣是指伏羲、文王和孔子,却是有道理的。陆贾将观天道以定人道的伏羲当作中华民族的人文始祖,他说:"先圣乃仰观天文,俯察地理,图画乾坤,以定人道,民始开悟,知有父子之亲,君臣之义,夫妇之别,长幼之序。于是百官立,王道乃生。"③ 这段话与《周易·系辞下》的说法很相似,因此,陆贾的这一说法无疑是受到了《周易》的影响。在陆贾看来,由于伏羲的观天道以定人道,由此开始了王道社会的历史。而王道历史开始的标志,陆贾认为有二:一是人道已定,二是百官已立。很显然,陆贾所谓的先圣时代,人类已经进入了阶级社会。从先圣到中圣,历史经历了一个漫长的发展过程。在这一时期,古圣王们又进行了一系列的文明创制,使历史发生了重大变化。其中包括:神农为求可食之物,而"尝百草之实","教人食五谷";黄帝伐木筑

---

① 陆贾:《新语》卷下,《资质》。
② 王利器:《新语校注》卷上,《道基》。
③ 陆贾:《新语》卷上,《道基》。

室,"以避风雨";后稷殖谷养民,种桑麻织衣蔽体;大禹疏导江河,排除水患;奚仲创制舟车,"以代人力"。上述古圣人的各种创制,都是关于物质文明的创制。很显然,它反映了人类进入王道社会的初期,人与自然的矛盾还很激烈。到了皋陶时期,由于先圣们各种物质文明的创制,社会不断向前发展,从而使人们的意识和观念发生了变化,"于是民知轻重,好利恶难,避劳就逸。"针对这种情况的出现,"皋陶乃立狱制罪,悬赏设罚,异是非,明好恶,检奸邪,消佚乱。"① 皋陶的创制,是一种上层建筑的创制,它反映了王道国家政治制度的一种充实和进步。

当然,在陆贾看来,国家需要法律制度,同时也需要礼义教化。因为法律只能禁恶,而礼义却能劝善。因此,当历史进入到中圣时代,文王、周公(王利器又说中圣包括周公。以二人并称中圣,似乎更为合理)面对"民知畏法,而无礼仪"的局面,为推行礼义教化又进行了一系列创制:"于是中圣乃设辟雍庠序之教,以正上下之仪,明父子之礼,君臣之义,使强不凌弱,众不暴寡,弃贪鄙之心,兴清洁之行。"② 王利器说:"辟雍、上庠、东序,俱周大学之名也。"③ 由此可知,文王、周公时代,为了推行礼义教化,已经开始重视学校教育了。

文王、周公之后,随着社会的发展和礼义文治的不断强化,其结果是物极必反,盛极而衰,国家过分文治,反而使社会出现了"礼义不行,纲纪不立"的衰废现象。于是后圣孔子再度对社会进行整合:"后圣乃定《五经》,明《六艺》,承天统地,穷事察微,原情立本,以绪人伦,宗诸天地,纂修篇章,垂诸来世,被诸鸟兽,以匡衰乱,天人合策,原道悉备,智者达其心,百工穷其巧,乃调之以管弦丝竹之音,设钟鼓歌舞之乐,以节奢侈,正风俗,通文雅。"④ 陆贾认为,后圣孔子对社会的再度整合,是以"天人合策"为基准的。这次的创制范围更广,包括文化典籍、人伦规范和礼义制度。

---

① 陆贾:《新语》卷上,《道基》。
② 同上。
③ 王利器:《新语校注》卷上,《道基》。
④ 陆贾:《新语》卷上,《道基》。

由上可知，陆贾"三圣说"体现了一种历史变易观和发展观，是陆贾肯定历史变易与发展的一种表述形式。在陆贾看来，从先圣伏羲到后圣孔子，历史是在变易中不断向前发展的。先圣时代，由于社会生产力的落后，人类的生存要受到各种自然力的威胁和限制。于是，这个时代的圣王们便进行了各种物质与器械的创制；中圣时代，人类战胜自然的能力已经有了很大的提高。于是，提倡礼义教化、立定人伦规范，便成了这一时期圣王们所致力的事业；后圣孔子，则进行了更大范围的文化整合，以期天人合策。在陆贾看来，孔子无疑是上古三代文化的继承者和总结者，是文化典籍、人伦规范和礼义制度的最终订立者。由此可见，人类历史不仅是变易的，而且也是呈阶段性向前发展的。

陆贾的历史发展观还反映在他的古今之论上。如前所说，陆贾是主张法先圣的。他肯定先圣们创建了各项文物制度，推崇先圣们以仁义治国的做法，并希望后世君主进行效法。但是，陆贾研究历史是为了现实，他的历史学是为其政治学服务的。因此，他没有沉湎于发思古之幽情中，而是保持了一颗清醒的政治头脑来关注现实。所以陆贾说："善言古者合之于今，能述远者考之于近。故说事者上陈五帝之功，而思之于身，下列桀、纣之败，而戒之于己，则德可以配日月，行可以合神灵……"① 在陆贾看来，人们言古是为了合今，述远是为了考近。陆贾还明确批评了世俗之人厚古薄今的观点，他说："世俗以为自古而传之者为重，以今之作者为轻，淡于所见，甘于所闻，惑于外貌，失于中情。"② 很显然，陆贾的古今之论是重今轻古的。从思想渊源而论，在先秦诸子中，法家和儒家的荀子是重于今而轻于古，主张法后王的。陆贾在师承上与荀子存在着渊源关系，清人唐晏《陆子新语校注》说："或者谓陆子为荀卿弟子。"近人余嘉锡作《四库提要辩证·新语》一文，则认为陆贾之学出于荀子弟子浮邱伯。③ 尤其从陆贾重今薄古的言论来看，几乎与荀子如出一辙，陆贾说言古为合

---

① 陆贾：《新语》卷上，《术事》。
② 同上。
③ 参见陆贾：《新语·附录三》。

今、述远为考近，荀子则说："善言古者必有节于今"；① 陆贾批评世俗之人"淡于所见，甘于所闻"，荀子则说："百王之道，后王是也。君子审后王之道而论于百王之前，若端拜而议。"② 由此来看，陆贾的古今观显然是受到了荀子的影响。

陆贾重今轻古思想还表现在他对刘邦开创汉家基业的颂扬上。他说："皇帝（指刘邦）起丰沛，讨暴秦，诛强楚，为天下兴利除害，继五帝三王之业，统理中国。……政由一家，自天地剖泮未始有也。"又说刘邦平定天下，"五年之间，海内平定，此非人力，天之所建也。"③ 可见，陆贾对汉家政权的讴歌已溢于言表。

此外，陆贾的"道"论也蕴涵了其重今轻古思想。陆贾认为，今与古不仅相承，今与古还同道。既然古今之事中都有道，人们当然也可以从今之事中求得道，而不必一定要从古之事中求得道。所以他说："道近不必出于久远，取其致要有成。《春秋》上不及五帝，下不至三王，述齐桓、晋文之小善，鲁之十二公，至今之为政，足以知成败之效，何必于三王？"④ 在他看来，今之事为所见之事，更易从中求得其道，而远古之事毕竟只是传闻之事，求其道则更难。因此，人们没有必要舍近求远，去寻求古事之道。《春秋》述十二公之事以为后人之戒，取义亦正在此。

综上所述，陆贾是持一种重今轻古的古今观。同时，他肯定后王刘邦的历史功业，批评世俗之人的厚古薄今之论，由此可知他的古今观还包含了一种褒今、颂今的思想。陆贾这种重今轻古、褒今颂今的古今观，无疑是其历史发展观的一种体现或表述形式。

---

① 《荀子》卷十七，《性恶》，王先谦集解本，北京，中华书局，1988。
② 《荀子》卷二，《不苟》。
③ 《史记》卷九十七，《郦生陆贾列传》。
④ 陆贾：《新语》卷上，《术事》。

贾谊对历史盛衰之理的探讨

贾谊（公元前200—公元前168年），洛阳（今河南洛阳市）人，为西汉初年著名的思想家、政治家、文学家和史学家。贾谊的思想，主要见诸其所作的《新书》、赋及《汉书》载录的诸篇奏疏；而《汉书》所载奏疏的内容，大体上又与《新书》相关篇章相同，只是在编排上和字句上有出入。在贾谊的思想体系中，历史思想无疑是其重要组成部分之一。作为汉初积极入世的思想家，贾谊非常重视通过对历史特别是秦朝历史治乱兴衰的考察，来为汉初政治提供借鉴，以期巩固这个新兴政权的统治。贾谊关于历史盛衰之理的认识，主要包括如下诸端。

一、"攻守之势异"：对秦朝历史盛衰之理的考察

"过秦"，这是汉初的时代思想主题之一。这一时期的政治家、思想家和史学家，都很重视探讨、总结秦朝兴亡的历史教训，纷纷发表自己的过秦之论。陆贾是汉初最早注意总结历史经验教训的思想家和史学家，他通过对历史特别是秦朝历史治乱兴衰的考察，而提出了"逆取而以顺守之"的思想，在当时的政治和思想领域产生了重要影响。贾谊后来作"过秦"之论，显然与陆贾的影响是分不开的。同时，陆贾对秦朝历史成败的认识，还与其学术渊源有很大关系。据《史记》载，贾谊师事吴公；又据唐人陆德明《经典释文叙录》载，贾谊还师事张苍。施丁先生认为："李斯与秦朝亡后，吴公会反思历史，并与贾谊口耳相传。"而作为汉初大臣的张苍，曾经做过秦朝御史，"他对贾谊讲学时也会讲到秦朝历史教训的"[①]。这种说法是很有见地的。

贾谊共作过三篇《过秦论》，被收录于《新书》之中。他的"过秦"

---

① 施丁：《再评〈过秦论〉》，载《史学史研究》，1996 (1)。

之论，堪称为汉人对秦之过的代表性政论或史论。首先，贾谊认为秦的兴盛是势所必然。早在秦孝公时，秦国就已有吞并天下之心。他一方面"据崤函之固，拥雍州之地，君臣固守"；另一方面则重用商鞅，"内立法度，务耕织，修守战之具，外连横而斗诸侯"①，从而逐渐取得秦对东方六国战略上的优势。孝公之后，惠文王、武王、昭襄王又遵其"遗策"，攻城略地，秦国的实力因此而不断壮大。孝文王、庄襄王虽然在位时间短，却也国家无事。及秦始皇即位，他"奋六世之余烈，振长策而御宇内"，终于"吞二周而亡诸侯"，完成了国家的统一。② 为巩固统一大业，秦始皇又采取了一系列措施：一是"愚黔首"，即"废先王之道，焚百家之言"；二是"弱黔首"，方法是"堕名城，杀豪俊，收天下之兵，聚之咸阳，销锋镝，铸以为金人十二，以弱天下之民"；三是加强军事，以"良将劲弩，守要害之处"。③ 秦始皇通过这一系列举措，自认为建立了"子孙帝王万世之业"。可以说，秦的国势此时已至鼎盛。贾谊认为，秦的兴盛并非偶然，而是势所必然。他明确将这种"势"归结为两种：一是"形势"（或称"事势"），二是"地势"。认为前者是秦的统治者通过主观努力而创造的；后者则指秦国的地理环境。从"形势"而言，贾谊认为秦在孝公时期就开始取得了对六国的优势，而依法治国、奖励耕战的内政方针和合众连横的外交政策，正是取得这种优势的根本保证。孝公以后的历代秦君，一直秉承了这种治国之策，从而也使秦对六国的优势不断扩大，以致最终得以剪灭六国。当然，秦的兴盛与秦国所处的得天独厚的地理环境也分不开，也就是说，"地势"优越也是秦得以兴盛的一个重要因素。《过秦上》开篇即言"秦孝公据崤函之固，拥雍州之地，君臣固守，以窥周室"，将地理位置的优越作为秦得以窥视周室的重要原因之一。《过秦下》也说："秦地被山带河以为固，四塞之国也。"认为秦之所以能"常为诸侯雄"，"其势居然也"。而反观六国，则"形不利、势不便"，它们集大兵攻秦，却总是"困于险阻而不能进"，结果秦国未费一矢一簇，而六国军队却已困乏。秦

---

① 贾谊：《新书·过秦上》，《贾谊集》。
② 同上。
③ 同上。

始皇统一天下以后，还非常重视利用"地势"的作用。他"践华为城，因河为池，据亿丈之高，临百尺之渊以为固"①，以此来巩固帝国的统治。

其次，贾谊认为秦的败亡在于仁义不施，逆势而行。秦统一以后，国势可谓盛极一时。这个庞大的帝国"以六合为家，崤函为宫"，"金城千里"②。其地势之优，国土之广，古之未有。同时，秦始皇还采取的一系列"愚民"、"弱民"和军事防御措施，更使秦帝国一时间表现出了前所未有的强大。然而，这个在秦始皇看来已是固若金汤的帝国，却在他死后不久便迅速土崩瓦解了。秦帝国的迅速败亡，其原因究竟何在，自然会引起后人的深思。作为思想家和史学家的贾谊，经过对秦朝历史的反思而提出自己的看法。他说：秦"以六合为家，崤函为宫；一夫作难而七庙堕，身死人手，为天下笑者，何也？仁心③不施而攻守之势异也。"④ 在贾谊看来，秦朝已是铁桶江山，却被"材能不及中人"的"迁徙之徒"陈胜振臂一呼，就土崩瓦解了。原因在于秦朝的帝王们不懂得根据进攻与固守的不同形势，而采取不同的治国之术。他们陶醉于已往的成功，继续以诈力进行统治，而不懂得及时改变统治术，施仁心、行仁政，以此获取民心。那么，秦统一天下以后的形势究竟如何？秦朝统治者又是怎样逆势而行的呢？众所周知，自东周以来，随着周室卑微，政权下移，先是春秋五霸逞强，接着则是战国七雄相争，数百年间，天下战火不断，民不聊生。秦始皇剪灭六国、统一天下以后，"天下之士，斐然乡风"，"莫不虚心而仰上"⑤。老百姓拥护秦始皇，对他寄予了很大的希望，希望他能从此与民休息，恢复生产，从而使他们得以过上安居乐业的生活。在贾谊看来，这就是当时的民情，就是当时的国势。然而，秦始皇自以为完成了统一天下的大业，功高可比三皇、五帝，便志满意得，一意孤行起来。他不懂得兼并

---

① 贾谊：《新书·过秦上》。
② 同上。
③ 《史记》的《秦始皇本纪》和《陈涉世家》皆作"仁义"；《汉书·陈胜传》作"仁谊"。
④ 贾谊：《新书·过秦上》。
⑤ 贾谊：《新书·过秦中》。

可靠诈力，而稳定需贵顺权，取与守不同术，还一如既往地"行自奋之智"。他无视当时的民情，逆势而行。秦始皇此时的所作所为，正如贾谊所说：

> 秦王怀贪鄙之心，行自奋之智，不信功臣，不亲士民，废王道而立私爱，焚文书而酷刑法，先诈力而后仁义，以暴虐为天下始。①

在贾谊看来，秦始皇"行自奋之智"的主要表现：一是不信功臣，刚愎自用；二是灭除王道文化，不施仁义与民，而以诈力、酷法暴虐天下。当然，秦始皇逆势而行的结果，则是刚刚脱离战火之苦的广大人民，又重新承受着秦王朝严刑酷法和繁重赋役的暴虐。秦二世即位后，贾谊认为这是秦王朝改弦易辙的又一个好机会，因为"劳民易为仁"。贾谊说："今秦二世立，天下莫不引领而观其政。夫寒者利裋褐，而饥者甘糟糠。天下嚣嚣，新主之资也。"② 贾谊认为这就是当时天下之"势"。在贾谊看来，秦朝百姓已经劳苦至极，此时，新主秦二世只要稍稍施惠于民，天下百姓就会感恩戴德了。然而，秦二世并没有按照贾谊想的那样去做，而是逆势而行，"重以无道，更始作阿房之宫；繁刑严诛，吏治刻深，赏罚不当，赋敛无度，天下多事，吏不能纪，百姓困穷而主不收恤；然后奸伪并起，而上下相遁，蒙罪者众，刑戮相望于道，而天下苦之。"③ 正是由于秦二世的逆势而行，使得秦朝的百姓因此而雪上加霜。也正因此，才会出现陈胜大泽起义而天下响应的局面。当子婴被立之时，秦王朝的局势已是岌岌可危。然而，此时的子婴却无良臣辅佐，根本无法支撑住这座将要倾倒的大厦。曾经不可一世的秦帝国，终于在公元前209年陈胜首义后，仅过三年就被推翻了。对于秦的灭亡，贾谊颇有感慨，他说：

> 秦王足己而不问，遂过而不变。二世受之，因而不改，暴虐以重

---

① 贾谊：《新书·过秦中》。
② 同上。
③ 同上。

祸。子婴孤立无亲，危弱无辅。三主之惑，终身不悟，亡不亦宜乎？①

这段话道出了秦朝灭亡的一种历史必然性。

二、"民无不为本"：贾谊仁政思想的核心

民本思想在中国起源很早，而最先对此进行系统阐发的要数周公。他的"敬德保民"思想对于先秦的政治史和思想史都产生过重要影响。时至春秋战国，民本思想则主要成了儒家学派的重要思想，孔子、孟子和荀子都对这一思想进行过系统阐发。孔子的富民、化民思想，孟子的"民贵君轻"论和荀子的"天立君以为民"思想，都是中国政治史和思想史上的宝贵财富。汉初的贾谊承继了先秦思想家的这份宝贵遗产，并结合自己关于历史的考察，对这一思想作了进一步的发展，而使之成为其历史思想的重要组成部分。

首先，贾谊明确提出了"民无不为本"的思想。贾谊对他的这一思想进行了集中而系统地阐述。其一，贾谊认为以民为本的主体应该包括国家、君主和官吏。也就是说，以民为本不止是君主要有这种认识，官吏也要有这种认识，它们都应该要以民为本。其二，贾谊认为国家、君主和官吏不仅要以民为本，还要以民为命、以民为功、以民为力。"本"、"命"、"功"和"力"这四个概念的集中使用，更为系统、全面地表述了民在国家政治治理中的重要作用。贾谊警告统治者不要与民众为仇敌。他说："自古至于今，与民为仇者，有迟有速，而民必胜之。"② 原因何在？"故夫民者，大族也，民不可不畏也。故夫民者，多力而不可适也。"③ 贾谊认为老百姓占人口的绝大多数，是"大族"，不可不畏；同时，老百姓还"多力"，是生产劳动者，君主和官吏都要靠他们养活。贾谊借古人之言说：

---

① 贾谊：《新书·过秦下》。
② 贾谊：《新书·大政上》。
③ 同上。

"一夫不耕，或为之饥；一妇不织，或为之寒。"① 由此可见，离开了民众之"力"，就没有衣食之源，国家也就无法存在。贾谊认为国家的灾与福并不完全取决于天，多半是取决于民，取决于君主对民的态度。统治者是否贵富，要以民众是否贵乐为标准；而民众是否贵乐，取决于统治者是否给民众带来福和财。

其次，贾谊主张要仁爱民众。贾谊认为，既然老百姓是国家的根本，因此，要想固此根本，统治者就必须要仁爱民众。贾谊认为，古代圣君之所以能平治天下，关键是他们都有一颗仁爱之心。如商汤撤网而猎即是一个典型事例。贾谊还以楚昭王"当房之德"为例，说明统治者具有仁心的重要性。相反，贾谊认为，如果统治者不仁爱民众，就决不会有好下场。如商纣王就是一个典型例子，春秋时期的卫懿公也是一个不仁爱民众的昏君。《新书》一书举了很多统治者仁爱民众的正反两方面的事例，之所以不厌其烦，旨在强调统治者仁爱民众的重要性。

最后，贾谊强调要力行仁政。贾谊认为，统治者以民为本，不仅只是凭着一颗仁爱民众之心，也不仅只是靠几件仁爱民众之举，而必须要力行仁政。当然，仁心又是仁政得以推行的前提或条件，统治者没有爱民之心，也就不可能有爱民之政。那么，仁政的内涵主要有哪些？其一要富民。贾谊认为，古圣王都是视利民为最大政治的，民最大之利莫过于丰衣足食。因此，利民之政也就是富民之政。贾谊认为，富民的最好办法莫过于重本轻末、重农抑商。在贾谊看来，商业的发展，只会导致国家的贫困。道理很简单，因为商人们生活奢侈，他们不去耕织，却衣着锦绣、饮食精美。他们只是消费财富，而不去创造财富。贾谊重本轻末、以农致富的思想，一方面是对传统儒家重农思想的继承，另一方面也是顺应了汉初与民休息、发展生产这一总体国策的需要，有积极意义。但他以抑商作为重农的前提条件，将农商对立起来，对社会商品经济的发展是有消极影响的。与以农富民思想相适应，贾谊还提出了"积贮"思想。积贮就是蓄积粮食，以备灾荒。贾谊认为，重视积贮是古圣王的一条成功的治国经验。

---

① 贾谊：《新书·无蓄》。

而反观当时国家的积蓄情况，贾谊忧心忡忡。他说："今汉兴三十年矣，而天下愈屈，食至寡也。"① 他希望汉文帝对此要高度重视，早作打算，不要等到困穷至极之时才来图伏，那就为时太晚了。贾谊依靠积贮以备灾荒的思想，对于保障小农经济和稳定封建统治是有积极意义的。

其二慎刑罚。贾谊认为，暴政与仁政的主要区别之一是暴政繁刑严诛，而仁政则约法省刑。《过秦论》分析秦朝灭亡原因时指出，秦朝统治者"繁刑严诛，吏治深刻，赏罚不当"，致使"蒙罪者众，刑戮相望于道"，臣民皆"人怀自危之心"。正是由于秦朝的暴政，才最终导致了这个封建王朝的迅速溃败。贾谊认为，历史上一些滥用刑罚的统治者，最终都与秦朝统治者一样没有好下场。夏桀、商纣是如此，他们滥作酷刑而国亡身死；楚平王亦是如此，他无罪而杀伍子胥之父伍奢，结果导致伍子胥率领吴国军队攻占楚都郢，楚昭王失国而奔，平王本人也遭掘墓鞭尸之辱。对于昭王之祸与平王之辱，贾谊明确说道："楚平王怀阴贼，杀无罪，殃既至乎此矣。"② 正是由于刑法的使用直接关系到国家的治乱兴衰，贾谊才奉劝统治者对此一定要慎之又慎，他甚至主张统治者宁失之有罪，也不可滥杀无辜。按照贾谊的说法，统治者在通常情况下要用仁义治国，而在非常时期则应用权势法制。他认为当时的诸侯王问题就是一个需要统治者运用"斤斧"才能解决的问题，因为它已迫在眉睫，已经构成了对中央集权的严重威胁。贾谊有时还以礼、法对称，说明它们的不同作用。他说："夫礼者禁于将然之前，而法者禁于已然之后，是故法之所用易见，而礼之所为生难知也。"③ 在此，礼与仁其义略同。由此可知，在贾谊看来，法不仅可以与仁、礼互补，法还与仁、礼起着不同的作用。

三、以礼治国：贾谊的政治历史秩序论

众所周知，礼治思想是先秦儒家政治理论的重要内涵。儒家创立者孔

---

① 贾谊：《新书·忧民》。
② 贾谊：《新书·耳痹》。
③ 《汉书》卷四十八，《贾谊传》。

子既重视仁，也重视礼。他视仁为一种自觉的道德，而将礼作为一种人伦规范。孟子发展了孔子仁的学说，而提出了一套系统的仁政理论；荀子则对孔子礼的学说作了发展，使礼成为其学术的核心观念和中心思想。西汉立国之初，陆贾有鉴于亡秦教训，着重强调了以仁义治国的重要性。然而，随着这个新兴政权各种失序现象的逐渐暴露，作为继陆贾之后的思想家，贾谊敏锐地觉察到了这一问题的严重性。因此，他在强调力行仁政的同时，提出了以礼治国的主张。可以说，与上述大儒相比，贾谊则更为全面地对孔子的学说作了继承和发展。贾谊的礼治思想内涵丰富，他以其独特的历史视角对礼治的必要性进行了论证；同时结合汉初的社会失序现状提出了自己的具体礼治主张。现分述如下：

（一）关于礼治的历史考察

贾谊的礼治论不是一种纯粹的思辨理论，而是一种考实性的历史理论。他是通过对先秦历史特别是秦朝历史的考察之后，而提出其以礼治国理论的。贾谊认为，古圣王之所以能教化民众、平治天下，与他们重视礼治是分不开的。在贾谊看来，三代道德风尚的养成，是三代重视礼治的结果。在谈到商、周为何长久而秦为何短祚时，贾谊认为商、周国运长久，与两朝重视用礼规范太子有很大关系。《礼篇》记载了太公望不让太子姬发吃鲍鱼之事，"昔周文王使太公望傅太子发，太子嗜鲍鱼而太公弗与，曰：'礼，鲍鱼不登于俎。岂有非礼而可以养太子哉？'"在太公望看来，像食鱼这样的小事，如果不合于礼，也是不允许的。《保傅篇》则对商、周两朝如何教导太子有详细叙述。如太子初生就"举以礼"，养其"孝子之道"；少长则以五学（指东学、西学、南学、北学和太学）相教；成人后"则有司直之史，有亏膳之宰。"所以贾谊说："殷、周之所以长久者，其辅翼太子有此具也。"这个"具"指的就是礼义教化。

贾谊也从礼治的角度对秦王朝的灭亡作了探讨。前已述及，贾谊认为秦朝的灭亡是亡于"仁心不施"，这种历史总结无疑是正确的。但是，这却不是贾谊"过秦"论的全部含义。换句话说，在贾谊看来，秦朝的灭亡既是"仁心不施"的结果，也是"违礼义"的结果。贾谊认为，早在秦孝公时期，在重用商鞅变法，使秦国国富兵强的同时，也埋下了后来帝国覆灭的种子。贾谊以卫道士的口吻斥骂秦人伤风败俗、不讲伦理，与禽兽没有什么差别。并明确指出秦人风俗败坏是商鞅推行法治而违逆礼义的结果。认为秦人以法治国，以力逆取天下，只是"功成而败义"，而无义之功是不可能长久的，秦统一后"十三年而社稷为墟"，足以说明这一点。《俗激篇》认为由于秦"四维不张"，从而出现了社会等级秩序失衡的现象，并因此最终导致了国家的败亡。他说："秦灭四维不张，故君臣乖而相攘，上下乱僭而无差，父子六亲殃僇而失其宜，奸人并起，万民离畔，凡十三岁而社稷为墟。"《保傅篇》则具体讲到了秦俗对于秦二世的影响。由此看来，秦王朝的迅速败亡，与其长期以来违弃礼义，导致社会的全面失衡有很大关系。

综上所述，贾谊通过对礼治的历史考察所得出的结论是：三代圣王依靠礼治而平治天下、国运长久；秦朝违弃礼治虽能获取一时的成功，却终究落得"十三年而社稷为墟"的下场。由此贾谊认为，统治者要想长治久安，就必须要以礼治国。

（二）关于礼治的基本主张

1. 要建立君尊臣卑的等级秩序。在贾谊看来，礼的作用就是要确立等级秩序。而在众多的封建等级秩序中，首先要确立的则是君尊臣卑的等级秩序，这是由君主在社会政治生活中所处的特殊地位所决定的。贾谊认为，只有牢牢确定起君尊臣卑的等级秩序，以使上下相安，才能最终保证社会统治的稳定。《阶级篇》则以堂喻君、以陛喻臣、以地喻民，来说明君、臣和民的贵贱等级关系。堂高依靠陛阶，君尊依靠等级；"高者难攀，卑者易陵"，这是自然之势。很显然，在贾谊的这种君尊臣卑论中，已经掺进了先秦法家慎到之流的保权势思想。

2. 要"体貌群臣而厉其节"。从等级关系立论，贾谊主张君尊臣卑；而从养育大臣廉丑礼节立论，贾谊又主张要礼貌大臣。在贾谊看来，二者并不矛盾，而是相辅相成的。因为只有君主礼貌大臣，才会使大臣在吏民面前有权威、立廉耻，从而才能树立起尊尊贵贵的等级原则；同时，也只有大臣厉行廉耻，才会视尊敬君主为天经地义之事。贾谊认为大臣犯法为何不应受刑辱，原因就在于大臣是君"尝宠"、民"敬畏"之人。正是由于大臣是君之"尝宠",因此,贾谊认为刑辱大臣也有损于君主的权威。在《阶级篇》中,他将君与臣的关系比作器与鼠的关系,用"投鼠忌器"对此作了论说:

> 鄙谚曰:"欲投鼠而忌其器。"此善喻也。鼠近于器尚惮而弗投,恐伤器也,况乎贵大臣之近于主上乎!廉丑礼节,以治君子,故有赐死而无戮辱。

这段话出自文帝四年所上的奏疏中,而这个奏疏是贾谊有感于大臣周勃系狱受辱而作的。据《汉书》载,汉文帝对这篇奏疏颇有感悟,并"深纳其言,养臣下有节。是后大臣有罪,皆自杀,不受刑。"①

3. 要以礼化俗。贾谊认为社会风俗的好与坏,直接关系到一个国家的稳定。在他看来,如果民众不讲礼义廉丑,整个社会就会出现君不君、臣不臣、父不父、子不子的局面,国家政治治理就无法得以推行,最终将会导致国家的灭亡。如秦王朝"灭四维不张"而导致国家败亡就是一个典型例子。贾谊认为要整饬风俗,就必须要推行礼治,因为"教训正俗,非礼不备;分争辨讼,非礼不决;君臣、上下、父子、兄弟,非礼不定"②。在贾谊看来,统治者只要努力推行礼治,就一定能建立起一个和谐的社会。他认为以礼治国的极致境界是"君仁臣忠,父慈子孝,兄爱弟敬,夫和妻柔,姑慈妇听"。

4. 要定尊卑之制。贾谊认为,区别君、臣、民的尊卑贵贱,还必须要借助于具体制度的建立。贾谊认为人的面目状貌并无不同,从中是看不出人的尊卑贵贱之分的。要区分人的尊卑贵贱,就必须要借助于等级、势力、衣服和号令的不同。在《服疑篇》中,贾谊还对尊卑贵贱不同之人在制度上的种种不同作了详细条列。在他看来,"名号"、"权力"和"事势"自然是区别尊卑贵贱的主要制度,而"车舆"、"服章"、"器械"等制度,

---

① 《汉书》卷四十八,《贾谊传》。
② 贾谊:《新书·礼》。

虽然只是具有象征意义，但却是不可缺少的。

综上所述可知，贾谊的礼治思想是极其丰富的。值得注意的是，贾谊一方面强调礼治，另一方面又主张力行仁政。在贾谊看来，礼治与仁政不是对立，而是相辅相成的。在《礼篇》中贾谊对此作了具体说明。他一方面认为仁的内涵需要通过礼的规范才能得以实现，"道德仁义，非礼不成"；另一方面认为礼治本身就包含着仁，"礼：天子爱天下，诸侯爱境内，大夫爱官属，士庶各爱其家。"又说："故礼者，所以恤下也。"由此可见，仁与礼既有区别，又相一致。在贾谊的治国理论中还有一个重要特色，那就是他在强调仁政与礼治的同时，也主张用"权势法制"治国。这与荀子"隆礼重法"的思想可谓一脉相承。我们考察贾谊的礼治思想，必须要把贾谊的仁政思想和法制主张结合起来，才能得出一个比较全面的认识。

《淮南子》历史哲学三题

《淮南子》，又名《淮南鸿烈》，为西汉初年淮南王刘安召集门下宾客术士编撰而成的一部重要理论巨著。关于该书的编撰旨义，其编撰者作如是说："纪纲道德，经纬人事，上考之天，下揆之地，中通诸理"；"著书二十篇，则天地之理究矣，人间之事接矣，帝王之道备矣"；"观天地之象，通古今之事，权事而立制，度形而施宜"①。上述三说，旨义略同。从中可知，关注历史——"古今人事"与"帝王之道"，无疑是《淮南子》一书的重要旨义。有鉴于此，本文试对《淮南子》的历史哲学作一系统论述。

一、历史阶段论

注重历史阶段的划分，以期把握历史发展大势或基本脉络，这是《淮南子》历史哲学重要特点之一。《俶真训》将历史分为五个阶段：第一阶段为"混冥"之世。这一阶段"神气不荡于外，万物恬漠以愉静"；"仁义不布，而万物蕃殖；赏罚不施，而天下宾服。"这是一个民性至纯至朴的"至德之世"。第二阶段是伏羲氏之世。这一阶段世道开始衰落，主要表现在人民"知乃始"，从而"皆欲离其童蒙之心，而觉视于天地之间"。第三阶段是神农、黄帝之世。这一阶段虽然仍属治世，但随着人民纯朴之性的逐渐丧失，已是"治而不能和下"了。第四阶段是昆吾、夏后之世。在这个阶段，人类至纯至朴的本性已经丧失，"嗜欲连于物，聪明诱于外，而性命失其得"。第五阶段是"周室之衰"之世。按照作者的说法，这是一个"浇淳散朴，离道以伪，俭德以行，而巧故萌生"②的时代。随着人性

---

① 刘安：《淮南子·要略》，刘文典《淮南鸿烈集解》本，北京，中华书局，1989。

② 原文为"杂"，据王念孙校改，参见刘文典：《淮南鸿烈集解·俶真训》。

的彻底丧失，王道因此而废灭，人们只有"缘饰《诗》、《书》，以买名誉于天下。"从上可知，《淮南子》划分历史阶段的基本标准是人性。在作者看来，只有"混冥"之世，才是人性至纯至朴的时代，因而也是天下大治的"至德之世"。而自伏羲氏以降，随着人性的逐渐丧失，民智的不断开化，王道也因此而逐渐衰落以至废灭。然就伏羲氏以降而言，伏羲氏之世和神农、黄帝之世总算还属治世，只是治理的不够好而已；而昆吾、夏后之世以降，则属于衰世阶段。因此，从人性角度而言，自"混冥"之世以降的社会，是一个逐渐衰败和退化的社会。

《览冥训》则将汉初以前的历史分为六个阶段：第一阶段是往古之时。这是一个天崩地裂、水火不息的时代，"猛兽食颛民，鸷鸟攫老弱"，人类在大自然面前表现得无能为力。第二阶段是虙戏氏之时。经过女娲炼五色石补天后，开始出现了一个万物熙洽的虙戏氏时代。在这一时期，人民"侗然皆得其乐，莫知所由生"；禽兽虫蛇也"匿其爪牙，藏其螫毒，无有攫噬之心。"无疑，这是一个万物和谐为一体的大治时代。第三阶段是黄帝之时。这一时期，从治道而言，是"人民保命而不夭"，"上下调而无尤"；从道德而言，是"道不拾遗"，"邑无盗贼"；从天道而言，是"日月精明"，"风雨时节"。由于天下得到很好的治理，也就出现了"凤皇翔于庭，麒麟游于郊"的祥瑞符应。第四阶段是夏桀之时。这一阶段从治道而言，是"主暗晦而不明，道澜漫而不修"，因而出现"君臣乖而不亲，骨肉疏而不附"的状况。同时，禽兽也都失其常，出现了"犬群嗥而入渊，豕衔蓐席澳"等反常现象。第五阶段是晚世之时，也就是战国七雄纷争的时代。这一时代的主要特点是角力相斗，"攻城滥杀"，"故世至于枕人头，食人肉，菹人肝，饮人血，甘之于刍豢。"第六阶段是当今之世。这一时代"天子在上位，持以道德，辅以仁义"；"四海宾服"，天下混一，是一个"修伏牺氏之迹，而反五帝之道"的新的治世时代。

很显然，与《俶真训》相比，《览冥训》关于历史阶段论的划分方法及其具体内容多有不同。首先，《俶真训》提出历史五阶段论，下限止于"周室之衰"，缺少对于当今之世的叙说；而《览冥训》提出的是历史六阶段论，叙述的下限止于当今之世，较《俶真训》多一个阶段，二者的时间跨度不一样。其次，从其阶段论所体现的历史观而言，二者差异很大。《俶真训》将远古"混冥"之世绘成"至德之世"，是一个至纯至朴的大治时代。而自伏羲之后，人性逐渐丧失，历史逐渐衰落，以致出现"周室之衰"、王道废灭的现象。因此，人类历史是在不断倒退中向后延续的。这无疑是一种倒退史观。而《览冥训》则没有将远古的历史描绘成至善至美的时代，相反，它认为往古之时的人民在自然面前是极其渺小而脆弱的，他们往往会受到禽兽的任意侵害。而伏羲、黄帝时期是一个万物熙洽、上下调和的治世时代。夏桀以后，历史重新出现王道不修、禽兽失常的乱世时代。到了当今之时，历史再度回黄转绿，而复归于王道昌盛、天下混一的治世时代。由此可见，自往古以来的历史，似乎呈现出一种治乱兴衰交替、循环的现象。很显然，《览冥训》的历史阶段论，体现的是一种历史循环论。再者，二者的立论依据不尽相同。《俶真训》历史倒退论的依据是人性论，它认为自"混冥"以降的历史是人性不断丧失的历史，因此也是政治不断衰败、社会不断倒退的历史。它将人性的逐渐丧失视作历史不断倒退的唯一依据。《览冥训》则侧重于论述生产力的进步和仁义道德的持守，并以此作为社会是否得到治理的基本依据。

与《俶真训》、《览冥训》的历史阶段论相比，《本经训》和《氾论训》所提出的历史阶段论则显得较为宏观，它们都将历史分作两段看待，当然各自的内涵并不相同。

《本经训》历史二阶段论所界定的第一阶段称作"太清之治"①。近人刘文典认为，这种"太清之治"当指三皇之时。② 在这一时期，人类"和顺以寂漠，质真而素朴"，"机械诈伪莫藏于心"；大自然"四时不失其叙，风雨不降其虐"。因此，天地间出现了各种祥瑞符应，如"凤麟至"、"甘露下"、"朱草生"等。很显然，"太清之治"是一个人民质真素朴、万物和谐交融的大治时代。第二阶段是"衰世"。在这一时期，一方面人类开始破坏大自然的和谐，具体表现在"镌山石，锲金玉，擿蚌蜃，消铜铁，

---

① 原文为"始"，据王念孙校改，参见刘文典：《淮南鸿烈集解·本经训》。
② 同上书。

而万物不滋""掘地而井饮，疏川而为利，筑城而为固，拘兽以为畜，则阴阳缪戾，四时失叙。"另一方面人类之间开始分别贵贱、兵革相争；政治统治出现"上下离心"、"君臣不和"的状况；广大人民"冻饿饥寒死者，相枕席也"。《本经训》的历史二阶段论是先有治世，后转衰世，因此这是一种倒退史观。它肯定历史倒退的依据仍然是人性，认为"太清之治"的主要表现便是"和顺以寂漠，质真而素朴"；而衰世则是人与自然的本性遭到破坏而导致的。

与《本经训》不同，《氾论训》则主要从物质文明的进步与否将历史分为两大阶段——"古者"与"后世"。《氾论训》对"古者"与"后世"的物质文明情况作了详细比较：

> 古者民泽处复穴，冬日则不胜霜雪雾露，夏日则不胜暑热蚊虻。圣人乃作，为之筑土构木，以为宫室，上栋下宇，以蔽风雨，以避寒暑，而百姓安之。伯余之初作衣也，掞麻索缕，手经指挂，其成犹网罗。后世为之机杼胜复以便其用，而民得以掩形御寒。古者剡耜而耕，摩蜃而耨，木钩而樵，抱甀而汲，民劳而利薄。后世为之耒耜耰钼，斧柯而樵，桔皋而汲，民逸而利多焉。古者大川名谷，冲绝道路，不通往来也，乃为窬木方版，以为舟航，故地势有无，得相委输。乃为靻蹻而超千里，肩荷负儋之勤也，而作为之揉轮建舆，驾马服牛，民以致远而不劳。为鸷禽猛兽之害伤人而无以禁御也，而作为之铸金锻铁，以为兵刃，猛兽不能为害。故民迫其难则求其便，因其患则造其备，人各以其所知，去其所害，就其所利。

由上可知，《氾论训》是肯定人类物质文明进步的。它以物质文明的进步与否作为划分历史"古者"与"后世"、社会进步与否的依据，这无疑是一种历史进化论的观点，应该给予充分肯定。

综上所述，《淮南子》历史阶段论所体现的历史观是比较复杂的。一方面《淮南子》以人性为依据，认为人类历史全程是一个淳朴之性不断丧失的过程，因而也是一个王道不断衰败以致废灭的过程，这是历史倒退论；另一方面《淮南子》以生产力的发展、物质文明的进步为依据，又肯定人类历史是一个不断进步、开化和发展的过程，这无疑又是一种历史进化论；此外，《览冥训》又提出了一种历史循环论，肯定历史是治乱兴衰交替、循环的过程。应该说《淮南子》历史阶段论相互矛盾的地方很多，究其原因，一方面固然是历史认识原因；另一方面也可能与集体创作有关，毕竟《淮南子》的作者群人数众多，成员复杂，出现相互牴牾的观点自然在所难免。难能可贵的是，《淮南子》重视将历史作阶段划分，表明作者非常注重关注和把握历史大势，注重探寻历史发展规律。而且《淮南子》历史阶段论确实也蕴涵了不少积极的因素，如它肯定历史随着物质文明的进步而不断进化；在《览冥训》中它承认往古时代是一个"人民少而虫兽多"的时代；《俶真训》的人性退化论也包含一些合理的成分，它已经触及了物质与精神能否同步发展的问题，当然它是持否定态度，但无疑会给后人一些启示；《览冥训》否定晚世七雄相争，而肯定汉代"天下混而为一"，因此是反对分裂而颂扬大一统的，《主术训》还明确提出"枝不得大于干，末不得强于本"的观点；《淮南子》从人性角度颂古，却不能简单地将之理解为复古，因为它是强调古今异制的，此点可详见后叙。相反，它颂扬远古的淳朴民风，实际上是希望西汉王朝能成为一个民风淳朴、社会和谐、统治稳定的大一统王朝。

二、历史变易论

强调历史变易性是《淮南子》历史哲学的又一重要特征。我们从前述《俶真训》、《本经训》的历史阶段论得知，《淮南子》的作者肯定古今人性是不断变易的。他们认为远古时代的民性是至纯至朴的，随着历史的延续，人性的纯真本性不断丧失，与之相伴随的则是世道的不断衰落。《本经训》明确提出仁义礼乐的出现，便是衰世之时人性丧失的结果：

> 逮至衰世，人众财寡，事力劳而养不足，于是忿争生，是以贵仁。任鄙不齐，比周朋党，设诈谞，怀机械巧故之心，而性失矣，是

以贵义。阴阳之性，莫不有血气之感，男女群居杂处而无别，是以贵礼。性命之情，淫而相胁，以不得已，则不和，是以贵乐。是故仁义礼乐者，可以救败，而非通洽之至也。

当然，《本经训》的说法有点貌似老子"大道废，有仁义"的思想，但它却不赞成老子去仁义的做法，而认为仁义礼乐是"可以救败"的，只是"非通洽之至"罢了。应该说，《俶真训》和《本经训》从人性变易角度来论历史变易，虽然得出的结论是人性不断丧失，世道不断衰废，是一种倒退论。但是，它肯定人性有变易，并且由此而影响到世道和伦理的变易。统而言之，即是历史的变易。这种将人性与政治相结合来考察历史的观点和方法，是有一定合理成分的。

前述《览冥训》历史阶段论体现的是一种循环论的历史观，其实这种循环就是变易的一种形式。《览冥训》将历史分为亡故、虙戏氏、黄帝、夏桀、晚世与当今之世六个阶段，而从历史盛衰变易而言，它实际上是将历史阶段演化为四个时期，即是由往古时期之衰，到虙戏氏、黄帝时期之治，再到夏桀、晚世时期之衰，而到当今之世之盛。在作者看来，历史的发展过程其实是一个衰、盛、再衰、再盛的交替、循环过程。当然，《览冥训》不可能揭示出历史发展的真正规律，但它却非常重视考察历史发展的盛衰变易之理。

《泰有族训》提出了一种"物极必反"的变易论：

> 天地之道，极则反，盈则损。五色虽朗，有时而渝；茂木丰草，有时而落；物有降杀，不得自若。故圣人事穷而更为，法弊而改制，非乐变古易常也，将以救败扶衰，黜淫济非，以调天地之气，顺万物之宜也。

在作者看来，"极则反，盈则损"，这是天地万物运动的共同法则，政事、法制自然也不例外，它们必然也有极致而穷弊之时。而面对"事穷"和"法弊"，应该采取积极主动的"更为"、"改制"态度，以此来"救败扶衰",使政治重新向好的方向转变,而不是消极无为。很显然,《泰族训》"物极必反"的变易论,还蕴涵着一种积极更为、改制的精神,值得肯定。

当然,《淮南子》一书中最为系统、全面论述其变易理论的篇章要数《氾论训》,其主要思想可以归纳为如下四个方面:(1)肯定人类的物质文明是不断变易、不断进步的。《氾论训》将"古者"与"后世"作了详细比较,具体描述了人类物质文明进步的每一个步伐,上文已对这一点作了充分引述,此不赘言。(2)强调"因时变而制礼乐"。《氾论训》明确指出三代的礼、祭和乐都是不相同的,从三代之礼而言,"夏后氏殡于阼阶之上,殷人殡于两楹之间,周人殡于西阶之上";从三代之祭而言,"夏后氏祭于暗,殷人祭于阳,周人祭于日出以朝";从三代之乐而言,"尧《大章》,舜《九韶》,禹《大夏》,汤《大濩》,周《武象》"。三代礼仪制度的不同,说明三代圣王重视随时变而标新立异,也正因如此,使他们能以德治天下,扬名施后世。正如《氾论训》所说的那样,"故五帝异道而德覆天下,三王殊事而名施后世,此皆因时变而制礼乐者"。《氾论训》还以周公三次变换自己的角色来说明应时变易的重要性和必要性。它说周公在文王时居辅政之位,在成王幼时"履天子之籍",成王成年后"北面委质而臣事之","一人之身而三变者,所以应时矣"。由此推论,"君数易世,国数易君",却还仍然用"一定之法"、"一行之礼"来治理现时之政,其不合时宜则是显而易见的。《氾论训》认为,居今之世而制定今法的人,必须要"知法治所由生"、"知法治之源",要懂得"与时变"、"与俗易",只有这样,才能制定出合乎时宜之法。(3)主张有常道而无常法,"先王之制,不宜则废之"。《氾论训》一方面主张随时变而制新法,另一方面也主张随时变而废旧法,而废旧法的理论依据则是有常道而无常法。《氾论训》说:"故圣人所由曰道,所为曰事。道犹金石,一调不更;事犹琴瑟,每弦改调。故法制礼义者,治人之具也,而非所以为治也。故仁以为经,义以为纪,此万世不更者也。若乃人考其才,而时省其用,虽日变可也。天下岂有常法哉!当于世事,得于人理,顺于天地,祥于鬼神,则可以正治矣。"在这段话中,作者明确以道、事对举,肯定仁义之道不可变,而法制之事必须变,强调天下只有常道而无常法。同时,作者还具体提出了变法的基本准则，即是要使新法"当于世事，得于天理，顺于天地，祥于鬼神"。《氾论训》认为，既然世道无常法，因此，"先王之制，不宜则废之"。在《氾论训》看来，礼乐制度虽然为圣人所制定，但圣人却不可受制于这些已定的礼乐制度，"圣人制礼乐，而不制于礼乐"。因此，古制合于时宜，就继续沿用；古制不合时宜，就应废止。《氾论训》还从古今异俗角度论证先王善制未必就能治理好当今之世。它举例说："古之伐国，不杀黄口，不获二毛。于古为义，于今为笑。"它甚至认为"古之所以为治者，今之所以为乱也"。既然古之善法于今无益甚至有害，当然不可循守，而应加以废止。由此可见，先王之制是否被废止，取决于它是否合乎时宜。（4）提出变制要以"利民"、"周事"为根本原则，《氾论训》说："治国有常，而利民为本；政教有经，而令行为上。苟利于民，不必法古；苟周于事，不必循旧"。应该说"利民"、"周事"是一条较具体、易操作的政治原则，它也是《淮南子》变易论的根本依据和目的所在。

由上可知，《氾论训》关于变易理论的内涵是极其丰富的。统而言之，它强调的是一种与时俱变的变易思想。这种变易论肯定物质文明的进步；强调"因时变而制礼乐"；肯定"先王之制，不易则废之"；明确提出变易制度的根本原则是"利民"、"周事"，这些思想无疑都是进步的、合理的。但是，《氾论训》鼓吹无常法而有常道，强调仁义之道是万世不变的金石之调，从而表明它的变易论还不是一种彻底的变易论。

三、历史决定论

《淮南子》注重对历史全程的把握和盛衰规律的探讨，自然同时也就把目光聚焦到对历史盛衰之因问题的探究上。也就是说，决定历史治乱兴衰的根源究竟在哪里？对此，《淮南子》的答案是非常明确的，它认为"得失之道，权要在主"[①]，即是说，历史治乱兴衰的根源在于君主。《淮南子》认为，君主的地位如同于日月之明，天下皆以他为视、听，"人主之

---

① 刘安：《淮南子·主术训》。

居也,如日月之明也,天下之所同侧目而视,侧耳而听,延颈举踵而望也"①。在《淮南子》看来,社会稳定、天下和洽与否,直接取决于君主个人的行为,"上多故则下多诈,上多事则下多态,上烦扰则下不定,上多求则下交争"②。《淮南子》以圣王之政与末世之政作比较,充分肯定君主的行为是导致政治兴衰的决定因素:

> 古者圣人在上,政教平,仁爱洽,上下同心,君臣辑睦,衣食有余,家给人足,父慈子孝,兄良弟顺,生者不怨,死者不恨,天下和洽,人得其愿。……末世之政,田渔重税,关市急征,泽梁毕禁,网罟无所布,耒耜无所设,民力竭于徭役,财用殚于会赋,居者无食,行者无粮,老者不养,死者不葬,赘妻鬻子,以给上求,犹弗能澹。③

既然君主的行为决定着历史的盛衰,因此,《淮南子》对人君素质要求很高,对为君之道非常重视。在它看来,君主"非澹薄无以明德,非宁静无以致远,非宽大无以兼覆,非慈厚无以怀众,非平正无以断制"④。也就是说,澹薄、宁静、宽大、慈厚、平正是人君平治天下所必须具备的基本素质和应有之道。

《淮南子》一书关于为君之道的论述是非常充分的,概言之,主要包括以下两个方面内容:

(一) 君主要以无为为本

正如熊铁基所说的,"如果'道'是《淮南子》一书的出发点,并且贯串始终,那么另一贯串始终的就是'无为',而且论述'无为'是该书的主要目的。"⑤《淮南子》关于君道无为的思想主要包括如下一些内涵:

---

① 刘安:《淮南子·主术训》。
② 同上。
③ 刘安:《淮南子·本经训》。
④ 刘安:《淮南子·主术训》。
⑤ 熊铁基:《〈淮南子〉的政治思想及其与〈吕氏春秋〉的比较》,载《秦汉新道家略论稿》,上海,上海人民出版社,1984。

(1) 简静。《淮南子》主张君主要以简静为治国之术。《主术训》说:"人主之术:处无为之事,而循行不言之教,清静而不动,一度而不摇,因循而任下,责成而不劳。"又说"君人之道,处静以修身,俭约以率下,静则下不扰矣,俭则民不怨矣。"《淮南子》认为古代圣王都是"廓然无形,寂然无声"①的,古代的盛世便是这种无为政治推行的结果。(2) 节欲。《淮南子》强调君主节欲对于政治治理的重要性,认为"福生于无为,患生于多欲"②,国家的祸患都是由于君主的多欲而引起的。为什么会这样,道理很简单,"夫纵欲而失性,动未尝正也,以治身则危,以治国则乱"③。为避免祸患的产生,君主就必须要节欲,其具体方法是:"节欲之本,在于反性,反性之本,在于去载,去载则虚,虚则平,平者道之素也,虚者道之舍也。"④ (3) 事省。《淮南子》认为"事省而易治"⑤。在《齐俗训》中,作者明确指出:"治国之道,上无苛令,官无烦治,士无伪行,工无淫巧,其事经而不扰,其器完而不饰。"只有这样,国家才有善治。(4) 诚信。《淮南子》认为,无为政治的推行必须要君主本着一颗诚信之心,否则是达不到至治目的的。《泰族训》说:"赏善罚暴者,政令也;其所以能行者,精诚也。"也就是说,政令能否得以贯彻执行,主要取决于君主是否有诚心。《淮南子》认为,君主只有讲诚守信,老百姓才会顺从,无为的政治才能得以推行。《缪称训》说:"同言而民信,信在言前也;同令而民化,诚在令外也。"(5) 贵因。先秦典籍《吕氏春秋》提出"因者无敌"的命题,这一思想被一百年后问世的《淮南子》所继承和发扬,而成为其无为政治的一个基本内涵。《淮南子》强调君主治国必须以贵因为道。何谓因?因就是顺应自然,《原道训》说:"天下之事不可为也,因其自然而推之"。《修务训》讲得更直截了当,"所谓无为者,不先物为也。所谓无不为者,因物之所为"。《淮南子》认为,君主足不下庙堂之上而治

---

① 刘安:《淮南子·泰族训》。
② 刘安:《淮南子·缪称训》。
③ 刘安:《淮南子·齐俗训》。
④ 刘安:《淮南子·诠言训》。
⑤ 刘安:《淮南子·主术训》。

理天下，靠的就是"因物以识物，因人以知人也。"① 从这种贵因思想出发，《淮南子》还进一步提出了要因民之情而治和因人之才而用。因民之情就是"因其所喜以劝善，因其所恶以禁奸"，并认为"先王之制法也，因民之所好，而为之节文者也"②。因人之才而用，其实也是对《吕氏春秋》"用众"思想的一个继承，《淮南子》说：贤主之用人也，犹巧工之制木也，大者以为舟航柱梁，小者以为楫楔，修者以为木阁木衰，短者以为朱儒木枅栌。无小大修短，各得其所宜；规矩方圆，各有所施。"③

由上可知，《淮南子》主张君主以无为为本，这种无为显然与老子的无为含义不同。老子主张消极无为，而《淮南子》则是一种积极的无为，这种无为以简静、节欲、事省、诚信和贵因为其内容和手段，其目的是要实现无不为。正如《修务训》列举了神农等五圣事迹后所说的那样，"圣人忧民如此其明也，而称以无为，岂不悖哉！"它明确指出："若吾所谓无为者，私志不得入公道，嗜欲不得枉正术，循理而举事，因资而立权，自然之势，而曲故不得容者，事成而自弗伐，功立而名弗有，非谓其感而不应，攻而不动者。"这一语其实是道出了《淮南子》所言无为的精神实质。当然我们也应该看到，《淮南子》无为思想也或多或少沾染上了先秦道风，如《主术训》就说："道有智则惑，德有心则险，心有目则眩。"很明显，《淮南子》在此宣扬的是一种无知无欲的思想，并希望借此以消除人们的巧诈之心，这是承袭了先秦老庄的无为之论。由此可以看出，《淮南子》无为思想还蕴涵着不少消极的成分。

（二）君主以民为本

民本思想在中国是一个古老的思想，源远流长。《淮南子》承继了这一传统思想，将之看做是君主治国的关键和根本所在。《淮南子》对于君、国、民之间的关系的认识是很深刻的，它说："民者，国之本也。国者，君之本也。"④ 认为君、国、民三者是合而为一、不可分割的。概言之，

---

① 刘安：《淮南子·主术训》。
② 刘安：《淮南子·泰族训》。
③ 刘安：《淮南子·主术训》。
④ 同上。

《淮南子》关于君主以民为本的思想主要有如下诸方面内容：

1. "为治之本，务在宁民"。《泰族训》说："故为治之本，务在宁民；宁民之本，在于足用；足用之本，在于勿夺时，勿夺时之本，在于省事；省事之本，在于节欲①；节欲之本，在于反性。未有能摇其本而静其末，浊其源而清其流者。"这段话所提出的"足用"、"勿夺时"、"省事"、"节欲"、"反性"，显然反映的是一种无为政治思想。也就是说，《淮南子》的"宁民"之术，其实就是简静、无为的治国之术。

2. "治国有常，而利民为本"。《淮南子》认为"利民"是君主治国的根本之道，所以《氾论训》说："治国有常，而利民为本。"如何"利民"？《淮南子》提出应该像孟子所说的那样，君主要"取民有制"，认为这是君主利民的根本所在。《主术训》对此作了集中论述，它说："人主租敛于民也，必先计岁收，量民积聚，知饥馑有余不足之数，然后取车舆衣食供养其欲。"在作者看来，如果君主贪得无厌，取民无制，就必然会使老百姓不堪其负而怨声载道。如果这样，君主"而欲以为治，无以异于执弹而来鸟，捽税而狎犬也，乱乃逾甚"。作者认为，大凡圣主在上，总能体恤民情、养育民力，以利民为本；而乱世昏主则相反，他们"取民则不裁其力，求于下则不量其积"，以至于"民至于焦唇沸肝，有今无储。"这些昏暴之君总是希望"一日而有天下之畜"。此外，"利民"还必须要君主简静，而不可"多故"、"多事"、"多求"、"烦扰"以下扰民众。在作者看来，"上多故则下多诈，上多事则下多态，上烦扰则下不定，上多求则下交争"，而"下扰则政乱"。由此看来，烦政是衰败的直接导源。

3. "食者，民之本也"。《主术训》提出"食者，民之本也"的命题，旨在强调如何养民，如何发展农民的经济，主要是从民本角度发论的。其实它与"利民"的关系是一体两面的关系。为了养育民众，《主术训》对如何发展农民经济作了详细论说："教民养育六畜，以时种树，务修田畴滋植桑麻，肥墝高下，各因其宜。丘陵阪险不生五谷者，以树竹木，春伐枯槁，夏取果蓏，秋畜疏食，冬伐薪蒸，以为民资。"从这段话我们可以

---

① 原文为"用"，据王念孙校改，参见刘文典：《淮南鸿烈集解·泰族训》。

看出，《淮南子》主张发展的农业，已经不局限于五谷范围之内了，它鼓励农民发展畜牧业，种植各种经济作物，这是一种大农业思想。《主术训》还非常注重农业生态问题，关心大农业经济发展的后续力量。它说："故先王之法，畋不掩群，不取麛夭，不涸泽而渔，不焚林而猎。豺未祭兽，置罦不得布于野，獭未祭鱼，网罟不得入于水；鹰隼未挚，罗网不得张于溪谷；草木未落，斤斧不得入山林；昆虫未蛰，不得以火烧田。孕育不得杀，卵不得探，鱼不长尺不得取，彘不期年不得食。是故草木之发若蒸气，禽兽之归若流泉，飞鸟之归若烟云，有所以致之也。"应该说，《主术训》这种科学地发展大农业的思想是非常宝贵的，至今仍然有其积极意义，必须给予充分肯定。

综上所述，《淮南子》将历史盛衰之因归结于君主个人的为治之道，是一种君主决定论、圣贤史观。但是，在专制时代里，君主个人的作用对于邦国安定与否，确实起到了非常重要的作用，这是历史事实。难能可贵的是，《淮南子》凸显君主个人的特殊作用，旨在告诫君主要肩负起治国安邦的重任，就必须要实行以无为为本、以民为本的政治。而在《淮南子》的思想体系中，无为思想和民本思想又是相通的，只是立论的角度和侧重有所不同而已。我们认为《淮南子》强调君主要无为而治，要以民为本，这一方面是有鉴于秦政苛繁的历史教训，另一方面也是对汉初力行休养生息政策的肯定和经验总结，同时还隐含着对当代汉武帝苛繁之政进行批评的内蕴。因此，《淮南子》历史决定论的理论价值和现实意义都是很突出的。

董仲舒与汉代史学思潮

汉代史学发达，史学思想多姿多彩。在汉代史学思想的发展和演变过程中，注重以天道论人道、探寻历史的变易及其法则和着力阐发大一统思想，是贯穿始终的三条主线或三大主潮。而汉代史学思想的发展何以会演绎成这三大主潮，则与董仲舒历史思想的影响密不可分：董仲舒通过构建天人感应理论，借助这种神学形式来表述其历史盛衰观，从而启发了汉代史学家、思想家们注重去"究天人之际"；董仲舒宣扬"三统"历史变易说，从而影响了汉代史学家、思想家们的"通古今之变"；董仲舒倡导大一统思想，其中内蕴的尊王论、民族一统论和思想一统论，则成了汉代史学家、思想家们阐发其大一统思想的理论路径。以下试对此作以具体论述。

一

关于天人关系问题，自先秦以来人们已经对此做了很多探讨。然而，只有到西汉中期，经学大师董仲舒为满足汉武帝"垂问乎天人之际"要求，借助于对儒家经典的阐释和发挥，在其《春秋繁露》和《贤良对策》（即《天人三策》）中提出了一整套"大道之要，至论之极"的学说，从而真正构建起了一套系统的天人感应理论体系。

董仲舒天人感应论的逻辑起点或理论前提是天有意志，其主旨思想则是宣扬天命王权和天人谴告（亦即灾祥说）。董仲舒宣扬天命王权，认为"天之所大奉使之王者，必有非人力所能致而自至者，此受命之符也"[1]。在董仲舒看来，君王之所以称作"天子"，便是体现了这种授命之意：何

---

[1]《汉书》卷五十六，《董仲舒传》。

谓天子？"德侔天地者，皇天右而子之，号称天子。"① 董仲舒天命王权理论的一个重要论调是"圣人无父感天而生"说。此说源于《诗经》，《诗经·商颂·玄鸟》说："天命玄鸟，降而生商，宅殷土芒芒。"董仲舒认为："四法之天施符授圣人，王法则性命形乎先祖，大昭乎王君。"② 在他看来，圣王的祖先乃天神所生，当上天赋予他们生命之时，也就注定了他们的后人必然会称王天下。《三代改制质文》肯定了舜、禹、汤、文王的王权皆为天命所授，而非人力所为。经过董仲舒的大力发挥，"圣人无父感天而生"说遂成为汉代今文学家的一种系统的天命王权理论。董仲舒宣扬天命王权思想，是出于尊王的政治需要。在西汉前中期，王权是国家统一和政治有序的象征，只有强化王权，才能使西汉政治大一统局面得以维系；而强化王权的最好办法则是神化王权，只有赋予王权以神性，才可使广大臣民感到敬畏而顺从于君王的统治。与出于尊王的需要而宣扬天命王权不同，他宣扬天人谴告则是出于"神道设教"的需要。董仲舒时代是一个普遍敬畏天命的时代，汉武帝在试策时向贤良文学们提出的"三代受命，其符安在？灾异之变，何缘而起？"③ 便集中反映了封建帝王对于天命和灾异之变的畏惧和困惑。作为积极入世的思想家，董仲舒正是借助于为汉武帝答疑解惑的机会"言天道而归于人道"。董仲舒认为："天之生民，非为王也，而天立王以为民也。故其德足以安乐民者，天予之；其恶足以贼害民者，天夺之。"④ 这就是说，上天对于王权的收授与否、降灾还是布祥，都是由人间的政治得失、历史的治乱兴衰所决定的。因此，董仲舒的天人感应论实际上是一把双刃剑，它既可以使民众畏惧而服从于君王的统治，又可以使君王畏惧而服从于上天的意志。他希望君主发挥人为作用，以安乐民众为己任。毫无疑问，董仲舒所宣扬的这套天人感应论，就其实质而言，显然不是一种宇宙哲学，而是一种政治哲学、历史哲学。他是要借助于这种神学的形式，来表述自己的历史盛衰观点。

① 董仲舒：《春秋繁露》卷十五，《顺命》，苏舆义证本，北京，中华书局，1992。
② 董仲舒：《春秋繁露》卷七，《三代改制质文》。
③ 《汉书》卷五十六，《董仲舒传》。
④ 董仲舒：《春秋繁露》卷七，《尧舜不擅移、汤武不专杀》。

董仲舒构建起的这套天人感应理论体系，对于汉代思想家、史学家的历史思想和史学思想无疑是产生了重要影响。

司马迁和董仲舒是同时代人，他曾问学于董仲舒，是在汉武帝推崇儒学的时代氛围中成长起来的杰出史学家和思想家。由于共同的时代背景和学术渊源，使得司马迁与董仲舒一样，也非常关注对天人关系问题的探究，而明确以"究天人之际"作为其《史记》撰述的旨趣。同时，从思想内涵而言，董仲舒天人观之于司马迁的影响也是显而易见的。这一方面表现在司马迁接受了董仲舒"圣人无父感天而生"的天命王权思想，《史记》的《殷本纪》、《周本纪》、《秦本纪》和《高祖本纪》等篇章在谈到商、周、秦、汉的王权由来时，对这一思想做了系统宣扬；另一方面则是司马迁突出地吸收了董仲舒"言天道而归于人道"的思想，《史记》创立的以人物为中心的纪传体史书体裁，将论载"明主贤君忠臣死义之士"作为史书撰述目的之一，通篇都体现了一种重人事的思想。然而，由于人生经历和对社会历史认识的不同，司马迁的天人观又与董仲舒存在着很大的不同。首先，司马迁对于"天"的认识是充满着矛盾的，他一方面相信天命，相信天命王权思想；另一方面又对天道表示怀疑，提出质问。其次，司马迁重人事思想之"人"，其内涵要较董仲舒宽泛得多，在他的笔下，人是一种群体（所谓"明主贤君忠臣死义之士"），而不只是封建帝王一人。

两汉之际，随着封建政治局势的变化，时代"究天人之际"思潮也出现了新的变化。其具体表现则是伴随着神意史观得到进一步发展的同时，社会上也出现了一股反神学的批判思潮。

西汉后期，随着政局衰败的同时，作为封建统治思想的经学（主要是今文经学）也逐渐与谶纬迷信神学相结合，儒家思想进一步神学化。在这种政治、思想背景下，西汉的史学思想也发生了明显的变化——神意史观得到了一定的发展。其具体表现：一是董仲舒天人感应论之灾异学说在这一时期得到了大力宣扬。其中以刘向为代表的史家得董仲舒灾异论之精髓，他著《洪范五行传论》，以灾异之变说外戚专权，以此来警示封建统治者，以期挽救封建统治危机；而以眭孟（董仲舒再传弟子）为代表的思想家，则借言灾异以鼓吹"异姓受命"①，显然已经背离了董仲舒言灾异的初衷。二是面对刘汉灭亡和王莽代汉已成为一种不可逆转的形势，古文经学派的建立者刘歆编撰《世经》②，构建了一套五行相生之五德终始历史学说，系统宣扬了"圣人同祖"的天命思想③，特别是集中阐发了"汉为尧后"说④，从而为刘汉政权的和平过渡提供理论依据。

东汉政权建立后，一方面由于光武帝由一介儒生而登上帝王宝座，主要是依靠了谶纬神学作为精神支柱，因此，谶纬神学很快便成为东汉初年风靡一时的学问。另一方面，刘汉政权经历这场兴衰之变后，也需要史学家们对其政权的合法性从神意角度作出解释。东汉初年这种特定的时代背景，自然促进了神意史观的进一步发展；而这种神意史观进一步发展的集中表现则是大力宣扬"汉为尧后"说。与西汉末年刘歆宣扬"汉为尧后"说以为王莽代汉提供理论依据不同，东汉初年史家宣扬"汉为尧后"说，则是要为刘汉政权的合法性从神意角度作出论证。先是班彪作《王命论》，肯定"刘氏承尧之祚，氏族之世，著乎《春秋》"⑤。接着班固作《汉书》，进一步宣扬了"汉为尧后"的神意思想。班固一方面在所作《汉书·高帝纪赞》中详细考证出了一个"汉为尧后"的刘氏世系，并明确指出"断蛇著符"便是刘氏"德祚已盛"奉天命建汉的具体标志；另一方面还系统宣扬了自董仲舒、刘向以来的天人感应思想，如《汉书》不但为天人感应论的构建者董仲舒单独立传，还特意将系统反映董仲舒天人感应思想的《天人三策》完整地载入《董仲舒传》中，《汉书》的《天文志》则系统宣扬了董仲舒以来的灾异理论，等等。

当然，在两汉之交神意史观流行的同时，也出现了像王充这样反神意

---

① 参见《汉书》卷七十五，《眭弘传》。
② 参见《汉书》卷二十一下，《律历志下》。
③ "圣人同祖"说认为，伏羲氏"继天而王"，炎、黄二帝继之而王，黄帝以后诸帝皆黄帝之后。
④ 刘歆"汉为尧后"说的理论基点是王莽代汉，它在确定黄帝、虞舜为土德的前提下推衍出王莽的土德，进而由虞舜、王莽的土德又推出唐尧、刘汉的火德。参见拙著《中国史学思想通史·秦汉卷》，第二编第六章第三节，311～328页。
⑤ 《汉书》卷一〇〇上，《叙传》。

的思想家。王充著《论衡》，认为天道自然，王者圣而不神，历史治乱兴衰"皆在命时"。他反对灾异为有意志的天所谴告的说法，而认为是阴阳之气失调的结果。但是，王充的反神意并不彻底，他在否定意志之神的同时，又肯定了命运之神的存在；在批判天人谴告说的同时，却又认为符瑞与圣贤和盛世联系在一起。很显然，在当时那个神学弥漫的时代，要想彻底摆脱神学的束缚，并非是一件容易的事情。

东汉末年，封建政治出现了宦官、外戚轮流专权，王权日益衰落的局面。这种政治统治的严重危机，在当时思想家、史学家的天人观上也得到了明显的反映。首先是更加重视阐发灾异论。在这一时期，以何休、荀悦为代表的思想家和史学家们继承了董仲舒"言天道而归于人道"的灾异论传统，都非常重视结合东汉末年的衰政，来着力阐发灾异与人事的关系，大力宣扬灾异不离人事、灾异由人事招致的思想。应该说，他们的灾异论尽管披着的是神学的外衣，而内蕴实质无疑是紧密服务于挽救统治危机这一时代政治主题的。其次是继承并大力宣扬了自刘歆、班彪、班固以来的"汉为尧后"说这一天命王权思想。如荀悦作《汉纪》，以刘歆的新五德终始说为开篇，以班彪的《王命论》为结语，所体现的神意史观是一贯到底的。荀悦在汉末群雄并起之时大力宣扬"汉为尧后"说，显然是出于维护刘汉正统的需要。

从上可知，自从董仲舒构建天人感应理论体系，从而系统表述其历史盛衰观以后，它从理论思维方式到具体思想内涵都对汉代史学家、思想家产生了巨大的影响，这些人正是沿着董仲舒的理论路径，同时结合时代政治需要，去努力探究天人之际，阐发其天人思想的。

二

关于历史变易及其法则问题，春秋战国时期的思想家就已经作了探究。儒家经典《易传》的作者就充分肯定事物变易具有必然性，《系辞下》将其变易思想集中表述为"《易》穷则变，变则通，通则久。"《易传》还进一步提出以革命的手段实现变易的必要性，《革》卦象辞认为革命的意义在于"文明以说，大亨以正"，因而它是自然界和人类社会变易发展的共同法则。儒家代表人物孟子通过对历史变易及其法则的探究，提出了在中国思想史上产生久远影响的"五百年必有王者兴"的历史循环变易阶段论。战国后期，阴阳家的代表人物邹衍创立了一套较为系统的五德终始说，用以解释历史变易及其法则。根据《吕氏春秋·应同》的引述，邹衍认为历史王朝的更替是按照"土木金火水"五行相胜之序循环变易的，据此，黄帝得土德、大禹得木德、商汤得金德、文王得火德。《吕氏春秋》代邹衍立言，代火者水，继周而建的王朝必将是得水德的王朝。邹衍这套五德终始历史循环变易论，对于战国秦汉时期人们的历史变易观影响很大。

董仲舒的历史变易观无疑是受到了先秦思想家特别是《易传》的变革思想和邹衍的五德终始说的影响，故而他在《春秋繁露·尧舜不擅移、汤武不专杀》中提出了"有道伐无道"思想，认为自有夏氏以来的历史变易是"夏无道而殷伐之，殷无道而周伐之，周无道而秦伐之，秦无道而汉伐之"的一个相克相胜过程。

然而，董仲舒的历史变易思想主要还是体现在他对"三统"说的系统阐述上。"三统"说的创始人究竟是谁，现已无法确知。但从现有资料来看，对这一学说记述最为详尽的，当数董仲舒的《春秋繁露》一书。因此，"三统"说无疑是董仲舒历史思想体系的一个重要组成部分。董仲舒的"三统"说从表面上看宣扬的是一种历史循环变易论，因为它认为历史王朝是按照黑、白、赤三统顺序循环更替的，以此来对应历史朝代，则商朝为白统，周朝为赤统，《春秋》为黑统[1]；从实质而言，它却是主张"继治世者其道同，继乱世者其道变"[2]，以更化救弊为目的，强调汉皇朝更化的必要性，因而是一种历史更化论。如果我们将董仲舒"三统"说与邹衍五德终始说作一比较便不难发现：二者虽然在形式上都是宣扬历史循环

---

[1] 董仲舒认为孔子有其德而无其位，他托于王鲁而作《春秋》，以当一王之法，这一王之法是专门为汉朝制定的。因此，董仲舒以《春秋》为黑统制度，其实也就是许汉朝以黑统制度。

[2] 《汉书》卷五十六，《董仲舒传》。

论，但是它们的内蕴却明显不同，五德终始说的五德变易是一个相胜的过程，而"三统"说的三统循环则是一个更化的过程。正如刘家和先生所说的，"董氏三统、三正之变，只是同一个道在不同阶段的展现形式之不同"，认为"既是救弊，便没有五行相胜说的前后相反"。① 因此，同样都是历史循环变易学说，五德终始说是一种改朝换代的学说，而"三统"说则是一种巩固政权的学说，它们的政治作用是不相同的。

伴随着董仲舒经学思想正宗地位的确立，董仲舒的"三统"历史变易学说自然也对汉代史学家和思想家产生了重要影响，这一方面表现在它启发了汉代史学家和思想家们注重运用变易的观点去看待历史；另一方面它或者直接被汉代史学家和思想家们用以表达他们的历史变易观，或者被他们作为用以构建其历史变易学说的重要素材。

史学家司马迁重视探究历史变易及其法则，"通古今之变"是其撰述《史记》所奉行的重要旨趣。而从思想渊源而言，司马迁的历史变易思想不但受到了《易传》"《易》穷则变"思想的影响（司马迁的易学有家学渊源）和邹衍五德终始说的影响（司马迁主汉为土德说），同时也受到了董仲舒"三统"说的重要影响。司马迁受董仲舒"三统"说的影响，不仅表现为重视以原始察终、见盛观衰的方法来观察历史，即所谓追溯其原始，察究其终结，以期对历史运行的盛衰法则作出把握；尤其表现在对"三统"学说的具体吸取上。如《天官书》接受了董仲舒"三统"循环理论，认为天运有三五循环之变，而天人一系，故"为国者必贵三五"，肯定三五循环之变是天人之际普遍存在的一种法则。《高祖本纪》则直接援用董仲舒的"三道"循环变易说（"三统"说之一种）来解说自夏朝以来的历史演变，认为夏、商、周三王之道分别为忠、敬、文，而接周而建的秦朝却不知变道救弊，实行忠质之道，汉朝则能"承敝易变，使人不倦"，故"得天统矣"。由此来看，《史记》确实对董仲舒的"三统"说作了重要吸取。

---

① 刘家和：《古代中国与世界——一个古史研究者的思考》，450、449 页，武汉，武汉出版社，1995。

西汉末年，古文经学家刘歆创立的以五行相生之序来解说历史变易和王朝更替的新五德终始说，显然也是与自邹衍以来人们古史观念的不断变化特别是董仲舒历史思想的影响分不开。首先，董仲舒的"三统"历史变易说对于刘歆新五德终始说的创立有着直接的影响。如"三统"说将古史上溯至五帝、三皇时期，① 这一古史期与刘歆的《世经》几乎是一致的；"三统"说所宣扬的三统、三正及三道的循环变易，都不含有相胜相反之义，这与五行相生之新五德终始说有相通之处；"三统"说没有以十月为岁首的秦朝为一统所肇端的摒秦思想，对于新五德终始说宣扬的彻底的摒秦论无疑是有着重要影响的。其次，如果撇开历史运次而论五行相生，刘歆以前最早对此作出系统阐述的当属董仲舒（见《春秋繁露》）。董仲舒虽然尚未将五行相生说运用到古史的解说中去，但对刘歆构建五行相生之五德终始说无疑是有重要思想启迪作用的。概言之，董仲舒历史变易思想对于刘歆的影响，一方面表现为一种思想启迪作用，另一方面则为其历史变易学说的构建提供了具体素材。

东汉末年，公羊巨子何休又提出了一套别开生面的"三世"学说，用以描述历史发展的过程。"三世"说的主旨思想是认为历史的发展必然经历"衰乱世—升平世—太平世"三个时期，从而肯定历史发展是一个从低级到高级、从衰乱到太平、从野蛮到文明的过程，体现了身处东汉衰世时代的思想家何休对于人类历史的发展和进步所充满的一种自信。从理论渊源而言，何休的"三世"说其实也是对公羊先师董仲舒"三统"说的一种系统改造和重要发展。作为汉代公羊家的一种历史发展理论，"三世"说实肇端于董仲舒，只是董仲舒在论述其"三世"说（即其"三等"说）时，是将它视作其"三统"说的一种别传。按照董仲舒的"三世"说，《春秋》十二世被划分为"所传闻世—所闻世—所见世"三等；而何以要作如此划分，旨在体现尊新王大义，因而隐含了一种历史发展的观点。何休正是在此思想基础上赋予了"三世"说以全新的内容，从而将《春秋》

---

① 钱唐说："董子法以三代定三统，追前五代为五帝，又追前三代为九皇。"（转引自苏舆：《春秋繁露义证》，186页）按：据《春秋繁露·三代改制质文》，商汤作新王，即推庖羲为九皇。

三世论提升为一种对人类历史发展总趋势的描述。

由上所述可知,汉代时期是一个历史变易思想多姿多彩、历史变易理论不断涌现的时代,一方面先秦《易传》的变易思想、邹衍的五德终始说继续对汉代史学家、思想家有着重要影响,另一方面又先后出现了董仲舒的"三统"说、刘歆的新五德终始说和何休的"三世"说。然就董仲舒"三统"说对于汉代历史变易观的影响来说,它不但启发了史学家司马迁等人去"通古今之变",而且也对刘歆新五德终始说和何休"三世"说的构建有着直接的影响。

三

"大一统"作为一种历史观和政治观,也是自春秋战国以来思想家们所着力阐发的一种思想。如儒家孟子的"定于一"思想、墨家的"尚同"思想等,都是对这种"大一统"理论所作的具体阐述。西汉景帝时期著于竹帛的公羊学派的重要经典《公羊传》,则别开生面地从《春秋》"王正月"推论出"大一统"之义,从而最早从形上层面对这一思想作了解说。到了西汉武帝时期,随着大一统政治局面的形成和巩固,时代要求思想家们对于"大一统"之义作出系统的阐发和论证。董仲舒适应时代政治需要,不但通过构建天人感应学说,从天人合一、天人一系的高度论证了大一统的合理性;而且作为公羊大师,他还以《公羊传》为理论依据,对"大一统"之义从形上和形下两个方面作了系统论证和重要发挥。

董仲舒对"大一统"形上之义的阐发,显然是承继了《公羊传》的思维方式,其切入点也是由"王正月"到"大一统",但在对其内涵的理解上,二者有着较大的出入。《公羊传》所谓"王正月",是指天下承奉周正(周历),一统于周天子;而董仲舒则认为天下一统于受命新王,且新王必须改正朔、易服色,以对天命进行报答,由此新王又必须一统于天。同时,董仲舒还对《公羊传》首言"元年"作了追究,认为"元"是一种先于天地、先于万物的本体,因此是天地万物之"始";这个作为万物源头的"始"之所以称作"元",是因为它不同于具体的"一",是一种"大一",所谓"元者辞之所谓大也"。① 因此,"王正月"所体现的天下一统于新王、新王一统于天,追根溯源还必须要天一统于元。于是乎,"元"也就成了董仲舒"大一统"论的形上根源。如果说董仲舒推究"大一统"形上之义的目的在于立"元"正始的话,那么他阐发"大一统"形下之义的目的则是宣扬王者一统。为了建立起王者一统的政治历史统治秩序,董仲舒在政治上鼓吹尊王,而其尊王论的具体内涵则是神化君权和立王正始;在思想上主张"罢黜百家,独尊儒术";在民族关系上强调夷夏之辨和以夏化夷。正是由于有了董仲舒的系统阐述,从而使大一统理论成为汉代公羊家的一种重要理论。

董仲舒的大一统思想对于汉代史学家、思想家有着重要影响。

司马迁曾从董仲舒问《春秋》公羊学,故而他对于以董仲舒为代表的公羊家的大一统理论有着极深的领会。与思想家董仲舒关于"大一统"之义所作的义理阐发不同,作为史学家的司马迁则主要是通过一种史实叙述来表达自己的大一统思想。《史记》从编撰体例到记述内容,无不内蕴了大一统的思想。如《十二本纪》的撰述,司马迁取年的周期数即所谓历数与自黄帝以来的帝王之数相配,一方面是为了说明人事运行与天道运行的一致性,体现了一种天人合一的思想;另一方面以人间君王与统御万物的天相对应,旨在说明君王也应像天一样拥有统御人间的权力,体现了一种王者一统的思想。又如《三十世家》的撰述,司马迁视"三十世家"为君王的"辐拂股肱之臣"、环绕北辰的星宿,认为无论众星如何运行、车辐如何旋转,北斗星和车毂的轴心位置是永远不变的;同样,无论人间世道如何变化,君王至尊的地位也是永远不会变化的,从而体现了一种王者独尊的思想。《史记》还用大量的篇幅对黄帝以来的大一统政治作了热情颂扬,如司马迁对秦政多有批评,却充分肯定秦的统一是"世异变,成功大";司马迁盛赞汉皇朝大一统功业,《平准书》对文景太平盛世时期经济繁荣局面作了满怀激情的颂扬,《汉兴以来诸侯王年表》则对汉武帝为加

---

① 分见董仲舒:《春秋繁露》卷三《玉英》、卷四《王道》、卷五《重政》等篇和《汉书》卷五十六《董仲舒传》。

强大一统局面而消除封国势力给予了充分的肯定。值得注意的是，司马迁在继承董仲舒大一统思想的同时，却也提出了一些与董仲舒大一统之义不尽相同的思想。如在民族观上，如果说董仲舒重视夷夏之别的话，那么司马迁则"不斤斤于夷夏之别"①，他更强调夷夏一统。也可以说董仲舒的夷夏观重于"别"，而司马迁的夷夏观侧重于"统"。学术思想上，董仲舒主张"罢黜百家，独尊儒术"，而司马迁则提出"厥协六经异传，整齐百家杂语"②，其学术思想大一统的路径与董仲舒存在着明显的不同。

东汉史家班固基于对西汉大一统皇朝历史的充分认识，而断汉为史作《汉书》，以此凸显西汉大一统政权的历史地位。《汉书》的大一统思想是很丰富的，它不但对西汉一代大一统盛世作了热情讴歌，而且还重视将西汉历史作为统一的多民族历史过程来加以把握，体现了其民族统一的历史意识。班固的民族统一思想，就其理论渊源而言，主要是承继董仲舒的夷夏观，但二者的具体内涵却不尽相同。班固一方面接受了董仲舒的以夏化夷观，《西南夷两粤朝鲜传》积极宣扬了"招携以礼，怀远以德"的德化思想；另一方面，班固出于对蛮夷民族的偏见，视他们为"贪而好利，被发左衽，人面兽心"之人，故而又主张对蛮夷实行羁縻之策。③

东汉末年，随着宦官、外戚轮流专权，由此导致皇权的极度衰弱，大一统政治出现了严重危机。在这种特定历史背景下，何休出于挽救东汉大一统政治局面的需要，而继承了汉代公羊学派重视阐发大一统思想的传统，并沿袭了公羊先师董仲舒的理论路径，从形上、形下两个方面对大一统思想作了系统阐述。首先，何休着重对汉代公羊家的"五始"说作了系统阐述。"五始"说是汉代公羊家关于《春秋》经文首句"元年，春，王正月"的解释，他们认为"元年"、"春"、"王"、"正月"外加"公即位"（因鲁隐公意在摄政，思伏以后还要归政于桓公，故经文首句"元年春王正月"之后省去了"公即位"这一书法定式）这五要素都体现了"始"之义，共成"五始"。"五始"说不见于《公羊传》，公羊先师董仲舒虽未提

---

① 白寿彝主编：《中国通史》第 1 卷，10 页。
② 《史记》卷一三〇，《太史公自序》。
③ 参见《汉书》卷九十四下，《匈奴传赞》。

出"五始"之名，却已对其内涵作了初步论述，只是形上色彩还不够彰显。何休在公羊先师的论说基础上，将"五始"概括为"元年"为天地之始，"春"为四时之始，"王"为受命之始，"正月"为政教之始，"公即位"为一国之始。① "五始"各为一统，"元"统"春"、"春"统"王"、"王"统"正月"、"正月"统"公即位"，"五始"之间又"相须成体"，它们合乎逻辑地构成了一种天人一系的宇宙图式。而"统者，始也，总系之辞"②。确定天地万物的统属关系，目的就是要立统正始，立定法式。所以何休说："故《春秋》以元之气，正天之端；以天之端，正王之政；以王之政，正诸侯之即位；以诸侯之即位，正境内之治。"③ 何休关于"五始"说的系统阐发，使得公羊学派的"大一统"形上理论由此更加完善、更为系统。其次，何休大力宣扬"尊天子"论。董仲舒宣扬尊王思想，是出于构建王者独尊的大一统政治的需要；而何休宣扬"尊天子"论，则既是秉承公羊先师的遗教、遗训，同时也是对东汉末年皇权衰落、政治无序、国家衰败的一种警世之论。何休认为，东汉末年的天子不尊，是强臣专权、妃党势众所致，因此，只有"屈强臣"、"弱妃党"，才能使王者谨守王权，天子受到尊崇。《春秋公羊传解诂》常常借史发论，阐发这一"尊天子"之义。最后，何休将"张三世"与"异内外"相结合，用一种历史发展的观点来看待民族关系问题和国家统一问题。董仲舒等公羊先师对于"张三世"和"异内外"之义都曾经作过表述，可是他们却都没有从中阐发出"大一统"之义来。因此，将"张三世"和"异内外"相结合来阐发"大一统"之义，这既是何休大一统理论的主要特色，也是何休对公羊学大一统理论的重要发展。何休以"三世"说来解说"异内外"，认为在"所传闻之世"（亦即"衰乱"之世），夷狄"未得殊也"，故而不存在夷夏之辨问题；在"传闻之世"（亦即"升平"之世）时，夷狄已"可得殊"，故而必须"内诸夏而外夷狄"；到了"所见之世"（即"太平"之世），夷狄通

---

① 何休：《春秋公羊传解诂·隐公元年》，唐徐彦注疏影印本，上海，上海古籍出版社，1990。
② 同上。
③ 同上。

过不断进化，已经由野蛮而至文明，成为诸夏的一部分，因此这是一个"夷狄进至于爵，天下远近小大若一"的大一统之世。① 毫无疑问，何休的"异内外"说体现了一种民族发展的观点，对传统公羊"大一统"说作出了新的诠释。

由上可知，董仲舒的历史思想对于汉代史学思潮的出现和走向是有着重要影响的。重视对中国传统经学与史学关系的研究，是深入认识中国古代史学思想民族特点的十分重要的工作。董仲舒是汉代公羊大师，他经学化的历史思想对于汉代史学思潮产生了重大影响，揭示出这一史学特点，也就抓住了中国传统史学的一个关节。

---

① 何休：《春秋公羊传解诂·隐公元年》。

"三统"说与董仲舒的历史变易思想

"三统"说作为一种表述古今变易的历史学说，它的创始人究竟是谁，现已无法确知。但从现有资料来看，对这一学说记述最为详尽的，当数董仲舒的《春秋繁露》一书。因此，"三统"说无疑是董仲舒历史思想体系的一个重要组成部分。作为一种系统的历史变易思想，董仲舒的"三统"说是以循环变易为其表象，而以变道、进化为其实质的。以下试对这一历史变易思想作一具体阐述。

一

"三统"说是一种肯定历史朝代必须按照黑、白和赤三统依次循环更替的学说。这种学说认为，凡是异姓受命而王，都必须改正朔。由于正朔时间不同，物萌之时的颜色各异，与此三正相对应，也就有了黑、白、赤三色。具体而言，黑统以寅月（一月）为正月，色尚黑；白统以丑月（十二月）为正月，色尚白；赤统以子月（十一月）为正月，色尚赤。因此，"三统"又称"三统三正"。当然，新王改制，除改正朔、易服色外，车马、牺牲、冠礼、昏礼、丧礼、祭牲、荐尚物和日分朝正等项制度也要做出相应的改易。那么，新王即位为何必须要进行改制呢？董仲舒回答道：

> 今所谓新王必改制者，非改其道，非变其理，受命于天，易姓更王，非继前王而王也。若一因前制，修故业，而无有所改，是与继前王而王者无以别。受命之君，天之所大显也。事父者承意，事君者仪志。事天亦然。今天大显己，物袭所代而率与同，则不显不明，非天志。故必徙居处、更称号、改正朔、易服色者，无他焉，不敢不顺天志而明自显也。①

---

① 董仲舒：《春秋繁露》卷一，《楚庄王》。

在董仲舒看来，新王是受天命而王，而不是继前王而王，因此，新王必须通过改制的形式来报答天命，显示天命的恩宠，同时以此与前朝区别开来。

以"三统三正"来对应历史朝代，董仲舒认为殷朝是正白统，建丑，色尚白；周朝是正赤统，建子，色尚赤；《春秋》是正黑统，建寅，色尚黑。董仲舒认为，新王建朝，必须保留前二朝之后，为他们封土建国，允许他们保留各自旧朝的制度，以与新王朝并存，这叫"存三统"（又称"通三统"）。本届三统称作三王，三王之上则有五帝、九皇，共为九代。三统（或称三王）移于下，则五帝、九皇依次上绌。如"汤受命而王，应天变夏作殷号，时正白统。亲夏故虞，绌唐谓之帝尧"，推庖羲以为九皇；"文王受命而王，应天变殷作周号，时正赤统。亲殷故夏，绌虞谓之帝舜，以轩辕为黄帝，推神农以为九皇"；"《春秋》应天作新王之事，时正黑统。王鲁，尚黑，绌夏，亲周，故宋"。① 此时黄帝则上绌为九皇。值得注意的是，董仲舒"三统"说关于《春秋》以下王朝统属的排列比较复杂。按理，《春秋》既为黑统，随之而后的秦朝当为白统，而汉朝则为赤统。实际情况却不是这样。按照董仲舒的理解，西狩获麟是孔子受命之符②，但是孔子有其德而无其位，只能托于王鲁而作《春秋》，以当一王之法。在董仲舒看来，《春秋》的一王之法是专门为汉朝制定的，他以《春秋》为黑统制度，其实也就是许汉朝以黑统制度。在《天人策》中，董仲舒更是明确指出："今汉继大乱之后，若宜少损周之文致，用夏之忠者。"③ 夏为黑统，汉用夏政，当然也就是说汉应为黑统。

董仲舒以汉朝为黑统的"三统"学说，无疑蕴涵了一种"摒秦论"。在董仲舒看来，既然汉朝上继周朝赤统而为黑统，那么处于周、汉之间的秦就自然被排斥在三统循环之外了。如果我们将董仲舒"三统说"的实质理解为一种更化论的话，就更不难看出他的摒秦思想。《天人策》就说：

---

① 董仲舒：《春秋繁露》卷七，《三代改制质文》。
② 董仲舒：《春秋繁露》卷六，《符瑞》。
③ 《汉书》卷五十六，《董仲舒传》。

"自古以来，未尝有以乱济乱，大败天下之民如秦者也。"① 言下之意，既然秦朝没有完成更化任务，也就无法成为一统。但是，董仲舒的"摒秦论"是不彻底的。如在《尧舜不擅移汤武不专杀》篇中论及"有道伐无道"时，董仲舒又将秦朝排入自夏至汉的王朝统绪之内。董仲舒的不彻底对司马迁、刘向、刘歆、班固等史家的正统史观是有一定影响的。司马迁虽然承认秦朝的统绪，承认汉朝是上继秦朝水德而为土德，却注意分辨秦的一统是以力不以德，又说汉朝乃"得天统矣"，并主张汉朝行夏历。正如雷家骥先生所说："董仲舒一系的汉统继周及摒秦说法，既以三统说为理论基础，而无以推翻当时尚盛行的邹衍五行相克说，故形成其不完全的摒秦论调，并由此别成司马迁一系的正统二分说。"② 刘向、歆父子则以五行相生说演绎历史王朝的变易，而将秦王朝彻底摒弃于历史王朝统绪之外。之后，刘氏父子的摒秦思想又被班固所继承，并在《汉书》中加以发扬光大。自此，由董仲舒肇端的"摒秦论"成了汉代正统史学的主流思想。

与"三统说"相对应而互为表里的则是"三道"论。根据董仲舒"三统"说，夏、商、周三王的统属分别是黑统、白统、赤统。董仲舒认为，三王的统属不同，其正朔、服色及治道也随之不同。他说："然夏上忠，殷上敬，周上文者，所继之捄，当用此也。孔子曰：'殷因于夏礼，所损益可知也；周因于殷礼，所损益可知也。其或继周者，虽百世可知也。'此言百王之用，以此三者也矣。"③ 在此，董仲舒承袭了孔子的损益观，而肯定夏、商、周的治道分别为忠、敬、文。在"三统"说里，董仲舒认为汉继周而建，当为黑统；同样，在"三道"论中，董仲舒也主张汉朝"用夏之忠者"。如果我们将"三统"说与"三道"论结合起来，便不难看出，"三统"与"三道"其实既是一种对应关系，也是一种表里关系。从对应关系而言，王朝的统属和王朝的治道是相一致的，如黑统对应忠道，白统

---

① 《汉书》卷五十六，《董仲舒传》。
② 雷家骥：《两汉至唐初的历史观念与意识》，94页，北京，书目文献出版社，1987。
③ 《汉书》卷五十六，《董仲舒传》。

对应敬道，赤统对应文道。同时，由于"三统"是循环的，因此，"三道"也随之而循环。从表里关系言，"三统"言改制，其实只是"改正朔、易服色"，其变化只是一种表象；而"三道"言变易，实际上是肯定道变，因此是一种深层次的变化。由此来看，董仲舒所谓新王"有改制之名，无易道之实"，只是就"三统"循环而言，而不是就"三道"循环而言的。

董仲舒"三统说"所勾勒的历史循环系统，其内涵并不仅仅只是"三统"、"三道"的循环，还有与"三统"、"三道"相关联的夏、商、质、文"四法"的循环。"四法"与"三统"、"三道"各自为小循环，又相互配合，十二代构成一大循环。董仲舒说："故王者有不易者，有再而复者，有三而复者，有四而复者，有五而复者，有九而复者。"① "复"即是循环；"再而复"指质、文循环；"三而复"主要是指三正、三道循环；"四而复"指夏、商、质、文循环；"五而复"指五帝绌易；"九而复"指九皇绌易。《说苑·修文篇》说："商者，常也，常者质，质主天。夏者，大也，大者文也，文主地。"因此，一商一夏，亦即一质一文。所谓王朝的礼乐制度不同，其实也可以归结为一质一文两种。董仲舒通过对历代礼乐制度演变规律的考察，认为主要就是夏、商、质、文"四法"的循环。他说："四法修于所故，祖于先帝，故四法如四时然，终而复始，穷则反本。"② 将"四法"落实到历史阶段来看，董仲舒认为舜法商、禹法夏、汤法质、周法文。对于汉皇朝所用之法，董仲舒的"四法"论与"三统"说相一致，认为既然汉朝继周而建，周法文，汉当法质（按"四法"说，汉当法商，然商与质、夏与文的含义是相近的，故董仲舒常以文质循环代指"四法循环"），《十指篇》明确说道："汉承周文而反之质。"

关于"四法"与"三统"之间的关系，它们是既有区别又有联系的。区别在于，从形式而言，"四法"的循环是一种"四而复"，而"三统"的循环是"三而复"；从内容而言，"四法"的循环是一种礼乐制度变易的循环，而"三统"的循环则主要是一种以"改正朔、易服色"为主要内容的

---

① 董仲舒：《春秋繁露》卷七，《三代改制质文》。
② 同上。

变易。因此,"四法"循环变易具有质变性质,而"三统"循环变易则主要是一种形式上的变易。同时,"四法"与"三统"之间又是紧密联系的,它们都是一种关于历史王朝循环更替的学说,都将秦朝摒弃在王朝统绪之外。"四法"与"三统"各自形成一种小的循环,同时它们又互相结合,以十二世构成一大循环。同样,"四法"与"三道"之间也是既有区别又有联系。其区别在于循环数不同;一致性则主要表现在循环变易的内容上;其一,忠、敬、文三道循环变易是一种道变,而"四法"循环变易也是一种道变(或称质变)。"忠"与"质"的含义相近,在董仲舒的表述中,二者的含义也是相同的。由此看来,这种"三道"救弊说与质文改制说,表述方法虽然不同,而实际内涵则是一致的。其二,落实到历史朝代来看,"三道"论以周为文道,继周而建的汉则为忠道;同样,"四法"说也以周为法文,而视汉为法质。当然,若从禹夏开始排列的话,"三道"说与"四法"说之间是存在矛盾的。"三道"说以夏为忠道,而"四法"说则以禹法夏(即法文)。不过,董仲舒"三统"说的目的是要说明汉皇朝当为黑统、用忠道、法质,在这一点上,"四法"与"三道"以及"三统"都是一致的。董仲舒通常所说的汉当用"夏政",实际上都是指汉当实行黑统政治,推行忠、质之道。

此外,在董仲舒的"三统"学说体系中,还有一种"三等"(或称"三世")说,可视为其"三统"说的一种别传。《公羊传》徐彦疏引何休《文谥例》说,《春秋》有三科九旨,"三科"分别是指"存三统"、"张三世"和"异内外"。"三科"各含三旨,"存三统"的"三旨"是"新周,故宋,以《春秋》当新王";"张三世"的"三旨"是"所见异辞,所闻异辞,所传闻异辞";"异内外"的"三旨"是"内其国而外诸夏,内诸夏而外夷狄"。董仲舒没有明确提出"三科九旨"说,但在他的学说中,已经比较清楚地对"三科九旨"的内容作了表述。如"存三统",这是董仲舒"三统"说的实质所在,上文已经作了论述。《春秋繁露·王道》则对"异内外"三旨作了表述:"亲近以来远,故未有不先近而致远者也。故内其国而外诸夏,内诸夏而外夷狄,言自近者始也。"至于"张三世",也就是董仲舒的"三等"说。在《楚庄王》篇中,董仲舒对其"三等"说作了系

统阐述:

> 《春秋》分十二世以为三等,有见,有闻,有传闻。有见三世,有闻四世,有传闻五世。故哀、定、昭,君子之所见也。襄、成、文、宣,君子之所闻也。僖、闵、庄、桓、隐,君子之所传闻也……于所见微其辞,于所闻痛其祸,于传闻杀其恩,与情俱也。

在董仲舒看来,《春秋》分十二世为三等,采用不同的书法,其中蕴涵了深刻的历史思想:其一,《春秋》以亲疏远近来确定朝代地位的高低,朝代愈远,地位愈低;朝代愈近,地位愈高。其二,《春秋》以亲疏远近作为历史批评的标准,朝代愈远,批评愈严;朝代愈近,批评愈委婉。这其实也是《春秋》的一种避讳义法。其三,"三等"作为"三统"别传,自然也隐含了循环变易之义。

综上所述,董仲舒的"三统"说是一个体大思精的历史变易学说体系,这个体系包含了"三统"、"三道"、"四法"、"三等"等诸多学说于其中。分而言之,它们都是各自相互独立的历史学说;合而言之,它们共同构成了"三统"学说这一历史变易学说体系。当然,其中的"三统"说无疑是这个历史变易学说体系的核心和主轴。

二

"三统"说从表述形式而言,无疑是一种历史循环论,这是不能否认的事实。董仲舒"三统"说最强调的就是一个"复"字,"复"就是循环,就是周而复始。在董仲舒看来,历史的延续就是通过"复"而得以实现的。我们认为,循环史观实际上是董仲舒以前思想家们所持的一种普遍的历史观。孟子的"五百年必有王者兴",堪称为我国思想史上提出最早、影响深远的一种循环史观。战国后期,阴阳家的代表人物邹衍创立五德终始说,用以解释历史发展的规律。五德终始说是继孟子之后又一影响深远的循环史观,它不但对秦汉之后人们的历史观产生了重大影响,而且也直接对秦汉之后的政治制度产生了深远影响。董仲舒的循环史观在很大程度上受到五德终始说的影响。但是，较之于五德终始说而言，董仲舒的"三统"循环说所勾勒的历史系统更长。"五德"说以五代为循环期，最远溯至黄帝；"三统"说以九代为最长循环期，所谓"九而复"，最远溯至庖羲氏。"三统"循环的复杂性也远远超过了"五德"循环，它既有"三统"、"三正"、"三道"和"四法"的小循环，又有"三统"与"四法"配合进行的大循环。此外，如果说"五德"循环是以汉之土德上继秦之水德的话（当然是汉人的五德说），那么，"三统"循环则是强调汉继周建统，从而肇端了摒秦论。由此可见，与以往的历史循环观相比，董仲舒的"三统"说是一种更为系统的历史循环观，它是那个时代人们对于历史运行法则的一种最高认识，因而也是汉人对历史规律的一种代表性认识。

正由于董仲舒"三统"说从表述方式而言体现的是一种循环史观，学者往往据此认定这种历史观看不到历史的发展，不承认历史有质变。我们认为，这种看法在一定范围内和一定程度上并没有错，董仲舒的改制论和"天不变，道亦不变"的说法，便是这种看法的重要依据。但不能因此得出董仲舒是一个主张道不变的循环论者。因为，董仲舒的"三统"说就其表述形式而言是循环的，就其实际内涵而言则是进化的。首先，董仲舒"三统"说是一种体现亲疏之义的尊新王的学说。这种学说主张新王与上两代旧王并为一届三统，新王需存二王后。三王之上绌为五帝，五帝之上绌为九皇，九皇之上则"下极其为民"，帝王年代愈远愈疏、愈近愈亲。正如杨向奎先生所说的那样，"三统"说所体现的历史观是一种"新鬼大而故鬼小"的历史观。① 此外，作为"三统"说之别传的"三等"说，也体现了一种尊新王之义。"三等"说依据朝代远近来确定亲疏和尊卑关系，并依据这种亲疏、尊卑来对历史进行评判。很显然，"三统"说和"三等"说所体现的尊新王思想，无疑是一种历史进化论。其次，与"三统"说相配合的"三道"说，从表象来看，它体现的是一种循环论，而实际上，"三道"循环是一种循环变"道"，它是以变革礼乐制度为实际内容的。这

---

① 参见杨向奎：《绎史斋学术文集》，114页，上海，上海人民出版社，1983。

种主张对前朝礼乐制度进行损益的历史观点,当然是一种进化史观。而与"三统"、"三道"相关联的"四法"说,其宣扬文、质循环变易的目的是为了救弊,因此也是一种进化史观。由此来看,董仲舒是以循环论作为其历史观的表述形式,而以进化论作为其历史观之目的的。

董仲舒宣扬历史进化论的本质是主张变"道",这也是其"三统"历史变易学说的精神实质之所在。如前所述,在董仲舒的历史观中,蕴涵着一种道不变的思想。但是,董仲舒的道不变只是特指"治世"时代而言的,也就是三皇五帝时代。董仲舒认为,尧、舜、禹三圣时代的政治是没有弊端的,因此,三圣相继建朝后,也就不需要变革前朝的治道。他说:"三圣相受而守一道,亡救弊之政也,故不言其所损益也。"① 推而广之,董仲舒认为整个三皇五帝时代都是政治井然有序、民情质朴不文的时代。他说:"五帝三王之治天下,不敢有君民之心。什一而税。教以爱,使以忠,敬长老,亲亲而尊尊,不夺民时,使民不过岁三日。民家给人足,无怨望忿怒之患,强弱之难,无馋贼妒疾之人……民情至朴而不文。"② 由此来看,董仲舒的道不变是以道无弊为其前提的。从历史上来看,只有三皇五帝时代的道是无弊的,因而也只有三皇五帝时代的道是不变的。那么,董仲舒这种崇先圣思想与他的尊新王思想是否相矛盾呢?我们认为,崇先圣是儒家的一种普遍心理,董仲舒也不例外。但从董仲舒历史观之本质而言,他崇先圣的目的不是为了发思古之幽情,而是为了现实政治的需要。董仲舒对先圣时代的政治描述无疑是带有理想化的,但其目的是要为当代统治者提供一种完美无缺的统治模式。因此,崇先圣是董仲舒历史观之理想主义一面;而尊新王则是其历史观之现实主义一面。

如果说董仲舒是本着理想主义去评述远古时代三皇五帝的历史,从而肯定治世无易道的话;那么,他通过对三代以降历史的评述而得出乱世需变道的结论,则是从历史主义和现实主义出发的。换言之,道不变论只是董仲舒的一种虚拟的历史观,而道变论才是他的一种真实的历史观。

---

① 《汉书》卷五十六,《董仲舒传》。
② 董仲舒:《春秋繁露》卷四,《王道》。

那么，董仲舒提出三代以降必须变道的依据究竟何在？（1）"作乐于终，所以见天功也"。如前所述，董仲舒言改制是"改正朔，易服色"，而董仲舒言制礼作乐则是变道。在董仲舒看来，王者改制，是为了明示天命；而王者变道，则是为了显示天功。所以他说："是故大改制于初，所以明天命也。更作乐于终，所以见天功也。"① 在董仲舒看来，天功的显示，是通过人间君主的制礼作乐即变道而得以实现的。换言之，出于显示天功的需要，君主就必须要变道。（2）"先王之道必有偏而不起之处"。在董仲舒看来，再好的政治，推行久了，都必然会生弊（三皇五帝理想化的治道除外），即使是"先王之道"也不例外。董仲舒说："先王之道必有偏而不起之处，故政有眊而不行，举其偏者以补其弊而已矣。"② 这就是说，道有弊是必然的，关键是要"补其弊"。（3）"继乱世者其道变"，三王之道更替的过程，其实就是一个损益补弊的过程。董仲舒认为，既然道不变是以道无弊为其前提条件的，那么，道有弊就必须要变道。"继治世者其道同，继乱世者其道变。"董仲舒认为，夏、商、周三王之政的后期都出现了弊端，出于救弊的需要，才有了忠、敬、文三王之道。三王之道更替的过程，其实就是一个损益补弊的过程。所以他说："三王之道所祖不同，非其相反，将以捄溢扶衰，所遭之变然也。"③ 也就是说，三王之所以各用一道而不相守，完全是出于救弊的需要。与忠、敬、文三道更替相配合，董仲舒还有一种质文救弊说。质文救弊与三道救弊一样，都是董仲舒关于三代以降历史救弊规律的一种表述。

董仲舒论证三代以降治道必须变易，其根本目的是为了说明承周、秦之弊而建立的汉朝需要进行更化。董仲舒是一位积极入世的思想家，他的学说思想都是为现实政治服务的，以救弊为内容的变道论当然也不例外。在董仲舒看来，汉朝需要更化，除了上述一些普遍原因之外，还有两个更为直接的原因。其一，三代因善于变道而国运长久的成功经验和秦朝不知变易而导致国运短暂的失败教训，这是汉朝统治者引以为鉴的历史镜子。

---

① 董仲舒：《春秋繁露》卷一，《楚庄王》。
② 《汉书》卷五十六，《董仲舒传》。
③ 同上。

《天人策》说:"圣王之继乱世也,扫除其迹而悉去之,复修教化而崇起之。教化已明,习俗已成,子孙循之,行五六百岁尚未败也。"又说:"至周之末世,大为亡道,以失天下。秦继其后,独不能改,又益甚之,重禁文学,不得挟书,弃捐礼谊而恶闻之,其心欲尽灭先王之道,而颛为自恣苟简之治,故立为天子十四岁而国破亡矣。自古以来,未尝有以乱济乱,大败天下之民如秦者也。"① 其二,汉朝立国七十余年而国家没有得到善治,问题在于汉朝面对周、秦二朝弊政当更化而不更化。他说:

> 窃譬之琴瑟不调,甚者必解而更张之,乃可鼓也;为政而不行,甚者必变而更化之,乃可理也。当更张而不更张,虽有良工不能善调也;当更化而不更化,虽有大贤不能善治也。故汉得天下以来,常欲善治而至今不可善治者,失之于当更化而不更化也。②

在这段话中,董仲舒以琴瑟喻政治,认为不更张琴瑟,再好的琴师也弹不好乐曲;不更张政治,即使是大贤也治理不好政治。他认为基于这样一种认识,董仲舒积极规劝汉武帝"退而更化"。《天人策》说:"古人有言曰:'临渊羡鱼,不如(蛛)〔退〕而结网。'今临政而愿治七十余岁矣,不如退而更化;更化则可善治,善治则灾害日去,福禄日来。"③

更化就是变道。按照董仲舒的"三统"说,周、秦之道为文道,周、秦之弊当然也就是文弊。汉朝承周、秦而建,要救其弊道,就必须要"用夏之忠者"。忠道也就是质道,它是相对于文道而言的。扬雄说:"质干在乎自然,华藻在乎人事也。"④ 因此,质与文的关系也就是自然与人文的关系。表现在治道上,前者崇尚质朴,后者崇尚礼文。董仲舒对历史上的质文政治有一个总体评述,他认为历史上三皇五帝时期的政治是忠质之政,"民情质朴而不文";三代时期的政治是有质有文;而周末、秦代政治则是

---

① 《汉书》卷五十六,《董仲舒传》。
② 同上。
③ 同上。
④ 扬雄:《太玄·玄莹》,司马光集注本,北京,中华书局,1998。

"文致"。文道重形式,走向极端,就必然会远离质朴的道德政治,这是周末文弊的具体表现。秦朝承周之文弊,并未对此进行更化。早在文帝时期,张释之就已经对秦朝的文弊现象有所认识,他说:"秦以任刀笔之吏,吏争以亟疾苛察相高,然其敝徒文具耳,无恻隐之实。以故不闻其过,陵迟而至于二世,天下土崩。"① 当然,秦朝文弊的集中表现是对法制的无限崇拜。正如马育良先生所言,秦朝不救周末"文致"之弊,"反将礼乐之'文'发展为极端的法刑之'文',这更离题万里了。"② 所以董仲舒说:秦朝"师申商之法,行韩非之说,憎帝王之道,以贪狼为俗,非有文德以教训于(天)下也。诛名而不察实,为善者不必免,而犯恶者未必刑也。是以百官皆饰(空言)虚辞而不顾实,外有事君之礼,内有背上之心,造伪饰诈,趣利无耻。"③ 这段话包括两层含义,其一是说秦朝崇尚法治;其二认为这种法治循名而不察实,并无政治功效。既然秦朝的文弊以崇尚严刑酷法为其内容,那么,汉朝反其道而行之,推行忠质之道以救文弊,这种质道也就是三皇五帝曾经推行过的"亲亲而尊尊"、"质朴而不文"的治国之道,一言以蔽之,即是仁政。

综上所述可知,董仲舒的"三统"历史变易学说是以循环为其表现形式,而以进化为其实质内涵的。这种进化史观的本质特征是主张变道,因此,变道救弊是董仲舒"三统"历史变易学说的精神实质之所在。值得注意的是,董仲舒认为三皇五帝道不变,尧、舜、禹三圣相守一道,这只是儒家理想主义和崇圣观在其历史观上的一种表现,它只是反映了董仲舒历史观的虚幻一面;而董仲舒对三代以下变道救弊的评述,则是从历史主义和现实主义出发的,它反映了董仲舒历史观的真实一面。就三代以下变道救弊而言,董仲舒肯定三代变道救弊,而斥责秦朝不知变道,对汉朝政治当更化而不更化提出批评。当然,就董仲舒变道论的本质而言,他是通过以古喻今的方法,来论证汉朝进行更化的必要性的。他对秦朝以前变道救弊的评述,实际上都是为汉朝的更化张目的。

---

① 《史记》卷一〇二,《张释之冯唐列传》。
② 马育良:《汉初三儒研究》,270页,合肥,黄山书社,1996。
③ 《汉书》卷五十六,《董仲舒传》。

司马谈与《史记》

司马谈（？—公元前110年），汉左冯翊夏阳（陕西韩城）人，为西汉前期著名的史学家和思想家。据《史记·太史公自序》载，司马氏的远祖即"世序天地"、"世典周史"。但自东周惠王、襄王起，便失去了这一职业。司马谈仰慕远祖典史之职，立志要远绍祖业，重振这久已失传的家学。他勤学多闻，依靠自己的才学，于汉武帝建元、元封年间步入仕途，初为太史丞，后升太史令，实现了远绍祖业的梦想。司马谈以论载历史作为太史令的天职，为此，他拜师求学，以为自己论载历史作知识储备工作。《太史公自序》载："太史公学天官于唐都，受《易》于杨何，习道论于黄子。"唐都、杨何与黄生都是当时闻名遐迩的大学问家，司马谈能成为学识渊博的大史学家和大思想家，显然是与这些名师的指点分不开的。他还利用史官的身份注意收集天下逸文故事，研究先秦诸子百家学术和古往今来的历史，为论载历史作资料储备工作。司马谈所欲论著的史书也就是后来成书于司马迁之手的《史记》。《史记》能成为千古不朽的历史名著，是司马谈司马迁父子两代史学家共同努力的结果。司马谈之于《史记》有发凡起例之功，他对《史记》的五种体例都有不少成篇的作品。其中《论六家要指》一文，是中国学术史上的重要文献，它不仅反映了司马谈的学术思想，也反映了司马谈的史学思想和政治思想。

一、对《史记》的发凡起例

司马谈对《史记》的发凡起例，首先是来自于他的功名意识。司马谈是一位具有强烈功名意识的史学家，而这种功名意识的具体内涵就是论载历史，即通过论载历史来建功立名于世。司马谈的这一思想在其给司马迁的临终遗嘱中表述得很清楚，他说："余先周室之太史也。自上世尝显功名于虞夏，典天官事。后世中衰，绝于予乎？汝复为太史，则续吾祖矣。"① 我们知道，要论起功名，在司马谈的祖先中当属直系近祖司马错、司马靳最大，他们都是武功显赫的将军。但是司马谈不这样看，他却以曾担任过太史一职的远祖为荣耀，认为他们以"典天官事"而显功名于世。因此，他嘱咐司马迁要继任太史一职，以远绍祖先的这一事业。当然，司马谈要司马迁继任太史的另一个目的则是去完成他的"所欲论著"。在临终嘱咐中，司马谈要求司马迁要续写他尚未完成的论著，并明确指出这是为人之子的最大之孝。他说："余死，汝必为太史；为太史，无忘吾所欲论著矣。且夫孝始于事亲，中于事君，终于立身。扬名于后世，以显父母，此孝之大者。"司马谈还以周公、孔子为例，肯定论载历史是一种扬名于后世的千秋功业。他说：

夫天下称诵周公，言其能论歌文武之德，宣周邵之风，达太王王季之思虑，爰及公刘，以尊后稷也。幽厉之后，王道缺，礼乐衰，孔子修旧起废，论《诗》《书》，作《春秋》，则学者至今则之。②

在司马谈看来，周公能扬名后世，在于他"论歌文武之德"；孔子能扬名后世，在于他"修旧起废"，论作六艺。因此，论载历史是建功立名的伟大事业。

司马谈对《史记》的发凡起例，也是出自于史家的一种自觉意识。史家自觉意识其实就是一种史家论载历史的责任感。作为西汉武帝时期的太史令，司马谈深深感到进行历史论载的必要性和紧迫性，他说：

自获麟以来四百有余岁，而诸侯相兼，史记放绝。今汉兴，海内一统，明主贤君忠臣死义之士，余为太史而弗论载，废天下之史文，余甚惧焉，汝其念哉！③

---

① 《史记》卷一三〇，《太史公自序》。
② 同上。
③ 同上。

在此，司马谈对自己为何要撰写《史记》的必要性作了说明。一是认为自孔子作《春秋》以来，四百余年间，天下大乱，战争不断，结果导致了"史记放绝"现象的产生。出于一种史家的责任感，司马谈希望能够补写出这段历史，以使历史记载能有连续性。二是出于对西汉大一统政治颂扬的一种需要。司马谈对西汉大一统盛世的出现感到由衷的欢心和鼓舞，认为作为这一盛世时期的太史令，如果不能对这种盛世政治加以颂扬，不能对盛世时代的名君贤主忠臣义士的功业加以记载，无疑是一种失职。

司马谈当然不只有论载历史的强烈愿望，他很早就开始了论载历史的准备工作。如前所说，司马谈"学天官于唐都，受《易》于杨何，习道论于黄子"，目的就是为了充实自己各方面的知识，为以后论载历史作准备。司马谈利用太史令职务的方便，非常重视资料收集工作。据《太史公自序》言，汉兴以来，"百年之间，天下逸文故事靡不毕集太史公。"当然，司马谈收集和进行研究的资料还远不止这些。据《太史公自序》载，司马迁在对壶遂的问答中就曾说过："余闻之先人曰：'伏羲至纯厚，作《易》八卦。尧舜之盛，《尚书》载之，礼乐作焉。汤武之隆，诗人歌之。《春秋》采善贬恶，推三代之德，褒周室，非独刺讥而已也。'"这里的"先人"即使指司马谈。从这段话可知，司马谈对先秦重要典籍，亦是诸子学术共源之六经是很有研究的，他认为六经都是论载历史而成的典籍。他研究六经，其实就是据此来研究伏羲以来的先秦历史。据此而言，司马谈应是"六经皆史"说的肇端者，只是他未直接说出"六经皆史"四字而已。

司马谈论载历史所修撰的史书也就是后来成书于司马迁之手的《史记》。从《论六家要指》的记载来看，司马谈已经拟定出了一个修史计划，即要"述陶唐以来至于麟止"。① 司马谈的这个作史计划当是受孔子编述六经的启发。以陶唐为上限，是效法孔子述《尚书》始于尧；而至于麟止，一方面鲁哀公十四年获麟是《春秋》绝笔之年，一方面汉武帝元朔七年也

---

① 这个计划后来司马迁把它修改为上至黄帝，下迄汉武帝太初之时。参见《太史公自序》。

恰好获得白麟。汉武帝获白麟，这无疑是当时举国上下的一件大事，因为麟是瑞物，它的出现是天下太平的征兆，所以汉武帝不但作《白麟之歌》，还改此年为元狩元年。作为述史者，司马谈能以这种年份作为《史记》的截止年是感到很荣幸的。张大可将元狩元年作为司马谈提出修史计划并正式进行修史之年①，显然是充分认识到了这一断限的意义，其推论是很有见地的。

修史计划提出之后，司马谈的实际修史工作也就开始了。据《太史公自序》载，司马谈之于《史记》是有成文论作的。当司马谈嘱咐司马迁一定不要废天下史文时，司马迁俯首流涕道："小子不敏，请悉论先人所次旧闻，弗敢阙。"这里所言"所次旧闻"，显然是告诉后人司马谈已对"旧闻"作了编次。而且从"悉论"二字可知，司马谈已做成的篇章数量还不会太少。当壶遂问司马迁作《史记》"欲以何明"时，在司马迁的答语中就有这样一句话，他说："废明圣盛德不载，灭功臣世家贤大夫之业不述，堕先人所言，罪莫大焉。"这里"先人所言"，即是告诉人们司马谈之于《史记》是已有"言"在先的。顾颉刚根据司马迁这两个对话而认为："是谈已有其所次之旧闻，迁乃弗敢堕而悉论之也。"② 对于司马谈述作《史记》工作，过去的史家早已是持肯定态度的。如司马贞《史记索隐序》就说："《史记》者，汉太史司马迁父子之所述也。"《隋书·经籍志》也说："谈卒，其子迁又为太史令，嗣成其志。"但是，由于后来成书的《史记》130篇，只有载录于《太史公自序》中的《论六家要指》一文被标明为司马谈所作，这就使得我们对《史记》中究竟有哪些篇章为司马谈所作感到扑朔迷离。清代学者方苞曾作《书史记十表后》和《又书太史公自序后》两文③，最早对司马谈写作《史记》问题进行了考证，他认为《史记》中的《十二本纪》、《十二诸侯年表》、《六国年表》、《秦楚之际月表》和《惠景间侯者》诸篇文字为司马谈所作。近代学者王国维通过考证，认为《刺客列传》、《郦生陆贾列传》和《樊郦滕灌列传》"此三传所纪，史公或追

---

① 张大可：《司马迁评传》，115页，南京，南京大学出版社，1994。
② 顾颉刚：《司马谈作史》，载《史林杂识初编》，北京，中华书局，1963。
③ 参见《方望溪先生全集》卷二，四部丛刊本。

纪父谈语也"①。顾颉刚则认为"此三传成于谈手无疑",并认为《张释之冯唐列传》、《游侠列传》、《赵世家》和《太史公自序》也是出于司马谈之手。他还认定《史记》的体例为司马谈所定,其一是"谈所欲论载者为明王、圣君,为忠臣、死义之士,即《史记》中之本纪、世家、列传百余篇之中心思想与其主要题材也。"其二是"谈之为史,有传、有赞,则《史记》体例创定于谈亦可知。"②近人李长之通过考证,认定《孝景本纪》、《律书》、《晋世家》、《老庄申韩列传》、《刺客列传》、《李斯列传》、《郦生陆贾列传》和《日者列传》共八篇可能有司马谈的著作。③今人赵生群又在前人考证的基础上,进一步认定《历书》、《天官书》、《封禅书》、《齐太公世家》、《鲁周公世家》、《管蔡世家》、《陈杞世家》、《卫康叔世家》和《宋微子世家》为司马谈所作。④从上述诸位学者的考证来看,司马谈所作《史记》的篇数已多达37篇,并且《史记》的五种体例已全部涉及。当然,上述考证有的断语可能下得过于大胆,有的论证结果可能经不起仔细推敲。但司马谈对《史记》有发凡起例之功,这恐怕是无法否定的。顾颉刚就明确指出:"《史记》之作,迁遂不得专美,凡言吾国之大史学家与大文学家者,必更增一人焉曰司马谈。"⑤值得注意的是,由于《史记》中除被收录于《太史公自序》的《论六家要指》外,其他被考出的36篇毕竟都未注明司马谈所作,因此,我们只能认为这些篇章即使完全为司马谈所写,后来也已经过了司马迁的重新铸造。正如张大可所说:"我们应该承认司马谈有整篇的述史,其成果或许不止三十七篇。问题是司马谈的成果司马迁重新作了剪裁熔铸。"⑥我们强调这一点的目的是既要肯定司马谈对《史记》的发凡起例之功,又不抹杀司马迁对《史记》撰写成功所起的重大作用。

---

① 王国维:《观堂集林》卷十一,《太史公行年考》,北京,中华书局,1959。
② 顾颉刚:《司马谈作史》,载《史林杂识初编》。
③ 参见李长之:《司马迁之人格与风格》,133页,北京,三联书店,1984。
④ 参见赵生群:《司马谈作史考》,载《南京师范学院学报》,1982(2)。
⑤ 顾颉刚:《司马谈作史》,载《史林杂识初编》。
⑥ 张大可:《史记研究》,72页,兰州,甘肃人民出版社,1985。

二、对学术史的总结与批评

司马谈对先秦至汉初学术史的总结与批评，集中见诸其《论六家要指》，该文载于《史记·太史公自序》中。在司马谈以前，最早对学术史进行总结与批评的当属庄子。《庄子·天下篇》认为，中华学术皆源于六经，后因天下大乱，道德不一，形成了百家之学；百家之学按人物可分类为墨翟、禽滑釐之学，宋钘、尹文之学，彭蒙、田骈、慎到之学，关尹、老聃之学和惠施之学等。该文对这些学派一一作了评述。在庄子之后，系统评述诸子百家学术的文献主要还有：《荀子》的《非十二子》、《天论》和《解蔽》，《韩非子·显学》，《尸子·广泽》，《吕氏春秋·不二》和《淮南子·要略》。这些文献对先秦学术的分类评析，基本上还是《庄子·天下篇》的套路，只是学派标立的数量、代表人物以及具体评述或有不同。从总体来看，上述文献对学术史的总结与批评，一方面由于对各学派的本质特征还把握不准，从而影响了对各学派学术观点批评的准确性；另一方面从分类而言，都还只是将学术观点相同或相近的代表性的学者作了归类，是以人名来标立学派，还未给这些学派冠以具体的家名，即使如《韩非子·显学篇》，也未直接以儒家和墨家来指称孔子和墨子所代表的学派。正如梁启超所说的："庄荀以下论列诸子，皆对一人或其学风相同之二三人以立言。"[①] 同时又"皆就各家施以评骘，而家数不附专名。"[②]

司马谈在借鉴前人学术史研究成果的基础上，写成《论六家要指》一文，对从先秦以来至汉初的学术发展进行了认真总结，提出了系统的批评。《论六家要指》说：

《易大传》："天下一致而百虑，同归而殊涂。"夫阴阳、儒、墨、名、法、道德，此务为治者也，直所从言之异路，有省不省耳。尝窃

[①] 梁启超：《饮冰室合集·专集》之八十二，《司马谈〈论六家要指〉书后》。
[②] 梁启超：《饮冰室合集·专集》之八十四，《〈汉书·艺文志·诸子略〉考释》。

观阴阳之术，大祥而众忌讳，使人拘而多所畏；然其序四时之大顺，不可失也。儒者博而寡要，劳而少功，是以其事难尽从；然其序君臣父子之礼，列夫妇长幼之别，不可易也。墨者俭而难遵，是以其事不可遍循；然其强本节用，不可废也。法家严而少恩；然其正君臣上下之分，不可改矣。名家使人俭而善失真；然其正名实，不可不察也。道家使人精神专一，动合无形，赡足万物。其为术也，因阴阳之大顺，采儒墨之善，撮名法之要，与时迁移，应物变化，立俗施事，无所不宜，指约而易操，事少而功多。儒者则不然。以为人主天下之仪表也，主倡而臣和，主先而臣随。如此则主劳而臣逸。至于大道之要，去健羡，绌聪明，释此而任术。夫神大用则竭，形大劳则敝。形神骚动，欲与天地长久，非所闻也。

从上引《论六家要指》的内容来看，司马谈无疑是将中国学术史的研究推向了一个前所未有的高度。首先，司马谈对先秦以来的学术进行了在当时而言最为科学的分类。梁启超认为："分类本属至难之业，而学派之分类，则难之又难。后起之学派，对于其先焉者必有所受，而所受恒不限于一家。并时之学派，彼此交光互影，有其相异之部分，则亦必有其相同之部分，故欲严格的驭以论理，而薄其类使适当，为事殆不可能也。"① 梁启超在此强调了学科分类的困难，并对造成学科分类困难的原因作了说明。其实这也正是自庄子以来学者们对诸子百家的学术难以辨析清楚的原因之所在。司马谈学识渊博，为汉初大思想家和大史学家。他对先秦以来的诸子百家学术思想都很精通，同时又借鉴了前人关于学术史研究的成果，从而比其前人站得更高、看得更远。他通过对先秦以来的诸子百家学术思想进行辨析后，第一次以阴阳、儒、墨、名、法、道德"六家"对这些学术思想进行了分类。从此以后，诸子百家的学术有了各自的家名。对于司马谈以六家分类先秦以来的学术，梁启超给予了高度的评价，认为这是一种科学的分类法。他说："其骤括一时代学术之全部而综合分析之，用科学的

---

① 梁启超：《饮冰室合集·专集》之八十二，《司马谈〈论六家要指〉书后》。

分类法，厘为若干派，而比较评骘，自司马谈始也。"① 梁启超同时还认为以这六家来概括先秦以来的学术思想是很全面的，"此六家者，实足以代表当时思想界六大势力圈"②。梁启超的评价是有历史根据的。司马谈的六家分类法提出后，即被两汉目录学家所接受。刘歆的《七略》和班固在刘歆《七略》基础上写成的《汉书·艺文志》虽然以十家、九流分类，但都将司马谈提出的六家立置于前。他们只是认为司马谈的六家还不能涵盖所有的典籍，而补上纵横、杂、农和小说四家。尽管这样，梁启超还是认为这四家从思想性而言，是不成其为家的，无法与前六家相提并论。它们被续补于六家之后，显然是出于编录文献方便起见。③ 司马谈的六家分类法也直接影响到了《史记》的编撰。《史记》正是以此为理论依据，而创立了《孔子世家》、《孟荀列传》、《仲尼弟子列传》、《老庄申韩列传》等一批学术传记的。

其次，司马谈对先秦以来诸子百家学术思想进行了系统批评。从上述引文可知，除道家之外，司马谈对其他诸家学术思想的长短得失都一一作了批评。他一方面指出这些家派学术思想的不足之处，一方面也对其学术思想的合理性给予充分肯定。我们姑且不论司马谈对六家学术思想之优劣的总体评价是否得当，但他对六家学术思想各自基本特征的把握应是较为准确的，对它们各自学术思想的批评大体上也是公允的。除道家外，他对其他诸家学术思想的批评，从方法论来讲也是一分为二的。他还注重从政治的高度来看待学术问题，认为诸家都是为政治而立学术的，是殊途同归，因此不可偏废。上述"不可失"、"不可易"、"不可废"、"不可改"和"不可不察"便是体现了司马谈对阴阳、儒、墨、法和名家的一个基本态度。梁启超对于司马谈《论六家要指》的学术批评给予了很高的评价，认为它不但为此前《庄子》、《荀子》所不及，即使如以后班固的《汉书》也远不如。他说：《汉书·艺文志》"其批评各家长短得失，率多浮光掠影

---

① 梁启超：《饮冰室合集·专集》之八十二，《司马谈〈论六家要指〉书后》。
② 同上。
③ 参见梁启超：《饮冰室合集·专集》之八十四，《〈汉书·艺文志·诸子略〉考释》。

语，远不如司马谈之有断制，更无论《庄子·天下篇》、《荀子·解蔽篇》也。"①

值得注意的是司马谈对先秦以来学术思想史的总结与批评所持的思想立场。如上所述，司马谈对阴阳、儒、墨、法和名诸家的评价都是既有肯定又有否定，唯独对道家只有肯定没有否定。合理的解释是从政治思想而言，司马谈本人就是一位道家。《论六家要指》是司马谈站在道家的立场上对先秦以来诸家学术思想史所作的总结和批评。不过，司马谈所言道家或道德家，并不是先秦以老庄为代表的那个道家，而是战国末期逐渐形成西汉初期兴盛起来的黄老道家。萧萐父、牟钟鉴、熊铁基等学者称其为新道家，萧萐父称司马谈为"新道家的最后学者"。② 黄老道家或新道家，都是指秦汉道家，旨在有别于前期的老庄道家。对于黄老道家的基本特征，司马谈在《论六家要指》中已经作了论述，从中可知它与前期道家是有很大区别的。从司马谈的论述来看，前期道家与黄老道家的区别主要表现在两个方面：其一是表现在对其他诸家学术的态度上。战国末期以前，诸子百家之间是相争相绌的，正如《史记》所言，"世之学老子者则绌儒学，儒学亦绌老子。"③ 其实相绌者并非仅是道家与儒家，其他诸家亦然，此所谓"道不同不相为谋"。而黄老道家则不同，它一方面对其他诸家学术提出批评，一方面又对各自学术的合理性给予肯定。他要以道为基础，对其他诸家学术思想兼收并蓄。《论六家要指》说：道家"其为术也，因阴阳之大顺，采儒、墨之善，撮名、法之要"。其二是表现在学术宗旨上。老庄道家只讲自然无为，比较消极。而黄老道家则是一种积极的无为，是无为而无不为。《论六家要指》说：

> 道家无为，又曰无不为，其实易行，其辞难知。其术以虚无为

---

① 梁启超：《饮冰室合集·专集》之八十四，《〈汉书·艺文志·诸子略〉考释》。
② 分见熊铁基：《秦汉新道家略论稿》及萧萐父代序：《秦汉之际学术思潮简论》，上海，上海人民出版社，1983；牟钟鉴：《〈吕氏春秋〉与〈淮南子〉思想研究》，济南，齐鲁书社，1987。
③ 《史记》卷六十三，《老庄申韩列传》。

本，以因循为用。无成势，无常形，故能究万物之情。不为物先，不为物后，故能为万物主。有法无法，因时为业；有度无度，因物与合。

在司马谈看来，黄老道家既讲虚无循守，又重"因时为业"、"因物与合"。也就是说，既要遵守自然规律，又要发挥人为的作用。

由上可知，司马谈的《论六家要指》不仅是对先秦学术思想史作了总结与批评，而且也是对汉初黄老道家的政治实践和思想思潮作了一次总结。作为中国学术发展史上不可多得的重要文献，《论六家要指》的学术思想和学术成就不仅对中国学术发展史有着重要影响，而且也对文献目录学和历史编纂学产生了重要影响。

《史记》的历史文化认同意识

中华文明历经五千年延绵不绝，表明我们这个统一多民族的国家具有一种强大的民族凝聚力；而历史文化认同意识，则是形成这种强大的民族凝聚力的重要保证。《史记》作为中国古代第一部纪传体通史，已经从政治统绪、民族关系与国家地理诸方面，表现出了一种强烈的对于中国历史文化的认同意识。《史记》的正史地位，对于我们这个有着重史传统的统一多民族国家的历史文化认同意识的形成与强化，无疑是具有重要作用和深远影响的。

一、"圣王同祖"：政治统绪认同意识

政治统绪简称"治统"，作为一种自觉意识，是指对于中国历史上历代政权的连续性问题所持有的一种观念。自夏朝建立以来，中国历史上出现过许多政权统治，史书在反映各政权的历史时，往往要对政权的统绪问题产生纷争，即所谓的正统之争、正闰之争、"中国"之争等，那些被认为有前后相承或相继关系的历代政权构成了中国历史上的一种政治统绪，而另一些政权则被视为非正统的"闰朝"。中国史学这种政治统绪认同意识，在《史记》中就已经有了比较明显的表现，它集中地反映在《史记》所提出的"圣王同祖于黄帝"的思想，以及在此基础上所精心编排的历史统绪上。

在汉代经学史上，有一种关于"圣王感生"说和"圣王同祖"说的争论，一般来说，今文经学家持"圣王感生"说，而古文经学家持"圣王同祖"说。从本质上说，它们都是天命史观，前者宣扬的是一种君权神授论；后者则鼓吹一种报德思想。这种官方意识形态的争论，必然要反映到史学当中。史学家司马迁生当今文经学盛行的西汉时代，他的历史观自然会深受今文经学的影响，《史记》当中反映出的大量的"圣王感生"说，

便是具体例证。然而,《史记》同时又宣扬一种"圣王同祖"说,认为"五帝"(《史记》以黄帝为五帝之首,故此实指其他四帝)、"三王"皆同祖于黄帝,从而开启了西汉末年古文经学兴起后极力宣扬的"圣王同祖"说①的先河。

据《史记·太史公自序》载,司马谈最初所拟修史计划,其时间断限是"述陶唐以来,至于麟止"的,而后来成书的《史记》,其实际断限则是"述历黄帝以来至太初而讫"。司马迁为何要将《史记》断限上溯至黄帝,笔者以为司马迁至少有以下三方面的考伏:

首先,从史料角度来讲,黄帝以降的历史是可以大致被看做信史的。《五帝本纪赞》说:"百家言黄帝……孔子所传宰予问《五帝德》及《帝系姓》,儒者或不传。余尝……南浮江淮矣,至长老皆各往往称黄帝、尧、舜之处……予观《春秋》、《国语》,其发明《五帝德》、《帝系姓》章矣"。《三代世表序》也说:"余读谍记,黄帝以来皆有年数。"这里所谓百家言黄帝,《五帝德》及《帝系姓》为孔子所传的不虚典籍和《春秋》、《国语》等史书所称引、发明的重要典籍,作者亲身游历所闻,以及谱牒资料的记载,等等,都可以说明黄帝以降的历史的可信性。

其次,从历史功业来讲,黄帝是中国历史上第一个结束混战完成统一的帝王。《五帝本纪》记载了黄帝之前天下形势,说此时"神农氏世衰,诸侯相侵伐,暴虐百姓,而神农氏弗能征。"正是黄帝"修德振兵",战败炎帝、杀蚩尤,从而结束了诸侯混战的局面,完成了对天下的统一。自此以后,"诸侯咸尊轩辕为天子","天下有不顺者,黄帝从而征之。"毫无疑问,司马迁以黄帝为《史记》撰述之始,与黄帝始建大一统功业是分不开的。

---

① 西汉末年刘歆发端古文经学,所著《三统历谱·世经》提出的五行相生之新五德终始说,依据《易传》"帝出乎《震》"的说法,认为《震》是东方之卦,东方于五行属木,因此最古的帝王当属木德,而"包羲氏始受木德",伏羲氏即是百王之祖,后世圣王皆为伏羲之后。(参见《汉书·律历志》)刘歆主张"圣王同祖于伏羲",与司马迁认为"圣王同祖于黄帝"之说有所不同,不过他们都肯定"圣王同祖",因而二者在本质上是相一致的。

最后，也许是最为重要的原因，那就是司马迁认为黄帝是三代及其以前中国古代帝王的共同祖先。《史记》以《五帝本纪》开篇，而《五帝本纪》又以黄帝为第一帝。黄帝之后的四帝，司马迁认为他们与黄帝都有血缘关系，其中颛顼为黄帝之孙、昌意之子；帝喾为清阳（黄帝子）之孙、蟜极之子；帝尧为帝喾之子；帝舜为颛顼之后、瞽叟之子。《五帝本纪》又认为夏王朝的开创者大禹也是黄帝之后，乃颛顼之孙、鲧之子。因此司马迁说："自黄帝至舜、禹，皆同姓而异其国号"。《史记》的《三代世表》还提出了商、周始祖契和后稷也都是黄帝的后代。其中商的世系排列是："黄帝生玄嚣，玄嚣生蟜极，蟜极生高辛，高辛生卨，卨为殷祖。"这里的卨即是契。周的世系排列是："黄帝生玄嚣，玄嚣生蟜极，蟜极生高辛，高辛生后稷，为周祖。"依据司马迁所论，商、周的始祖契和后稷其实是同父同祖的兄弟。

应该说，司马迁为宣扬"圣王同祖"而作的三代以上的世系排列是很值得怀疑的。但在这里，历史的真实与否并不重要，重要的是司马迁提出了"圣王同祖于黄帝"的思想及其内蕴的深刻含义。对于司马迁这一思想的理论寓意，汉代经学家褚少孙是这样评述的："舜、禹、契、后稷皆黄帝子孙也。黄帝策天命而治天下，德泽深后世，故其子孙皆复立为天子，是天之报有德也。"[①] 这就是说，司马迁的"圣王同祖于黄帝"的说法，蕴涵着一种上天"报德"的思想。我们认为《史记》的"圣王同祖于黄帝"说还有更深一层的理论意义，那就是它从王权统系上反映出了一种关于中国古代历史的认同意识。《史记》以"圣王同祖于黄帝"的思想作指导，通过《五帝本纪》、《夏本纪》、《殷本纪》、《周本纪》、《秦本纪》、《秦始皇本纪》、《项羽本纪》和西汉前期诸帝本纪，以及《三代世表》、《十二诸侯年表》、《六国年表》、《楚汉之际月表》等篇的撰述，已经清晰地描述出了一个从五帝、三王到秦、项（羽）、刘汉的"治统"轨迹。这一政治统绪的编排，是司马迁对中国历史上这些政权的建立与统治的一种认可，反映了他的一种治统认同意识。由《史记》奠定下来的自"五帝三王"以来的

---

① 《史记》卷十三，《三代世表》。

中国历史统绪，其基本内涵是普遍被后人所接受的，"五帝三王"由此已经成为中国历史上治统的渊源。而这种治统观念的缔造，又深深影响了此后中国人的思想意识，随着历史的发展，人们对于治统的高度重视，治统意识也愈益强烈。人们对于历史上治统的认同，其实也就是对共同历史文化的认同；而这种对共同历史文化的认同，当然也有助于国家统一意识和国民凝聚力的加强。从这个角度来看，《史记》宣扬的"圣王同祖于黄帝"的思想所体现的关于中国古代政治统绪的认同意识，对于中国古代政治思想与史学思想的形成与发展是有着重要影响和深远意义的。

二、华夷一体与民族一统：民族国家认同意识

中国自古以来就是一个多民族的国家。先秦时期有中原地区的华夏族和生活在诸夏四邻的蛮夷戎狄少数民族，夏、商、周三个王朝便是由华夏族相继建立的。由于长期以来诸夏与夷狄的社会发展水平和文明程度存在着差异，华夏族为了捍卫中原先进文明，往往注重于夷夏之辨与夷夏之防，《春秋》"内其国而外诸夏，内诸夏而外夷狄"①，便是华夏族处理本族内部与诸夏和少数民族之间关系的一个基本原则。然而，随着民族之间交往的加强，必然会伴随着民族间的自然融合，夷夏通婚便是这种融合的一种重要形式。与此同时，华夏民族所宣扬的"天下一家"、"四海会同"和"王者无外"的大一统观念，又使得它们认可夷狄可以接受华夏礼乐文明从而"进于中国"，重视"用夏变夷"，期望实现文化统一进而政治统一的理想。因此，无论是"内诸夏而外夷狄"的夷夏之辨，还是"用夏变夷"的王者一统，其实都是以华夏礼乐文明作为准则，并以捍卫华夏礼乐文明为目的的。

秦汉时期，华夏族在民族融合的基础上形成汉族，它是秦汉大一统政权的建立者，而各少数民族有的则融入新的民族共同体中，有的则继续以原有的民族身份活跃在历史舞台上，更有一些新的少数民族出现。司马迁

---

① 《公羊传·成公十五年》，《十三经注疏》影印本。

生当汉代多民族国家实现政治大一统的伟大时代，他敏锐地意识到了华夷民族关系对于这种政治大一统局面形成与巩固的重要意义。《史记》通过对历史上华夷民族关系的深入考察，不但宣扬了华夷各民族同源共祖的思想，肯定华夷民族的一体性，而且强调夷夏一统，重视维护夷夏一统的大一统政治，这无疑是对中国古代夷夏观念和民族认同意识的重大突破。

首先，《史记》宣扬华夷各民族同源共祖的思想。《史记》所宣扬的"同祖黄帝"说还内蕴一种民族同祖的思想，即认为华夷各民族同源共祖于黄帝，各少数民族都与黄帝有着血缘关系，都是黄帝的后代，他们与华夏民族及其后来的汉民族是同宗同祖的兄弟。春秋时期，吴、越、楚、秦各诸侯国被人们视为蛮夷之国，《史记》则明确认为这些蛮夷之国的诸侯王都是黄帝的后代。如越国，《越王勾践世家》说："越王勾践，起先禹之苗裔，而夏后帝少康之庶子也。"只是自从先祖被封于会稽"奉守禹之祀"后，才"文身断发，披草莱而邑焉"。而大禹是黄帝的后代，所以越国是黄帝的后代所建。如楚国，《楚世家》说："楚之先祖出自帝颛顼高阳。"而颛顼高阳乃黄帝之孙昌意之子。如吴国，据《吴太伯世家》云，其始祖太伯，是周太王古公亶父的长子。而周人，《三代世家》明确认为周始祖后稷是黄帝之后。如秦国，《六国年表》说："秦始小国僻远，诸夏宾之。"但是，这个在最初被诸夏看不起的偏远小国，它的始祖大业也是黄帝之后。《秦本纪》说："秦之先，帝颛顼之苗裔。"可见，秦与楚还同出一系。当然，吴、越、楚、秦在战国以后就不再被当作蛮夷之国了，都完成了华化。不过，即使到汉朝仍被视为蛮夷如匈奴等，《史记》也肯定其与黄帝有着血脉关系，是黄帝的后代。《匈奴列传》说："匈奴，其先祖夏后氏之苗裔也，曰淳维。"夏后世的后代，当然也就是黄帝的后代。《史记》重视交代蛮夷之国渊源，既是其历史意识的体现，也是其民族同源共祖意识的体现。

当然，承认华夷同源共祖，却并不能因此而否认夷夏有别的事实。由于蛮夷之国多地处偏远，后来的历史发展使得它们普遍落后于中原华夏之国，与拥有先进礼乐文明的诸夏相比，它们自然要愚昧落后，这是一个客观事实。对此，《史记》并没有加以回避，而是尽可能客观地论述不同民族社会发展的这种不平衡性，肯定夷夏之间的礼乐文明存在着高低之分。特别是出于维护大一统政治的需要，《史记》对落后的少数民族侵扰边区和反叛中央政权的行为提出了批评。不过，这种夷夏之别，只是社会发展水平和文明程度存在高低，与民族属性与特性并没有关系，故不可斤斤计较。其实，从夷夏各民族发展史来看，历史上既有夷出自夏而后落后于夏的状况，也存在着夏或出自夷、或变为夷的现象。如圣王大禹便是"兴于西羌"①，与羌族有渊源关系，后来却成了夏后氏的始祖。"帝颛顼之苗裔"的秦，是到先祖大费以后，其子孙才"或在中国，或在夷狄"的②。周人在夏商文明的基础上建立起了"郁郁乎文哉"的发达礼乐文化，可是，周的先世却是"奔戎狄之间"，只是到了古公亶父时期，才开始"贬戎狄之俗"。③ 因此，蛮夷与华夏本来就存在着密不可分的关系，夏可变为夷，夷也可变为夏，二者不是泾渭之分，而是你中有我、我中有你的关系。

其次，《史记》的民族史撰写体现了民族国家一统的思想。如上所述，既然中华民族本来就是一个同宗同祖的大家庭，这就从血缘上和伦理上论证了夷夏民族国家一统的必要性和必然性。纵观《史记》一书的民族史撰述，其民族国家一统的思想有下列具体表现：

第一，《史记》纳各民族史传于《七十列传》之中，其民族史撰述体例体现了民族国家一统的思想。《史记》是一部通史，它记载了从黄帝到汉武帝三千年的历史；同时《史记》又是一部全史，它把那个时期中原华夏族与四邻各少数民族的历史都纳于其中。《史记》一书总共立了六篇少数民族列传，分别记载了北方、东南、南方、东北、西南和西北之环绕华夏的四邻各少数民族如匈奴、百越、西南夷、朝鲜、西域各族等的历史，其中有些记载超出了当时和今天的国境范围。从编撰体例来看，司马迁将它们以列传的形式编入《七十列传》之中，与其他列传之间是一种并列的关系，不存在主次之分。很显然，司马迁是将蛮夷民族历史作为中华全史

---

① 《史记》卷十五，《六国年表》。
② 《史记》卷五，《秦本纪》。
③ 参见《史记》卷四，《周本纪》。

的一个组成部分来写的。

我们知道，在司马迁那个时代，《公羊传》和以董仲舒为代表的公羊学家们在夷夏关系上是主张"内其国而外诸夏，内诸夏而外夷狄"的，《史记》立定的民族史传的撰述体例，无疑是对这种别内外思想的一种否定。在这方面，东汉史家班固则是承继了公羊学家的别内外思想。《汉书·叙传》明确指出："西南外夷，种别域殊"。在班固看来，四夷不但地处边远，而且种族不同。基于这种四夷观，《汉书》在编撰体例上则将民族史当作外传，以类传的形式编于列传之后。由此来看，司马迁将蛮夷民族史作为内传、视作通史的一个组成部分，无疑是体现了他的大一统思想和进步的历史意识。

第二，《史记》视夷夏为中国历史的共同创造者，其国家政治观体现了民族国家统一的思想。在司马迁看来，既然夷夏各族都是黄帝的子孙，同宗共祖，在这个民族大家庭里，各民族理应是一种并列的关系，而历史的事实也证明了夷夏是中国历史的共同创造者。从《史记》的记载来看，中央政权早在大禹时期就已经对四夷实行了五服制，从那时起，四夷之于中国就有一种行政隶属关系。自此以后，四夷与中原交往日益频繁，关系不断得到加强。他们多以藩臣的身份参与各个时期的政治事务，并起到拱卫中央大一统政权的作用。在《太史公自序》中，司马迁对为何要作这些蛮夷民族史列传作如是说：

> 汉既平中国，而佗能集杨越以保南藩，纳贡职。作《南越列传》第五十三。
>
> 吴之叛逆，瓯人斩濞，葆守封禺为臣。作《东越列传》第五十四。
>
> 燕丹散乱辽间，满收其亡民，厥聚海东，以集真藩，葆塞为外臣。作《朝鲜列传》第五十五。
>
> 唐蒙使略通夜郎，而邛笮之君请为内臣受吏。作《西南夷列传》第五十六。

在此，所谓"保南藩"、"葆守封禺为臣"、"葆塞为外臣"、"请为内臣受吏"，说明这些边区蛮夷民族实际上是肩负起了为中央大一统政权保守一方之土的重任。在司马迁的眼里，中华民族的历史从来都是由各民族共同创造，在中国历史大舞台上登台亮相的，从来就不只是一个华夏民族。由上可知，司马迁其实是通过历史事实的叙述，从政权隶属和历史活动诸方面肯定了华夏民族与四夷从来就是一个不可分割的大一统国家的整体。

第三，《史记》反对民族之间的相互侵扰，主张维护民族国家大一统的和平局面。司马迁从维护民族一统的立场出发，他既反对四夷对中原政权的侵扰或反叛，也反对中原政权对四夷的侵夺。在《四夷传》中，司马迁对四夷反叛或侵扰中央政权是持反对态度的。如《东越列传》记载了东越王余善不仅反汉，且刻"武帝"玺自立，致使汉发大兵灭之，并将闽越、东越之民迁往江、淮之地。司马迁认为越人之所以招致"灭国迁众"的下场，是因为"余善至大逆"的结果。《朝鲜列传》记载了朝鲜王右渠不肯奉汉诏，并发兵抗击汉军，结果落得个身死祀绝的下场。司马迁评之曰："右渠负固，国以绝祀"。在《西南夷列传》中，司马迁独赞滇，说"汉诛西南夷，国多灭矣，惟滇复为宠王。"滇之受宠，是因为滇王愿意"置吏入朝"，归附于汉皇朝。《匈奴列传》记载了匈奴不断侵扰边地从而造成边地人民生命财产受到侵害的具体史实。同时，《史记》对于中央政权对四夷的侵夺也是持否定态度的，只是用词比较委婉而已。如关于汉匈战争的评述，我们仅从《匈奴列传》的记载是难以作出正确判断的，可是如果我们结合《平准书》的记载，就不难看出这场汉匈战争的起因其实是王恢设谋诓骗匈奴所致，而且从司马迁所叙述的战争所造成的兵马死亡、府库益虚和百姓劳敝等来看，司马迁对于汉武帝所发动的这场对匈奴的战争的态度也就显而易见了。正如白寿彝先生所说的，"《匈奴列传》对于汉廷在民族问题上所犯的错误，是微婉其词的。所以在列传的结尾，感慨于《春秋》'隐、桓之间则章，至定、哀之际则微，为其切当世之文而罔褒，忌讳之辞也。'但以《平准书》和《匈奴列传》合观，可见作者对自己的真实思想还是不愿掩盖的。"①

---

① 白寿彝：《中国通史》第1卷，12页。

三、"九州一统"：国家地理认同意识

中国人比较明确的国家地理观念始于战国。《尚书·禹贡》（学者考证为战国时的作品）已经借用夏禹的名义提出了"九州"和"四海"的概念，这九州就是当时中国的地理区划，指的是冀州、兖州、青州、徐州、扬州、荆州、豫州、梁州和雍州；而四海则代指天下，《禹贡》认为在九州之外，围绕着九州的还有甸服、侯服、绥服、要服和荒服之所谓的"五服"之地，九州与五服之地便共成四海，认为当时的大禹已经是"声教讫于四海"了。其实《禹贡》所论禹迹九州，实乃战国七雄之版图，地方不过三千里，这是战国时人的"中国"地理观。而当时的四海，无非是在中国之外加上羌、胡、白越之地约计两千里。正如顾颉刚所说："中国方三千里，天下方五千里，为战国之世言之也。"① 战国后期，阴阳家邹衍提出了"大九州"说，其"天下"的范围要比《禹贡》广得多。据《史记·孟子荀卿列传》载，邹衍认为，中国有九州，这是小九州；被"裨海"环绕的世界一区中有九个像中国一样大的九州，这是大九州；而天下被"大瀛海"环绕，共有九个区，即九个大九州。应该说《尚书·禹贡》的"九州"说具有真实性，而邹衍的"大九州"说更具有想象力，他们的共同之处是都以"九州"指称中国。

随着秦汉皇朝大一统政治局面的出现，当年《禹贡》所叙述的"五服"之地，大多都已经被纳入到中央政权直接统治的国家版图之内。这种政治大一统局面，大大开阔了人们的眼界和思路，反映在汉代史学撰述上，《史记》则明显地体现出了一种对于民族国家地理的认同意识。《史记》的国家地理认同意识，主要表现在重视对于中国地理沿革的历史考察和全面反映并热情颂扬汉皇朝的大一统政治格局两个方面。

首先，《史记》重视对于中国历代国家地理沿革的历史考察。司马迁认为，黄帝既是中华民族的人文始祖，也是中国第一个实现统一的古圣

---

① 顾颉刚：《畿服》，载《史林杂识初编》。

王。在《五帝本纪》中，司马迁对这个最初的统一政权的政治统治作出了这样的叙述：当时的国家疆域已是东至于海，西至于空桐，南至于江，北"合符釜山，而邑于涿鹿之阿"；在这样的国家版图范围内，黄帝"置左右大监，监于万国"，"天下有不顺者，黄帝从而征之"；由于黄帝"修德振兵"，从而使"万国和，而鬼神山川封禅与为多焉。"因此，黄帝是一个有着广大统治区域、能自由行使王权、使境内万国和谐的圣王。这种描述，显然是带有一定的美化成分的。

司马迁认为，中国的统治版图到大禹时又有了发展。《夏本纪》名为记载夏王朝历史，实际上绝大部分篇幅是记载大禹的事迹；而记载大禹事迹又主要是以大禹治水为主线，详细论载大一统政治在这一时期的重大发展情况。《夏本纪》关于大禹治水的记载，完全接受并抄录了《禹贡》的说法。它肯定大禹当时治水的足迹已遍及整个九州，也就是当时中国的疆域范围；它认可《禹贡》关于大禹治水取得重大成功的说法，认为自此以后中国"九州攸同，四奥既居，九山刊旅，九川涤原，九泽既陂，四海会同。"在司马迁看来，大禹治理九州水患，是大一统国家的帝王对其辖境的一次大规模的国土整治；而这种国土整治，有利于九州之民的相互交往，从而又有利于巩固国家的统一。同时，《夏本纪》也采纳了《禹贡》的"五服说"，认为正是由于大禹治理九州取得成功，从而使得中国九州之外四夷都顺服于他，当时"天子之国"的影响力已是"东渐于海，西被于流沙，朔、南暨：声教讫于四海。……天下于是太平治。"在司马迁看来，他宁愿相信《禹贡》的说法，认为大禹时代就是这样一个九州一统、天下一统的时代。

对于秦朝的力政，《史记》多有批评，但是对于秦朝统一功业，《史记》则给予了充分的肯定，认为"世异变，成功大"①。司马迁认为历史上古圣王的统一大业靠的是"德"，而秦朝的统一靠的是"力"，二者有着高下之分，但却都是需要付出长期而艰辛的努力的，都来之不易。所以他说："秦起襄公，章于文、缪、献、孝之后，稍以蚕食六国，百有余载，

---

① 《史记》卷十五，《六国年表》。

至始皇乃能并冠带之伦。……用力如此，盖一统若斯之难也。"① 《史记·秦始皇本纪》还详载秦始皇刻石颂功之事，而所"颂"之"功"，当然主要是指他的统一大业；而《史记》重视载记此事，也蕴涵了司马迁对秦皇朝大一统事业的肯定。

其次，《史记》全面反映并热情颂扬了汉皇朝的大一统政治格局。《史记》全面反映汉皇朝大一统政治格局，主要体现在它的多民族史的撰述上。通过《史记》的六篇少数民族史传的撰述，我们便可以清楚地了解汉皇朝辽阔的疆域和大一统的政治格局。具体来讲，《匈奴列传》记述的匈奴民族，主要活动在今内蒙古自治区和蒙古人民共和国境内。《南越尉佗列传》、《东越列传》记述的主要有南越、东越、闽越、西瓯、东瓯、骆等百越民族，其中有些支系已属"西南夷"范围，据《汉书·地理志》臣瓒注云："自交趾至会稽七八千里，百越杂处，各有种姓"。因此百越民族的区域范围包括今天的浙江、福建、台湾、安徽、江西、广东、广西、云南和海南各省。《西南夷列传》记述的"西南夷"，是对古代西南各少数民族与国家如昆明、滇越、摩沙、夜郎等的总称，若按族系划分，可分为氐羌（藏缅语系）、百越（壮侗语系）和百濮（南亚语系孟高棉语系）三个族系，他们生活的区域包括今贵州、云南、四川省西部和西南部以及滇、黔、桂交界地区。《朝鲜列传》记述古朝鲜国及汉武帝定朝鲜、置四郡的历史，其地主要在今朝鲜半岛地区。《大宛列传》记述大宛、乌孙、康居、奄蔡、大月氏、安息、条枝、大夏等古代国家和民族的历史，即今中国新疆和中亚细亚各地。应该说《史记》的六篇少数民族史传对当时汉朝的北方、南方、东南、西南、东北和西北的民族历史所作的记载，大致反映了汉朝时期我国的疆域范围。

《史记》不但重视反映大一统政治格局的历史，而且对于汉朝的"海内一统"和国家强盛作了热情的颂扬。其具体表现：一是热情讴歌文景盛世时期出现的经济繁荣局面。《平准书》说："汉兴七十余年之间，国家无事，非遇水旱之灾，民则人给家足。都鄙廪庾皆满，而府库余货财。京师

---

① 《史记》卷十六，《秦楚之际月表》。

之钱累巨万，贯朽而不可校。太仓之粟陈陈相因，充溢露积于外，至腐败不可食。众庶街巷有马，阡陌之间成群，而乘字牝者傧而不得聚会。"这就从根本上改变了汉初"自天子不能具钧驷，而将相或乘牛车，齐民无藏盖"① 的经济残破局面。同时，这一时期商业也得到了前所未有的大发展，《货殖列传》说："汉兴，海内为一，开关梁，弛山泽之禁，是以富商大贾周流天下，交易之物莫不通。"二是对汉武帝为加强大一统局面而消除封国势力给予了充分的肯定。《汉兴以来诸侯王年表》对汉初高祖为何要分封同姓子弟为王的原因作了分析，它说："天下初定，骨肉同姓少，故广强庶孽，以镇抚四海，用承卫天子也。"也就是说，汉初刘邦的分封是出于当时政治形势的需要，有其合理性。但是，随着诸侯王势力的不断增长，便越来越构成了对中央政权的威胁。不削弱以至铲除诸侯王势力，大一统局面就得不到巩固。汉武帝即位后，于元朔二年（公元前127年）采纳主父偃推恩建议，才最终消除了封国势力对中央政权的威胁。司马迁对汉武帝以推恩之法最终消除封国势力给予了肯定，认为只有这样才能形成"强本干，弱枝叶之势，尊卑明而万事各得其所矣。"② 同时，司马迁对那些反叛中央的诸侯王则给予否定。如他对淮南王、衡山王的反叛之事评论道："淮南、衡山亲为骨肉，疆土千里，列为诸侯，不务遵藩臣职以承辅天子，而专挟邪僻之计，谋为判逆，仍父子再亡国，各不终其身，为天下笑。"在司马迁看来，藩臣的职责是承辅天子，而不是反叛朝廷的。应该说，是否支持削藩，这是当时判定人们是否维护大一统政权的一个分水岭。

---

① 《史记》卷三十，《平准书》。
② 《史记》卷十七，《汉兴以来诸侯王年表》。

司马迁"成一家之言"新论

"成一家之言"语出《太史公自序》与《报任安书》，为司马迁撰述《史记》的旨趣。千百年来，人们对此作了充分而深入的论述。然而，迄今为止，关于"成一家之言"的本义究竟是什么，仍然众说纷纭，莫衷一是。本文不揣固陋，略陈孔见，以求教于大方之家。

一

探究"成一家之言"的本义，问题的切入点和关键所在，无疑是对"家"和"言"这两个范畴如何作出正确的界定。关于"家"的内涵，历来都有不同的诠释，兹述评如下：

（一）私家说

《五杂俎》说："《史记》者，子长仿《春秋》而为之，乃私家之书，藏之名山，而非悬之国门者也；故取舍任情，笔削如意，它人不能赞一词焉。"[1] 肯定《史记》为私家之书，所以能任情取舍、笔削，成一家之言。今人吴忠匡认为，司马迁在被刑以后，"已经清醒地意识到，他的著述要成为官书，已经完全无望，他的以古史家的秉实纪史的原则，也绝不可能见容于汉王朝钦定的国教和传统的观念，于是他退而负责地、严正地用'一家之言'这一词义来表明他所持的'颇识去就之分'，只'欲以文采表于后世'的创作态度。"[2] 也强调司马迁的"一家之言"是指相对于"官书"之言的私家之言。很显然，上述关于"成一家之言"的"家"，是作为"私家"来理解的。我们认为，说《史记》为私家之书，当然是正确的，但就此去理解"成一家之言"之"家"的含义，就距离本义太远了。

---

[1] 谢肇淛：《五杂俎》卷十三，《事部一》，北京，中华书局，1959。
[2] 吴忠匡：《司马迁"成一家之言"说》，载《人文杂志》，1984（4）。

"家"被运用到学术研究领域，显然不是指研究方式，而是表示一种学术派别。司马谈在《论六家要指》中分类和评论先秦学术流派时，便是以阴阳、儒、墨、名、法、道德六家来加以涵盖的。梁启超认为"此六家者实足以代表当时思想界六大势力圈"。① 如果将"家"理解为"私家"，这无疑大大降低了《史记》的学术价值。

（二）一子说

近人梁启超认为，司马迁著述《史记》的根本目的，"乃在发表司马氏'一家之言'，与荀卿著《荀子》、董生著《春秋繁露》，性质正同。不过其'一家之言'乃借史的形式以发表耳。"② 肯定司马迁的"一家之言"其实便是"一子之言"，只是与诸子相比，《史记》不过是借助了史的形式罢了。应该说，肯定司马迁家言为子说，在学术界已得到普遍认可。只是司马迁究竟属于哪一子，分歧比较大，其中就有道家说、儒家说、道儒兼有说、杂家说，等等。我们认为，肯定《史记》以史言志，自然是正确的，但若将其与诸子等量齐观则不可。很显然，如果只是俯拾或阐发先秦诸子思想司马迁是绝不可能自成一个家派的，这也就是司马迁立志要"自成一家"而不是"自成一子"的原因。

（三）史家中之一家说

有些学者认为，司马迁"成一家之言"，主要是体现在史书编著体例的创新，因此只是在史学各种家派中另创一家。③ 肯定司马迁在史书编纂体例上的创新，这无疑是正确的。但认为司马迁自成一家只是史家中的一家，则不妥当。首先，将"成一家之言"局限在史书编著体例范围内，与司马迁欲"究天人之际，通古今之变"的治史抱负极不相称，没有从思想高度去把握"成一家之言"；其次，严格说来，先秦并无史家，先秦的史学只是经学的附庸。正如白寿彝先生所说的，"司马迁以前，历史学方面

---

① 梁启超：《饮冰室合集·专集》之八十二，《司马谈〈论六家要指〉书后》。
② 梁启超：《饮冰室合集·专集》之七十二，《要籍解题及其读法·史记》。
③ 参见罗文博：《论史记的成一家之言》，载《阜阳师院学报》，1983（4）。

谈不到成'家'或成'派'。"① 也正因此，最早较为全面地为先秦学术流派立名的司马谈，并没有在《论六家要指》中标列出"史家"的名目。既然司马迁以前没有史家，也就谈不上司马迁要立志成为史家中之一家了。

那么，司马迁究竟要自成一个什么家？一些学者认为，司马迁"成一家之言"之"家"，指的是史家。白寿彝先生认为，"'成一家之言'，是在史学领域里第一次提出了'家'的概念。"② 张大可先生认为，"从学术上说，司马迁自成一家就是一个历史家。"③ 高振铎先生认为，司马迁是"西汉时期出现的史家，这是产生六家的先秦所根本没有的一家"。④ 我们认为，上述学者的论断，是符合司马迁"成一家之言"之"家"的本义的，司马迁所要自成的一家，无疑就是史家，是先秦尚未产生的一个学术家派。那么，这一说法的依据究竟何在？对此，以往学者大多语焉不详。以下分述本人对此的理解。

首先，司马迁是以论载历史为己任的。我们说从严格意义上讲先秦没有史家，但并不等于说先秦没有史学，没有史书。只是自秦火以后，诸侯史记多已放绝。正如《史记·六国年表序》所说的，"秦既得意，烧天下《诗》《书》，诸侯史记尤甚，为其有所刺讥也。《诗》《书》所以复见者，多藏人家，而史记独藏周室，以故灭。惜哉，惜哉！"作为太史令，司马谈、司马迁父子都对因秦火而使先秦史记放绝表现出了极大的惋惜之情。因此，重新载记这一时期的历史，便成了司马氏父子义不容辞的责任。同时，西汉建立以后，积极推行休养生息政策，造就了文景之治，到汉武帝前期，西汉王朝达到了鼎盛。作为这一时期的史官，司马氏父子都将论载这一辉煌时代"明主贤君忠臣死义之士"作为自己的神圣使命。《史记》一书，早在司马谈在世时，就已着手撰述。今人考证，该书除《论六家要指》之外，尚有不少篇章是成就于司马谈之手的。只可惜司马谈身前没有完成"所欲论著"，他在临终前给司马迁的嘱咐中，表露出了对此的无限

---

① 白寿彝：《〈史记〉新论》，51页，北京，求实出版社，1981。
② 白寿彝：《说'成一家之言'》，载《中国史学史论集》。
③ 张大可、俞樟华等：《司马迁一家言》，18页，西安，陕西人民教育社，1995。
④ 高振铎：《司马迁的'成一家之言'新解》，载《贵州社会科学》，1985（5）。

遗憾和诚惶诚恐的心情。他说："自获麟以来四百有余岁，而诸侯相兼，史记放绝。今汉兴，海内一统，明主贤君忠臣死义之士，余为太史而弗论载，废天下之史文，余甚惧焉，汝其念哉！"① 因此，他临终前叮嘱司马迁继任太史令后，"无忘吾所欲论著矣"②。深受家学熏陶的司马迁，当然非常能理解他父亲此时对自己的期盼之情，故俯首流涕道："小子不敏，请悉论先人所次旧闻，弗敢阙。"③ 表达了要继续完成父亲未竟事业的志愿。后来，他在与壶遂论辩写作《史记》一事时，明确将不能备载历代君臣功德业绩和废弃父亲遗言，看做是自己的一种莫大的罪过，他说："废明圣盛德不载，灭功臣世家贤大夫之业不述，堕先人所言，罪莫大焉。"④ 由此可见，论载历史，留存史文，无疑是司马迁父子的共同心愿，他们对此具有一种强烈的历史使命感和高度的历史责任感。

其次，司马迁著史是为了言志。司马迁创作《史记》的志趣是多方面的。从学术思想角度而言，其志向无疑是想借助《史记》的创作，以"厥协六经异传，整齐百家杂语"⑤。也就是要统一《六经》思想，统一天下学术。在《史记·太史公自序》中，司马迁明确表达了这一治史抱负，他说："先人有言：'自周公卒五百岁而有孔子。孔子卒后至于今五百岁，有能绍明世，正《易》传，继《春秋》，本《诗》、《书》、《礼》、《乐》之际？'意在斯乎！意在斯乎！小子何敢让焉。"在此，司马迁公然以汉代孔子自居，他决心要效法孔子，来统一天下学术。从经世致用角度而言，司马迁著史，显然是出于治世的需要。司马迁认为，孔子删定的《六经》，都是治世之书。在《滑稽列传》中，他借用孔子的话说："夫子曰：'《六艺》于治一也。《礼》以节人，《乐》以发和，《书》以道事，《诗》以达意，《易》以神化，《春秋》以义。'"在《太史公自序》中，他进一步阐明了《六经》各自在治世中的具体作用及其原因，他说："《易》著天地阴阳

---

① 《史记》卷一三〇，《太史公自序》。
② 同上。
③ 同上。
④ 同上。
⑤ 同上。

四时五行，故长于变；《礼》经记人伦，故长于行；《书》记先王之事，故长于政；《诗》记山川溪谷禽兽草木牝牡雌雄，故长于风；《乐》乐所以立，故长于和；《春秋》辨是非，故长于治人。"当然，在《六经》当中，他认为《春秋》的治世功能最强，"拨乱世反之正，莫近于《春秋》。……故有国者不可以不知《春秋》。"肯定《春秋》等《六经》的治世作用，自然表明了《史记》也是以经世为务的，因为它是一部继《春秋》之作，统括《六经》之作。在《报任安书》中，司马迁明确表达了自己撰述《史记》的目的是为了要"究天人之际，通古今之变"，"稽其成败兴坏之理"。这就非常清楚地表明了司马迁治史，从根本上讲还是出于治世的需要。

最后，司马迁有志于构建史学理论。

第一，司马迁提出历史研究必须达到三层境界。历史研究的第一层境界是要"网罗天下放失旧闻"，广泛地搜求和占有资料，这是进行历史研究的先决条件。司马迁作《史记》，非常重视占有史料。他不仅注重文献资料，而且注重自然资料、口碑资料，《史记·淮阳侯列传》便是主要依靠口碑资料而写成的名篇佳作。历史研究的第二层境界是"考之行事"。充分占有资料的目的，是要通过对一个个历史个体真相的揭示，最终达到对整体历史或历史全程真相的揭示，从而求得对整体历史过程的真实认识。《史记》的每个篇章，无疑都是司马迁"考之行事"的结晶。最后是要"稽其成败兴坏之理"，这是一种最高境界。历史研究的终极目的不是去发现真相，而是求得真理，是要在揭示历史全过程的基础上，发现和认识历史发展演变的规律，并为现实服务。

第二，司马迁明确规定了论著历史的宗旨。在《报任安书》中，司马迁开宗明义，明确而全面地提出了自己论著历史的旨趣，这就是"欲以究天人之际，通古今之变，成一家之言"。从时空关系而论，"究天人之际"指的是历史撰述的空间范围，"通古今之变"指的是历史撰述的时间跨度。合而言之，它们便是历史记载的全部对象。从理论思维而论，"究天人之际"体现的是一种哲学观，而"通古今之变"则体现的是一种历史观。因此，"究天人之际，通古今之变"，既是一种历史方法论，也是一种历史认识论。而"成一家之言"，则是一种历史目的论。司马迁"究天人之际，通古今之变",目的是要阐述自己对历史的认识,提出自己的"一家言"。

第三,司马迁提供了一种新的历史编纂的范式。《史记》记述了上起黄帝,下迄汉武帝的历史,时间跨度大,空间范围广。既要综罗百代,又要脉络清晰,自然不是一件易事。司马迁在充分吸收了先秦史书在历史编纂方面已经取得的成果基础上,别出心裁,匠心独具,打破旧有史书的体例格局,而自创通史纪传体新体裁。这种新体裁包含五种基本体例,这就是本纪、世家、列传、书和表。分而言之,五种体制自成体系;合而观之,它们又能融为一体。这种新史体对后世作史者影响很大,正如赵翼所说的,"自此例一定,历代作史者遂不能出其范围"①。因此,《史记》无疑是为后人提供了一种历史编纂的范式。

综上所述,我们肯定司马迁自成史家的基本依据是:(1)先秦没有史家,《论六家要指》未标列史家名目即可为证;(2)司马迁的学术思想不归属于先秦任何一家,他要通过论载历史来统一天下学术和"稽其成败兴坏之理";(3)司马迁具有史家特有的强烈的论载历史、保存史文的历史责任感;(4)司马迁第一次在中国史学史上就历史撰述的宗旨和目的、历史研究的要求和对象以及历史编纂方法等史学理论问题作了系统阐述,《史记》在这些方面为后人提供了范式。

二

肯定司马迁创立的是史家学派,其"成一家之言"的"言",自然也就是史家之言了。那么,司马迁史家之"言"的具体内涵究竟如何界定?迄今为止,史学界尚未完全达成共识。究其原因,主要是出在立论方法上。一些论者说"成一家之言",其实只是谈"家",而未及"言"。如罗文博认为"《史记》的'成一家之言'是它在编著体例上的创新,是许多史家中的一家之言。"② 这显然是就"家"而言的。不少论者对"家"与

---

① 赵翼:《廿二史札记》卷一,《各史例目异同》,王树民校证本,北京,中华书局,1984。

② 参见罗文博:《论史记的成一家之言》,载《阜阳师院学报》,1983(4)。

"言"的内涵并未作出区分。如张大可认为,"一家言是一个以论治为核心的思想体系","它的内容和表达形式,都应是'一家言'的内容。"因此,他对"一家言"内涵的界定,是从结构、思想核心和表述形式三个方面入手的。① 很显然,张大可是将"言"的内涵和表述"言"的形式都说成是"一家言"的内容,这实质上是将"家"与"言"合而言之了。本文阐释"成一家之言",立论方法是分而言之。我们认为"成一家之言"之"家"与"言",在逻辑上是有所区别的,"家"既是"言"的逻辑前提,同时又是"言"者的身份,它本身并不归属于"言"的内涵。而"言"是就史家思想理论之本质内涵而言的,至于为表述这一思想理论而采用或创造的具体表述方法、形式,可以被视作自成一家的论证依据,而不能被看做是"言"的内涵本身。反视先秦诸子百家,我们在阐述各家学术思想即他们的"言"时,自然也没有将为表述这些学术思想而采用的各种形式(如文体等)等同于思想内容本身。其实,司马迁在《报任安书》中,已经将其史家之"言"作了概括性表述,这就是"究天人之际,通古今之变","稽其成败兴坏之理"。以下拟对这一史家"三言"作一具体阐释。

(一)"究天人之际"

是探讨天人之间的关系。从总体上说,司马迁在天人关系上是持天人相分观点的,他强调人为对社会历史发展的重要作用。在谈论夏、商、周、秦相继更替这一历史大势时,司马迁说:"昔虞、夏之兴,积善累功数十年,德洽百姓,摄行政事,考之于天,然后在位。汤、武之王,乃由契、后稷修仁行义十余世。……秦起襄公,章于文、缪、献、孝之后,稍以蚕食六国,百有余载,至始皇乃能并冠带之伦。以德若彼,用力如此,盖一统若斯之难也。"② 充分肯定了夏、商、周、秦之王天下,都是修仁行义、积德用力的结果,是人为而非天意。在具体人物评价上,司马迁对那些奋发有为者,总是不惜笔墨,大加颂扬。如在《陈涉世家》中,将布衣陈涉发迹与汤武革命、孔子作《春秋》相提并论,充分肯定了陈涉在推翻

---

① 张大可、俞樟华等:《司马迁一家言》,18页。
② 《史记》卷十六,《秦楚之际月表序》。

暴秦统治过程中的首创之功；在《越王勾践世家》中，他称赞"苗裔勾践，苦身焦思，终灭强吴，北观兵中国，以尊周室，号称霸王。勾践可不谓贤哉！盖有禹之遗烈焉。"司马迁认为，事业的成败在于人为，而非天意。在《项羽本纪赞》中，他否定项羽"天之亡我"的说法，认为项羽"自矜功伐，奋其私智而不师古，谓霸王之业，欲以力征经营天下，五年卒亡其国，身死东城，尚不觉寤而不自责，过矣。乃引'天亡我，非用兵之罪也'，岂不谬哉！"司马迁还对天道"报善乐施"的说法表示怀疑，他说："或曰：'天道无亲，常与善人'。若伯夷、叔齐，可谓善人者非邪？积仁洁行如此而饿死！且七十子之徒，仲尼独荐颜渊为好学。然回也屡空，糟糠不厌，而卒早夭。天之报施善人，其何如哉？"① 当然，在天人关系上，司马迁还没有完全摆脱天命史观，《史记》一书还有不少迷信的说法，如帝颛顼"依鬼神以制义"②、刘母与赤龙交感而生刘邦，③ 等等。对此，我们只能理解为是一种历史的局限性，比较其天人观的积极方面而言，这显然是微不足道的。

(二)"通古今之变"

是讲历史全程的变化发展及其规律问题。司马迁深受《易》的通变思想的影响，并将它用来观察人类历史。在司马迁看来，历史的全程不是静止的，而是不断变动的，这种变动呈一种盛衰交替之势。正如他在《平准书》里所说的，"物盛则衰，时极而转。一质一文，终始之变也。"《史记》一书，非常注重用历史兴衰变动的观点来论述历史发展大势，我们将《秦本纪》与《秦始皇本纪》合在一起，便能清晰地看到秦如何从一个边地诸侯国到一统天下，再由盛极而迅速衰亡的。而《十二诸侯年表》则将春秋时期各种势力的盛衰消长作了充分揭示，从中我们能够看到周王室的衰败和各诸侯国的崛起，以及各诸侯国势力的此消彼长。与"见盛观衰"紧密相连的是"承敝易变"，肯定历史变动的必要性。《高祖本纪》载"太史公

---

① 《史记》卷三十一，《伯夷列传》。
② 《史记》卷一，《五帝本纪》。
③ 参见《史记》卷八，《高祖本纪》。

曰":"夏之政忠。忠之敝,小人以野,故殷人承之以敬。敬之敝,小人以鬼,故周人承之以文。文之敝,小人以僿,故救僿莫若以忠。三王之道若循环,终而复始。"充分肯定三代的历史,是一个否定之否定的变易的历史,形式上好像是循环,实质内容在变化、发展。历史便是在这样一种循环交易中向前发展的。对于秦灭六国,统一中国之举,司马迁认为"秦取天下多暴,然世异变,成功大"①。给予了充分肯定。当然,究竟如何变易?司马迁提出的准则是"使民不倦"。他认为汉朝变革秦政,便是一种"使民不倦"的变易,"秦政不改,反酷刑法,岂不缪乎?故汉兴,承敝易变,使人不倦,得天统矣。"② 在司马迁看来,"使民不倦"是历史上一切变易活动成功的基础和保证。

(三)"稽其成败兴坏之理"

在司马迁看来,"究天人之际,通古今之变"的最高境界和终极目的,无疑是要"稽其成败兴坏之理"。如同白寿彝先生所言,司马迁"不把历史看成一堆杂乱无章的东西,认为其中有成败兴坏的道理,并打算去探求历史发展的规律。"③ 因此,"稽其成败兴坏之理"既是司马迁的史学境界观,也是其史学目的论,同时还是其"史家言"的核心和本质所在。

那么,在史家司马迁看来,历史"成败兴坏之理"究竟是什么?一部《史记》无疑对此作了充分地阐释,根据我们的理解,主要表现为如下三个方面:第一,理民以静。这是司马迁对历史成败兴坏所表达的一种政治观。我们知道,司马谈在政治观上是尊崇黄老之学的,他认为黄老道"其为术也,因阴阳之大顺,采儒、墨之善,撮名、法之要,与时迁移,应物变化,立俗施事,无所不宜,指约而易操,事少而功多。……其术以虚无为本,以因循为用。"④ 这段话一方面指出了黄老之学的本质特征是"以虚无为本,以因循为用";一方面对其"指约而易操,事少而功多"的社会效用价值给予了充分的肯定。其实,《论六家要指》就是一份汉初黄老道

---

① 《史记》卷十五,《六国年表序》。
② 《史记》卷八,《高祖本纪》。
③ 白寿彝:《〈史记〉新论》,47页。
④ 《史记》卷一三〇,《太史公自序》。

家具有纲领性质的文献。司马迁的政治观无疑是深受家学影响,而赞成黄老治国之术。他认为理民以静的根本点是无为而治、顺民而治。他对汉初推行与民休息政策而取得的显赫成绩给予充分肯定,说"汉兴七十余年之间,国家无事,非遇水旱之灾,民则人给家足。都鄙廪庾皆满,而府库余货财。京师之钱累巨万,贯朽而不可校。太仓之粟陈陈相因,充溢露积于外,至腐败不可食。"与此形成鲜明对比,汉武帝即位后,执行了一系列多事扰民的举动。对此,司马迁则给予了否定。他说:"严助、朱买臣等招来东瓯,事两越,江淮之间萧然烦费矣。唐蒙、司马相如开路西南夷,凿山通道千余里,以广巴蜀,巴蜀之民罢焉。彭吴贾灭朝鲜,置沧海之郡,则燕齐之间靡然发动。及王恢设谋马邑,匈奴绝和亲,侵扰北边,兵连而不解,天下苦其劳,而干戈日滋。行者赍,居者送,中外骚扰而相奉,百姓抚弊以巧法,财赂衰耗而不赡。"① 司马迁这种理民以静的政治观在吏治主张上也有充分表现。司马迁肯定"奉职循理"的官吏,特为他们作《循吏列传》;而对那些民众畏而恨之的酷吏,则给予否定。他明确指出,官吏"奉职循理,亦可以为治,何必威严哉?"② 司马迁甚至将是否理民以静作为评判官吏好坏的标准。如他称赞曹参"与休息无为,故天下俱称其美矣"。并借百姓之口歌之曰:"萧何为法,顜若画一;曹参代之,守而勿失。载其清净,民以宁一。"③ 称赞汉武帝时期的名臣汲黯"治官理民,好清静……治务在无为而已"。④ 应该说,司马迁理民以静的政治观,既是一种家学渊源,又是对历代治乱兴衰的总结,特别是对汉初几十年历史进行深刻反思的结果,现实寓意是很强的。

第二,"富者,人之情性"。司马迁的经济观是与其人性论紧密相连的。司马迁认为,追逐财富是人的一种自然本性,"富者,人之情性,所不学而俱欲者也。"⑤ 并认为这种逐利现象是自古以来皆如此的,"至若

---

① 《史记》卷三十,《平准书》。
② 《史记》卷一一九,《循吏列传》。
③ 《史记》卷五十四,《曹相国世家》。
④ 《史记》卷一二〇,《汲郑列传》。
⑤ 《史记》卷一二九,《货殖列传》。

《诗》、《书》所述虞夏以来,耳目欲极声色之好,口欲穷刍豢之味,身安逸乐,而心夸矜势能之荣。使俗之渐民久矣"①。司马迁充分肯定财富对于个人立世、社会道德乃至政治成败的重要作用。司马迁认为,人在社会上之所以有贵贱之分,是由其拥有的财富之多寡来决定的,"凡编户人民,富相什则卑下之,伯则畏惮之,千则役,万则仆,物之理也。"② 这种见识显然是符合客观实际的。同时,司马迁肯定社会道德是建构在物质财富基础之上的,他肯定管仲"仓廪实而知礼节,衣食足而知荣辱"的说法,并进一步提出了"礼生于有而废于无"的命题。③ 他甚至认为,若"无岩处奇士之行,而长贫贱,好语仁义,亦足羞也"④。公开指出那些口谈仁义而不力行致富的人是可耻的。司马迁还以史为鉴,充分肯定了社会财富对国家强盛所起的决定性作用。在《平准书》中,他肯定齐"成霸名"、魏"为强君",在于发展生产,积聚财富,他说:"齐桓公用管仲之谋,通轻重之权,徼山海之业,以朝诸侯,用区区之齐显成霸名。魏用李克,尽地力,为强君。"他认为越王勾践之所以能报仇雪耻,称霸中原,是因为勾践用范蠡、计然富国之策,致使越国"修之十年,国富,厚赂战士,士赴矢石,如渴得饮,遂报强吴,观兵中国,称号'五霸'。"⑤ 他将秦国强大的原因主要归结为两条,一是商鞅变法,奖励耕战;二为开凿郑国渠,"于是关中为沃野,无凶年"⑥。在司马迁看来,既然追逐财富是人的本性,是一种普遍的人欲,"天下熙熙,皆为利来;天下攘攘,皆为利往。"⑦ 而且财富对于国家的强盛起着决定性的作用,因此,作为统治者,对于百姓追逐财富应该有一种清醒认识和正确态度,"善者因之,其次利道之,其次教诲之,其次整齐之,最下者与之争。"⑧ 很显然,统治者与民争利,这

---

① 《史记》卷一二九,《货殖列传》。
② 同上。
③ 同上。
④ 同上。
⑤ 同上。
⑥ 《史记》卷二十九,《河渠书》。
⑦ 《史记》卷一二九,《货殖列传》。
⑧ 同上。

是司马迁所坚决反对的。

第三,"存亡在所任"。司马迁认为,人才的任用与否,直接关系到国家的兴衰存亡。他曾引用《中庸》"国之将兴,必有祯祥;国家将亡,必有妖孽"的话而加以改造说:"国家将兴,必有祯祥,君子用而小人退。国之将亡,贤人隐,乱臣贵。……'安危在出令,存亡在所任',诚哉是言也!"① 将《中庸》的天人感应的祥瑞灾异说赋予了人才进退这一实际政治内容,肯定了国家的福祸存亡,取决于人才的任用与否,这无疑是唯物的和进步的。司马迁还以史为证,对于人才的任用与否与政治兴亡的关系作了进一步阐释。他认为三代盛世的造就,依靠的就是人才,"尧虽贤,兴事业不成,得禹而九州宁。"② 春秋诸侯霸业的建立,也是依靠人才的结果。如"齐桓公以霸,九合诸候,一匡天下,管仲之谋也。"③ 范蠡"与勾践深谋二十余年,竟灭吴。"④ 秦的富强以及最终除灭六国,一统天下,显然是与重用人才分不开的,像政治家商鞅、李斯等,外交家张仪、范雎等,军事家白起、王翦、蒙恬等,都是一时不可多得的人才;而反观六国的败亡,又无不与不重用人才有关,如楚国放逐屈原,赵国杀害李牧、不用廉颇,等等。楚汉战争结束后,刘邦曾与群臣讨论他之所以有天下,而项羽之所以失天下的原因,他认为自己能得天下,是因为能知人善任;而项羽失天下,是因为刚愎自用,不能用人。他说:"夫运筹策帷帐之中,决胜于千里之外,吾不如子房。镇国家,抚百姓,给馈饷,不绝粮道,吾不如萧何。连百万之军,战必胜,攻必取,吾不如韩信。此三者,皆人杰也,吾能用之,此吾所以取天下也。项羽有一范增而不能用,此其所以为我擒也。"⑤ 刘邦这个认识无疑是清醒的和正确的。他这个看法显然也就是司马迁的看法。在《刘敬叔孙通列传赞》中,司马迁特别强调的人的才智不可能专有,帝王不能凭借一己之智来治理国家,因此,重用人才,集思

---

① 《史记》卷五十,《楚元王世家》。
② 《史记》卷一一〇,《匈奴列传》。
③ 《史记》卷六十二,《管晏列传》。
④ 《史记》卷四十一,《越王勾践世家》。
⑤ 《史记》卷八,《高祖本纪》。

广益是政治治理所必需的。他说:"语曰'千金之裘,非一狐之腋也。台榭之榱,非一木之枝也。三代之际,非一士之智也。'信哉!"

以上为司马迁所发表的史家"三言"。概言之,其主旨是言治道问题;其表述的特点是"见于行事",而非借助于玄想,正如他在《太史公自序》中借用孔子的话所说的那样,我"欲载之空言,不如见之于行事之深切著明也。"

论刘歆的新五德终始历史学说

五德终始说作为一种以土、木、金、火、水五行相胜之序来解说王朝更替的历史学说，为战国阴阳家邹衍所创立。自此以后，人们都以这种学说作为王朝建立的一种合法依据，秦的水德制度和汉的土德制度皆是据此而建立起来的。但至西汉末年，古文经学家刘歆一改传统的五行相胜之五德终始说，而以木、火、土、金、水五行相生之序来解说历史王朝的更替，从而创立了一种五行相生之五德终始说。与旧的五行相胜之五德终始说相对而言，刘歆的五行相生之五德终始说则是一种新的五德终始说。

一、新五德终始说是刘歆而非刘向的历史学说

《汉书·郊祀志赞》在论及西汉五德终始说由相胜到相生的演变过程时说：

> 汉兴之初，庶事草创，唯一叔孙生略定朝廷之仪。若乃正朔、服色、郊望之事，数世犹未章焉。至于孝文，始以夏郊，而张仓据水德，公孙臣、贾谊更以为土德，卒不能明。孝武之世，文章为盛，太初改制，而儿宽、司马迁等犹从臣、谊之言，服色数度，遂顺黄德。彼以五德之传从所不胜，秦在水德，故谓汉据土而克之。刘向父子以为帝出于《震》，故包羲氏始受木德，其后以母传子，终而复始，自神农、黄帝下历唐虞三代而汉得火焉。故高祖始起，神母夜号，著赤帝之符，旗章遂赤，自得天统矣。

这段话的中心意思是说，在刘向父子之前，汉人沿袭传统五行相胜之五德终始学说，而认为"秦在水德"，"汉据土而克之"；刘向父子一反传统的五行相胜说，而用五行相生之五德终始说来解说自伏羲以来的王朝更替的

历史，认为汉当为火德。在此，《汉书·郊祀志赞》认为持五行相生之五德终始说而以汉为火德的是"刘向父子"。然而，《郊祀志赞》的说法与实际情况并不相符，其理由有二。

第一，从史料来看。说刘向以五行相生解说历史而定汉为火德，除了《汉书·郊祀志赞》作了记载外，荀悦《汉纪·高祖纪》亦云："及至刘向父子，乃推五行之运，以子承母，始自伏羲；以迄于汉，宜为火德。其序之也，以为《易》称'帝出乎《震》'，故太昊始出乎《震》，为木德，号曰伏羲氏。"《汉纪》这段记载与《汉书·郊祀志赞》完全一样，显然是抄袭《汉书》陈说而成。除此之外，我们却找不到能够证明刘向是以五行相生解说历史而定汉为火德的任何其他材料。值得注意的是，《汉书·律历志》还有一段耐人寻味的话，其曰："至孝成世，刘向总六历，列是非，作《五纪论》。向子歆究其微眇，作《三统历》及《谱》以说《春秋》，推法密要，故述焉。"刘向所作《五纪论》今已不传，我们无法知晓其具体思想。但是，就在这句话之后，颜师古注曰："自此以下，皆班氏所述刘歆之说也。"这就明确告诉人们，以下所述《三统历谱》的内容乃刘歆的学说而非刘向的学说，而正是这部《三统历谱》之《世经篇》，详细叙述了以五行相生解说历史而定汉为火德之新五德终始说。由此可见，认为新五德终始说为刘向父子共同所持，缺乏材料依据。从现有材料出发，我们只能肯定它是刘歆的学说。

第二，从思想倾向而言。一般来说，持五行相生说者，往往在政权更替上倾向于禅让；而持五行相胜说者，在政权更替上则倾向于革命。以西汉历史而论，在西汉前期和中期，人们普遍倡言革命说而忌讳禅让说；在西汉末年，随着政局的衰败，人们则普遍倡言禅让说，当时社会上"异姓受命"和同姓"更受命"呼声的兴起，便是这种禅让主张的具体表现。然而，刘向却是一位具有强烈刘氏正统观念的思想家。虽然他生活的宣帝、元帝、成帝时代，是西汉皇朝逐渐走向全面危机的时期。特别是成帝之时，随着外戚王氏势力的强大，刘氏皇朝的统治已是岌岌可危。但在刘向看来，刘汉皇朝尚未达到无可挽回的地步，只要刘家皇帝充分认识到外戚王氏专权对于刘氏政权的威胁，从而设法限制甚至铲除王氏势力，就一定能使"刘氏长安,不失社稷"。出于捍卫刘家皇朝统治的责任感和使命感,刘向一方面以汉室遗老和三朝大臣自居,屡屡上书汉成帝,极言外戚专权之患;另一方面,又著《洪范五行传论》,以灾异说外戚,表达自己对当时时局走向的关注和对刘氏政权命运的担忧。刘向的这种忧患意识,在其与好友陈汤的谈话中已表露无遗。他说:"灾异如此,而外家日盛,其渐必危刘氏。吾幸得同姓末属,累世蒙汉厚恩,生为宗室遗老,历事三主。上以我先帝旧臣,每进见常加优礼,吾而不言,孰当言者?"① 刘向作为一位具有强烈维护刘氏正统的忧患意识的思想家,他当然不希望看到刘氏政权出现禅让这种结局,故而他没有倡导五行相生之五德终始说的思想根基。但是,刘向又确实有主张禅让的思想言论,如在《汉书》本传中,他上书成帝说:"王者必通三统,明天命所授者博,非独一姓也。"在《说苑·至公篇》中,他认为尧禅位于舜是至公:"古有行大公者,帝尧是也。贵为天子,富有天下,得舜而传之,不私于其子孙也。"对此该作如何理解?我们认为,一则禅让之说原本起于先秦儒家对上古圣王时期政权更替的一种理想化描述,刘向作为一代名儒,他当然会俯拾先儒陈说;二则与其灾异论一样,他是有鉴于当时政治的严重危机和社会禅让呼声的高涨,而出此论以对刘家天子作出警示,其目的则是希望刘家皇朝能够不断延续下去,而使这种禅让主张不至于变为政治现实。实际上,刘向关于禅让的一些思想言论,和他的现实主张是完全背离的。对于刘向的良苦用心,西汉皇帝是心知肚明的。故眭孟、甘忠可因鼓吹禅让掉了脑袋,而刘向言禅让天子反而认为"向精忠",道理就在这里。刘向正统主义的思想倾向,注定了他只会发一些主张禅让的思想言论,而不大可能去创立一种系统的五行相生之五德终始说。王葆玹先生认为:"刘向在汉成帝时一直激烈地反对王氏专权,主张杜绝王氏篡汉的可能,他大概不会杜撰出这种循由'相生'之次的'五德终始说',而只会提出一些与此有关的见解。"② 这种说法是较为中肯的。

---

① 《汉书》卷三十六,《楚元王传》。
② 王葆玹:《今古文经学新论》,435 页。

刘歆的思想倾向则与刘向存在着明显的不同。究其原因：(1) 刘歆生活的时代与刘向不尽相同。刘歆的政治生涯主要开始于哀帝之后，而汉哀帝之时，政局已是危机四伏，皇帝自己对继续统治下去都失去了信心。建平二年（公元前5年），哀帝决定再受命，下诏"以建平二年为太初元将元年。号曰陈圣刘太平皇帝。"后来，哀帝还一度要搞异姓受命，准备禅位于佞臣董贤。① 这些现象足以说明刘家的统治已经很难继续下去了。因此，刘歆尽管是刘汉宗室，但他已经不可能像其父那样拥有浓厚的正统观念。(2) 刘歆的秉性具有一种反传统的精神。这集中表现在学术上独树古文经学大旗，挑起中国经学史上第一次古今文经学大论战。当然，刘歆敢于向当时一统天下的今文经学挑战，其理论勇气确实是可嘉的。但是，正是这种反传统的秉性，注定了刘歆不可能像乃父那样有着强烈的正统意识。(3) 刘歆步入政坛，是得力于外戚王莽的举荐；刘歆在仕途上之所以能飞黄腾达，也是因为王莽的重用。实际上，刘歆的整个政治生涯是与王莽紧密联系在一起的。这种时代环境、个人秉性和仕宦经历，决定了刘歆在思想倾向上既不反对外戚，又淡漠正统观念，这种政治思想倾向则是他创立和倡导五行相生之五德终始说的重要思想根源。学界有一种普遍看法，就是认为五行相生之五德终始说是刘歆为王莽代汉所创，其目的是要为新莽政权的建立提供合法依据。如果从刘歆所处的时代氛围以及他个人的仕宦经历和政治思想倾向来看，这种说法也并非没有一点道理。

二、新五德终始学说及其创立的政治动机和历史依据

我们知道，由邹衍创立的五德终始说，是按照五行"从所不胜"秩序来解说历史王朝的变更的。据此，邹衍认为黄帝得土德，夏禹得木德，商汤得金德，周文王得火德，而秦继周而建，依据相胜之理，当为水德。② 汉人承继这一旧说，以汉克秦而建，当以土为德，汉的土德制度在汉武帝

---

① 参见《汉书》卷十一，《哀帝纪》。
② 参见《吕氏春秋·应同》、《史记·封禅书》等。

时被正式确定下来。与邹衍旧五德终始说相比，刘歆创立的新五德终始说有如下一些不同点：（1）邹衍的五德终始说是一种相胜说，认为历史王朝的更替是循着"土木金火水"五行相胜之序进行的；刘歆的五德终始说则是一种相生说，认为历史王朝的更替是依循"木火土金水"五行相生之序进行的。（2）邹衍的五德终始说以得土德的黄帝为历史开端，这种思想为司马迁所继承，《史记·五帝本纪》确定了黄帝为中华人文始祖的地位；刘歆的五德终始说则依据《易传》"帝出乎《震》"的说法，而认为《震》是东方之卦，东方于五行属木，因此，最古的帝王当属木德，而这个最古的帝王便是伏羲，故他说："包羲氏始受木德"。（3）邹衍的五德终始说解说自黄帝以来的历史，只涉及黄帝、夏禹、商汤和周文王四朝，秦汉时人据此而以秦得水德、汉得土德续之，新的一轮循环才刚好开始；而刘歆以新五德终始说解说自伏羲以来的历史，我们从班固《汉书·律历志》所载《世经》可知，其古史期要远比邹衍的长，而且罗列的王朝也远比邹衍的多。具体而言，刘歆排列的王朝统序如下：太昊伏羲氏为木德，炎帝神农氏为火德，黄帝轩辕氏为土德，少昊金天氏得金德，颛顼高阳氏为水德；帝喾高辛氏为木德，帝尧陶唐氏为火德，帝舜有虞氏为土德，伯禹夏后氏为金德，成汤为水德；周武王为木德，汉朝为火德。从以上所列来看，刘歆的新五德终始说已经使汉以前的历史循环到了第三轮。在整个从伏羲至汉朝的德属排列中，只有黄帝为土德是两种五德终始说所公认的，其他都不相同。

值得注意的是，刘歆以五行相生之五德终始说去重构古史系统，绝不是一种随心所欲的杜撰。我们认为，刘歆之所以要用五行相生之五德终始说来解说历史，既有着明确的政治动机，就是要为西汉末年政权危机寻求出路；又有着充分的历史依据，就是他的这套古史系统的创立是与自邹衍以来人们古史观念的不断变化紧密相连的。

1. 从古史系统创立的动机来看。我们知道，西汉自宣、元、成以来，统治危机已日趋严重，社会上"异姓受命"和同姓"更受命"的呼声已甚嚣尘上。如果说在汉成帝以前人们谈论受命、禅让之说还有所忌讳，少数胆大妄为者如眭孟、甘忠可之流甚至还因此而被治罪的话，那么在汉哀帝之后，甚至连皇帝本人也相信起禅让之说了，哀帝的改元易号，甚至准备禅让于董贤，这些举动都充分说明了刘家的统治已经很难继续下去了，与其等待革命来推翻自己，倒不如通过禅让来求得和平过渡。刘歆作为刘汉宗室和当朝重臣，虽然不像其父那样有着强烈的正统意识，他甚至不自觉地充当了王莽篡汉的工具，但是，他也并非真心愿意看到王莽代汉成为现实，对此，只要我们看看居摄三年（公元前8年）刘歆与78名博士诸儒对王莽的上书即可知晓。在这份上书中，刘歆还是希望王莽能够"成圣汉之业"、"保佑圣汉，安靖元元"的。然而，刘歆毕竟是一位头脑清醒、讲究现实的政治家，他显然已经看到王莽代汉已成为一种不可避免的现实。既然无法改变这种现实，他当然希望能够使政权和平地由刘氏过渡到王氏手里。以往人们谈论王莽代汉，总以为刘歆是主要帮凶，这种说法在一定意义上和一定程度上而言是正确的，毕竟刘歆不但不反对外戚专权，而且积极拥护王莽居摄；不但不维护刘氏正统，而且还创立五行相生之五德终始说，以为皇权的禅让提供历史依据。但是，刘歆拥护王莽居摄，是希望他能够像周公辅佐成王那样去"成圣汉之业"、"保佑圣汉"，而不是希望他去代替汉室；同样，刘歆创立五行相生之五德终始说，为禅让制寻求历史依据，也是看到王氏代汉已经成为一个无法逆转的事实，与其革命推翻，不如和平禅让。因此，他鼓吹禅让，与其说是为王莽代汉服务，不如说是为刘汉政权能实现和平过渡服务。其实，刘歆对待禅让的态度，也是西汉末年学者们的一种普遍态度。正如王葆玹先生所说的，西汉末年的学者"鼓吹禅让或不反对禅让的理由，是认识到汉朝的衰亡已不可避免，真正有意义的事情不过是在暴烈的'革命'和温和的'禅让'之间进行选择，大家都害怕剧烈的社会动荡，愿意通过不流血的方式来实现权力的转移。刘歆正是在这种背景下，创立了古文经学，编排了有利于重演尧舜禹禅让故事的帝王世系，并将'五行相胜'的帝王运次改为'五行相生'的运次。"[①]

2. 从古史系统创立的历史依据来看。我们认为，刘歆以新五德终始说

---

① 王葆玹：《今古文经学新论》，454页。

所构建的古史系统，是与自邹衍以来，人们古史观念的不断变化紧密相连的。我们知道，邹衍的五德终始说主要是通过《吕氏春秋·应同》和《史记·封禅书》的记载而得以表述的。从邹衍五德终始说所构建的古史系统来看，它所叙述的历史王朝只有黄帝、夏禹、商汤和周朝四代。然而，实际上《吕氏春秋》和《史记》的作者对于古史的认识已经较邹衍丰富得多了。《吕氏春秋·古乐》提出了黄帝、颛顼、帝喾、帝尧和帝舜之五帝说；《吕氏春秋》之《情欲》、《必己》、《离俗》、《上德》等篇目，都明确以神农、黄帝连称，显然认为在黄帝之前有神农；《吕氏春秋》之《用众》、《孝行》等篇还以三皇五帝并称，三皇虽未确指是谁，但已明示在五帝之前。只是《吕氏春秋》在以五德终始说解说历史时，尚未将这些可能在他看来还带有传说性质的历史人物纳入到古史排列中来。司马迁也一样，他在撰写《史记》时，明明在《封禅书》中已经借管仲之口提到了在黄帝之前尚有无怀氏、伏羲、神农和炎帝诸古圣王，但是，他的《史记》却还是依据《五帝德》和《帝系》以五帝开篇，以黄帝为中华民族的人文始祖。董仲舒作为一代宗师，在运用"三统"说解说王朝的变易与改制时，就认为古圣王改制有"再而复"、"三而复"、"四而复"、"五而复"和"九而复"，其中"再而复"指质、文循环；"三而复"主要是指三统三正循环；"四而复"指夏、商、质、文循环；"五而复"指五帝纽易；"九而复"指九皇纽易。① 董仲舒的"三统"说显然已经将古史从三代往上又追溯了数代，即所谓三王之上有五帝、五帝之上有九皇，这一古史期已经与《世经》相似。由上可知，自邹衍以来，人们的古史观念已经有了很大的改变，在三代以前存在三皇和五帝的说法越来越普遍了，只是在传统的五德终始说中尚未将这种历史系统纳入其中而已。随着西汉末年政治危机愈益加重，王氏代刘已成为不可逆转之势。面对这样一种政治局面，西汉学者们所能做到的，便是希望刘家天子能够效法古圣王那样禅位于王莽，故而积极鼓吹禅让制度。为了证明禅让的合理性，他们不但俯拾先儒的禅让陈说，而且一改传统的五行相胜之五德终始说，而代之以五行相生之五德终

---

① 参见董仲舒《春秋繁露》卷七，《三代改制质文》。

始说去解说历史。道理很简单，因为相胜说只能说明以革命方式完成的王朝更替，而相生说则能说明以禅让的方式完成的王朝更替，而这正是西汉末年政权更替所需要的理论依据。其实，关于五行相生之说，董仲舒在《春秋繁露》中已经对此作了阐述，只是他尚未将五行相生说运用到古史的解说中去。而到了西汉末年，人们已经普遍运用这种五行相生之说来解说历史了。如甘忠可伪造《天官历》、《包元太平经》而作"赤精子之谶"，便是服务于其刘家得火德之"更受命"理论的；而谷永所谓"彗星，极异也，土精所生……兵乱作矣，厥期不久"①，则显然是说汉家之火德不久将要被得土德的人所取代。

综上所述可知，随着自邹衍以来，人们古史观念的改变和西汉末年因政权更替的需要而产生了五行相生的历史观，这就需要人们重新运用五行相生之五德终始说对过去的历史进行一番系统地解说和整理，而刘歆的新五德终始说便是对上述人们的古史观念所作的理论总结的产物。

刘歆以五行相生之五德终始说所构建的这套古史系统，尽管自汉代以后人们对其整理和解说古史的动机有着不同的看法，甚至对古史系统本身的排列也有微词，但是，由他在前人古史观念的基础上创立的这套古史系统，却被后世史家尤其是正统史家们所长期尊奉，这却是一个不争的事实。从这个角度而言，刘歆创立的新五德终始说及其古史系统对于中国史学的影响是很深远的。

三、新五德终始说蕴含的历史思想

刘歆的新五德终始说不但按照五行相生之序构建了一个庞大的古史系统，而且这一古史系统还蕴含了丰富的历史思想。

1. 开创了以"五德"言正闰之先河。在刘歆以五行相生之五德终始说所排列的古史系统中，我们却没有看到我国封建社会第一个大一统皇朝秦皇朝。当然，刘歆不可能无视秦皇朝的存在，他之所以未将秦皇朝排列于

① 《汉书》卷八十五，《谷永传》。

历史王朝统系之内,是因为在他看来,秦皇朝是以水德介于周、汉之间,故而未得五行相生之序,只能属于闰朝。《汉书·律历志下》引《世经》曰:

  《祭典》曰:"共工氏伯九域。"言虽有水德,在火木之间,非其序也。任知刑以强,故伯而不王。秦以水德,在周、汉木火之间。
  《春秋外传》曰,颛顼之所建,帝喾受之。清阳玄嚣之孙也。(水)生木,故为木德。天下号曰高辛氏。帝挚继之,不知世数。

  在这两段话中,刘歆一方面认为在历史王朝的统序排列中,只有古代的共工氏、帝挚和近代的秦皇朝未被添入其中,故而他们属于闰统;另一方面,他对共工氏、帝挚和秦皇朝之所以未被添入于历史王朝统序之内而成为闰统的原因作了解释。在刘歆看来,处于太昊伏羲氏之后和炎帝神农氏之前的共工氏虽然得了水德,但这种水德却无法排序于得木德的太昊伏羲氏和得火德的炎帝神农氏之间,因此,他虽然"伯九域",却只能被排除于古史统序之外。同样的道理,帝挚介于得木德的帝喾与得火德的帝尧之间,却"不知世数"而得了水德,故而被排除于古史统序之外。秦处于周、汉之间而得水德,也无法排列于周之木德和汉之火德之间,而因失其序被排除于王朝统序之外。

  实际上,视秦朝为闰统并不是刘歆的发明,早在董仲舒的"三统"学说中,就已经蕴含有一种"摒秦论"。董仲舒的"三统"说是以汉朝上继周朝赤统而为黑统的,这样,处于周、汉之间的秦皇朝就自然被排除于黑、白、赤三统循环之外了。但是,董仲舒的"摒秦论"却并不彻底,当他在论及"有道伐无道"时,却又将秦朝排入于自夏至汉的王朝统绪之内了。① 之所以出现这种矛盾现象,原因就在于董仲舒倡导"三统"说的同时,却并没有放弃五行相胜之五德终始说。出于改制的需要,他要倡导"三统"说;而出于解说汉伐秦而建朝的需要,他要沿袭传统的五德终始

---

① 参见董仲舒《春秋繁露》卷七,《尧舜不擅移汤武不专杀》。

说。故而他的"摒秦论"是一种不彻底的"摒秦论"。正如雷家骥先生所说,"董仲舒一系的汉统继周及摒秦说法,既以三统说为理论基础,而无以推翻当时尚盛行的邹衍五行相克说,故形成其不完全的摒秦论调,并由此别成司马迁一系的正统二分说。"① 相较于董仲舒而言,刘歆解说历史采用的则是五行相生之五德终始说,这就从五德运次上彻底将秦皇朝排除于历史王朝统序之外了。从这个角度而言,刘歆的"摒秦论"才是一种彻底的"摒秦论"。刘歆为了不使历史王朝仅有秦朝为闰统,故而又将共工氏和帝挚归并到闰统之列。这样做的目的,显然是觉得仅以秦朝为闰统,会让人感到他所编定的这个古史系统过于偶然而不可信。实际上共工氏和帝挚是刘歆为说明秦皇朝得闰统而找来的两个陪衬。顾颉刚先生也认为,刘歆是"觉得木火之间但有一个秦,没有复现的形式,便不成其为走马灯式的历史,所以说:伏羲木和神农火之间有共工氏;帝喾木和帝尧火之间有帝挚;周木和汉火之间有秦:见得五德之运运转到这个地方时便非有一个闰统不可。"② 因此说,刘歆是我国史学史上以五德言正闰的开山鼻祖。

需要加以说明的是,刘歆以秦为闰统的依据是周为木德而汉以火德继之,那么,周、汉得木德和火德的依据究竟何在?实际上,刘歆构建这套以五德相生排序的古史系统,其逻辑起点乃是王莽代汉。王莽代汉后,在其下达的诏书中,就明确认为自己是黄帝和虞舜的后代,而刘汉则是"尧之后也"。③ 我们知道,自邹衍创立五德终始说起,黄帝一直被公认为得土德而建朝的古帝王,这种已被公认的事实是无法动摇的。因此,黄帝为土德是刘歆这套古史系统的一个重要理论支点。关于虞舜的德属,邹衍的五德终始说未提及。不过,前汉时期问世的《淮南鸿烈》一书则提及虞舜得的是土德。由此来看,王莽的祖先黄帝和虞舜得的都是土德,那么王莽作为他们的后代,自然也是得的土德。王莽的政权是受汉禅位而来的,既然王莽得的是土德,那么,依据相生之理,刘汉就自然是火德。而刘汉为火德,汉为尧后,唐尧也就应该是火德。关于刘汉为尧之后的说法,最早见

---

① 雷家骥:《两汉至唐初的历史观念与意识》,94页。
② 顾颉刚:《汉代学术史略》,92页,北京,东方出版社,1996。
③ 《汉书》卷九十九中,《王莽传》。

于为刘歆所整理的《左传》一书。如《左传》昭公二十九年就说："有陶唐氏既衰，后有刘累，学扰龙于豢龙氏，以事孔甲，能饮食之。"这里所提到的刘累，即是刘邦的先祖。昭帝时，眭孟上书说："汉家尧后，有传国之运。"① 他显然也是以汉家为尧后的。经过这样一番论证后，刘汉禅位于王氏，也就与他们的先祖唐尧禅位于虞舜衔接上了。其实，关于刘汉为火德而王莽为土德之说，并非王莽、刘歆等少数人的看法，而是汉末的一种普遍看法。如前已提及甘忠可作"赤精子之谶"，即是以汉为火德的；而谷永"彗星为土精所生"说，则认为代汉者是土德。

从上可知，刘歆依据五行相生之理，在确定黄帝、虞舜为土德的前提下推衍出王莽的土德，进而由虞舜、王莽的土德又推出唐尧、刘汉的火德。现在的问题是，刘汉的土德制度是早已在汉武帝时就依据五行相胜说确定了的，刘歆改变刘汉德属究竟有何依据？前已述及，刘歆构建这套以五德相生排序的古史系统，其逻辑起点乃是王莽代汉。既然王莽代汉的事实无法改变，就只有通过修改历史理论以服务于现实政治。由于黄帝为土德，这就决定了作为黄帝之后的王莽只能是土德。同样的道理，王莽为土德，也就决定了禅位于他的刘汉就只能是火德。因此，剩下的问题就是刘歆如何去为刘汉得火德寻找符应，而不是去争论汉朝是土德还是火德的问题。那么，刘歆为刘汉火德所找的符应究竟是什么呢？这便是《史记》之《高祖本纪》和《封禅书》都有记载的所谓"斩蛇著符，旗帜为赤"。实际上在刘邦起兵过程中，最初就是奉行火德的。《史记》记载赤帝子杀白帝子，即是刘邦依据五行相胜之理自视为火德，而以秦为金德的证据。《封禅书》还明确记载了刘邦称汉王后，便"以十月为年首，而色上赤"。只是他当时也许还不知道秦已为水德，否则，就可能没有赤帝子斩白帝子的故事了。不过，刘邦以火为德的时间很短。据《封禅书》载，刘邦称王第二年，便以水德自居了。西汉建国后，关于刘汉的德属，又相继有张苍的水德说和公孙臣、司马迁等人的土德说，直到汉武帝时，才最终确定了汉家土德制度。有学者认为，汉家既然早已"斩蛇著符"，为何不在汉初即

---

① 《汉书》卷七十五，《眭弘传》。

定下汉家火德制度,却要等到刘歆之时才重新以此符应确定汉的火德制度?并由此推定《史记》的"斩蛇著符,旗帜为赤"是刘歆造伪的产物。这种说法证据并不充分。道理很简单,西汉中期以前的人们是普遍相信邹衍的五德终始说的,既然秦为水德,代之而起的王朝就只能是土德,这便是汉家最终确定土德制度的原因,这是其一。刘汉为水德说,则是考虑到秦的短祚之故,而以汉上接周朝,周是火德,故而汉为水德,这是其二。至于汉为火德说,是由于刘邦起于细微,最初他并不了解王朝德属情况,也正因此,他很快就改火德为水德了,这是其三。总之,刘歆以前的汉家德属说,由于建立在五行相胜之五德终始说基础上,故而它只能有水德和土德两种制度(或接周、或接秦),而不可能有第三种德属制度出现。也正因此,在刘邦起兵时曾一度采用过的"斩蛇著符",也就被长期搁置起来了,就如同张苍为汉找到的水德之符被长期搁置一样。只是由于汉末刘歆创立五行相生之五德终始说重新定立汉为火德,从而使久已搁置的"斩蛇著符"又重新派上了用场。

确定了刘汉的火德制度,那为何不能根据五行相生的原理以下推上来确定秦的木德制度呢?答案当然是否定的。我们认为,刘歆的新五德终始说是一种上下相推的五德终始说,如果仅从王莽、刘汉往上推,当然可以定秦为木德。但是,如果从唐尧、虞舜往下推,就无法推出秦为木德,而只能推出周为木德来。而木生火,这样一来,秦皇朝便没有了立足之地。于是,刘歆借用了传统的五德终始说定秦为水德的说法,而认为得水德的秦皇朝介于按相生说推出的周之木德和汉之火德之间为不得其序,故而认定秦为闰朝。

刘歆构建的这套古史系统还有一个重要的理论支点,那就是帝王自木德始。前已述及,刘歆依据《易传》"帝出乎《震》"一语,而认定《震》是东方之卦,东方于五行属木,故帝王德属自木始。刘歆根据当时人的古史观念,而以伏羲为最古的帝王,于是伏羲也就是木德了。确定了伏羲为木德,便可依据五行相生之序上从伏羲木德往下推,下从黄帝土德往上推。于是,从黄帝到伏羲之间的诸古帝王,便都被排定了德属。而当刘歆排定整个历史王朝统序过程中,在确定了秦的闰统后,又将共工和帝挚也归为闰统之列。

综上所述，刘歆殚精竭虑构建起来的这套古史系统，从表现出来的历史观而言，主要是为了宣扬一种正统主义。刘歆以五行相生秩序排列历史王朝统序，从而第一次以五德终始言历史王朝的正闰，而将秦皇朝排除于历史王朝的统序之外。这就全面揭橥了中国史学史上的正闰之辨，对班固及其之后中国正统史学的形成产生了重要而深远的影响。

2. 宣扬了"圣王同祖"的思想。在经学史上，一般来说今文经学家是主张"圣王无父"、"圣王感天而生"说的，而古文经学家则主张"圣王有父"、"圣王同祖"说。今文经学家的"圣王无父"、"圣王感天而生"说源于《诗经》，《诗经·商颂·玄鸟》说："天命玄鸟，降而生商，宅殷土芒芒。"西汉经学大师董仲舒出于维护和加强王权统治的需要，对此说作了系统阐释和发挥，遂使其成为今文学家的一种天命王权学说。史学家司马迁接受了以董仲舒为代表的今文学家的"圣王无父"、"圣王感天而生"说，并在《殷本纪》、《周本纪》、《秦本纪》和《高祖本纪》的开篇中对此说作了宣扬。然而，司马迁却不是一位彻底的"圣王无父"、"圣王感天而生"论者，《三代世表》指出商、周始祖契和后稷皆有父，而《五帝本纪》则认为"自黄帝至舜、禹，皆同姓而异其国号"。司马迁这种"圣王有父"、"圣王同祖"的思想，则直接开启了古文家刘歆的"圣王有父"、"圣王同祖"说。

刘歆的"圣王有父"、"圣王同祖"论，是通过其新五德终始说而得以阐发的。上已述及，刘歆以五行相生之五德终始说排定了一个古史系统。在这个古史系统中，刘歆认为，"炮牺继天而王，为百王先"。炎、黄诸帝则是继之而起的帝王，"稽之于《易》，炮牺、神农、黄帝相继之世可知。"这就是说，在古帝王系统中，只有伏羲氏是"继天而王"的，因而他是百王之先、百王之祖；而炎、黄诸帝继之而王，故而他们的帝王统系皆出自于伏羲氏。如果说上述说法只是主要体现了从伏羲到炎、黄的一种政权相承关系，至于他们之间是否为一种同宗同族的关系还含糊其辞的话，那么，自黄帝以后的帝王统系，则明显地存在着一种同宗同族的关系。如刘歆认为，少昊乃"黄帝之子清阳也"；颛顼乃"苍林昌意之子也"，而昌意为黄帝之子，故而颛顼亦即为黄帝之孙；帝喾乃少昊帝"清阳玄嚣之孙也"，亦即为黄帝之曾孙；唐尧，刘歆引《帝系》说："帝喾四妃，陈丰生帝尧，封于唐"，则尧乃帝喾之子；虞舜，刘歆引《帝系》说："颛顼生穷蝉，五世而生瞽叟，瞽叟生帝舜"，则虞舜乃颛顼之后；伯禹，刘歆引《帝系》说："颛顼五世而生鲧，鲧生禹"，则禹乃颛顼六世孙。至于成汤始祖契之母简狄为帝喾之妃，周族始祖后稷之母姜嫄为帝喾元妃，则为当时人所皆知，故《世经》未予叙述。由上可知，在刘歆看来，自黄帝以来的古圣王，他们都是属于同一宗族的，换言之，即都是黄帝的后代。

如果我们将刘歆《世经》与司马迁《史记》所记载的古帝王世系作一比较的话，便不难发现，二者之间虽有些许不同，却也有很多相同之处。他们的不同点主要有二：（1）司马迁持五行相胜说，以得土德的黄帝作为五帝之首，亦即是百王之先。《五帝本纪》虽然也说"代神农氏，是为黄帝。"但是，该本纪并未将神农氏作为五帝之首。而刘歆持五行相生之说，明确以得木德的伏羲氏为百王之先。（2）司马迁的"圣王同祖"说并不纯粹，他一方面说"自黄帝至舜、禹，皆同姓而异其国号"，另一方面又大力宣扬"圣王无父"、"圣王感天而生"说。相比较而言，刘歆宣扬的则是一种纯粹的"圣王同祖"说。但是，从"圣王同祖"说的具体内涵而言，刘歆的说法几乎与司马迁是完全一致的。我们知道，司马迁的圣王同祖是同祖于黄帝，认为自黄帝以来至商、周的古帝王都是出自黄帝一族。刘歆在《世经》中完全采纳了司马迁的这一说法，不但承认黄帝之后的古帝王皆出自黄帝一族，而且在具体的世系排列上也与司马迁完全相同。至于黄帝之前的世系，司马迁不载于《史记》，《五帝本纪》只是提到黄帝之前有神农，与黄帝同时则有炎帝，却并未将他们纳入古帝王行列。而刘歆的《世经》则明确肯定黄帝之前还有太昊伏羲氏和炎帝神农氏，只是对于他们之间的族源关系说法含糊其辞。不过，如果我们对《世经》认真加以考察的话，还是能够觉出他们之间为一种同宗同族关系的。（1）《世经》明确认为古帝王皆出自伏羲氏，伏羲为百王先。既然在整个帝王世系中自黄帝以后的帝王皆出自黄帝一族，那么我们完全有理由相信自伏羲以来的整个古帝王也都出自于伏羲一族，也只有这样，才使理论具有一惯性。

（2）《世经》明确肯定少昊帝为黄帝之子清阳，而当《世经》叙及黄帝与炎帝、炎帝与共工和共工与太昊之间的关系时，是将他们之间的关系和少昊与黄帝之间的关系并称的。《世经》在引述了《左传》昭公十七年郯子答昭子问"少昊氏鸟名何故"后发挥说："言郯子据少昊受黄帝，黄帝受炎帝，炎帝受共工，共工受太昊，故先言黄帝，上及太昊。"从刘歆对黄帝以前古帝王的排序来看，似乎是承认他们之间为一种父子关系的。如果我们认定刘歆的圣王同祖是最终同祖于伏羲的话，那么，刘歆的"圣王同祖"说显然已经在司马迁"圣王同祖"思想的基础上又有了进一步的发展。

如果说以董仲舒为代表的今文学家的"圣王无父"、"圣王感天而生"说体现的是一种天命史观，宣扬的是一种君权神授论的话，那么，以刘歆为代表的古文学家所主张的"圣王有父"、"圣王同祖"说，则同样也是一种天命史观。首先，刘歆认为古帝王同祖于太昊伏羲氏，他们的王权由伏羲氏始而世代相继下来。但是，伏羲氏的王权又来自何处呢？刘歆明确认为："炮牺继天而王，为百王先"。这就是说，作为百王之祖的伏羲，他的王权还是来自于上天的。因此，刘歆的"圣王同祖"论从根本上说仍然还是一种君权神授论。其次，与司马迁一样，刘歆将历史上古帝王说成是皆出自于同一个家族，这不但在理论上是荒唐的，而且在历史观上实际上也是宣扬一种"报德"的天命思想。正如褚少孙所说的："舜、禹、契、后稷皆黄帝子孙也。黄帝策天命而治天下，德泽深后世，故其子孙皆复立为天子，是天之报有德也。"在此，褚少孙是依据司马迁的圣王同祖于黄帝发论的，而将其用来说明刘歆的圣王同祖于伏羲说，同样也是适合的。

论班固史学思想的神意化倾向
——兼论班固神意化史观的理论渊源

班固是一位具有浓厚正统意识的史学家。他断汉为史作《汉书》，是以"宣汉"为其主旨的，而"《汉书》的'宣汉'，主要是以天命历史观，通过曲解历史而宣汉家之德"①的。纵观班固的史学思想，其神意倾向是很明显的，具体表现：一是系统宣扬了自西汉后期以来就已经流行的"汉为尧后"说，以此来解说刘汉皇朝的历史统绪；二是接受了自董仲舒以来的天人感应思想，以此来表达他的天人观。以下试对其具体内涵作一论述。

一

"汉为尧后"说是伴随着西汉后期政局的衰败而逐渐流传起来的一种说法，其目的是鼓吹刘汉禅位和异姓受命。从现有材料来看，最早造出此说的当属西汉昭帝时人眭孟，《汉书·眭弘传》明确载有眭孟"汉家尧后，有传国之运"之说，其意是说汉家应当仿效唐尧禅位虞舜故事。不过，眭孟所谓"汉为尧后"的依据究竟是什么，从尧至汉的刘氏世系又是如何排列的，对此传文皆未论及。西汉末年思想家刘歆著《三统历谱·世经》，构建了一套系统的五行相生之五德终始说，"汉为尧后"便是这一学说宣扬的主旨思想之一。班固作《汉书》，不但全盘接受了刘歆宣扬的五行相生之五德终始说，而且《汉书·高帝纪赞》还考证出一个自唐尧至刘邦的刘氏具体世系来。不过，从目的性而论，班固与刘歆的"汉为尧后"说存在着本质的区别：刘歆宣扬"汉为尧后"说，是希望刘汉皇朝能像唐尧禅位于虞舜一样禅位于王莽，因而是服务于刘汉政权和平过渡到新莽政权的

---

① 吴怀祺：《中国史学思想史》，110 页。

一种政治需要；而班固宣扬"汉为尧后"说，则是有鉴于刘邦"无土而王"，致使人们对于刘汉皇朝的建立感到困惑不解，从而需要从神意角度作出历史解说，以为刘汉政权的合法性提供理论依据。

班固有感于《尧典》颂尧之德，而作《典引》以叙汉德。《典引》开篇便提出了一个刘氏皇朝的天授系统：

> 太极之原，两仪始分，烟烟熅熅，有沈而奥，有浮而清。沈浮交错，庶类混成。肇命人主，五德初始，同于草昧，玄混之中。逾绳越契，寂寥而亡诏者，《系》不得而缀也。厥有氏号，绍天阐绎者，莫不开元于大昊皇初之首，上哉夐乎，其书犹可得而修也。亚斯之世，通变神化，函光而未曜。
>
> 若夫上稽乾则，降承龙翼，而炳诸《典》《谟》，以冠德卓踪者，莫崇乎陶唐。陶唐舍胤而禅有虞，虞亦命夏后，稷契熙载，越成汤武。股肱既周，天乃归功元首，将授汉刘。①

在这段话中，班固首先论述了世界的起源问题，而这种世界起源论的理论依据则是《系辞》和《易乾凿度》。《系辞上》说："《易》有太极，是生两仪。"《系辞下》又说："天地絪缊，万物化醇。"而《易乾凿度》则说："清轻者为天，浊沈者为地。"其次，班固认为人类的历史是按照五德终始的法则运行的。班固一方面肯定王者"绍天阐绎"，他们都是继天而作的；另一方面认为王者传统是按照五德相生之序进行的。班固以《易传》"帝出乎《震》"的说法为依据，而以得木德而王天下的伏羲氏为人文始祖，故说王者"莫不开元于大昊皇初之首"。从得木德的伏羲开始，帝王之位依据相生之序而依次下传于得火德的炎帝神农氏、得土德的黄帝轩辕氏。他们被合称为"三皇"。班固认为，亚斯之世的少昊、颛顼、高辛诸帝虽然"通变神化"，却由于《系辞》不载其事，致使他们的功业"函光而未曜"；而陶唐氏由于炳诸《典》、《谟》之故，遂使其德得以彰显。自陶唐

---

① 《后汉书》卷四十下，《班彪列传》。

之后，帝王统绪依次为舜虞、夏禹、成汤和武王，而继周之后，天命"将授汉刘"。

如果说《典引》篇只是勾勒出了自伏羲氏至刘汉的天命王权体系的大致轮廓的话，那么，在《汉书·高帝纪赞》中，班固则考证出一个具体而又系统的汉绍尧运的刘氏家族世系来。《高帝纪赞》曰：

> 《春秋》晋史蔡墨有言，陶唐氏既衰，其后有刘累，学扰龙，事孔甲，范氏其后也。而大夫范宣子亦曰："祖自虞以上为陶唐氏，在夏为御龙氏，在商为豕韦氏，在周为唐杜氏，晋主夏盟为范氏。"范氏为晋士师，鲁文公世奔秦。后归于晋，其处者为刘氏。刘向云战国时刘氏自秦获于魏。秦灭魏，迁大梁，都于丰，故周市说雍齿曰："丰，故梁徙也"。是以颂高祖云："汉帝本系，出自唐帝。降及于周，在秦作刘。涉魏而东，遂为丰公。"丰公，盖太上皇父。其迁日浅，坟墓在丰鲜焉。及高祖即位，置祠祀官，则有秦、晋、梁、荆之巫，世祠天地，缀之以祀，岂不信哉！由是推之，汉承尧运，德祚已盛，断蛇著符，旗帜上赤，协于火德，自然之应，得天统矣。

关于汉高祖刘邦的家世，最早记录汉史的《史记》是这样说的："高祖，沛丰邑中阳里人，姓刘氏，字季。父曰太公；母曰刘媪。"① 在此，司马迁没有记录刘邦祖父以上家世情况。之所以没有记录，当然是无法考证。其实，就是称刘邦之父为太公，这也不过是一个尊号，而非本名；而对于刘邦的母亲，司马迁连其姓氏也不知晓；就是刘邦本人所谓的以"季"为字，显然也是他的排行。由此来看，司马迁之所以如此记述刘邦的家世，实在是由于刘邦起于闾巷，贫民家是不可能有什么家世记载的。同时，从另一个方面也可看出，至少到司马迁之时，关于刘汉为尧帝之后的神话尚未缔造出来。西汉末年刘歆虽然肯定了当时社会已经流行的"汉为尧后"说，可是《世经》却并没有排列出自唐尧至刘邦的刘氏家族世系来。那

---

① 《史记》卷八，《汉高祖本纪》。

么，上述《高帝纪赞》详列出的自尧以来的刘氏历代世系究竟是班固的一种杜撰，还是有所依据？我们的答案是：《高帝纪赞》所述刘氏世系并非班固凭空杜撰，而是依据《左传》的记载得来的。

《左传》涉及刘汉世系的记载主要有三处，即文公十三年、襄公二十四年和昭公二十九年。文公十三年的记载，主要是叙述了刘氏先人士会逃往秦国，晋人担心秦国重用士会，便设计将他骗回。后来，留在秦国的部分家眷就改以刘为氏了。也就是说，此处记载主要是交代了刘氏的来历。襄公二十四年主要记载了士会之孙范宣子历数自己的世系情况：

> 宣子曰："昔匄之祖，自虞以上，为陶唐氏，在夏为御龙氏，在商为豕韦氏，在周为唐杜氏，晋主夏盟为范氏，其是之谓乎？"

昭公二十九年的记载则主要是借晋史蔡墨答魏献子的话，而叙述了自刘氏先人刘累到成为范氏的过程：

> ……及有夏，孔甲扰于有帝，帝赐之乘龙，河、汉各二，各有雌雄。孔甲不能食，而未获豢龙氏。有陶唐氏既衰，其后有刘累，学扰龙于豢龙氏，以事孔甲，能饮食之。夏后嘉之，赐氏曰御龙，以更豕韦之后。龙一雌死，潜醢以食夏后。夏后飨之，既而使求之。惧而迁于鲁县，范氏其后也。

将班固《高帝纪赞》和《左传》上述三处记载加以比较则不难看出，《高帝纪赞》实际上就是对《左传》三处记载作了一番糅合而已，只是又外加了刘向之说，补上了士会留秦一支从秦迁至魏再迁至丰的整个过程，而高祖正是出自该支。

值得注意的是，《左传》作为先秦著作，都已经有了详细的关于刘氏世系的记载，为何成书于西汉武帝时期的《史记》却并不知晓呢？按理，在那个重视叙述祖德的时代里，司马迁作为汉代的史臣，不可能无视《左传》关于当朝开国皇帝家世的记载，唯一合理的解释，便是司马迁当时所看到的《左传》并没有这些内容的记载。据清代今文学家的考证，流传于后世的《左传》，其实是经过了西汉末年刘歆改头换面的，从而带有浓厚的汉人学术色彩。清代今文学家的说法，固然带有不同学派间的偏见，如果因此而否定《左传》的学术价值，显然是不妥当的。但是，如果说经过刘歆所整理过的《左传》丝毫不带有汉人的痕迹，那也是不真实的。仅就上述《左传》所记三条关于刘氏家世的材料，我们认为确实存在着被刘歆添加进去的嫌疑。（1）如果先于《史记》成书的《左传》已经记载了刘氏世系，司马迁作为学识渊博的史家是不可能不知道的，因而也是在那个重视叙述祖德的时代不可能不载记于《史记》的。也就是说，《史记·汉高祖本纪》没有"汉为尧后"的记载，这显然是一种违反常理的做法，合理的解释只能是此说当时尚未出现。（2）《左传》是经过刘歆整理过的先秦典籍，而刘歆是五行相生之五德终始说的创立者。刘歆创立此说的一个重要目的，就是宣扬"汉为尧后以得火德"说。由此来看，刘歆借助整理《左传》的机会而编造出这套刘氏世系也不是没有可能的。（3）从先秦经书的记载来看，"汉为尧后"说仅见于《左传》和谶书，而并不见有其他经书的记载。对此，传古文的东汉经师贾逵说：

> 《五经》家皆无以证图谶明刘氏为尧后者，而《左氏》独有明文。《五经》家皆言颛顼代黄帝，而尧不得为火德。《左氏》以为少昊代黄帝，即图谶所谓帝宣也。如令尧不得为火，则汉不得为赤。其所发明，补益实多。①

贾逵说这段话的目的是为了褒奖《左传》"其所发明，补益实多"，无意间却透露出了一个重要信息，那就是除《左传》和图谶之外，其他经书皆无"汉为尧后"的记载。因此，与其说这是《左传》的发明，倒不如说这是刘歆的杜撰更符合情理。顾颉刚先生对此评论说："《左传》编于刘歆之

---

① 《后汉书》卷三十六，《郑范陈贾张列传》。

手；图谶起于哀平之间：这一说的来源也就可想而知。"① 顾氏的意思是很明确的，他认为《左传》的"汉为尧后"说实乃刘歆所为，而非《左传》原有的内容。

通过以上分析，我们知道，《汉书·高帝纪赞》关于"汉为尧后"之说的理论依据是《左传》，而《左传》论及"汉为尧后"的内容极有可能为西汉末年刘歆整理该书时所加。现在的问题是，我们姑且认定刘汉就是尧之后，可是，从上述可知，尧的后裔有好几支，为何就只有丰地一支到刘邦时便兴汉了呢？对此，班固的解释是："汉承尧运，德祚已盛，断蛇著符，旗帜上赤，协于火德，自然之应，得天统矣。"这就是说，作为尧后的刘氏，到丰地一支刘邦时恰逢"德祚已盛"，该要承天命而王了。何以见得呢？"断蛇著符"便是上天命汉兴起的符应。既然天命已显，故而刘邦倒秦灭项，建立汉朝，只不过是顺天命行事而已。

综上所述，班固通过作《典引》，依据五行相生之五德终始理论，勾勒出了一个自伏羲氏而至刘汉的天命王权体系；通过作《高帝纪赞》，依据《左传》关于刘氏世系的论述，考究出一个自唐尧至刘邦的刘氏家族世系。班固正是借助于这两个系统的建立，从而对刘汉皇朝的历史统绪作出神意化的解释。班固《典引》所依据的五行相生之五德终始说是来自于刘歆的理论，如果我们设定《左传》所述刘氏世系乃刘歆所为的话，那么，《汉书·高帝纪赞》所考出的刘氏世系其实也是刘歆的一种编造。由此来看，班固赖以解说刘汉皇朝历史统绪的"汉为尧后"说，归根到底皆是来自于刘歆的历史理论，只是他们用以解说的具体对象不同而已。当然，由于《汉书》为我国封建时代的"正史"，它借助于"汉为尧后"说而对汉朝统绪所作的神意解释所产生的影响自然更为深远。

二

天人感应论作为一种系统的天人理论，是由西汉武帝时期的思想家董

---

① 顾颉刚：《五德终始说下的政治和历史》，载《古史辨》（五），506页。

仲舒所构建的。自此以后，汉人凡言天人关系者，莫不受其思想影响，天人感应论因此遂成为汉代天人观的一种主流思潮。如果说班固关于"汉为尧后"的理论主要是来自刘歆的历史思想的话，那么他的天人感应思想则主要是吸取了董仲舒的思想。

（一）从《汉书·董仲舒传》的设立来看

我们知道，司马迁曾问学于董仲舒，而且推崇董仲舒，董仲舒的学术思想对他的影响可谓至深。然而，由于时代的局限，司马迁对于董仲舒学术之于汉代历史发展的影响还认识不够，故而《史记》并未给董仲舒单独立传。而班固尽管属于古文学派中人，可他"所学无常师"，"九流百家之言，无不穷究"[1]，实际上是一位博通今古的学者。也正因此，他对这位今文经学宗师的推崇甚至还要超过司马迁。在《汉书·董仲舒传赞》中，班固列举了刘向、刘歆和刘向曾孙刘龚等人对董仲舒的评价，其中刘向的评价最高，认为董仲舒有"王佐之材"；而刘歆、刘龚则认为"仲舒遭汉承秦灭学之后，《六经》离析，下帷发愤，潜心大业，令后学者有所统壹，为群儒首。"他们的观点虽然有所出入，但都一致肯定了董仲舒儒学的正宗地位。三刘的观点当然也就是班固的观点。班固正是由于对董仲舒的学术地位有着充分的认识，从而将他从《儒林列传》中请出来单独立传。当然，班固推崇董仲舒，除了对其学术地位有着充分的认识之外，还因为董仲舒构建的天人感应理论与班固本人的天人观是一致的。《汉书·董仲舒传》与《史记·儒林列传》中的《董仲舒传》有一个重要区别，那就是《汉书》将集中体现董仲舒天人感应思想的《天人三策》完整地载入传记当中，而《史记》却没有将此写进去。这当然不是司马迁的疏忽，之所以如此，只能从认识角度去作出说明。也就是说，班固之所以要全文载入，是因为他高度重视《天人三策》所宣扬的天人感应思想；司马迁未予载入，是因为《天人三策》的内容并不为司马迁所重视。而班固之所以高度重视董仲舒的《天人三策》，主要原因有二：一是《天人三策》中的天人感应思想与班固的天人观是相通的；二是班固充分认识到了《天人三策》

---

[1] 《后汉书》卷四十上，《班彪列传》。

所宣扬的天人感应思想对西汉武帝以后整个思想界所产生的极其重要的影响。而司马迁由于受到时代因素的限制，则无法作出这种认识。应该说，班固如此高度重视《天人三策》，使我们完全有理由认为《天人三策》所阐发的天人感应思想其实就是班固本人的思想，班固只是借助董仲舒的论述来表达自己的天人思想而已。

（二）从《汉书·五行志》的编撰来看

董仲舒天人感应论的一个重要思想内涵是灾异论，这一理论被西汉末年思想家刘向、歆等人作了进一步的宣扬。而集中反映班固灾异思想的《汉书·五行志》，正是通过大量载记董仲舒、刘向和刘歆等人的灾异理论，间杂着表述自己的灾异观点，从而加以编成的。对此，班固在《五行志》中有一个系统说明：

> 汉兴，承秦灭学之后，景、武之世，董仲舒治《公羊春秋》，始推阴阳，为儒者宗。宣、元之后，刘向治《谷梁春秋》，数其祸福，传以《洪范》，与仲舒错。至向子歆治《左氏传》，其《春秋》意亦已乖矣；言《五行传》，又颇不同。是以揽仲舒，别向、歆，传载眭孟、夏侯胜、京房、谷永、李寻之徒所陈行事，讫于王莽，举十二世，以传《春秋》，著于篇。①

在此，班固说刘向"与仲舒错"，主要是就五德终始说而言的。我们知道，董仲舒的五德终始说是一种五行相胜说，《春秋繁露》中也讲五行相生，但主要用于表示方位和气候，而不是指历史变易；而刘向的五德终始说，班固在《汉书·郊祀志赞》中肯定他与刘歆为五行相生之五德终始说的创立者。其实，说刘向与刘歆一同创立五行相生之五德终始说是不恰当的，理由有二：（1）从材料记载来看，认为五行相生之五德终始说为刘向、歆所创立，除去《汉书·郊祀志赞》外，只有抄袭《汉书》而成的荀悦的《汉纪·高祖纪》，并无其他旁证。而《汉书·律历志》却记载了一段耐人

---

① 《汉书》卷二十七上，《五行志上》。

寻味的话，其曰："至孝成世，刘向总六历，列是非，作《五纪论》。向子歆究其微眇，作《三统历》及《谱》以说《春秋》，推法密要，故述焉。"刘向所作《五纪论》今已不传，我们无法知晓其具体思想。但是，就在这句话之后，颜师古注曰："自此以下，皆班氏所述刘歆之说也。"这就明确告诉人们，以下所述《三统历谱》的内容乃为刘歆的学说而非刘向的学说，而正是这部《三统历谱》之《世经》篇详细叙述了五行相生之五德终始说。（2）从《汉书》本传所反映的思想倾向来看，刘向是一位既反对"异姓受命"，又反对同姓"更受命"的具有强烈刘氏正统观念的思想家，故而他没有倡导这种服务于禅让制需要的系统的五行相生之五德终始说的思想根基，至多只会发表一些禅让的见解，以此作为对西汉君主的警示而已，如果说"与仲舒错"的话，也只是仅此而已。由此来看，班固所谓刘向"与仲舒错"之说是缺乏依据的。相反，从班固《五行志》的引述来看，刘向和董仲舒的灾异理论倒是表现出了很大的相同性：他们不但都重视以灾异说政治，而且其灾异理论在大多数问题的看法上是相互一致的，只是刘向更加重视将一切政事都与灾异相结合，从而表现了作为衰世时期的思想家所特有的一种强烈的忧患意识。不过，班固在肯定刘向、歆父子都持五行相生之五德终始说的同时，却指出他们在灾异论上"颇不同"，他作《五行志》，其中一个目的便是"别向、歆"。而刘向、歆在灾异论上的主要区别则是：刘向言灾异以反对外戚专权，维护刘氏正统为旨趣；而刘歆的灾异论则正统观念淡薄，言灾异而往往不与政治相结合。在这段话的最后，班固还提出了要对董仲舒、刘向、刘歆之外的汉代灾异家如眭孟、夏侯胜、京房、谷永、李寻等人的各种灾异理论作出"传载"。由此来看，班固的《五行志》是通过"揽仲舒"、"别向、歆"和"传载"汉代众家灾异论而得以撰成的，而正是在这种"揽"、"别"和"传载"的过程中，班固对自己的灾异思想作出了表述。毫无疑问，《五行志》这种注重借助于论述他人的灾异理论来表达自己的灾异思想的做法，正是班固阐发其天人感应思想的一个显著特点。

（三）从《白虎通》所宣扬的天人理论来看

建初四年（79），汉章帝接受杨终的建议，召开了以统一经义为目的的白虎观会议。班固根据会议结果，奉旨编撰成《白虎通》一书。《白虎通》涉及的内容非常广泛，包括社会、礼仪、国家制度、伦理道德和风俗习惯等方面。而反映的经学观点，则既有今文家的，也有古文家的，还有谶纬家的，其中尤以今文家的观点居多。由于《白虎通》是奉旨依据会议结果而撰成的，故而不能将之完全看做是班固个人的经学观点，但又不能说与班固的经学思想无关，作为编撰者，《白虎通》肯定是打上了班固的思想烙印的。

纵观《白虎通》一书，它的天人理论主要表现在以下几个方面：（1）对君主的神化。任继愈先生说："《白虎通》不可能像黑格尔那样，用精致的哲学概念把君主说成理念的真正化身，但是，把君主说成真正的神人，从当时的思想发展状况来看，却比黑格尔有更为方便的条件。"① 任先生所说的"更为方便的条件"，是指神学化的经学和谶纬神学长期以来对君权的神话，从而为《白虎通》神话君权提供了充分的依据。也正是由于长期以来对君权的神话，从而使《白虎通》无须通过逻辑论证，便可将君主抬高到神的位置。如《爵》篇说："爵所以称天子者何？王者父天母地，为天之子也。"《瑞贽》篇说："受命之君，天之所兴，四方莫敢违，夷狄咸率服。"（2）宣扬天人感应论。《白虎通》所言天人感应，其实就是指上天与君主的相互感应。这种感应的具体体现是：天降符瑞，这是褒奖君主的治国；天降灾异，这是对君主失政所作的警告。所以《白虎通》说："天下太平，符瑞所以来至者，以为王者承天统理，调和阴阳，阴阳和，万物序，休气充塞，故符瑞并臻，皆应德而至。"② 反之，"天所以有灾变何？所以谴告人君，觉悟其行，欲令悔过修德，深思伏也。"③《白虎通》的天人感应思想显然是与董仲舒的天人感应思想一脉相承的。（3）对三纲五常的神化。在《白虎通》看来，君主的统治要取法于天，国家制度要取法于天，同样，作为社会政治准则和伦理规范的三纲五常，也要取法于天。对于三纲五常的神化，始于董仲舒。董仲舒是"始推阴阳"者，在他

---

① 任继愈：《中国哲学发展史（秦汉）》，494页。
② 班固：《白虎通》卷六，《封禅》，陈立疏证本，北京，中华书局，1994。
③ 班固：《白虎通》卷六，《灾变》。

看来，社会治理中的君臣、父子和夫妇关系的建立，都是取法于阴阳五行的结果，因而三纲五常是"百王不易之道"。而纬书对此的解说更为直截了当，《春秋纬·感精符》说："三纲之义，日为君，月为臣也。"而《乐纬·稽耀嘉》说："君臣之义生于金，父子之仁生于木，兄弟之序生于火，夫妇之别生于水，朋友之信生于土。"《白虎通》神化三纲五常的理论基本上是承袭于董仲舒和谶纬学说的，但在具体说法上有所改变，如他将五行配为二阳三阴：火为阳，水为阴，共成一对；木为少阳，金为少阴，共成一对；而土，为最大之阴。《白虎通》又将土这一最大之阴与天这一最大之阳配成一对，于是又成为三阳三阴。在三阴三阳中，所奉行的原则是阳尊阴卑。① 这三阳三阴相配，则与人间的君臣、父子、夫妇相对应。在《白虎通》看来，有了这种对应关系，似乎更易于解说三纲五常之间的关系。故而《三纲六纪》篇说："君臣、父子、夫妇，六人也，所以称三纲何？一阴一阳谓之道，阳得阴而成，阴得阳而序，刚柔相配，故六人为三纲。"综上所述可知，《白虎通》神学化的天人观之中心旨意是：神化"君臣之正义"和"父子之纪纲"。任继愈先生认为："就'君臣之正义'和'父子之纪纲'这两条来说，《白虎通》比董仲舒强调得更为严峻，就对这两条的论证来说，《白虎通》的神学色彩比董仲舒更为浓厚。"② 由此来看，《白虎通》不但继承而且发展了董仲舒的神意思想。

综上所述，班固出于"宣汉"的需要，而对神意史观作了宣扬。但是，我们却不能因此而否定《汉书》重人事的思想。实际上，"班固的历史观本身包含两重的因素，其主导的方面无疑是神意的史观，但是这种神意的史观包含重视人事的思想。"③ 而班固历史观之两重因素，正是中国封建史学二重性的一种体现。

---

① 参见班固：《白虎通》卷四，《五行》。
② 任继愈：《中国哲学发展史（秦汉）》，472 页。
③ 吴怀祺：《中国史学思想史》，101 页。

何休对公羊"三世"说的理论构建

公羊"三世"说的逻辑起点,是《公羊传》提出的《春秋》"三世"历史划分说;公羊先师董仲舒赋予了《公羊传》"三世"历史划分说以历史发展之义,并对"三世"说与公羊学的"通三统"和"异内外"学说之间的关系,从亲近来远的角度作出了最初的表述;而东汉公羊巨子何休则在公羊先师"三世"学说基础上,构建了一套系统的公羊"三世"历史发展理论。何休"三世"说的理论特征是,明确将历史的发展划分为衰乱、升平和太平三个时期,体现了一种历史不断发展的观点;同时提出了公羊"三科九旨"学说,将"三世"说与"存三统"、"异内外"说视作一个不可分割的有机整体。

何休在公羊先师《春秋》"三世"历史划分说基础上构建起来的"三世"历史发展学说,是公羊学理论体系的重要组成部分。这一学说不但在中国古代思想史和史学史上具有重要的影响,而且还是近代社会与政治变革的重要理论依据之一。以往论者对于公羊"三世"说的基本思想多有阐述,但对于何休对公羊"三世"说的理论构建所作出的突出贡献,何休公羊"三世"说的理论特点、理论意义和思想方法等的阐发,则显得着力不够。本文试对此作出系统论述。

一

公羊"三世"说提出的最初理论依据,可以追溯到孔子的"齐—鲁—道"论。《论语·雍也》说:"齐一变,至于鲁;鲁一变,至于道。"对此,理学家朱熹解释说:

孔子之时,齐俗急功利,喜夸诈,乃霸政之余习。鲁则重礼教,崇信义,犹有先王之遗风焉,但人亡政息,不能无废坠尔。道,则先王之道也。①

在朱熹看来，孔子视齐政为一种霸政，鲁政有先王之遗风，而王道政治②则是人间政治的一种最高理想或极致。因此，孔子的"齐—鲁—道"论，实际上是一种肯定变易和发展的历史阶段（或曰等级）论。清人康有为则以"据乱、升平、太平"之"三世"说来解说孔子的"齐—鲁—道"历史变易论，他说：

> 盖齐俗急功利，有霸政余习，纯为据乱之治。鲁差重礼教，有先王遗风，庶近小康。拨乱世虽变，仅至小康升平；小康升平能变，则可进至太平大同矣。③

应该说，朱熹的解释是符合孔子本意的，而康有为的解释则是一种牵强附会。但他们有一点是共同的，那就是都肯定孔子的"齐—鲁—道"论蕴涵了历史变易和发展的思想。同时，孔子关于"齐—鲁—道"的历史变易论，虽然不能直接等同于康有为所说的公羊家的"据乱—升平—太平"之"三世"说，但也不可否认，孔子所提出的这一历史变易模式，对于公羊家"三世"学说的提出，无疑具有重要的思想启迪作用。

公羊"三世"说的逻辑起点，是汉景帝时著于竹帛的《公羊传》所提出的《春秋》"三世"历史划分说。《公羊传》在隐公元年、桓公二年和哀公十四年等数处都有关于历史阶段划分的具体表述，即所谓"所见异辞，所闻异辞，所传闻异辞"。《公羊传》明确将春秋242年的历史划分为"所见"、"所闻"和"所传闻"三个阶段。在《公羊传》的作者看来，历史阶段不同，历史撰述的书法也相应地不同，其基本准则是亲近疏远、详今略

---

① 朱熹：《四书章句集注》，新编诸子集成本，90页。
② 即先王政治。儒家的"法先王"历史观形式上是复古倒退的，而实际上却是变易发展的。如孔子论述三代政治，便明确表示"周监于二代，郁郁乎文哉！吾从周。"（《论语·八佾》）
③ 康有为：《论语注》，82页，北京，中华书局，1984。

古。由此来看，《公羊传》划分历史的目的是出于撰述历史的需要，而不是为了说明历史的变化和发展。然而《公羊传》、《春秋》"三世"说的提出，其理论意义是不能低估的。后来公羊家们的"三世"学说，正是借助于《公羊传》关于"所见"、"所闻"和"所传闻"之《春秋》"三世"历史划分说这个论题而得以阐述和发挥的，从这个角度来说《公羊传》的《春秋》"三世"历史划分说确实是公羊家"三世"说的理论出发点。

从严格意义上说，公羊"三世"说的最初提出者当属西汉公羊大师董仲舒。董仲舒称"三世"为"三等"。在《春秋繁露·楚庄王》中，董仲舒在承继了《公羊传》的"所见异辞，所闻异辞，所传闻异辞"之《春秋》"三世"说的同时，对春秋十二公的历史作了进一步具体划分：

> 《春秋》分十二世以为三等，有见，有闻，有传闻。有见三世，有闻四世，有传闻五世。故哀、定、昭，君子之所见也。襄、成、文、宣，君子之所闻也。僖、闵、庄、桓、隐，君子之所传闻也。所见六十一年，所闻八十五年，所传闻九十六年。于所见微其辞，于所闻痛其祸，于传闻杀其恩，与情俱也。

同《公羊传》的观点相一致，董仲舒认为《春秋》分十二世为三等，旨在贯彻一种亲近疏远的历史撰述书法和历史批评原则。从历史撰述书法而言，朝代愈远，地位愈低；朝代愈近，地位愈高。从历史批评原则而言，朝代愈远，批评愈严；朝代愈近，批评愈委婉。这其实也是《春秋》的一种避讳义法。当然，董仲舒的"三等"说比《公羊传》的笼统的三世划分法要更为具体。更重要的是，董仲舒的"三等"说是作为其"三统"历史变易说的别传提出来的，如果结合董仲舒的"三统"说来看他的"三等"说的话，我们认为这种"三等"说不但体现了亲疏之义，而且还体现了尊新王大义，因而蕴涵了一种历史发展的观点。[①] 同时《春秋繁露·王

[①] 关于董仲舒的"三统"说与其"三等"说之间的关系，参见拙作《"三统"说与董仲舒的历史变易思想》，载《齐鲁学刊》，2002（3）。

道》还将"三等"说所蕴涵的亲近之义用以解说夷夏关系,认为"亲近以来远,故未有不先近而致远者也。故内其国而外诸夏,内诸夏而外夷狄,言自近者始也。"① 从而在肯定通过"亲近以来远"以实现夷夏一统的同时,也明确指出了中国(京师)、诸夏和夷狄之间是有着亲疏、远近和内外之别的。

由此可见,董仲舒不但对《春秋》三世作了具体划分,而且还对其"三等"说与公羊学的"通三统"和"异内外"说之间的关系作了最初的表述。我们从后来何休所表述的"三世"说的内容来看,董仲舒的"三等"说不但给了何休诸多的理论启发,而且很多表述还成为他构建何氏"三世"说的重要素材。

二

东汉何休作为公羊学的集大成者,在全面继承和发展公羊学的同时,尤其对于自《公羊传》、董仲舒最初提出后,后代公羊家们尚未作过系统、深入阐发的公羊"三世"说作了重要发展,别开生面地提出了衰乱、升平和太平的公羊新"三世"历史发展学说,从而赋予了传统公羊"三世"说以崭新的内涵。

何休关于其公羊"三世"说的最为系统而集中的表述,当属对隐公元年《公羊传》文"所见异辞,所闻异辞,所传闻异辞"的解释:

> 所见者,谓昭、定、哀,己与父时事也;所闻者,谓文、宣、成、襄,王父时事也;所传闻者,为隐、桓、庄、闵、僖,高祖、曾祖时事也。异辞者,见恩有厚薄,义有深浅,时恩衰义缺,将以理人伦,序人类,因制治乱之法。故于所见之世,恩己与父之臣尤深,大夫卒,有罪无罪皆日录之,"丙申,季孙隐如卒"是也。于所闻之世,

---

① "内其国而外诸夏,内诸夏而外夷狄"语出《公羊传》,然《公羊传》只是从"王者一统"角度立义。

王父之臣恩少杀，大夫卒，无罪者日录，有罪者不日，略之"叔孙得臣卒"是也。于所传闻之世，高祖、曾祖之臣恩浅，大夫卒，有罪无罪皆不日，略之也"公子益师、无骇卒"是也。于所传闻之世，见治起于衰乱之中，用心尚粗糙，故内其国而外诸夏；先详内而后治外；录大略小；内小恶书，外小恶不书；大国有大夫，小国略称人；内离会书，外离会不书是也。于所闻之世，见治升平，内诸夏而外夷狄，书外离会，小国有大夫。宣十一年秋"晋侯会狄于攒函"，襄二十三年"邾娄鼻我来奔"是也。至所见之世，著治太平，夷狄进至于爵，天下远近小大若一，用心尤深而详。故崇仁义，讥二名，晋魏曼多，仲孙何忌是也。所以三世者，礼，为父母三年，为祖父母期，为曾祖父母齐衰三月。立爱自亲始，故《春秋》据哀录隐，上治祖祢，所以二百四十二年者，取法十二公，天数备足，著治法式。又因周道始坏，绝于惠、隐之际。主所以卒大夫者，明君当隐痛之也。君敬臣则臣自重，君爱臣则臣自尽。公子者氏也，益师者名也，诸侯之子称公子，公子之子称公孙。①

这段话集中阐发了如下基本思想：（1）"三世"是何休关于春秋十二公 242 年历史的一种阶段划分，其划分方法则完全沿袭了董仲舒的春秋"三等"说，即以昭、定、哀三公为所见世，文、宣、成、襄四公为所闻世，隐、桓、庄、闵、僖五公为所传闻世；（2）何休完全遵循公羊先师历史撰述书法，根据春秋"三世"历史远近亲疏之不同，而分别采取了不同的书法，其基本原则是亲近疏远、详今略古；（3）将"异内外"说与"三世"说相结合，寓夷夏之辨于"三世"学说之中，这是何休对公羊学先师"三世"说的一个重大发展（具体论述详后）。（4）推陈出新，提出了"衰乱—升平—太平"的新"三世"说，这是何休"三世"说中最具创意的部分。如果说董仲舒春秋"三等"说的亲近疏远和尊崇新王还只是一种关于历史发展的隐含之义的话，那么，何休则第一次直截了当地以"衰乱世—升平

---

① 何休：《春秋公羊传解诂·隐公元年》。

世—太平世"来对应公羊先师们所划分的春秋"所传闻世—所闻世—所见世",从而对社会历史发展之走向作了明确表述,肯定了它是一个从低级到高级、从衰乱到太平、从野蛮到文明的过程,换言之,它是一个不断发展和不断进步的过程。

需要指出的是,何休认为春秋"三世"是一个由"衰乱"到"升平"再到"太平"的历史发展和进步的过程,而春秋"三世"的历史变迁实际情况却恰恰与之相反,从"所传闻世"到"所闻世"再到"所见世",世道不但没有一世比一世兴盛,反而是一世比一世更加衰败。因此,究竟应该如何理解何休的这一新"三世"说的历史发展思想呢?清人皮锡瑞认为是"借事明义",他说:

> 春秋初年,王迹犹存;及其中叶,已不逮春秋之初;至于定、哀,駸駸乎流入战国矣。而论春秋三世之大义《春秋》始于拨乱,即借隐、桓、庄、闵、僖为拨乱世;中于升平,即借文、宣、成、襄为升平世;终于太平,即借昭、定、哀为太平世。世愈乱而《春秋》之文愈治,其义与时事正相反。盖《春秋》本据乱而作,孔子欲明驯致太平之义,故借十二公之行事,为进化之程度,以示后人治拨乱之世应如何,治升平之世应如何,治太平之世应如何,义本假借,与事不相比附。《公羊疏》于《注》,至所见之世著治太平,云当尔之时,实非太平,但《春秋》之义,若治之太平于昭、定、哀也,犹如文、宣、成、襄之世,实非升平,但《春秋》之义,而见治之升平。然《疏》之解此,亦甚明矣。昧者乃引当时之事,讥其不合,不知孔子生于昭、定、哀世,岂不知其为治为乱!公羊家明云世愈乱,而《春秋》之文愈治,亦非不知其为治为乱也。①

皮锡瑞认为孔子作《春秋》时就已经明示了"拨乱"、"升平"和"太平"之"三世"义,这显然与事实不相符合。同时,何休之前的早期公羊家们

---

① 皮锡瑞:《经学通论》,22~23页,北京,中华书局,1954。

也并没有明确指出《春秋》已经蕴涵"拨乱"、"升平"和"太平"之"三世"发展观。但是，如果我们将皮锡瑞这段话用来解说何休的"三世"说，则是再恰当不过了。正如皮锡瑞所说的，孔子以及后世公羊家们其实都知道春秋只是一个乱世，何休当然也很清楚，所以他说："《春秋》定、哀之间，文致太平"①。而许文、宣、成、襄之时以"升平世"，也只是"足张法而已"②。这就明白无误地告诉人们，所谓"升平世"和"太平世"，只是一种虚构和假托，而并非是真实的历史。那么，何休为何要以"衰乱—升平—太平"来解说春秋"三世"，对历史进行虚构呢？答案正如皮锡瑞所说的，那就是要借事明义。何休所借之事，当然是《春秋》所载242年史事。而其所明之义，其一是认为社会历史是一个不断发展和进步的过程，因此，太平之世作为一种社会理想最终一定能得以实现；同时，社会历史的发展和进步又是一个循序渐进的过程，它必然要经历一个从"衰乱世"到"升平世"而最终以达"太平世"的过程。其二是认为太平之世是一个没有种族区分、没有内外之别的天下一统之世，在这一时期，"夷狄进于爵，天下远近小大若一"。由此来看，何休作《春秋公羊传解诂》，其目的并不是去解说《春秋》所载的242年历史，而是借助《春秋》的史事来寄予自己的一种社会理想。因此说，如果以何休的"三世"说来观照春秋"三世"史实，它当然是虚幻的；但如果说何休的"三世"说是对人类历史发展趋势的一种解释，则无疑是正确的。

难能可贵的是，何休本人所处的东汉末年社会，其实正是一个衰乱之世，作为这一特定时代的思想家，何休却并没有对历史的发展失去信心。何氏"三世"说的提出，充分说明了何休对人类历史发展和进步的必然性充满自信，相信太平盛世最终得以实现是人类历史发展和进化的一种必然，体现了作为思想家的何休具有一种执著而坚定的历史信仰。

---

① 何休：《春秋公羊传解诂·定公六年》。
② 何休：《春秋公羊传解诂·襄公二十三年》。

三

何休关于公羊"三世"说的阐发,从思想方法而言,是将其纳入他所构建的"三科九旨"这一大的学术思想体系当中进行的。在何休看来,"三科九旨"是一个不可分割的有机整体。他曾撰《春秋公羊文谥例》一书,对这一学说进行了具体阐释,可惜此书已经散佚,我们现在只能通过徐彦在《春秋公羊传注疏》"卷首语"中所作的引述了解这一学说的思想梗概。徐《疏》引曰:

问曰:"《春秋说》云:《春秋》设三科九旨,其义如何?"答曰:"何氏之意,以为三科九旨正是一物。若总言之,谓之三科。科者,段也。若析而言之,谓之九旨。旨者,意也。言三个科段之内,有此九种之意。故何氏作《文谥例》云:三科九旨者,新周,故宋,以《春秋》当新王,此一科三旨也。又云所见异辞,所闻异辞,所传闻异辞,二科六旨也。又内其国而外诸夏,内诸夏而外夷狄,是三科九旨也。"

从上述何休关于"三科九旨"学说的内涵所作的表述可知,何休所谓"新周,故宋,以《春秋》当新王"之"一科三旨",就是董仲舒已经作过系统表述的"三统"说;何休所谓"所见异辞,所闻异辞,所传闻异辞"之"二科六旨",就是《公羊传》和董仲舒所论述的春秋"三世"(或"三等")说;何休所谓"内其国而外诸夏,内诸夏而外夷狄"之"三科九旨",就是公羊先师的"异内外"之说。也就是说,何休的"三科九旨"说所涉及的这些理论课题,公羊先师们都曾经作过自己的解说。但是,与公羊先师们孤立地去阐述"三统"说、"三世"说和"异内外"说不同(董仲舒虽然对三者的关系作了最初的表述,却并没有系统的"三科九旨"说。他只是认为"三统"、"三世"和"异内外"之说都体现了一种亲近疏远之义,在他那里,三者间的关系还只是隐含而非显现的),何休则明确认为"三科九旨正是一物",他是将"三科九旨"学说看做一个不可分割的有机整体。毫无疑问,"三科九旨"作为一个完整的学术思想体系的提出,是何休对公羊先师历史哲学的一个重大发展,他也因此而构建了自己的一套完整的公羊学历史哲学体系。当然,在"三科九旨"学说这个有机整体当中,居于重要和中心地位的则是"三世"说,正如有的学者所说:"何休几乎把《春秋》的所有书法原则全部都纳入'三世说'的框架之中加以说明。"[①] 因此,理解"三科九旨正是一物",必须要理清何休的"三世"说与其"通三统"、"异内外"说之间的关系。

(一) 何休的"三世"说与其"三统"说之间的关系

依据董仲舒的"三统"说,历史变易是按照黑、白、赤三统循环进行的,以此观照以《春秋》为新王的具体历史王朝,则殷为白统,周为赤统,《春秋》为黑统。也就是说,以"《春秋》当新王",这是董仲舒"三统"说一个非常明确的命题。在董仲舒看来,孔子之所以要作《春秋》,是为了制王法、明王义,正如《春秋繁露·奉本》所说的:"今《春秋》缘鲁以言王义"。从这个角度而言,《春秋》本身就代表着一个统。然而,《春秋》毕竟是一部经书,它只是"缘鲁以言王义"。于是,董仲舒又提出了"王鲁"这一命题。《三代改制质文》说:"故《春秋》应天作新王之事,时正黑统。王鲁,尚黑,绌夏,亲周,故宋。"应该说,"王鲁"说是董仲舒首创的,它并不曾见于《公羊传》。然而,《三代改制质文》虽然提出了"王鲁"的命题,却并没有对"王鲁"的内涵加以阐发,甚至董仲舒之后的两汉公羊学家也都未曾对此作过系统阐述。何休的"三统"说基本上掇拾了董仲舒的陈说,也是以"新周,故宋,以《春秋》当新王"的。所不同的是,何休着重对董仲舒提出的"王鲁"命题进行了系统阐发。纵观《春秋公羊传解诂》一书,此种书法义例比比皆是,举例如下。隐公元年《春秋》记曰:"公及邾娄仪父盟于眜"。《解诂》释曰:"《春秋》王鲁,托隐公为始受命王。因仪父先于隐公盟,可假以见褒赏之法,故云尔。"庄公二十三年《春秋》记曰:"荆人来聘。"《解诂》释曰:"《春秋》王鲁,

---

① 黄朴民:《何休评传》,170 页,南京,南京大学出版社,1998。

因其始来聘,明夷狄能慕王化、修聘礼、受正朔者,当进之,故使称人也。"僖公三年《春秋》记曰:"公子友如齐莅盟。"《解诂》释曰:"《春秋》王鲁,故言莅以见王义。使若王者遣使临诸侯盟,饬以法度。"成公二年《春秋》记曰:"季孙行父、臧孙许、叔孙侨如、公孙婴齐帅师会晋郤克、卫孙良夫、曹公子手及齐侯战于鞌,齐师败绩。"《传》曰:"曹无大夫,公子手何以书?忧内也。"《解诂》释曰:"《春秋》托王于鲁,因假以见王法。明诸侯有能从王者征伐不义,克胜有功,当褒之,故与大夫。"由上可知,像先朝新王者晋爵、夷狄慕王化者褒之、王者无朝诸侯之义、王者大夫得敌诸侯等,都是何休托鲁所明之王义。

何休的"三统"说与其"三世"说之间有密不可分的联系。(1)二者都是一种解说历史发展的学说。"三统"说是对春秋以前历史发展总趋势的一种总结;而"三世"说则是对春秋历史的一种总结。如果我们不能将这两种学说结合起来加以考察的话,那么就无法对何休的历史学说有一个全面的了解。(2)从历史观而言,作为何休"三统"说之重要内涵的"王鲁"说,其间蕴涵了深刻的历史发展之义。何休"王鲁"说的精神实质,正如他本人所说的,是"托王于鲁,因假以见王法"。在何休看来,孔子之所以要"王鲁",只是托鲁以立定王义、王法,表明身处乱世时代的孔子,并没有对历史发展前途失去信心,而是对未来寄予无限的希望。反观何休本人,他所处的东汉末年也是一个没有王义、王法的衰世。他阐释《春秋》"王鲁"大义,其实恰恰是道出了他自己对历史的一种信仰,相信王道政治一定会在未来得以实现。由此来看,何休以"王鲁"为重要内涵的"三统"说,显然只是借助一种循环的表象,而实际则内蕴了深刻的历史发展思想。而何休的"三世"说则对历史发展过程作了更为具体的描绘,认为它是一个从"衰乱"到"升平"再到"太平"的不断发展过程。由此来看,何休的"三统"说与其"三世"说关于历史发展思想的表述形式虽然不同,它们的本质却是一致的,都肯定历史是不断发展的。

(二)何休的"三世"说与其"异内外"说之间的关系

何休"异内外"说与先儒存在着明显的不同,这就是他将"三世"说运用来解说其"异内外"说,肯定了夷狄的不断进步与发展,认为"太平"之世将是一个"夷狄进至于爵,天下远近小大若一"的大一统之世,从而赋予传统公羊学夷夏观以全新的含义。按照何休"三世"进化说,在"所传闻之世"(亦即"衰乱"之世),诸夏尚未统一,故夷狄"未得殊也",因此,也就不存在什么夷夏之辨问题。"衰乱"之世的主要矛盾是中国与诸夏的矛盾,解决这一基本矛盾的原则是"内其国而外诸夏"。具体做法则是通过不同的书法,来辨明京师与诸侯,以褒奖前者、贬抑后者,体现"尊京师"大义。

当历史进入"传闻之世"(亦即"升平"之世)时,夷狄已"可得殊",也就有了夷夏之辨问题。何休秉承了先儒夷夏之辨的观点,即以礼义而不以血缘、地域来分辨夷狄。但在何休看来,在"升平"之世,夷夏之间的文明进化程度是不相等的,一般来说,诸夏可以被看做是文明的代表,而夷狄则还处于野蛮阶段。因此,在处理夷夏关系时,就应该奉行进诸夏、退夷狄的原则,也就是所谓"内诸夏而外夷狄"。何休说:"于所闻之世,见治升平,内诸夏而外夷狄"。① 正是根据这样一种原则,何休强调在"所闻之世"必须要辨夷夏之别、严夷夏之防。为此,何休一方面反对诸夏联合甚或依附于夷狄,另一方面强调诸夏都应该以保护华夏文明为己任。当然,这一时期的夷夏之辨只是一种礼义文化之辨,而不是种族血缘之辨。因此,如果夷狄仰慕诸夏文明,自觉行仁讲义,则一样可以"中国之"。

当历史进入"所见之世"(即"太平"之世)时,何休认为,这一时期的夷狄通过"升平"之世的不断进化,已经由野蛮而至文明,成为诸夏的一部分。何休说:"至所见之世,著治太平,夷狄进至于爵,天下远近小大若一,用心尤深而详。故崇仁义,讥二名。"② 在此"夷狄进至于爵,天下远近小大若一",是何休对"太平"之世夷夏关系的一个完整表述。从中可知,何休所谓"太平"之世,已经是一个没有夷夏之别的天下一统的社会。在这个社会里,不但道德文明已经发展到了极致,而且政治、种

---

① 何休:《春秋公羊传解诂·隐公元年》。
② 同上。

族、文化也实现了空前的统一。当然，何休"夷狄进至于爵，天下远近小大若一"的说法，主要是表达了一种理想，而并不是客观事实。但是，这种肯定历史不断进步和发展的思想，无疑是令人鼓舞、催人奋进的。

由上可知，何休的"三世"说与其"三统"说和"异内外"说相结合，构建了一套系统的密不可分的公羊学术思想体系，这一历史哲学蕴涵了一种历史发展、社会进步和民族一统的积极和进步的思想。因此，我们只有将何休的"三世"说与其"三统"说和"异内外"说结合起来进行考察，才能充分认识其"三世"说的时代意义和理论价值。

论荀悦的历史编纂思想

　　荀悦（148—209），字仲豫，颍川颍阴（今河南许昌）人，东汉末年著名史学家和思想家。荀悦在中国史学史上的地位，是由其历史编纂成就和思想所决定的。荀悦的历史编纂成就主要体现在《汉纪》的撰述上。在《汉纪》问世以前，作为编年体史书，主要有《春秋》和《左传》。然而，二书在体例上都很不完善，正如白寿彝先生所说的，"《春秋经》记事不记言，只能表示事件的发生而不能表示其发展的过程。《左传》克服了这样的缺点，但体例庞杂，对于无年月可考或不便分散于年月之下的史事没有能作出适当的安排，因而也没有能将编年体的规模建立起来。"① 《汉纪》则主要采用了连类列举的方法，即常常在记一事时，兼记同类之事或相关之事；记一人时，兼记同类之人或相关之人。同时，人和事的记载常常或是因事记人，或是因人记事，人事相兼。这种连类列举的记载方法，不但使编年体的记述范围得到了扩充，而且还使记述内容（人和事）更为集中，从而较好地解决了以往编年体的记述缺陷，赢得了"辞约事详，论辨多美"的美誉。《汉纪》的问世，标志着我国编年体规模的真正建立，编年体也因此成为中国封建社会与纪传体齐名的两大正统史体之一。荀悦不但在历史编纂方法上取得了重大成就，而且在历史编纂思想上也多有建树。纵观《汉纪》和《申鉴》②，荀悦对于历史撰述的作用、史书的取材和书法等诸多问题，都系统地提出了自己的看法，形成了一套较为完整的历史编纂思想。

一、论历史撰述的作用

　　自孔子作《春秋》以来，中国古代的史学家对于历史撰述的作用，都

---

① 白寿彝：《刘向和班固》，载《中国史学史论集》，127页。
② 荀悦所著的一部政论书，许多观点被《汉纪》收入。

有比较明确的认识。身处春秋乱世时代的孔子为何要作《春秋》，孟子的理解是："世衰道微，邪说暴行有作，臣弑其君者有之，子弑其父者有之。孔子惧，作《春秋》。《春秋》，天子之事也。"这就是说，孔子之所以作《春秋》，是因为他充分认识到了史书具有讨贼垂法的作用。从结果来看，《春秋》确实也起到了这一作用，故而孟子说："孔子成《春秋》而乱臣贼子惧。"[1] 司马迁作《史记》，以"究天人之际，通古今之变，成一家之言"为其撰述旨趣，而其根本目的则是要"稽其成败兴坏之理"。很显然，司马迁则充分认识到史书对于反映历史盛衰之变的作用。班固作《汉书》，一方面借助于论载历史，来宣扬汉皇朝的功德；另一方面则通过对历史治乱兴衰的记载，而为东汉封建皇朝的统治提供历史借鉴。应该说，班固已经充分认识到封建史学的双重作用性，并将之自觉地贯彻到治史的实践当中。

荀悦关于历史撰述作用的认识，一方面由于其出身儒学世家，受到正统儒家思想的熏陶，故而对于历史撰述作用的认识，多承袭传统儒家的观点，强调其"立度宣教"和"崇立王业"的作用[2]；另一方面，东汉末年政治衰败的特定时代氛围，对于荀悦关于历史撰述作用的认识也有很大的影响，这主要表现在他特别注重强调史学的鉴戒作用。

1. 荀悦强调历史记载对于"立度宣教"和"崇立王业"的重要性。荀悦说：

> 古者天子诸侯，有事必告于庙。朝有二史，左史记言，右史记动。动为《春秋》，言为《尚书》。君举必记藏否，成败无不存焉。下及士庶，等各有异，咸在载籍。或欲显而不得，或欲隐而名章。得失一朝，而荣辱千载。善人劝焉，淫人惧焉。故先王重之，以嗣赏罚，以辅法教。[3]

---

[1] 以上均见《孟子·滕文公下》。
[2] 荀悦：《汉纪》卷二十五，《成帝纪二》，张烈点校本，北京，中华书局，2002。
[3] 荀悦：《申鉴》卷二，《时事》。

这段话主要表述了如下三层含义：（1）认为古代的天子和诸侯都非常重视历史记载，而且历史记载的内容上至天子，下及士庶，好坏成败，无所不记；（2）认为历史记载具有劝善惩恶作用，"得失一朝，而荣辱千载"，故而善者因此而受到鼓励，恶者因此而感到恐惧；（3）认为既然史书善恶皆载，善可劝人，恶可惧人，史书的这种特殊功能自然会为先王所看重，而将它作为政治统治所推行的刑赏与法教的辅助手段。出于对历史记载重要性的深刻认识，荀悦一再向汉献帝建议，希望朝廷能"备置史官"，以详载各种政事。他说：

> 若史官使掌典其事，不书诡常，为善恶则书，言行足以为法式则书，立功事则书，兵戎动众则书，四夷朝献则书，皇后贵人太子拜立则书，公主大臣拜免则书，福淫祸乱则书，祥瑞灾异则书。①

在此，荀悦详细列举了史官应该记载的各种政事。同时，荀悦还主张恢复汉朝曾经实行过的起居注制度，以载内事。他说："先帝故事，有起居注，日用动静之节必书焉。宜复其式，内史掌之以记内事。"② 从汉献帝之后的史官设置情况来看，荀悦的备置史官以记载政事和恢复修起居注的建议，得到了统治者的重视。如魏、蜀、吴三国就都设有史官；而《隋书·经籍二》就注录有"汉献帝及晋代以来起居注"。

2. 荀悦肯定历史撰述的根本作用在于鉴戒。在荀悦看来，历史撰述是以政事为其主要内容的，因此，历史撰述的根本作用就在于通过对历史治乱兴衰的总结，为当时的统治者提供政治治理的历史经验教训。因此，鉴戒功能是历史撰述的根本功能。荀悦说：

> 君子有三鉴，世人镜鉴。前惟顺（训），人惟贤，镜惟明。夏商之衰，不鉴于禹汤也。周秦之弊，不鉴于民下也。侧弁垢颜，不鉴于

---

① 荀悦：《申鉴》卷二，《时事》。
② 同上。

明镜也。故君子惟鉴之务。①

在此，荀悦认为君子有"三鉴"，即史鉴、人鉴和镜鉴。在荀悦看来，"三鉴"当中，史鉴是第一位的。统治者如果不以史为鉴，不去吸取历史的经验教训，国家就不可能得到治理。荀悦正是基于这样一种认识，而撰述《汉纪》，以为汉献帝提供西汉一代治乱兴衰的历史经验教训。荀悦的这种史鉴认识，在其所著《汉纪》的《序言》中作了明确表述：

> 凡《汉纪》，有法式焉，有监戒焉；有废乱焉，有持平焉；有兵略焉，有政化焉；有休祥焉，有灾异焉；有华夏之事焉，有四夷之事焉；有常道焉，有权变焉；有策谋焉，有诡说焉；有术艺焉，有文章焉；斯皆明主贤臣命世立业，群后之盛勋，髦俊之遗事。是故质之事实而不诬，通之万方而不泥。可以兴，可以治，可以动，可以静，可以言，可以行，惩恶而劝善，奖成而惧败。兹亦有国之常训，典籍之渊林。

在这段话中，荀悦以其《汉纪》的撰述为例，对于史鉴的具体内涵作了详细罗列。在他看来，历史撰述只有通过对上述政事的得失成败作出详细总结和叙述，才能够为当代的政治统治提供充分的历史借鉴。因而，历史撰述的目的，就是要使史书成为"有国之长训"。在《汉纪》书末总论中，荀悦再一次对《汉纪》的鉴戒作用作了宣示：

> 《易》称："多识前言往行以畜其德。"《诗》云："古训是式。"中兴已（以）前，一时之事，名主贤臣，规模法则，得失之轨，亦足以监矣。

荀悦在《汉纪》的结尾处再次宣示《汉纪》撰述的鉴戒旨趣，由此可见他

---

① 荀悦：《申鉴》卷四，《杂言上》。

对史书的鉴戒功能是何等的重视！从上所述可知，荀悦不但将史书的鉴戒功能努力贯彻于《汉纪》的撰述当中，而且撰成后的《汉纪》，确实也如同荀悦所说的那样："亦足以监矣"。荀悦是以其《汉纪》能"永监后昆"而引以为自豪的。

二、论"立典有五志"

如前所述，《汉纪》撰述的主要目的是为了资政，确切地说，即是要为汉献帝提供史鉴，起到帝王教科书的作用。从这一作史目的出发，荀悦自然非常重视《汉纪》的取材问题。按照《汉纪·序》的说法，《汉纪》取材的基本原则一是内容上要"有便于用"，二是形式上要"省约易习"。之所以要"省约易习"，是因为帝王日理万机，政事繁忙；而"有便于用"，则是由《汉纪》的撰述目的所决定的。这就是说，《汉纪》的撰述既要强调一个"省"字，又要突出一个"用"字，这就要求《汉纪》的取材必须要做到文约而理明。

从上述取材原则出发，荀悦在《汉纪》卷一就开宗明义，提出了"立典有五志"论，具体阐发了他对史书取材的基本观点。他说：

> 夫立典有五志焉：一曰达道义，二曰彰法式，三曰通古今，四曰著功勋，五曰表贤能。于是天人之际、事物之宜粲然显著，罔不能备矣。

在此，所谓"达道义"，就是要求历史撰述要以儒家纲常伦理道德为旨归。荀悦说："仁义之大体在于三纲六纪"，"施之当时则为道德，垂之后世则为典经"①。所谓"彰法式"，就是要求历史撰述要维护和宣扬封建皇朝已经立定的法规制度，要多记"祖宗功勋，先帝事业，国家纲纪"②。荀悦反

---

① 荀悦：《汉纪》卷二十五，《成帝纪二》。
② 荀悦：《汉纪·序》。

对随意改变成规旧制的做法，如对汉朝废封建之制，荀悦一方面肯定其动机是好的，因为其本意是为了"强干弱枝，一统于上，使权柄不分于下也"。可是，实际上汉朝统辖一方的州牧，其威势之重，还盛于封国。故而荀悦说，"州牧号为万里，总郡国，威尊势重"，已是"近于战国之迹"①。在荀悦看来，国家一旦法制败坏，政治统治也就难以维持了。他说："法坏则世倾，虽人主不得守其度矣。"② 所谓"通古今"，就是要求历史撰述要详载封建皇朝治乱兴衰的整个过程，以期考察封建政治的得失成败，而为当今的封建统治提供历史鉴戒。至于历史借鉴的具体内涵究竟有哪些，上文所引《汉纪·序》中已经作了详细叙述，此不赘言。所谓"著功勋"和"表贤能"，就是通过历史撰述，来表彰统治阶级当中的代表性人物。具体而言，如"名主贤臣命世立业，群后之盛勋，髦俊之遗事"③ 等，都是史书应该载记的。

荀悦"立典有五志"之史书取材论，对后世历史撰述和历史理论产生了较大的影响。史家干宝受荀悦"五志"论的影响，而提出了自己的"五志"论："体国经野之言，则书之；用兵征伐之权，则书之；忠臣、烈士、孝子、贞妇之节，则书之；文诰专对之辞，则书之；才力技艺殊异，则书之。"④ 显然，干宝的"五志"论与荀悦的"五志"论相比，虽然在内容上有一定的出入，但其基本思路无疑是受到了荀悦的启发。史评家刘知幾对荀悦和干宝的"五志"论给予较高的评价，认为他们的"五志"论已经基本上概括了史书所要载记的内容。他说："记言之所网罗，书事之所总括，粗得于兹矣。"刘知幾还在二家"五志"论的基础上增扩了三个科目，"一曰叙沿革，二曰明罪恶，三曰旌怪异"，并说"以此三科，参诸五志，则史氏所载，庶几无阙。"⑤ 由此看来，自荀悦"立典有五志"之史书取材论提出后，确实引起了后世史家和史评家的高度重视，并给予充分的肯定。

---

① 荀悦：《汉纪》卷二十八，《哀帝纪一》。
② 荀悦：《申鉴》卷一，《政体》。
③ 荀悦：《汉纪·序》。
④ 引自刘知幾：《史通》卷八，《书事》。
⑤ 同上。

三、《汉纪》的直书精神

如实地记述历史的治乱兴衰，这既是封建史学二重性的客观要求，同时也是史家优良品德的体现。纵观荀悦所著《汉纪》，我们不难看出，作为一位积极入世的封建史家，荀悦的《汉纪》很好地体现了封建史学的二重特性。《汉纪》以"达道义"、"彰法式"、"著功勋"和"表贤能"为取材标准和撰史旨趣，显然承继了班固著《汉书》，以维护封建正统和"宣汉"为撰史旨趣的传统；同时，《汉纪》也非常重视秉笔直书，对西汉皇朝政治统治的得失成败进行认真总结，以期能使汉献帝从中有所借鉴。《汉纪》的这种秉笔直书的精神，则又是承继了自齐太史、司马迁和班固以来史家秉笔直书的优良传统。

如实地反映封建皇朝的功业，这虽然也是直书的一种体现，但对史家来说并不是一件难事；而敢于不为封建统治避讳，对封建统治的阴暗面进行暴露，这种直书则是难能可贵的。

1.《汉纪》揭露了西汉赋役繁重、民力凋敝的真实情况。我们知道，西汉皇朝继暴秦而建，它总结了亡秦的历史教训，故而从一开始就注意减轻民力，实行与民休息的政策。在后世史家的眼里，西汉皇朝特别是文景盛世时期被当作封建时代轻徭薄赋的典型来看待。荀悦并不否定西汉皇朝是实行轻徭薄赋政策的，故而他说："古者什一而税，以为天下之中正也。今汉民或百一而税，可谓鲜矣。"① 肯定西汉皇朝的轻徭薄赋政策。然而，《汉纪》却能透过这种历史的表象，而去反映历史的真实。荀悦认为，"百一而税"政策只是反映了西汉国家赋税的减轻，却并不表示老百姓的负担因此也减轻了。实际上，西汉老百姓的赋税负担依然还是非常繁重的。造成这种现象的原因究竟是什么呢？荀悦认为根本原因在于土地问题。西汉皇朝从立国之时起，就一直存在着严重的土地兼并现象。在那个时代，豪强富人们大肆兼并土地，整个国家的土地高度集中在少数人手里。这些广

---

① 荀悦：《汉纪》卷八，《文帝纪二》。

占土地的豪富们，总是对老百姓课以重赋，因而老百姓的负担并没有因国家的轻徭薄赋政策而变轻。故而荀悦说：

> 豪强富人占田逾侈，输其赋太半。官收百一之税，民收太半之赋；官家之惠优于三代，豪强之暴酷于亡秦，是上惠不通，威福分于豪强也。①

在荀悦看来，土地是国家根本，要想减轻百姓负担，就必须从这一根本入手，否则，"不正其本而务除租税，适足以资富强。"② 那么，如何解决土地兼并问题呢？荀悦主张按照《春秋》诸侯不得专封、大夫不得专地之义，来遏制土地兼并。荀悦说：

> 夫土地者，天下之本也。《春秋》之义，诸侯不得专封，大夫不得专地。今豪民占田或至数百千顷，富过王侯，是自专封也；买卖有己，是自专地也。③

从上所述可知，由于西汉土地的高度兼并和集中，豪强富人因此得以肆意征赋，故而在正常的年份里，老百姓的负担也是比较繁重的。如果国家有重大举措，或是统治者奢侈无度，老百姓就更加不堪重负了。如汉武帝的统治便是一个典型的例子。汉武帝不但生活奢侈无度，而且穷兵黩武，致使老百姓不堪重负，民力因此而凋敝。荀悦对汉武帝统治时期出现的民力凋敝现象是这样叙述的：

> （武帝）奢侈无限，穷兵极武，百姓空竭，万民疲敝。当此之时，天下骚动，海内无聊，而孝文之业衰矣。④

---

① 荀悦：《汉纪》卷八，《文帝纪二》。
② 同上。
③ 同上。
④ 荀悦：《汉纪》卷二十三，《元帝纪三》。

> 武帝之世，赋役繁众，民力凋弊。加以好神仙之术，迂诞妖怪之人四方并集，皆虚而无实。①

从上述荀悦的揭示可知，西汉时期老百姓的赋税负担实际上还是很繁重的。而造成这种现象的原因，在荀悦看来，主要有三个方面：（1）由于土地集中在少数人手里，从而导致国家税轻而富豪税重，百姓的负担依然很重；（2）统治者穷兵黩武，兴师动众，致使百姓不堪其命；（3）统治者的奢侈腐朽和荒淫无度，从而加重了老百姓的负担。其中第一、第二条讲的是统治者统治政策的失误，而第三条则是就统治者自身素质而言的。

2.《汉纪》对西汉统治者用人政策之不当提出了批评。封建政治统治的一个重要问题是用人问题。一般来说，大凡封建盛世的造就，往往都与封建统治者重用人才是分不开的；反之，封建衰世的出现，则总是与统治者不能用贤相关联。然而，在荀悦看来，封建衰世时期不用人才是自不待言的，而即使在所谓的封建盛世时代，统治者要真正做到知贤、用贤，其实也是很困难的。《汉纪》以汉文帝的用人情况为例，论证了即使是像文帝这样的贤君，在知人、用人上其实做的也是很不够。如像杰出的政治家、思想家贾谊，就被逐贬于外，而得不到重用。张释之、冯唐是文帝朝的名臣，然而，他们的仕途却并不通畅。张释之以骑郎事文帝，却"十年不得调，亡所知名。"② 后来还是中郎将爰盎知其贤、爱其才而极力荐举，才得以升迁；而冯唐年过七十后才受到重用，之前一直只是屈做一个郎署长的官职。更有如名相周勃，是西汉有名的忠臣，以诛诸吕而有大功于汉室，却见疑于文帝，竟被下狱而遭狱吏之辱。于是，荀悦借冯唐七十余岁才困而后达，对文帝朝的用人之失评论道：

> 以孝文之明也，本朝之治百僚之贤，而贾谊见逐，张释之十年不见省用，冯唐白首屈于郎署，岂不惜哉！夫以绛侯之忠，公存社稷，

---

① 荀悦：《汉纪》卷十三，《武帝纪四》。
② 《汉书》卷五十，《张冯汲郑传》。

而犹见疑，不亦痛乎！①

在荀悦看来，西汉一朝像文帝这样的明君，都如此难以知人善任，何况其他远在文帝之下的君主呢？由此来看，西汉统治者在用人上是存在着很大弊端的。

3.《汉纪》还对封建专制统治下忠直之臣艰难的仕宦处境作了披露。封建官场的险恶从根本上说是由专制体制造成的，同时也与具体封建皇朝的黑暗统治分不开。《汉纪》对在西汉皇朝特别是后期黑暗统治下正直之臣的为官之难、处境之险作了深刻的揭示。如成帝河平四年（公元前25年），丞相王商因议水事与大司马、大将军王凤意见不一，而被后者诬陷致死。荀悦借此事评论道：

> 夫独智不容于世，独行不畜于时，是以昔人所以自退也。虽退犹不得自免，是以离世深藏。以天之高而不敢举首，以地之厚而不敢投足。……哀今之人，胡为虺蜴，本不敢立于人间，况敢立于朝乎！自守犹不免患，况敢守于时乎！无过犹见诬枉，而况敢有罪乎！闭口而获诽谤，况敢直言乎！虽隐身深藏犹不得免。是以宁武子佯愚，接舆为狂，困之至也。人无狂愚之伏者，则不得自安于世，是以屈原怨而自沉，鲍焦愤而矫死，悲之甚也！虽死犹惧形骸之不深，魂神之不远，故徐衍负石入海，申屠狄蹈瓮之河，痛之极也！②

在这段评论中，荀悦对在专制统治下的忠直之臣所遭受的迫害作了淋漓尽致的揭露：他们不被见容于时世，只好隐身深藏以避祸；隐身深藏犹难以自免，又只好佯装愚狂以避祸；甚至死了还有惧怕，还只好入海、蹈河而死。荀悦在此不但对专制制度的残忍作了深刻的揭露，而且一再地感叹，则是寄予了他自己对这些正直之士的无限同情。荀悦还对封建专制统治下

---

① 荀悦：《汉纪》卷八，《文帝纪二》。
② 荀悦：《汉纪》卷二十五，《成帝纪二》。

大臣进言之难发表了自己的看法，他说：

> 夫臣之所以难言者何也？其故多矣。言出于口则咎悔及身。举过扬非则有干忤之祸，劝励教诲则有刺上之讥。下言而当则以为胜己，不当贱其鄙愚。先己而明则恶其夺己之明；后己而明则以为顺从。违下从上则以为谄谀，违上从下则以为雷同，与众共言则以为专美。言而浅露则简而薄之，深妙弘远则不知而非之。特见独知则众以为盖己，虽是而不见称；与众同之则以为附随，虽得之不以为功。据事不尽理则以为专必，谦让不争则以为易。穷言不尽则以为怀隐，尽说竭情则为不知量。言而不效则受其怨责，言而事效则以为固当。①

以上这段话是荀悦有感于汉哀帝建平四年（公元前3年），仆射平陵侯郑崇因屡屡劝谏哀帝不宜进封外戚傅商和宠信佞臣董贤，结果被逮捕下狱致死而作的评论。在这段评论中，荀悦一连列举了二十多种情况，以说明为臣进言之难。从中可知，荀悦对封建专制统治下为臣进言之难的揭露无疑是很深刻的。

综上所述，荀悦的历史编纂思想不但内涵丰富，而且见解独到，是中国封建史学传之于后的一份宝贵的思想遗产。荀悦历史编纂思想之最为显著的特点，是从正统主义出发，强调史学的教化和鉴戒作用，具有非常浓厚的资政色彩。而这种治史以资政的思想，无疑是中国封建史学的一个重要传统。同时，出于认真总结历史得失成败的需要，荀悦治史又能不为汉避讳，对封建政治的阴暗面进行暴露。而这种重视直书不隐的思想，无疑是中国封建史学的一个优良传统。

---

① 荀悦：《汉纪》卷二十九，《哀帝纪二》。

论袁宏史学思想的玄学倾向

魏晋时代，是玄风兴盛的时代。玄学作为一种时代哲学思潮，对于这一时期各种学术思想都产生了重要影响，史学当然也不例外。《后汉纪》的作者、东晋史家袁宏，其史学思想就深受这一时代思潮的影响。他是一位具有玄化倾向的史学家，援玄入史、玄儒合一，是其史学思想的重要特点。

一、"道明其本，儒言其用"

儒道关系，或曰名教与自然的关系，是魏晋玄学的一个重要品题。正始玄学的代表人物何晏、王弼提出了"名教本于自然"的观点。与汉儒董仲舒"名者圣人所发天意"的观点不同，王弼认为纲常名教是从"无"或"道"这样的精神本体之中产生的。他说："始制，谓朴散始为官长之时也。始制官长，不可不立名分以定尊卑，故始制有名也。"① 在此，王弼曲解了《老子》的原意，却肯定了"名"——封建纲常是"朴散为器"的结果，这个"朴"就是"道"、"无"或"自然"，这就为名教寻找到了形上依据。王弼还直截了当地说，"道"是"五教之母"（指父子有亲、君臣有义、夫妇有别、长幼有序、朋友有信），古今不同，时移俗异，但是五教之母是不变的。② 人们只有用道家"自然无为"的原则，才能维护和挽救名教。"竹林名士"的代表人物嵇康、阮籍，由于不满司马氏打着名教的旗号改朝换代、诛杀异己，在玄学理论上则公开诋毁名教，尊崇老庄，提出"越名教而任自然"的思想，将名教与自然对立起来。如嵇康作《难自然好学论》，要求人们摆脱由当权的统治者"造立"出来的名教的束缚。

---

① 王弼：《老子注》第三十二章，楼宇烈《王弼集校注》本，北京，中华书局，1980。

② 王弼：《老子指略》，楼宇烈《王弼集校注》本。

他说:"造立仁义,以婴其心;制为名分,以检其外;劝学讲文,以神其教。故六经纷错,百家繁炽,开荣利之涂,故奔骛而不觉。"当然,嵇康、阮籍反对礼教,主要是针对司马氏假礼教而言的。此后,同为"竹林七贤"之一的向秀作《庄子注》,郭象又据此加以发挥,他们提出了"名教即自然"的主张,强调自然与名教的统一性。如《逍遥游》篇注文就说:"夫圣人虽在庙堂之上,然其心无异于山林之中。"认为讲究礼教法制的圣人,他们在精神上却是绝对逍遥自在的。

以上玄学家所论名教与自然的关系,除去嵇康、阮籍要"越"司马氏假名教、将名教与自然对立外,其基本精神都是强调名教与自然的统一性。玄学家关于名教与自然之关系的论述,对史学家袁宏的名教观产生了重要的影响,并且明显地反映在其历史撰述与评论之中。

(一) 从《后汉纪》的撰述宗旨来看

袁宏对历史撰述旨趣的认识,与以往史家不尽相同。司马迁撰写《史记》,以"究天人之际,通古今之变,成一家之言"为宗旨;班固作《汉书》,旨在使当代君主扬名于后世,冠德于百王;而袁宏作《后汉纪》,则公然宣称:"史传之兴,所以通古今而笃名教也。"① 明确认为历史撰述的目的,就是为了"通古今而笃名教"。从这种历史撰述宗旨出发,袁宏对《左传》以来的史籍宣扬名教的情况进行了认真考察:

> 丘明之作,广大悉备。史迁剖判六家,建立十书,非徒记事而已。信足扶明义教,网罗治体;然未尽之。班固源流周赡,近乎通人之作;然因籍史迁无所甄明。荀悦才智经伦,足为嘉史,所述当世,大得治功已矣;然名教之本,帝王高义,韫而未叙。②

在此,袁宏对左丘明、司马迁、班固和荀悦等著名史家的历史撰述一一进行点评,肯定《左传》"广大悉备",《史记》"扶明义教,网罗治体",《汉

---

① 袁宏:《后汉纪·自序》,张烈点校本,北京,中华书局,2002。
② 同上书。

书》为"通人之作",《汉纪》"足为嘉史"。但是,如果从"笃名教"角度而言,袁宏对这些史著都不太满意,指责它们"然未尽之"、"韫而未叙"。而这也正是袁宏撰写《后汉纪》的原因所在:"今因前代遗事,略举义教所归,庶以弘敷王道。"① 这就是说,《后汉纪》"通古今而笃名教",根本上还是为了"弘敷王道"。

袁宏关于历史撰述旨趣的论述,与他对名教与政治之关系的理解是分不开的。他说:

> 治之兴所以道通,群心在乎万物之生也。古之圣人知其如此,故作为名教,平章天下。天下既宁,万物之生全也。保生遂性,久而安之,故名教之益,万物之情大也。当其治隆,则资教以全生;及其不足,则立身以重教。然则教也者,存亡之所由也。夫道衰则教亏,幸免同乎苟生;教重则道存,灭身不为徒死,所以固名教也。②

袁宏将名教的作用看得很重,认为它是"存亡之所由",古圣王就是利用它来"平章天下"的,因此,政治兴盛时要"资教",政治衰败时更要"重教"。在评论历史上王权更替和治乱兴衰问题时,袁宏说:

> 夫君位,万物之所重,王道之至公。所重在德,则弘济于仁义;至公无私,故变通极于代谢。是以古之圣人,知治乱盛衰,有时而然也。故大建名教以统群生,本诸天人而深其关键,以德相传,则禅让之道也。暴极则变,变则革代之义也。废兴取予,各有其会,因时观民,理尽而动,然后可以经纶丕业,弘贯千载。③

这里袁宏明确表达了两个思想,其一是肯定历史的治乱兴衰与政权的废兴取予,都是"有时而然"和"各有其会"的,也就是说,这是历史变易的

---

① 袁宏:《后汉纪·自序》。
② 袁宏:《后汉纪》卷二十三,《灵帝纪》。
③ 袁宏:《后汉纪》卷三十,《献帝纪》。

一种必然之理。因此，从历史上政权更替的两种形式而言，无论是禅让还是革代，也都是历史发展的一种必然之势。其二是强调"大建名教"与"观民"的重要性，名教是用来"统群生"的，是维系社会与政治的一种礼制，因而也是直接关系到历史治乱兴衰的，必须"大建"；"观民"是观察民众对所建名教的反映，名教的本质内涵是"德"，统治者推行德政，就必然会得到民众的拥护，而滥施刑法，政权就必然会被"革代"。

值得注意的是，袁宏不但重视从"通古今"中论证名教的重要性，体现了史学家的本色，而且重视探寻名教的天地之性与自然之理，从而使他的名教观具有明显的玄化倾向。在揭示名教的本质时，袁宏作如是说：

> 夫君臣父子，名教之本也。然则名教之作，何为者也？盖准天地之性，求之自然之理，拟议以制其名，因循以弘其教，辩物成器，以通天下之务者也。是以高下莫尚于天地，故贵贱拟斯以辩物；尊卑莫大于父子，故君臣象兹以成器。天地无穷之道，父子不易之体。夫以无穷之天地，不易之父子，故尊卑永固而不逾，名教大定而不乱，置之六合，充塞宇宙，自今及古，其名不去者也。未有违夫天地之性而可以序定人伦，失乎自然之理而可以彰明治体者也。①

这段话有两层含义，一是肯定名教之本是讲君臣父子关系；二是强调君臣父子的高下、尊卑关系是"天地之性"和"自然之理"，因而是永恒不变的。在此，袁宏以"天地之性"和"自然之理"来论说名教，强调名教的自然本性，这显然是以道家自然无为的观念来解说传统儒家的名教观，明显打上了玄学家的痕迹。吴怀祺先生认为，"袁宏把儒家的礼制，纳入到道家的'自然无为'的理论体系中去。它既不同于董仲舒的纲常说，也有别于原始的道家的自然无为说。"② 因而是一种玄学名教观。

（二）从《后汉纪》的学术发展观来看

在袁宏以前，西汉初年的史家司马谈撰写《论六家要指》，东汉初年

---

① 袁宏：《后汉纪》卷二十六，《献帝纪》。
② 吴怀祺：《中国史学思想史》，145页。

的史家班固在刘歆《七略》的基础上编成《汉书·艺文志》，都对中国古代学术发展史进行了重要总结。从学术分类而言，司马谈的《论六家要指》以阴阳、儒、墨、法、名、道"六家"涵盖先秦诸子学术；班固则在司马谈学术分类思想基础上，接受了刘歆《七略》提出的"十家九流"说，其中"九流"是在司马谈六家基础上外加纵横、杂、农三家而成，而"十家"则是在"九流"之后附以小说家。从学术旨趣而言，司马谈崇尚道家，因而他的学术总结是从道家角度出发的；班固崇尚儒家，其学术总结当然是从儒家角度出发的。对于司马谈、班固这种"支流区别"、学术归宗的做法，袁宏是给予肯定的。他说：

> 昔仲尼没而微言绝，七十子丧而大义乖，诸子之言纷然散乱，太史公谈判而定之以为六家，班固演其说而明九流。观其所由，皆圣王之道也。支流区别，各成一家之说。夫物必有宗，事必有主，虽治道弥纶，所明殊方，举其纲契，必有所归。寻史谈之言，以道家为统；班固之论，以儒家为高。①

上述数语，袁宏一方面对此前中国古代学术分类史进行了总结，肯定了学术归宗的重要性；另一方面他分辨出了司马谈与班固学术旨趣的不同，认为前者是"以道家为统"，后者则是"以儒家为高"。

与司马谈、班固相比，袁宏关于学术分类的思想不同于班固，而与司马谈大体一致，也是以道、儒、阴阳、名、法、墨六家划分学术家派的。所不同的是，《论六家要指》旨在评述六家之短长，而袁宏的六家之论旨在分析其产生的原因，如他说："患万物之多惑，故推四时以顺，此明阴阳家之所生也。惧天下扰扰，竟故辩加位以归真，此名家之所起。畏众寡之相犯，故立法制以止杀，此法家之所兴也。伏有国之奢弊，故明节俭以示人，此墨家之所因也。"②

---

① 袁宏：《后汉纪》卷十二，《章帝纪》。
② 同上。

更为重要的是，袁宏的学术思想旨趣与司马谈、班固皆有所不同，司马谈崇道，班固崇儒，而袁宏论学术宗旨则是从玄学的立场出发的。他说：

> 尝试论之曰：夫百司而可以总百司，非君道如何情动，动而非已也。虚无以应其变，变而非为也。夫以天下之事而为以一人，即精神内竭，祸乱外作。故明者为之视，聪者为之听，能者为之使。惟三者为之伏，不行而可以至，不为而可以治，精神平粹，万物自得。斯道家之大旨，而人君自处之术也。夫爱之者，非徒美其车服，厚其滋味；必将导之训典，辅其正性，纳之义方，闲其邪物。故仁而欲其通，爱而欲其济，仁爱之至，于是兼善也。然则百司弘宣，在于通物之方，则儒家之算，先王教化之道，居极则玄默之以司契，运通则仁爱之以教化。故道明其本，儒言其用，其可知也矣。①

由上可知，袁宏与司马谈一样，都崇尚道家无为而治的政治理念，然而他却更加强调"虚无"、"不为"、"居极玄默"的君王"自处之术"；他与班固崇尚儒家的理念也有相通之处，重视儒家思想在政治实践中的效用，不过在对儒道关系进行表述时，他则明确提出了"道明其本，儒言其用"的思想。"道明其本，儒言其用"八个字，堪称为袁宏玄学思想的经典表述，同时也是他从玄学角度对中国古代学术发展趋势的一种总结，正如吴怀祺先生所说的，"他是以玄学家的眼光认识学术的变化，又反映儒道合流的趋向。"②

二、为政"贵在安静"

"有无（动静）"问题，是魏晋玄学关于宇宙本体论的重要品题。何

---

① 袁宏：《后汉纪》卷十二，《章帝纪》。
② 吴怀祺：《中国史学思想史》，142页。

晏、王弼是玄学中"贵无"论的创始者,据《晋书·王衍传》载:

> 魏正始中,何晏、王弼等祖述老庄立论,以为天地万物皆以无为本。无也者,开物成务,无往而不存者也。阴阳恃以化生,万物恃议成形,贤者恃以成德,不肖者恃以免身。故无之为用,无爵而贵矣。

这段话概述了何晏、王弼创立的"贵无"哲学及其思想特征。从这种"以无为本"的观点出发,何晏、王弼探讨了"无"和"有"的关系。王弼说:"天下之物,皆以有为生。有之所始,以无为本。将欲全有,必反于无也。"① 因此,人们应该"崇本以举其末"。② 王弼还明确认为"老子之书其几乎!可一言而蔽之,噫!崇本息末而已矣。"③ 何晏、王弼"贵无"思想的提出,奠定了魏晋玄学的理论宗旨。

与何晏、王弼从道家"自然无为"思想出发鼓吹"崇无"论相反,西晋裴𬱟著《崇有论》鼓吹"崇有"④,则是从儒家立场出发的。在裴𬱟看来,玄学"贵无"而"贱有",必然会破坏礼教与政教。《崇有论》说:"贱有则必外形,外形则必遗制,遗制则必忽防,忽防则必忘礼。礼制弗存,则无以为政矣。"裴𬱟也具体探讨了"有无"问题,《崇有论》说:"夫至无者,无以能生,故始生者,自生也。自生而必体有,则有遗而生亏矣。生以为己分,则虚无是有之所谓遗者也。"在裴𬱟看来,"无"不能生"有",万物之生是自生,而以"有"为体,失去"有"也就丧失了"生",因此"虚无"是不能产生"有"的。应该说,裴𬱟的本体论具有朴素唯物主义倾向。

到了向秀、郭象作《庄子注》,则提出"独化论",主张有无统一说。就"有无(动静)"之辩来说,《庄子注》的观点是与裴𬱟一致的,认为"无"不能生"有",所以《知北游篇》注云:"有之为物,虽千变万化,

---

① 王弼:《老子注》第四十章。
② 王弼:《老子注》第三十八章。
③ 王弼:《老子指略》。
④ 参见《晋书》卷三十五,《裴𬱟传》,北京,中华书局,1974。

而不得一为无也。"但是,《庄子注》肯定"有"便是运动变化本身,"有"就是"独化"。在"有"的"独化"过程中,一切事物现象都会即生即灭,"皆在冥中去矣",也就是《序》文所谓"独化于玄冥之境"。而"玄冥"即是虚无,于是,《庄子注》在承认"有"、"化"绝对性的同时,又逻辑地推导出了"有而无之"、"有无"统一的结论,其具有朴素唯物倾向的本体论也就滑向了相对主义。

魏晋玄学关于"有无(动静)"问题的论辩,对于史家袁宏的史学思想也产生了重要影响。应该说,袁宏的玄学观主要是受到何晏、王弼"贵无"论的影响。反映在其具体治政理念上,则是强调本着道家"自然无为"的精神,以"贵在安静"为治政原则。袁宏说:"古之有天下者,非欲制御之也,贵在安静之。故修己无求于物,治内不务于外。"① 这是袁宏玄化政治主张的典型表述。在他看来,政治只求静,不务动;只求修己,不求于物;只求治内,不务治外。一言以蔽之,就是要清静无为。从这样一种玄学史观出发,袁宏对过往的政治历史进行了评述。

(一)袁宏主张法先王无为之道

众所周知,传统儒家是祖述尧舜,宪章文武,主张法先王的,袁宏承继了先儒崇尚古圣的思想,却赋予其以玄学的内涵。与先儒一样,袁宏评述历史,也是将历史截然分成三代以前和五霸秦汉两段,认为三代以前是天下大治,而五霸秦汉时天下却得不到善治。造成这种现象的根源在哪里呢?对此,袁宏从玄学的角度作了评说:

> 自三代已前,君臣穆然,唱和无间,故可以观矣。五霸、秦、汉其道参差,君臣之际,使人瞿然,有志之士,所以苦心斟酌,量时君之所能,迎其悦情,不干其心者,将以集事成功,大庇生民也。虽可以济一时之务,去夫高尚之道,岂不远哉!②

---

① 袁宏:《后汉纪》卷十四,《和帝纪》。
② 袁宏:《后汉纪》卷四,《光武帝纪》。

在袁宏看来，三代以前与五霸、秦、汉时期统治者的根本区别，是三代以前的君臣"穆然"，而五霸、秦、汉时期的君臣则"瞿然"。换言之，前者推行的是一种无为之道，而后者则是一种有为之道。因此，尽管五霸、秦、汉时期的君臣通过积极有为，也能成一时之功，却与高尚的无为之道相去甚远。很显然，袁宏与先儒不同，他是从玄学的立场去评判和肯定三代以前的政治的。

袁宏认为，先王"穆然"之政在制度上的具体表现，便是推行分封制。法先王，就应该要依循先王所推行的分封制度。袁宏结合周代以来的历史事实，肯定了以公、侯、伯、子、男五等爵分封天下的好处：（1）能"公天下"。袁宏说："帝王之作，必建万国而树亲贤，置百司而班群才。所以不私诸己，共乡天下，分其力任，以济民事。"（2）能安天下。袁宏认为，分封制之所以能长期推行，很重要的一点是它能确保国家长治久安。他说这种体制"虽元首不康，诸侯不为失政；一国之治，天下不为之乱。故时有革代之变，而无土崩之势。"与此相反，"郡县之立，祸乱实多。君无长君之民，尊卑迭而无别，去来似于过客。人务一时之功，家有苟且之计。……一人休明，则王政略班海内；元首昏暗，则匹夫拟议神器。"在袁宏看来，郡县制既缺乏政治推行的连续性，使人贪一时之功；又把国家安危完全维系于君主一人之身，君明则天下治，君昏则天下乱。由此袁宏得出结论："夫安危之势著于古今，历代之君莫能创改，而欲天下不乱，其可得乎？呜呼，帝王之道可不鉴欤！"上述"公天下"，是从道德层面而言的；而"安天下"，则是从政治效能角度而言的。（3）除此之外，在袁宏看来，分封制还有一个重要好处，那就是为政"简易"，这显然是从玄学角度而言的。袁宏认为，在分封体制下，天子虽然富有天下，而政事却不出王畿；诸侯虽然为政一方，而政刑却不出封域。因此，这样的政治体制"众务简而才有余，所任轻而事不滞"，简易而有效率。① 袁宏还明确指出，为政简易与否，是区分三代圣王政治与五霸、秦、汉政治的一个重要标准。他认为三代圣王为政都是"顺人心以济乱，因去乱以立

---

① 均见袁宏：《后汉纪》卷七，《光武帝纪》。

法"的，一切本着顺民、实用和简易的原则；相反，后世政治则是"政繁民弊，牧之者忘简易之可以致治，御之者忽逆顺之所以为理。……于是乎变诈攻夺之事兴，而巧伪奸吏之俗长矣。"① 因此，效法先王政治，最重要的一点就是要以简易为治政原则。由此可见，袁宏关于分封制的评述，是蕴涵其玄学思想于其中的。

袁宏认为，先王"穆然"之政也表现在具体的安边政策上。袁宏通过对三代以上与秦汉以下所推行的安边政策进行对比，认为唐尧、虞舜、三代圣王对周边的少数民族采取的是"羁縻而弗有"的政策，让他们"习其故俗"，其结果是圣王"君臣泰然，不以区宇为狭也"，而"天下乂安，享国长久"。与此相反，秦、汉时期的君王忙于开疆拓土，尽管他们的疆域数倍于圣王时期，却仍然不满足，还要"西通诸国，东略海外"，其结果则是"地广而威刑不制，境远而风化不同，祸乱荐臻，岂不斯失！"② 袁宏上述关于历代君王治边的议论，在颂扬三代以前古圣王的同时，对秦汉以来作了全盘否定，他不但反对秦汉的拓边政策，甚至反对"西通诸国"的做法，这就等于将这一时期正当的反击匈奴的战争和正常的与域外的交往都一概否定了。如对东汉时期出使西域的著名外交家班超，袁宏就说："班超之功非不可奇也，未有以益中国，正足以复四夷，故王道所不取也。"③ 不过我们也应该看到，秦汉时期也有不少无谓的战争，是统治者们为了好大喜功、为了能后世留名而发动的，这种战争劳民伤财，给广大人民带来了深重的灾难。所以袁宏说："当世之主，好为身后之名，有为之人，非能守其贫贱，故域外之事兴，侥幸之人至矣。"④ 袁宏的这种说法是符合实际的。当然，袁宏在安边政策上推崇三代、反对秦汉，从根本上说，还是其清静无为玄学思想的一种反映。

（二）袁宏对历史上统治者因其"多欲"而导致"民疲"提出了批评

袁宏并不一味否定人欲，他说："夫生而乐存，天之性也；困而思通，

---

① 袁宏：《后汉纪》卷六，《光武帝纪》。
② 袁宏：《后汉纪》卷十四，《和帝纪》。
③ 同上。
④ 同上。

物之势也；爱而效忠，情之用也。"① 认为这些欲望都是不可废去的天理、天性。他对下层百姓的生存欲望给予了充分的肯定，说："夫饥而思食，寒而欲衣，生之所资也。"② 认为这是人们赖以生存的基础，是正常而合理的欲望。但是，袁宏反对富有天下的统治者纵欲、多欲，他说："然富有天下者，其欲弥广，虽方丈黼黻，犹曰不足；必求河海之珍，以充耳目之玩，则神劳于上，民疲于下矣。"③ 认为他们的多欲，其结果只能是既让自己劳神，又使百姓疲惫。袁宏还特别对秦汉以来末世君主生活奢侈、大兴土木提出批评，他说：

> 末世之主，行其淫志，耻基堂之不广，必壮大以开宫；恨衣裳之不丽，必美盛以修服；崇屋而不厌其高，玄黄而未尽其饰。于是民力殚尽，而天下咸怨，所以弊也。故有道之主，睹先王之规矩，察秦汉之失制，作营建务求厥中，则人心悦固，而国祚长世也。④

在袁宏看来，统治者要想取悦于民众，使国家长治久安，就必须要尊崇先王旧制，除去多欲之私。由上可知，袁宏与宋代理学家鼓吹的"存天理，灭人欲"思想不同，他认为正当的人欲本身就是天理的体现，应该给予肯定；他所反对的只是统治者的多欲、纵欲、广欲，认为这样只能导致民疲、短祚。很显然，袁宏的人欲论，其中也蕴涵了道家的清静无为思想，因而是玄学思想的体现。

三、智者顺势而为

关于人物才性的探讨，是魏晋玄学的又一个重要品题。正始玄学家王弼从"贵无"本体论出发，来探讨人的才性问题，提出了人性出于自然、

---

① 袁宏：《后汉纪》卷十七，《安帝纪》。
② 袁宏：《后汉纪》卷十八，《顺帝纪》。
③ 同上。
④ 袁宏：《后汉纪》卷十九，《明帝纪》。

应该顺性"莫为"的观点。他说:"万物以自然为性,故可因而不可为也,可通而不可执也。"① 这就是说,万物都遵循必然规律而各得其性,因此人类也应该要顺应万物之自然(即性),采取"可因而不可为"、"可通而不可执"的态度。王弼还从"以无为本"的观点出发,探讨了"体"和"用"的关系,提出了体用不二的观点。他说:"故虽德盛业大,富而有万物,犹各得其德。虽贵以无为用,不能舍无以为体也。"② 这就是说,圣人有日新之盛德,富有之大业,都是"以无为本"的结果,即是效法天地、自然的结果,因此不能"舍无以为体"。从这样一种体用不二的观点出发,王弼明确认为,圣人也有常人之情,之所以成"圣",在于其能自觉地"性其情"。何劭在《王弼传》中说:王弼"以为圣人茂于人者神明也,同于人者五情也。神明茂,故能体冲和以通无;五情同,故不能无哀乐以应物。然则圣人之情,应物而无累于物者也。"这就是说,圣人虽然同一般人一样"有情",由于他有高超的智慧,能在精神上得以超脱,表现在同样的"应物"上,便有与一般人的"累"与"不累"之分。冯契先生说:"王弼这一'圣人有情'的学说,贯彻了体('性')用('情')不二的观点,体现了道家的自然原则与儒家的自觉原则的统一。"③

与王弼一样,西晋玄学家向秀、郭象也认为物各有性,性本自然。《庄子·养生主》注说:"天性所受,各有本分,不可逃,亦不可加。"既然人性具有自然的必然性,因此,人们应该"安命"。《庄子·人间世》注说:"知不可奈何者命也而安之,则无哀无乐,何易施之有哉?故冥然以所遇为命,而不施心于其间;泯然与至当为一,而无休戚于其中。"《庄子·秋水》注又说:"夫安于命者,无往而非逍遥矣。"这就是说,既然"性自得"、"命自致",人们就应该要"冥然以所遇为命",而这种"安命",便是逍遥的具体体现。当然,向秀、郭象玄学家的"安命"说与老庄道家的"蔽于天而不知人"之论还是有所不同的。如《庄子·秋水》

---

① 王弼:《老子注》第二十九章。
② 王弼:《老子注》第三十八章。
③ 冯契:《中国古代哲学的逻辑发展》中册,498~499页,上海,上海人民出版社,1984。

说:"牛马四足,是谓天;落马首,穿牛鼻,是谓人。"对此,注文曰:"人之生也,可不服牛乘马乎?服牛乘马,可不穿落之乎?牛马不辞穿落者,天命之固当也。苟当乎天命,则虽寄之人事,而本在乎天也。穿落之可也,若乃走作过分,驱步失节,则天理灭矣。"在此,向秀、郭象明确认为所谓落马首、穿牛鼻之"人事",其实就是"天然",是合乎自然的必然之性,只是人们在使用牛马时要懂得节制罢了。由此可见,向秀、郭象其实是讲人事的。

综上可知,魏晋玄学家们关于才性的见解虽然不尽相同,但其基本精神却是一致的,那就是都肯定性本自然,主张人们应该顺性而为,超然应物。玄学家的才性论,对于史学家袁宏也有重要影响。他评论历史人物的一个显著特点,便是强调"顺性"、"顺势",认为智者顺势而为。

(一) 袁宏认为统治者要懂得顺人之性的道理

在谈到统治者用人问题时,袁宏说:

> 夫金刚水柔,性之别也;员行方止,器之异也。故善御性者,不违金水之质;善为器者,不易方员之用。物诚有之,人亦宜然。故肆然独往,不可袭以章服者,山林之性也。鞠躬履方,可屈而为用者,庙堂之材也。是以先王顺而通之,使各得其性,故有内外隐显之道焉。①

在此,袁宏告诉人们,如同金水之性有刚柔之别、器具形状有圆方不同,人的性情也存在着差异,所以才有山林之人和庙堂之材的不同。因此,统治者用人就应该要效法先王之道,"顺而通之,使各得其性"。同样的道理,统治者治民,也要懂得顺民之性情。袁宏说:

> 在溢则激,处平则恬,水之性也。急之则扰,缓之则静,民之情也。故善治水者引之使平,故无冲激之患;善治人者虽不为盗,终归

---

① 袁宏:《后汉纪》卷五,《光武帝纪》。

刻薄矣。以民心为治者，下虽不时整，终归敦厚矣。"①

袁宏以水作比，肯定了使民缓静的重要性，认为这是顺民性、得民心之政。

（二）袁宏主张人生应该"顺势而为"而不能"过其才"

从玄学的立场出发，袁宏一方面反对过分有为，另一方面也没有放弃传统儒家的入世哲学，"顺势而为"而不能"过其才"，则成为其人生哲学的主旨所在。那么，人生在世为什么只能"顺势"而不能"过其才"呢？袁宏提出了几条理由：（1）"势极则受患"。袁宏认为，人与万事万物皆一样，"势极"则必然会遭受祸患而不能全身。他说："长木之标，其势必颠，势极故也。势极则受患，故无全物焉。然则贵盛之极，倾覆之所有也，外戚则忧甚焉。"②袁宏借外戚凭宠作威发议论，却道出了一个人生哲理，那就是势极必颠，万物已然。袁宏认为，君子懂得倾覆由于势极的道理，所以能够做到"无咎"。他说："夫吉凶由人，而存亡有地，择地而处，君子所以无咎也。"③（2）世道有"三患"。袁宏认为，人生在世，要想有番作为，其实是很不容易的，这既要取决于自身的才气，更要取决于君主的知遇与重用与否。因此，"顺势"而不能"过其才"也是世道艰难所致。他说："夫世之所患，患时之无才；虽有其才，患主之不知也；主既知之，患任之不尽也。彼三患者，古今之同，而御世之所难也。"④ 从袁宏的"三患论"可知，既然人的命运是自己主观所无法掌握的，那么最好的办法还是明哲保身，顺势而为。（3）"过其才"者往往有毁败之祸。袁宏是史家，以史为鉴是其本色。他认为，从历史上看，大凡"过其才"者往往不会有好的结果。如东汉名将马援就是一个典型例子，《后汉纪》卷八对此作了论说。袁宏认为马援之所以能成为东汉开国著名功臣，既有其主观原因，那就是"才气志略，足为风云之器"；也有客观原因，当时恰

---

① 袁宏：《后汉纪》卷二十五，《灵帝纪》。
② 袁宏：《后汉纪》卷十七，《安帝纪》。
③ 同上。
④ 袁宏：《后汉纪》卷六，《光武帝纪》。

逢乱世用人之际，马援的才气正"遇其时"。但是马援死后颇遭怨谤，袁宏认为这与其在东汉建立后还继续有为而"过其才"、不懂得"顺势"有关。他说：当时"天下既定，偃然休息，犹复垂白，据鞍慷慨，不亦过乎！"袁宏认为，马援以安天下时的作为行于治天下，继续攻伐之事，因而是不智之举。所以他最后说："善为功者则不然，不遇其主则弗为也。及其不得已，必量力而后处，力止于一战则事易而功全，劳足于一邑则伏少而身安，推斯以往，焉有毁败之祸哉！马援亲遇明主，动应衔辔，然身死之后，怨谤并兴，岂非过其才为之不已者乎！"在这里，袁宏从玄学家的立场出发，一方面批评了马援不善功、不懂"顺势"，认为他遭怨谤是自己"过其才"的不明智之举所致；另一方面也是借马援之事，对东汉统治者在立国之初便连年发动战争提出批评。有鉴于上述认识，所以袁宏得出结论：只有"顺势而为"，才是智者所为。

刘知幾班马优劣论平议

自从《史记》与《汉书》这两部史学名著问世以来，历代学者对于它们的得失高下争论不已。作为我国古代杰出的史学评论家，刘知幾也将班、马之优劣，作为其史学评论名著《史通》一书的重点评论问题之一。但刘知幾关于班、马孰优孰劣的评论，在后世也产生了很大的歧义，而成了另一个纷无定说的问题。史家浦起龙认为，刘知幾对班、马所持的态度是"互有褒贬"[1]；而史家郑樵则认为"刘知幾之徒尊班而抑马"[2]。究竟刘知幾的班马优劣论是尊班而抑马，还是互有褒贬？答案自然要到《史通》里去找。《史通》一书用了大量篇幅，从体裁、体例、叙事等诸多方面，对《史记》与《汉书》进行了认真比较，作出了自己的评论。理清这些评论，并给予正确的评议，刘知幾的班马优劣论自然会得以凸显。

一

刘知幾对初唐以前我国史学史上的众多史著，从编纂形式上进行了厘析归类，认为从体裁而言，不外乎"六家"、"二体"。《六家》篇说："古往今来，质文递变，诸史之作，不恒厥体。权而为论，其流有六：一曰《尚书》家，二曰《春秋》家，三曰《左传》家，四曰《国语》家，五曰《史记》家，六曰《汉书》家。"刘知幾将《史记》和《汉书》别立为两家。在他看来，《史记》和《汉书》虽然都是分以纪传，但前者属于通史撰述，而后者则"包举一代"，因此是分属而并立的。刘知幾进而对《史记》通史纪传与《汉书》断代纪传的优劣问题进行了评述，他认为"《史记》疆宇辽阔，年月遐长，而分以纪传，散以书表。每论家国一政，而

---

[1] 浦起龙：《酿蜜集》卷二，《班马异同》，清光绪二十七年刻本。
[2] 郑樵：《通志·总序》，北京，中华书局，1987。

胡、越相悬；叙君臣一时，而参、商是隔。此其为体之失者也。"相反，"如《汉书》者，究西都之首末，穷刘氏之废兴，包举一代，撰成一书；言皆精练，事甚该密，故学者易讨，易为其功。自尔迄今，无改斯道。"很显然，刘知幾推崇班固断代为史，认为这是一种"易为其功"的史体；而否定司马迁的通史纪传，认为这是一种"劳而无功"的撰述工作。在刘知幾看来，正是由于《汉书》断代为史"易为其功"，从而才使这种断代为史的撰述方法成为纪传体史书撰述的主潮，用刘知幾的话来说，是"自尔迄今，无改斯道"。同样，也正是由于《史记》通史纪传"劳而无功"，从而导致这种撰述方法废绝不传。刘知幾说："《尚书》等四家，其体久废；所可祖述者，惟《左氏》及《汉书》二家而已。"应该说，刘知幾上述评论是尊班而抑马的。他的这些评论有合理之处，也有武断和过激的地方。他认为断代为史"易为其功"，而通史撰述"劳而无功"，虽然并非绝对，却也有一定的道理。但是他说《史记》家"其体久废"，则为武断。我们且不论在刘知幾之前已有班彪的《史记后记》，李延寿的《南史》、《北史》等通史纪传体史书问世；即使《汉书》本身，说其"包举一代"，也仅是就纪传而言的，它的"十志"，便是贯通古今，而非专明一代。后世断代纪传体史书，其叙典制，也往往都要贯通古今，正如今人张舜徽所说："后之断代为书者，述及典章制度，靡不溯厥本原，穷搜远绍。良以因革损益，非综述不能明。以此见断代为书之穷，而通史之体，究不可废。"[①]

《六家》篇从通史与断代立论，刘知幾推重《汉书》断代之法，而贬低《史记》通史著述。而在《二体》篇中，刘知幾则对司马迁创立的纪传体史书体裁给予了较为中肯的评论。他在如实地指出该体裁"同为一事，分在数篇，断续相离，前后屡出"，"编次同类，不求年月"等缺陷的同时，对其"纪以包举大端，传以委曲细事，表以谱列年爵，志以总括遗漏"，从而使历史记叙真正做到"显隐必该，洪纤靡失"，而给予了充分肯定。在刘知幾看来，正是由于左丘明传《春秋》、司马迁著《史记》，才使

---

① 张舜徽：《史通平议·六家》案语，北京，中华书局，1983。

史书体裁由此完备,并认为"后来作者,不出二途",如"荀悦、张璠,丘明之党也;班固、华峤,子长之流也。"由此可见,刘知幾将纪传体的创立之功归属司马迁,认为班固只是"子长之流"。在此,刘知幾已将纪传体之创立的源与流分得很清楚,这当然不能说是尊马抑班,但至少是对司马迁的首创之功作出了客观、公正的评价。

二

司马迁创立的纪传体,由本纪、世家、列传、表、书五种体例构成,后来班固著《汉书》,整合为本纪、列传、志、表四种体例。《史通》对两书的每一种体例都进行了评论,提出了自己的看法。

1. 刘知幾认为司马迁立定体例,却又自乱其例。如"姬自后稷至于西伯,嬴自伯翳至于庄襄,爵乃诸侯,而名隶本纪。"刘知幾认为西伯、庄襄以上的周、秦历史,应别作周、秦世家,以"使帝王传授,昭然有别。"① 又如项羽,刘知幾认为他"僭盗而死,未得成君,求之于古,则齐无知,卫州吁之类也。"更何况项羽号止霸王,"霸王者,即当时诸侯。诸侯而称本纪,求名责实,再三乖谬。"② 同样,刘知幾认为世家的记述对象当为"开国承家,世代相续"者。据此,他对《史记》列陈胜入世家的做法极其不满,说"至如陈胜起自群盗,称王六月而死,子孙不嗣,社稷靡闻,无世可传,无家可宅,而以世家为称,岂当然乎?"③ 此外,刘知幾认为列传"编者惟人",因此对司马迁作《龟策》等列传提出批评,他说:"寻子长之列传也,其所编者惟人而已矣。至于龟策异物,不类肖形;而辄与黔首同科,俱谓之传,不其怪乎?且龟策所记,全为志体,向若与八书齐列,而定以书名,庶几物得其朋,同声相应者矣。"④

由上可知,刘知幾对司马迁自乱其例的做法持贬损态度。其实,刘知

---

① 刘知幾:《史通·本纪》。
② 同上。
③ 刘知幾:《史通·世家》。
④ 刘知幾:《史通·编次》。

幾所论确有偏颇失当之处。首先，司马迁究竟有没有订立过"天子称本纪，诸侯曰世家"的义例？张舜徽就断然加以否定，认为此说源自裴松之。其次，司马迁订立本纪、世家的原意究竟何在？不少史家已对此作出正确的解说。如关于本纪，徐时栋认为："天下号令在某人，则某人为本纪，此史公史例也。故《高祖本纪》之前，有《项羽本纪》。高祖以后，不立《孝惠本纪》，而独立《吕后本纪》。固以本纪为纪实，而非争名分之地也。"① 刘咸炘认为，"本纪者一书之纲，唯一时势之所集，无择于王、伯、帝、后。"② 这无疑是符合司马迁原义的。至于列陈胜入世家，《史记·太史公自序》早已言明其因，它充分肯定了陈胜发难的重大意义；而《史记·秦楚之际月表》则将秦汉之际的历史分为三期："初作难，发于陈涉。虐戾灭秦，自项氏。拨乱诛暴，平定海内，卒践帝祚，成于汉家。五年之间，号令三嬗。"这显然又是从纪实角度而言的。对于《史记》列周、秦先世入本纪，张舜徽则认为这是仿《帝系》之例，他说："帝系，所以记王者先世，原未可拘泥于已王、未王，曲加区别也。知幾于此，似犹未达一间。"③ 此外，关于司马迁做《龟策》等列传，张舜徽也加以评议，他说："大抵史公列传，所包滋广。论其编次有专传，有合传，有类传。而标目之例，或以姓名；或以术业；或以行事；或以地域；则凡叙述所及，本不限于一端。知幾所云惟人而已者，特取其多者论之，未足以尽史公列传之例也。"④ 张氏此议，当为确论。

2. 刘知幾对《史记》、《汉书》诸表亦褒亦贬，持论不一。从基本倾向来说，刘知幾是反对纪传体史书作表的。在《表历》篇中，他批评《史记》"天子有本纪，诸侯有世家，公卿以下有列传；至于祖孙昭穆，年月职官，各在其篇，具有其说，用相考核，居然可知。而重列之以表，成其烦费，岂非谬乎？"在他看来，读者阅读纪传体史书，大凡都是先看本纪，越至世家，而对于编次于其间的表，则往往"缄而不视"，因此，表对于

---

① 徐时栋：《烟屿楼读书志》卷十二，民国十七年铅印本。
② 刘咸炘：《史学述林·史体论》，民国十八年刻本。
③ 张舜徽：《史通平议·本纪》案语。
④ 张舜徽：《史通平议·编次》案语。

纪传体史书的编述而言,"得之不为益,失之不为损"。刘知幾对于后世纪传体史书效法作表更是横加指责,他说《汉书》、《东观汉记》诸书作表是"曲为铨择,强加引进"、"迷而不悟,无异逐狂"。刘知幾尤其不满意班固《汉书》所作的《古今人表》。在他看来,《汉书》乃断代为史,可其中表的内容却是"上自庖牺,下穷嬴氏",不但突破西汉的界限,而且根本未叙及汉朝。《史通》一书在很多篇章中都对《古今人表》的做法提出了批评,如《表历》篇讥其为"鸠居鹊巢,茑施松上,附生疣赘,不知剪截,何断而为限乎?"《断限》篇说其是"侵官离局",乃"胶柱调瑟,不亦谬欤!"《题目》篇指责它以古今为目,实际上却是"古诚有之,今则安在?"

　　刘知幾的批评,从总体上看是不正确的,没有得到后世史家的认同。史家郑樵就认为"《史记》一书,功在《十表》。犹衣裳之有冠冕,木水之有本原。"① 朱鹤龄也认为"表与纪传,相为出入",并认为"作史体裁,莫大于是"②。张舜徽则对于表在纪传体史书中的具体作用作了说明:"盖《表》为史家要领,可订岁月之误,兼补《纪》、《传》之遗。又与《书》、《志》相表里,其大用尤在通《纪》、《传》之穷。"③ 他们都对表这种体例在纪传体史书中的重要作用给予了充分的肯定。同样,刘知幾对班固《古今人表》的指责,也受到了后世史家的批评。史评家章学诚在《方志略例》和《亳州志人物表例议上》中,都明确指出班固《汉书》虽为断代之史,却又是承补之作,"凡迁史所阙门类,固则补之。非如纪传所列君臣事迹,但划西京为界也。"张舜徽一方面肯定《古今人表》是"补《史记》之未备",另一方面认为史书叙事,"实有不容截然划分时代者","后世断代之书,亦多叙及往古"④。至于《古今人表》未叙及汉朝史事,史家钱大昕在《廿二史考异》中则从立表的作用上作了解释,他认为"今人不可表。表古人,以为今人之鉴。"今人不可表的原因,当然是作为当今的史

---

① 郑樵:《通志·总序》。
② 朱鹤龄:《愚菴小集》卷十三,上海,上海古籍出版社,1979。
③ 张舜徽:《史通平议·表历》案语。
④ 同上。

家，是不可以妄议当朝帝王之优劣的。

应该说，刘知幾是一位才华横溢、意气风发的史家，其评论往往易走极端。在他一味指责班、马作表的同时，却又对其过激之言隐有所觉，从而又在《杂说上》中对司马迁创立表的体例作了客观公正的评价，给予肯定。他说："观太史公之创表也，于帝王则叙其子孙，于公侯则纪其年月，列行萦纡以相属，编字戢霥而相排。虽燕、越万里，而于径寸之内，犬牙可接；虽昭穆九代，而于方尺之中，雁行有叙。使读者阅文便睹，举目可详，此其所以为快也。"对于这种前后矛盾的说法，张舜徽认为"虽前后持论，判若两人，究以《杂说篇》所言为是。"① 由上可见，从总体来看，刘知幾对于司马迁立表之法是批评中又有肯定，批评的语气和缓，而推重的语气反较肯定。但是，刘知幾对班固的《古今人表》却是严加指责、极力贬损的。

3. 刘知幾认为《天文》、《五行》、《艺文》三志宜加删汰，尤其贬斥《五行志》。刘知幾认为《史记》为通史纪传，区域绵长，标列《天官》，读者往往不易注意到其不妥之处，但是"榷而为论，未见其宜"②。他对《史记》立书之法表示出了一种委婉的否定。刘知幾对班固作《汉书》，因循《史记》而作《天文志》，却又"志无汉事而隶入《汉书》"则给予批评，指责这种做法"乖越"，认为"夫《天文》之于《汉史》，实附赘之尤甚者也。"③ 班固首创《艺文志》，反映了史家的一种史识。然而刘知幾对《艺文志》的指责尤其激烈，他认为"唯艺文一体，古今是同，详求厥义，未见其可。愚谓凡撰志者，宜除此篇；必不能去，当变其体。"④ 他不但批评班固首创《艺文志》是"论其妄载，事等上篇"，而且对后世纪传体史书"祖述不暇"大加挞伐。至于《汉书》标列的《五行志》，刘知幾更是横加指责，认为班固"以五行编而为志，不亦惑乎？"⑤ 《史通》一书除

---

① 张舜徽：《史通平议·表历》案语。
② 刘知幾：《史通·书志》。
③ 刘知幾：《史通·核才》。
④ 刘知幾：《史通·书志》。
⑤ 同上。

《书志》篇外，又另作《汉书五行志错误》，对《汉书》立五行之法进行系统而具体的批评。《汉书五行志错误》指出："班氏著志，抵牾者多。在于《五行》，芜累尤甚。"他经过系统梳理，认为《汉书·五行志》有错谬四科、流弊八种。对此后世史家多不与苟同，史家茅坤就认为"太史公八书中当以《天官书》为最"①；刘咸炘也认为"史家作志，原以成一代之政典、风尚、学术，非但详寿度也"②；张舜徽则认为"《天文》则代有发明，《艺文》则也有增减，皆足以明学术之升降，见著述之盛衰，何可不详述本末，以供后人稽览。而知几所教，尤在《艺文》。不悟人才升降，取镜学术；学术考校，全资《艺文》。"③ 应该说，刘知幾对《汉书·五行志》所作的批评，很多无疑是正确的，因为《汉书·五行志》的主题是宣扬天人感应学说。但是，天人感应思想作为西汉时代风尚之一，史书又不得不对它加以记录。只是史家究竟应该是据实直书，还是大肆宣扬，则是有区别的。

综上所述，刘知幾删汰三志之论，从总体上说是偏激和错误的。值得注意的是，他主张宜加删汰的三志，其中两志都为班固首创，班固首创的《艺文》、《五行》两志，遭到刘知幾的严厉批评，由此可见，刘知幾对班固的立志之法是强烈不满的。

三

《史通》还从取材、断限、烦省和载文等方面对二书作了评述。

1. 取材。

刘知幾一方面认为《史记》与《汉书》一样，之所以能擅名千载，与它们采撰得当是紧密相关的。他说："马迁《史记》，采《世本》、《国语》、《战国策》、《楚汉春秋》。至班固《汉书》，则全同太史。自太初已后，又杂引刘氏《新序》、《说苑》、《七略》之辞。此并当代雅言，事无邪僻，故

---

① 茅坤：《史记钞》卷十三，明万历刻本。
② 刘咸炘：《史记述林·史通驳议》。
③ 张舜徽：《史通平议·书志》案语。

能取信一时，擅名千载。"① 另一方面又对《史记》的采撰提出了种种批评，概言之，大致可以归纳为两点：一是好采鄙说，二是取材不广。就取材而论，刘知幾是明显地抑马的。然而，刘知幾对司马迁在采撰方面的诸多批评，很多并不符合实际情况。刘咸炘就指出："《史记》只取《春秋》、《国语》、《世本》、《国策》、《楚汉春秋》，正是其有别择之处。"② 张舜徽也认为《史记》"撰述之初，凡所凭依，已极广博。"③ 刘知幾讥《史记》好采鄙说，恰恰是刘知幾没有意识到司马迁访古辑闻对《史记》撰述所起的特殊作用，更何况司马迁是非常重视于"考之行事"的。张舜徽就认为"昔之言史者，惟司马迁明于考信阙疑之义。"④ 上述驳论，早已成为后世史家的共识。

2. 断限。

司马迁作《史记》，为通史撰述，在刘知幾看来，依然也存在断限问题。如《史记》列传部分为何以伯夷开篇，就牵涉到起限问题。对此，刘知幾斥之为"龌龊之甚"，他说："又子长著《史记》也，弛骛穷古今，上下数千载。至如皋陶、伊尹、傅说、仲山甫之流，并列经诰，名存子史，功烈尤显，事迹居多。盖各采而编之，以为列传之始，而断以夷、齐居首，何龌龊之甚乎？"⑤ 其实，刘知幾这一批评是毫无道理的。司马迁以《伯夷列传》居首自有其微旨，《太史公自序》已经说得很清楚："末世争利，维彼奔义。让国饿死，天下称之。作《伯夷列传》第一。"加之司马迁重视"考信于六艺"，伯夷之前诸贤，用李晚芳的话来说，是"不载于六艺虞夏之交，又不见称于孔子，俱无足信，登冢虽有其名，而考古实无所见。"⑥ 故而不录作列传。值得注意的是，与《人物》篇的说法相反，《探臣责》篇则认为"迁之驰骛今古，上下数千载，春秋已往，得其遗事

---

① 刘知幾：《史通·采撰》。
② 刘咸炘：《史学述林·史通驳议》。
③ 张舜徽：《史通平议·杂说上》案语。
④ 张舜徽：《史通平议·采撰》案语。
⑤ 刘知幾：《史通·人物》。
⑥ 李晚芳：《读史管见》卷二，民国二十六年刻本。

者，盖惟首阳二子而已。"从而又肯定了《史记》以伯夷居列传之首的做法之合理性。很显然，关于《史记》列传起限问题，刘知幾《史通》一书前后说法是相矛盾的。相比之下，刘知幾对班固表、志断限的批评则是严厉的。

3. 烦省。

在《烦省》篇中，刘知幾对《史记》与《汉书》的烦省问题，有一个总的评价："然则自古论史之烦省者，咸以左氏为得，史公为次，孟坚为甚。自魏晋已还，年祚转促，而为其国史，亦不减班《书》，此则后来逾烦，其失弥甚者矣。"很显然，在刘知幾看来，《汉书》行文之烦省，虽较魏晋以降史书为优，却媵次于《左传》和《史记》。然而，在《杂说上》篇中，刘知幾对张辅著《班马优劣论》以《史记》叙三千年事，仅用五十万言，而《汉书》叙二百年事，却用八十万言，因此班固不及司马迁这一观点进行了辩驳，他说：

> 案《太史公书》上起黄帝，下尽宗周，年代虽存，事迹殊略。至于战国已下，始有可观。然迁虽叙三千年事，其间详备者，惟汉兴七十余载而已。其省也者如彼，其烦也者如此，求诸折中，未见其宜。班氏《汉书》全取《史记》，仍去其《日者》、《仓公》等传，以为其事烦芜，不足编次故也。若使马迁易地而处，撰成《汉书》，将恐多言费辞，有逾班氏，安得以此而定其优劣邪？

应该说张辅以字数多少定《史》、《汉》优劣，当然是不妥当的。而刘知幾的辩驳，虽有扬班之嫌，却无抑马之意，只是出于辩驳的需要，而假设班、马异处，后者费辞或有逾于前者，不可作为确论。总之，在行文烦省上，刘知幾对《史》、《汉》的评价都很高，也符合实际。

4. 载文。

《史记》与《汉书》都很注意论载辞赋，像司马相如、扬雄等人的辞赋，都载于他们各自传记之中。这种史文载赋的做法对后世影响很大，魏晋以降史籍也都注意载赋。对于这种做法，刘知幾持相反态度，《载文》

篇说："若马卿之《子虚》、《上林》，扬雄之《甘泉》、《羽猎》，班固《两都》，马融《广成》，喻过其体，词没其义，繁华而失实，流宕而忘返，地袛劝奖，有长奸诈。而前后《史》、《汉》皆书诸列传，不其谬乎！"刘知幾还详细揭举了魏晋以降史书所载辞赋之"五失"："虚假"、"厚颜"、"假手"、"自戾"和"一概"。应该说，刘知幾揭示的魏晋以降史书载记的辞赋之弊可谓深中肯綮，但若连带对《史记》、《汉书》所载辞赋一概加以否定则不妥。章学诚就明确指出："汉廷之赋，实非苟作。长篇录入全传，足见其人之极思。"① 就连刘知幾本人也承认"汉代词赋，虽云虚矫，自余它文，大抵犹实。"②。显而易见，司马迁、班固录载汉赋，是有其合理性的。刘知幾批评《史记》、《汉书》载赋，则不妥当。

以上揭举的刘知幾关于班、马优劣之论，难免有以偏概全之嫌。但从上述论例来看，我们认为刘知幾对《史记》、《汉书》两家的评论是互有褒贬的，并无扬此抑彼之意，无法得出尊班抑马的结论。实际上，《史通》倒有不少篇章给予了《史记》以崇高的评价，如《忤时》篇称赞《史记》为"立言不朽，藏诸名山"之作；《辨职》篇将其与《左传》相提并论，称其"编次勒成，郁为不朽"；《杂说下》称"左丘明、司马迁，君子之史也。"由此而论，郑樵所谓"刘知幾之徒尊班而抑马"之说是站不住脚的。其实，刘知幾关于班马优劣的看法，《史通·鉴识》篇已经作了恰如其分的表述：《史记》、《汉书》二书"虽互有修短，递闻得失，而大抵同风，可为连类。"

---

① 章学诚：《文史通义》卷一，《诗教下》。
② 刘知幾：《史通·载文》。

对司马光历史盛衰论的再认识

司马光殚精竭伏19年而著成的《资治通鉴》一书，通篇贯穿的一个基本思想，便是着重探讨历史尤其王朝政治的治乱兴衰，正如《进〈资治通鉴〉表》所说的，他是"专取关国家兴衰，系生民休戚，善可为法，恶可为戒者，为编年一书。"以往论者对司马光历史盛衰论作出了很好的总结，但不足之处是对司马光历史盛衰论的哲理基础缺少深入的分析。本文试图从哲理角度讨论司马光历史盛衰论的特点，以求教于方家。

一、"天地万物皆有消息盈虚"

"易道始于天地，终于人事。"① 司马光论证社会人事变动及其规律，注重从探讨易道变化之理入手。众所周知，《周易》最重要、最基本的思维方式是变易思维。《易》之题名，即取变化之义，是"变化之总名，改换之殊称。"② 《易》之为书，则以变易为其内蕴，"《易》之为书也不可远，为道也屡迁，变动不居，周流六虚，上下无常，刚柔相易，不可为典要，唯变所适。"③ 司马光从本体论高度对易即变易进行了阐释。他释《系辞上》"易有太极"说："太极者何？阴阳混一"④，认为作为世界本源之太极，是阴阳混一之物，以阴阳为本体。而阴阳者何？"阴阳者，易之本体，万物之所聚。"⑤ 肯定易由阴阳构成，以阴阳为体；而阴阳由万物构成。由此可知，宇宙是以太极为本源，以阴阳为本体的；而易道广大，"凡宇宙

---

① 司马光：《温公易说》卷五，《四库易学丛刊》本，上海，上海古籍出版社，1989。
② 孔颖达：《周易正义·序》，北京，中国书店，1987。
③ 《易传·系辞下》，《十三经注疏》影印本。
④ 司马光：《温公易说》卷五。
⑤ 同上。

之间皆易也"①，"易有太极，一之谓也"②，易亦以阴阳为本体。很显然，太极是宇宙万物未分混一之时，阴阳是宇宙万物积聚成形之时，而易道乃宇宙万物自然之法则。统而言之，易道、太极、万物莫不以阴阳为体。在对易之本体作出界定后，司马光明确肯定易道的变化，其实就是阴阳变化，"易者，阴阳之变也"③，"阴阳之交际，变化之本原也"④。也就是说，宇宙万物的生生不息，其实就是事物内部阴阳交际或矛盾的结果。而阴阳交际为何能导致宇宙万物的生息变化，司马光认为这是"阴阳相殊"，即由阴阳的差异性所决定的。司马光认为，阴阳既有相互依赖的一面，"阳非阴则不成，阴非阳则不生，阴阳之道，表里相承"⑤；同时又有相互排斥的一面，即"不齐"性，阳具"刚健"之性，阴具"柔顺"之性，阴阳、乾坤、刚柔、健顺"各守一德，以生万物"⑥。也就是说，阴阳相需、相互依赖，体现了事物的稳定；阴阳交际、相互矛盾，则体现了事物的变化。司马光还进一步对阴阳变化规律进行了论述。司马光说："物极则反，天地之常也。"⑦ 事物的阴阳之变呈一种"物极必反"律，"阴极则阳生，阳极则阴生"⑧，"阳盛则阴微，阴盛则阳微"⑨，认为阴阳二者"一往一来，迭为宾主。"⑩ 由于天地万物皆以阴阳为体，因此"天地万物皆有消息盈虚。"⑪ 阴阳盛衰消长是普遍存在于宇宙万物之中的。

司马光认为，既然易道主变，"天地万物皆有消息盈虚"，因此人类社会历史不仅有运动变化，而且也呈现治乱盛衰之变动。在司马光看来，"阴阳之相生，昼夜之相承，善恶之相倾，治乱之相仍，得失之相乖，吉

---

① 司马光：《温公易说·易总论》。
② 司马光：《温公易说》卷五。
③ 司马光：《温公易说·易总论》。
④ 司马光：《温公易说》卷二。
⑤ 司马光：《温公易说》卷一。
⑥ 司马光：《温公易说》卷五。
⑦ 司马光：《温公易说》卷二。
⑧ 司马光：《温公易说》卷六。
⑨ 司马光：《温公易说》卷五。
⑩ 同上。
⑪ 同上。

凶之相反，皆天人自然之理也。"①

反观北宋以前中国历史发展总象，首先，司马光肯定从上古到三代，历史是不断进步、不断发展的。他说："上古之民，处于草野，未知农桑，但逐捕禽兽，食其肉，衣其皮。"② 古朴而未开化。以后伏羲氏出，教民"为罟网"；神农氏出，"教民播种百谷"；黄帝有熊氏出，"始制轩冕，垂衣裳。贵有常尊，贱有等威，使上下有序，各安其分，而天下大治。"人类历史才正式进入"礼义教化"时代。③ 很显然，在司马光看来，上古社会一方面非常古朴、不开化，另一方面又在不断地进步、发展。人类社会正是通过这种不断的进步，才告别了洪荒时代，进入文明的门槛。

其次，司马光认为三代是一个"本仁祖义，任贤使能，赏善罚恶，禁暴诛乱"的盛世。值得注意的是，司马光在评述三代历史时，提出了"王霸无异道"的观点。他认为"昔三代之隆，礼乐、征伐自天子出，则谓之王。天子微弱不能治诸侯，诸侯有能率其与国同讨不庭以尊王室者，则谓之霸。其所以行之也，皆本仁祖义，任贤使能，赏善罚恶，禁暴诛乱；顾名位有尊卑，德泽有深浅，功业有巨细，政令有广狭耳，非若白黑、甘苦之相反也。"④ 众所周知，自孟子区分大道为王道、霸道，认为王道是仁政，霸道是力政，这种观点对后世影响很大。宋代理学家以程颐、朱熹为代表，接受并发挥这一思想，认为：三代顺理而治，是王道；汉唐以智力把持天下，是霸道。他们把历史截然分成王道、霸道两个不同阶段。司马光提出不同看法，肯定王霸无异道，认为它们"皆本仁祖义，任贤使能，赏善罚恶，禁暴诛乱"，所不同的只是各自"名位有尊卑，德泽有深浅，功业有巨细，政令有广狭"，因此王霸并非"若白黑、甘苦之相反也"；明确指出三代既有王道，也有霸道。当三代隆盛之时，推行的是王道政治，

---

① 司马光：《温公易说》卷六。
② 司马光：《温公易说》卷一。
③ 司马光：《稽古录》卷一，北京，北京师范大学出版社，1988。
④ 司马光：《资治通鉴》卷二十七，汉纪十九，宣帝甘露元年，北京，中华书局，1956。

其时王者"合万国而君之，立法度，班号令，而天下莫敢违者"①，"礼乐征伐自天子出"。而三代后期推行的是霸道政治，此时王德渐衰，天子微弱，无法号令天下，一些强大诸侯"率其与国同讨不庭以尊王室"。因此，王、霸两种政治是共存于三代之时的。

再次，司马光认为汉唐历史总体上是逐渐衰落的。司马光认为两汉时代"虽不能若三代之盛王，然犹尊君卑臣，敦尚名节"，是一个遵守礼法的社会，值得称道；魏晋以降，社会"风俗日坏，入于偷薄，叛君不以为耻，犯上不以为非，惟利是从，不顾名节"，是一个道德逐渐沦丧的时代；唐代进一步衰落，这个时代社会已"不复论尊卑之序、是非之理"；而到了五代，历史已衰落至极限，这个时代"天下荡然莫知礼义为何物矣"。②

最后，司马光认为北宋前期是一个新的太平盛世，"大禹之迹悉为宋有"。司马光对宋朝开国君主太祖、太宗的业绩给予充分肯定，说"太祖宵衣旰食，栉风沐雨，勤求贤俊，明慎诛赏"，而"太宗继统，述修前绪"。③认为宋朝社会经过太祖、太宗两朝的励精图治，已经初成太平盛世局面。他说："盖自宋兴二十年，然后大禹之迹复混而为一，以至于今八十五年矣。朝廷清明，四方无虞，戎狄顺轨，群生遂性，民有自高曾以来，未尝识战斗之事者。盖自古太平未有若今之久也。"④认为这一时期社会政治清明，经济繁荣，礼义教化行于天下，"吏守法度，民安生业，鸡鸣狗吠，烟火相望。可谓太平之极致，自古所罕侔矣。"⑤

很显然，在司马光看来，他以前的中国历史是呈一种盛衰交替规律而向前发展的：社会在经过上古时期的不断进化、发展后，终于出现了三代的盛世局面；物极必反，盛极而衰，三代之后，历经汉唐的逐渐衰败，五代而为极致，这是一个盛极之后的历史衰败期；北宋建基以后，经过宋初

---

① 司马光：《资治通鉴》卷六十九，魏纪一，文帝黄初二年。
② 均见司马光：《司马文正公传家集》卷二十四，《上谨习疏》，上海，商务印书馆，1937。
③ 司马光：《稽古录》卷十六。
④ 同上。
⑤ 司马光：《司马文正公传家集》卷四十九，《请革葬礼子》。

几十年的励精图治，又迎来了一个新的太平盛世时代。

司马光认为，不仅中国历史大势呈盛衰交替变化，具体到每一个朝代的历史，也都有一个盛衰之变。如东汉历史，在汉光武帝、明帝、章帝之时，风俗优美，"忠信廉耻，几于三代"；孝和以后，"政令浸弛，外戚专权，近习放恣。然犹有骨鲠忠烈之臣，忘身以徇国，故虽衰而不亡"；而到桓、灵之时，国家已"纪纲大坏，废锢英俊，贼虐忠正，嬖幸之党，中外盘结，鬻狱卖官，浊乱四海。"① 司马光明确将东汉的历史分成兴、衰、亡三阶段。又如唐朝历史，司马光肯定贞观之治是"三代以还，中国之盛，未之有也"；开元政治，"浸淫于贞观之风矣"。这两个时期无疑是唐朝最强盛的时期。安史之乱是唐朝历史的转折点，此后唐肃宗、代宗，是"武不足以决疑，明不足以烛理"之君，"唐之纪纲大坏，不可复振，则肃、代之为也。"这是唐朝历史由盛转衰的阶段。到唐宪宗时期，宪宗"聪明果决，得于天性"，"百年之忧，一旦廓然矣。"唐朝历史出现了中兴的局面。然而宪宗之治只是昙花一现，之后唐朝历史又很快衰落下去。到僖、昭之时，"天禄已去，民心已离"，唐朝终于衰败而不可挽回。② 在司马光看来，唐朝三百年历史，其实经历了一个一盛一衰、再盛再衰、终于灭亡的过程，盛衰交替非常明显。

综上所述，我们认为司马光的历史盛衰论无疑是以其易学思想为哲理基础的。他肯定易道乃阴阳之变，阴阳之变呈盛衰消长规律。而易道广大，它"始于天地，终于人事"，人类社会历史与易道同，也变化不息，且呈盛衰消长、治乱相仍之规律。司马光据此对他以前中国历史的盛衰之变所作的系统阐述，从总体上看，应该是一种历史循环论，但同时又夹杂着历史进化观与倒退的历史观点。这是折中主义的表现，他肯定上古时代是一个未开化的时代，通过不断的进化才最终迎来三代盛世局面，这无疑是一种进化论的观点；他认为三代以后至北宋以前的历史是一个不断退化、衰败的历史，显然不完全符合历史事实，这种历史退化论的观点，说

---

① 均见司马光：《稽古录》卷十三。
② 均见司马光：《稽古录》卷十五。

明司马光终究未能抛弃儒家美化三代、贬低汉唐的传统；他认为中国历史历经五代衰极之后，北宋初年又迎来了一个新的太平盛世。因此，历史的总体发展大势，仍然还是治乱盛衰相交替的，是循环向前延伸的。值得注意的是，司马光关于三代历史的"王霸无异道"之论，有其新义。他否定儒家将王、霸相对立的传统观点，肯定王道、霸道皆是"本仁祖义"的，它们之间只有名位、德泽、功业、政令上的量的差别，而无质的不同。这种"王霸无异道"之论，在司马光生活的内忧外患的北宋中期，无疑有着积极的时代内蕴，他是希望统治者不要过多地顾忌王、霸之异，而应努力去改变当时的积贫积弱局面，以使太祖、太宗开创的宋朝太平盛世传延下来。

二、"君者所以治人而成天之功"

司马光肯定天地万物呈盛衰消长之变，而万物盛衰消长之根本原因，在于万物之本体阴阳的相互交际。以易道观人道，人类社会的历史也呈现出一治一乱、一盛一衰的发展总象。那么，人类社会治乱兴衰的决定因素究竟是什么？司马光认为是人君。他释泰卦说：

> 象曰：后以财成天地之道，辅相天地之宜。何也？夫万物，生之者天也，成之者地也，天地能生成之而不能治也。君者所以治人而成天地之功也，非后则天地何以得通乎！①

明确认为天地生成万物，却无法治理万物；而人君却能"治人而成天地之功"，使天地得以相通。又说："天地能示人法象而不能教也，能生成万物而不能治也，圣人教而治之，以成天地之能。"② 这里圣人即是指圣君。认为只有圣君才能观象作器，以教民治民，从而"成天地之能"。显然，在

---

① 司马光：《温公易说》卷二。
② 司马光：《温公易说》卷六。

司马光看来，天地是造物主，而人君则是统治民众、成就天地之功的人。因此，人类社会历史的治乱兴衰，是由统治万民的人君所决定的。

既然人君肩负着治理万民、成就天地之功的重任，那么人君应该具备怎样的素质，才能履行这一职责，完成这一重任呢？司马光认为首先必须要有君德。他释师卦卦辞"贞丈人吉，无咎"说：

> 师，贞丈人吉，无咎。何也？曰难之也。夫治众，天下之大事也，非圣人则不能。夫众人之所服者武也，所从者智也，所亲者仁也，三者不备而能用其众，未之有也。然或得之小，或得之大，或用之邪，或用之正，邪正小大之道，其得失吉凶，相去远矣。彼小人者，以矫矫为武，瞯瞯为智，煦煦为仁，众人亦有悦而从之者，所谓小也。圣人者，以正人为武，安人为智，利人为仁，天下皆悦而从之，所谓大也。夫小人之得众也，以为上则暴，以为下则乱，故谓之邪。圣人之得众也，所以禁暴而止乱也，故谓之正。夫众，非小人之所用也，小人用之以为不正，咎孰大焉！①

司马光站在易道的高度，肯定了"治众"这种天下大事只有圣人才能胜任，因为圣人具备武、智、仁三德；同时指出武、智、仁对于圣人和小人而言，其具体内涵是不同的，圣人"以正人为武，安人为智，利人为仁"，小人则"以矫矫为武，瞯瞯为智，煦煦为仁"，虽然他们据此都能"得众"，却有着邪正小大之别，不可相提并论。在《进修心治国之要札子》、《资治通鉴》"臣光曰"、《历年图后序》、《稽古录》等文章著作中，司马光还反复谈论过"人君之德"问题，认为作为决定国家治乱安危的人君，应该具备仁、明、武三德，"三者皆备，则国治强。阙一则衰，阙二则危，皆无一焉则亡。"② 并说他"平生力学所得，至精至要，尽在于是。"③

---

① 司马光：《温公易说》卷一。
② 司马光：《稽古录》卷十六。
③ 司马光：《温国文正司马公文集》卷三十六，《初除中丞上殿札子》。

仁、明、武（或曰武、智、仁）三德是就人君内圣角度而言的，是未发之际，而这种"人君之德"之发外为用，则表现为任官、信赏、必罚（或曰用人、赏功、罚罪）。司马光说：

  人君之德三，曰仁，曰明，曰武；致治之道三，曰任官，曰信赏，曰必罚。……夫治乱安危存亡之本源，皆在人君之心。仁、明、武，所出于内者也。用人、赏功、罚罪，所施于外者也。①

显然，仁、明、武与用人、赏功、罚罪三政的关系，是修身与治国、内圣与外王、未发与已发的关系。仁、明、武三德，要通过用人、赏功、罚罪这三项具体措施来加以体现。司马光重视赏功、罚罪，严明法纪，他释明夷卦"上六之象"说："上六之象，其言失则何？国家之所以立者，法也。故为工者，规矩绳墨不可去也；为国者，礼乐法度不可失也。"② 指出人君要推行赏罚之政，就必须要掌握爵、禄、废、置、杀、生、予、夺之"八柄"，认为"凡人君所以能有其臣民者，以八柄存乎己也。"③ 而用人、赏功、罚罪三条致治之道的中心点无疑是用人，这是人君致治的根本途径。司马光说："何谓人君之道一？曰：用人是也。"④ 他一方面肯定人才在治国安民中的重要作用。如释蒙卦六五"童蒙吉"说：

  童蒙者何以吉也？得人而信使之也。昔齐桓公、卫灵公之行，犬彘之所不为也，然而大则霸诸侯，小则有一国，其故何哉？有管仲、仲叔圉、祝鲍、王孙贾为之辅也。二君者，天下之不肖君也，得贤人而信使之，犹且安其身而收其功，况明哲之君用忠良之臣者乎！⑤

---

① 司马光：《温国文正司马公文集》卷四十六，《进修心治国之要札子》。
② 司马光：《温公易说》卷三。
③ 司马光：《资治通鉴》卷二二〇，唐纪三十六，肃宗乾元元年。
④ 司马光：《稽古录》卷十六。
⑤ 司马光：《温公易说》卷一。

认为行为连猪、狗都不如的齐桓公、卫灵公，竟能或称霸或保国，原因就在于他们能"得贤人而信使之"。在释蛊卦初六"干父之蛊"时，他又以秦始皇、汉武帝作比较，肯定人才的重要性。他说：

> 以秦始、汉武之奢之太骄暴，相远也无几耳。始皇得胡亥以为子，李斯以为臣，不旋踵而亡矣，天下后世之言恶者必归焉。武帝得昭帝以为子，霍光以为臣，而国家人宁，后世称之为明君。①

另一方面又从易道的高度论证了用人对于治国安民的必要性。司马光说："四海之广，虽圣人不能独治；万机之众，虽圣人不能遍知。是故设官以分其事，量能而授之任。"② 人君必须依靠广大臣僚，一同来治理国家。他认为易道阴阳表里相承、共成万物，而君为阳、臣为阴，因此，君与臣也必须结为一体，共治国家。他说：

> 物以阳生，得阴而成。令由君出，得臣而行。故阳而不阴，则万物伤矣；君而不臣，则百职旷矣。阴阳同功，君臣同体，天之经也，人之纪也。③

显然，在司马光看来，有阳无阴不能成万物，有君无臣不能成国家，人君用人是致治之道，也是易之大道。

在《稽古录》卷十六中，司马光还从"才"的角度将人君分为五等。他说："何谓人君之才五？曰创业，曰守成，曰陵夷，曰中兴，曰乱亡。"认为创业之君是"智勇冠一时"者，守成之君是"中才能自修者"，陵夷之君是"中才不自修者"，中兴之君是"才过人而善自强者"，乱亡之君是"下愚不可移者"。才与德无疑都是就人君的素质而言的。在司马光看来，人君三德以及发外为用之三政、一道，无疑对国家治乱兴衰起着决定性的

---

① 司马光：《温公易说》卷二。
② 司马光：《司马文正公传家集》卷六十七，《百官表总序》。
③ 司马光：《温公易说》卷一。

作用，而君之"才"，同样对国家治乱兴衰起着决定性的作用。他说：

> 夫道有失得，故政有治乱。德有高下，故功有小大。才有美恶，故世有兴衰。上自生民之初，下逮天地之末，有国家者，虽变化万端，不外是矣。①

显然，在司马光看来，君道、君德和君才构成一个整体，历史的治乱兴衰取决于人君，其实也就是取决于君道、君德和君才的得失、高下与美恶。

当然，人君有道、有德、有才，这无疑是治理好国家的先决、必备和重要的条件，但却不是全部的条件。司马光认为人君治国，还必须要依靠礼制，这是国之纪纲。司马光在《资治通鉴》开篇就阐明了"礼为纪纲"的思想，他说：

> 臣闻天子之职莫大于礼，礼莫大于分，分莫大于名。何谓礼？纪纲是也。何谓分？君、臣是也。何谓名？公、侯、卿、大夫是也。夫以四海之广，兆民之众，受制于一人，虽有绝伦之力，高世之智，莫不奔走而服役者，岂非以礼为之纪纲哉！②

司马光曾作《体图》一幅，以象数相配，得十等五十五体，详细图示出封建社会各种上下等级关系。其十等为"一等象王，二等象公，三等象岳，四等象牧，五等象率，六等象侯，七等象卿，八等象大夫，九等象士，十等象庶人。"认为"一以治万，少以制众，其惟纲纪乎！纲纪立而治具成矣。"③ 而五十五体又分左右上下，"体有左右，辨宾主也；有上下，辨尊卑也。左右上下，递纯递诎，以兴天下之治，以成天下之业，故能若

---

① 司马光：《稽古录》卷十六。
② 司马光：《资治通鉴》卷一，周纪一，威烈王二十三年。
③ 司马光：《温公潜虚》，《宋元学案·涑水学案下》，北京，中华书局，1980。

纲在纲，若臂使指，无尾大不掉之患。"① 正是依靠这种不可逾越的封建纲常等级关系，"一以治万"的封建专制政治才得以推行。司马光还从易道的高度论证了实行礼治的必要性，认为易道的基本原则一是阴阳之合，二是阴阳之分。从阴阳之合的角度而言，是"阴阳同功，君臣同体"；从阴阳之分的角度而言，则阴阳有别，君尊臣卑。阴阳之合是易道的本质，阴阳之分也是易道的本质。因此，礼为纪纲是天经地义的。司马光释履卦象辞说：

> 履者何？人之所履也。人之所履者何？礼之谓也。人有礼则生，无礼则死，礼者人所履之常也。其曰辨上下，定民志者何？夫民生有欲，喜进务得而不可厌者也，不以礼节之，则贪淫侈溢而无穷也。是故先王作，为礼以治之，使尊卑有等，长幼有伦，内外有别，亲疏有序，然后上下各安其分而无觊觎之心，此先王制世御民之方也。②

明确肯定了礼是"人所履之常"，是"先王制世御民之方"。司马光还进一步论证了礼在小到修身、大到治国平天下中的作用，他说："礼之为物大矣！用之于身，则动静有法而百行备焉；用之于家，则内外有别而九族睦焉；用之于乡，则长幼有伦而俗化美焉；用之于国，则君臣有叙而政治成焉；用之于天下，则诸侯顺服而纪纲正焉。"③ 如他在释家人卦"利女贞"时，就具体论述了以礼正家以及对治国平天下的作用，他说："象曰：家人，女正位乎内，男正位乎外，男女正，天地之大义也。家人有严君焉，父母之谓也。父父、子子、兄兄、弟弟、夫夫、妇妇而家道正，正家而天下定矣。"④ 在司马光看来，礼不仅可以防乱，还能起到缉乱的作用。他释屯卦象辞"云雷屯，君子以经纶"说："《象》曰：君子以经纶。经纶者何，犹云纲纪也。屯者，结之不解者也。结而不解则乱，乱而不缉则穷。

---

① 录张敦实语，转引自《宋元学案·涑水学案下》。
② 司马光：《温公易说》卷一。
③ 司马光：《资治通鉴》卷十一，汉纪三·高帝七年。
④ 司马光：《温公易说》卷三。

是以君子设纲布纪以缉其乱，解其结，然后物得其分，事得其序，治屯之道也。"① 强调了礼在屯难之世，对缉乱反正所起的作用。司马光还结合史实，从正反两方面阐述了礼在治国安邦过程中的作用。如他评论中唐以后的藩镇割据，认为形成的原因在于唐朝"治军无礼"。他说："古者治军必本于礼，故晋文公城濮之战，见其师少长有礼，知其可用。今唐治军不顾礼，使士卒得以陵偏裨，偏裨得以陵将帅，则将帅之陵天子，自然之势也。"② 认为宋代虽然接续唐末、五代百余年混乱之后而建立，却很快根除了这种混乱现象，究其原因，就在于"太祖、太宗知天下之祸生于无礼"，而断然采取"阶级之法"，以使"上下之叙正而纪纲之"。③

司马光从易道的高度肯定天地是造物主，而人君是"治人而成天地之功"者，是社会历史治乱兴衰的决定者。这无疑是一种英雄史观。然而，只要我们对他的历史盛衰决定论稍加审视，便不难发现其间确实蕴涵着不少积极因素。(1) 司马光在肯定人君对历史治乱兴衰起决定性作用的同时，也赋予了人君对历史治乱兴衰所应承担的职责。他强调人君必须努力修心，以成就仁、明、武三德；而三德之发外为用，则表现为用人、赏功、罚罪，这是致治之道；三政的中心在用人，这是"人君之道一"。此外，司马光还根据才之美恶，将历代人君分成五等。显然，人君之有"道一"、"德三"、"才五"，这是司马光对人君素质的一个总体要求，认为历史的治乱兴衰完全取决于人君道之得失、德之高下和才之美恶，因此，人君必须以此严格要求自己。(2) 司马光从易道的高度肯定了"阴阳同功，君臣同体"，"阳而不阴，则万物伤矣；君而不臣，则百职旷矣"。认为只有君臣同心同力，才能共建太平盛世。在《答李大卿孝基书》中，他以阴阳比弓矢、以中和比质的，认为"弓矢不可偏废，而质的不可远离。"④ 这里的阴阳、弓矢亦即指君臣，而中和、质的亦即指极治之世，太平盛世。司马光以易道观人道，旨在说明要实现太平盛世理想，君臣必须要同心协

---

① 司马光：《温公易说》卷一。
② 司马光：《资治通鉴》卷二二〇，唐纪三十六，肃宗乾元元年。
③ 司马光：《司马文正公传家集》卷三十三，《言阶级札子》。
④ 司马光：《温国文正司马公文集》卷六十一，《答李大卿孝基书》。

力、相互为用这一道理。司马光的"君臣同体"论虽然并没有否定人君的绝对权威和决定性作用，但也肯定了人臣在国家治理中起着重要、不可或缺的作用。联系到有关君道、君德、君才的论述，我们完全有理由相信，司马光的"君臣同体"论其实已蕴涵着批判封建君主专制统治的思想。

三、余论

司马光以易道说治道，以易之变易而论社会人事之变化，通过解易的方式系统阐述了其历史盛衰论。然而，作为历史人物，司马光却一直是被当作一个否定历史变革、持历史不变论的保守思想家、政治家和史学家。究其原因，不外乎有二：(1) 他是被列宁称作"中国 11 世纪时的改革家"王安石的反对派；(2) 他鼓吹道不变论："古之天地有以异于今乎？古之万物有以异于今乎？古之性情有以异于今乎？天地不易也，日月无变也，万物自若也，性情如故也，道何为而独变哉！"① 对于他与王安石政治观点的分歧与斗争，在此不作论述，而道不变论是否为一种历史不变论？以下试加以析论。

1. "道"究竟为何物。

在司马光的道论中，道有天道、人道、易道、治道等区别，然而其名虽异，其义则同，统言之，无非是指天地万物之理，即天地万物所应遵循的一种自然法则或规律。他论易道说："夫易者，自然之道也。"② 认为易道即是一种自然法则。这种自然法则没有时空界限，从空间而言，它"出于天，施于人，被于物"；从时间而言，"推而上之，邃古之前而易已生，抑而下之，亿世之后而易无穷。"它与天地相终始，"易之书或可亡也，若其道则未尝一日而去物之左右也。"③ 因此，易道是亘古亘今永远存在、永不改变的。以易道观照人道，司马光认为这个道的实质内涵便转化为"孝慈仁义忠信礼乐"，它以君明、臣忠、父慈、子孝相要求，认为人道也是

---

① 司马光：《温国文正司马公文集》卷七十四，《迂书·辨庸》。
② 司马光：《温公易说·易总论》。
③ 同上。

亘古亘今永远存在、不能改变的，"孝慈仁义忠信礼乐，自生民以来谈之至今矣，安得不庸哉！如余者惧不能庸而已矣，庸何病也。"① 很显然，司马光所论之人道，是为人处世和政治治理所应遵循的一种准则。其实，《易纬·乾凿度》和郑玄《六艺论·易论》这些易学论著都是视不易为易之本义之一的，并将天地不易与君臣、父子不易当作不易之易的固有内容。《易纬·乾凿度》说："易一名而含三义"，即变易、不易、简易。所谓不易者，是就"位"而言，"天在上，地在下；君南面，臣北面；父坐，子伏，此其不易也。"《六艺论·易论》也说："易一名而含三义，易简，一也；变易，二也；不易，三也。"认为"天尊地卑，乾坤定矣；卑高以陈，贵贱位矣；动静有常，刚柔断矣，此言其张设布列不易者也。"清代经学家皮锡瑞在肯定易有不易之义的同时，认为群经亦言此义，他说："易虽有穷变通久之义，亦有不易者在，斯义也，非独易言之，群经亦多言之。"② 由上可知，司马光道之内涵与《周易》、"群经"及上述各家解易论著所论相一致，它体现的是一种文化价值取向。这种道不变，其实只是一种文化价值取向的不变，却无法由此得出历史不变的逻辑结论。

2．"圣人守道不守法"。

司马光释系下"易穷则变"说："圣人守道不守法，故能通变。"③ 他明确将道和法加以区别，认为道是指规律、法则，而法是指具体的文物制度；道亘古亘今不可变，而"法久必弊"④，必须变革。因此，他主张人君应该守道，而不必守法。不守法当然不是说可以任意变更前朝的制度，而是要持守善法、改革弊法，即要有因有革，"前人所为，是同因之，否则变之，无常道。"⑤ 善法即是中正之法。司马光认为这种中正之法最能体现易道的本质，中者不过，体现了易之阴阳之合；正者不邪，体现了易之阴阳之分。他释需卦九五"需于酒食贞吉"说："夫中正者，足以尽天下之

---

① 司马光：《温国文正司马公文集》卷七十四，《迂书·辨庸》。
② 皮锡瑞：《经学通论》一，《论变易不易皆易之大义》。
③ 司马光：《温公易说》卷六。
④ 同上。
⑤ 司马光：《法言集注》卷三，四库全书本。

治也。舍乎中正而能享天之福禄者，寡矣！"① 结合中国历史，司马光认为禹、汤、文、武之法就是善法、中正之法；各王朝开国之君所创之法即祖宗之法，也多为善法，因为只有"智勇冠一时"之人，才能成为创业之君，他们创立的法律制度，多能合于时宜。司马光曾向宋神宗进读《通鉴》，读到"曹参不变萧何之法"时，宋神宗问他："汉常守萧何之法不变，可乎？"司马光回答说："何独汉也！使三代之君常守禹、汤、文、武之法，虽至今存，可也。"② 在司马光看来，汉初萧何之法作为汉代的祖宗之法，禹、汤、文、武之法作为三代圣王之法，是应该加以持守的。那么，能否由此得出圣王之法、祖宗之法不可变的结论呢？答案自然是否定的。（1）司马光认为物极必反，"法久必弊"，圣王之法、祖宗之法也只能合乎一时期之法度，不可能永世无弊；（2）司马光主张持守圣王、祖宗之法，是就其法的精神实质而言的，并非认为其每项具体创制都符合后代的需要，都应该坚守。他说"三王不相袭礼，五帝不相沿乐"③，圣王创制的具体法制条规也是可以随时而变的。如禹、汤、文、武各有善法，本身就说明他们也都各有创制，并非完全因袭不变。由此可以得出结论，一切法制的变更与否，应该以是否符合道的精神为转移，与道相符的法应该持守，与道相左的法应该变更。而法是否与道相符，则以其是否便民、利民为尺度。"法久必弊，为民厌倦。"④ 民所厌倦之法即是不合时宜、与道相左的法，必须加以革除。所以司马光说："革政事之久弊，救百姓之疾苦。"⑤ 变更法制是以拯救百姓疾苦为目的的。

---

① 司马光：《温公易说》卷一。
② 毕沅：《续资治通鉴》卷六十七，熙宁二年，北京，中华书局，1987。
③ 司马光：《司马文正公传家集》卷五十七，《乞合两省为一札子》。
④ 司马光：《温公易说》卷六。
⑤ 司马光：《司马文正公传家集》卷三十八，《上听断书》。

司马光、范祖禹唐史观点不一致论

司马光编撰《资治通鉴》，范祖禹是协修人员之一，主要负责唐史部分撰写工作。以往论者只注意到他们同修一书，相互间友情深厚，却忽略了他们在唐史观点上其实存在着较大差异。范祖禹正是由于所撰《通鉴·唐纪》长编，"其是非予夺之际，一出君实（司马光）笔削"①，体现的是司马光的"一家之言"，而未竟己意，才又独自撰成《唐鉴》一书，纵横评说、驰骋议论，以阐发自己的唐史观点。司马光与范祖禹关于唐史观点的分歧，在一定程度上反映了宋代史学在理学化倾向过程中的矛盾与斗争。本文试对此作一比较论述。

一、唐史评判标准不尽相同

司马光、范祖禹治史、论史，都以封建纲常伦理道德为旨归。但是，司马光强调儒家礼制名分，却不拘泥于天理，且注重从史实出发；范祖禹史学义理色彩浓厚，他要陶铸历史于一理。因此，在唐史评判标准上，两人在是否执著于天理方面存在着分歧。

司马光在《资治通鉴》开篇章就阐明了"礼为纪纲"的思想，他说："臣闻天子之职莫大于礼，礼莫大于分，分莫大于名。何谓礼？纪纲是也。何谓分？君、臣是也。何谓名？公、侯、卿、大夫是也。夫以四海之广，兆民之众，受制于一人，虽有绝伦之力，高世之智，莫不奔走而服役者，岂非以礼为之纪纲哉！"② 司马光还进一步论述了礼在小到修身、大到治国平天下中的作用，他说："礼之为物大矣！用之于身，则动静有法而百行备焉；用之于家，则内外有别而九族睦焉；用之于乡，则长幼有伦而俗化

---

① 刘羲仲：《通鉴问疑》，北京，中华书局，1991。
② 司马光：《资治通鉴》卷一，周纪一，威烈王二十三年。

美焉；用之于国，则君臣有叙而政治成焉；用之于天下，则诸侯顺服而纪纲正焉。"① 基于此种认识，司马光认为，评判历史必须要以礼制名分作为基本标准。如他评论中唐以后的藩镇割据，就完全将此归咎于"治军无礼"。他说："古者治军必本于礼，故晋文公城濮之战，见其师少长有礼，知其可用。今唐治军而不顾礼，使士卒得以陵偏裨，偏裨得以陵将帅，则将帅之陵天子，自然之势也。"②

但是，司马光在强调礼制名分的同时，却不拘泥于天理，且较注重从历史实际出发，去评论唐代史事与人物。唐太宗发动玄武门之变，是唐史中一件大事。司马光在《通鉴》卷一九一中有一段较长的评论，表达了对此事的看法：

> 立嫡以长，礼之正也。然高祖所以有天下，皆太宗之功；隐太子以庸劣居其右，地嫌势逼，必不相容。向使高祖有文王之明，隐太子有泰伯之贤，太宗有子臧之节，则乱何自而生矣！既不能然，太宗始欲俟其先发，然后应之，如此，则事非获已，犹为愈也。既而为群下所迫，遂至喋血禁门，推刃同气，贻讥千古，惜哉！夫创业垂统之君，子孙之所仪刑也，彼中、明、肃、代之传继，得非有所指拟以为口实乎！

在这段附论中，司马光首先从礼制名分角度对唐太宗"喋血禁门"、杀兄取位，作了两点批评：一是背弃礼义名分，"贻讥千古"；二是作为"创业垂统"之君，不能为子孙"仪刑"，却开唐朝君主以兵继统的恶例。其次，司马光又从历史实际出发，肯定高祖夺天下，"皆太宗之功"；在批评唐太宗无子臧辞曹国而不受之节的同时，也指责了唐高祖没有周文王舍伯邑考而立武王之明、太子李建成没有泰伯让国于弟季历之贤；并强调事变的发生也是当时形势所迫的结果，一方面李建成"以庸劣居其右，地嫌

---

① 司马光：《资治通鉴》卷十一，汉纪三，高帝七年。
② 司马光：《资治通鉴》卷二二〇，唐纪三十六，肃宗乾元元年。

势逼"，另一方面唐太宗属下又积极鼓动，唐太宗发动事变只是迫不得已之举。显然，司马光评论玄武门之变，并没有拘泥于天理的标准。

关于唐朝历史盛衰及其原因，司马光在《稽古录》卷十五中，着重从人事角度作了总结性评述。他肯定贞观之治是"三代以还，中国之盛，未之有也"。而究其原因，则是唐太宗能"驱策英雄，网罗俊义，好用善谋，乐闻直谏。"他肯定开元之政，同时指出到天宝年间，唐玄宗自以为国泰民安，"志欲既满，侈心乃生"，结果导致安史之乱。他批评唐肃宗、唐代宗"武不足以决疑，明不足以烛理"，唐朝从此"纪纲大坏，不可复振"。他赞扬唐宪宗果敢聪明，为中兴之主，可惜"怠于防微，变生肘腋"。他认为穆宗以后的唐朝君主，皆不足论。在司马光看来，唐朝历史的治乱兴衰，完全取决于君主个人的素质。那么，君主具备怎样的素质，才能治国安民？司马光认为，君主"修心之要三：曰仁，曰明，曰武"①。"三者兼备则国治强；阙一焉，则衰；阙二焉，则危；三者无一焉，则亡。自生民以来未之或改也。"② 司马光这种帝王决定历史盛衰的历史观无疑是唯心的，但在封建专制时代，帝王的特殊作用又是不可忽视的。他从人事角度论唐代历史盛衰及其原因，与神意史观相比，这种人事论无疑又具有积极内蕴。

对于唐朝推行的民族政策和民族关系，《资治通鉴》记载较详，持论也较公允。司马光强调民族之间应该讲究"信义"。如关于唐太宗与薛延陀真珠可汗绝婚一事，《通鉴》对唐太宗的失信之举提出了批评，他说："孔子称去食、去兵，不可去信。唐太宗审知薛延陀不可妻，则初勿许其婚可也；既许之矣，乃复恃强弃信而绝之，虽灭薛延陀，犹可羞也。"③ 同时，司马光对唐太宗发动正义的民族战争，则给予充分肯定。如《通鉴》卷一九三就用了较长篇幅详细记载了突厥被灭，以及唐太宗君臣议论安置突厥降众的整个过程，从中可见司马光对唐太宗能雪"帝突厥之耻"的喜悦心情。

---

① 《宋史》卷三三六，《司马光传》，北京，中华书局，1985。
② 司马光：《司马文正公传家集》卷二〇，《陈三德上殿札子》。
③ 司马光：《资治通鉴》卷一九七，唐纪十三，太宗贞观十七年。

范祖禹评判唐史，则严格持守天理标准。在《进〈唐鉴〉表》中，范祖禹明确指出《唐鉴》一书是他"于细次之余，稽其成败之迹，折以义理"而编撰成的。《唐鉴》评论玄武门之变，完全是一派理学家的口吻。范祖禹认为，李建成作为太子，是"君之贰，父之统"，唐太宗以藩王杀太子，"是无君父也"；以弟杀兄，是"为弟不弟"。因此，《唐鉴》直斥唐太宗"悖天理，灭人伦"，认为以此手段得天下，"不若亡之愈也"①。有人将唐太宗杀建成、元吉比作周公诛管、蔡，范祖禹明确表示"臣窃以为不然"。他认为管叔、蔡叔"启商以叛周"，是"得罪于天下"，周公诛杀他们，"非周公诛之，天下之所当诛也"。而李建成、李元吉并未得罪于天下，太宗诛杀他们，是"己之私也，岂周公之心乎？"②

一代名臣魏征，曾是太子李建成东宫洗马。李建成被杀后，魏征被唐太宗重用。《唐鉴》评论此事时，从天理角度对魏征进行了否定。范祖禹认为，魏征作为东宫之臣，李建成就是他的君主，"岂有人杀其君，而可北面为之臣乎？"他明确指出："夫食君之禄，而不死其难，朝以为雠，暮以为君，于其不可事而事之，皆有罪焉。"③

由上可知，在对待玄武门事变及魏征臣事唐太宗两件事上，范祖禹和司马光的看法相去甚远。范祖禹斥责唐太宗此举"悖天理，灭人伦"；而司马光则认为唐太宗此举是情势所迫，对其"喋血禁门，推刃同气，贻讥千古"表示惋惜。范祖禹认为魏征作为太子故臣，转而臣事唐太宗，是"有罪"之人；而司马光则在与程颐论唐史时直比魏征为管仲，给予充分肯定。

对于唐朝历史盛衰及其原因，范祖禹也从天理的高度进行了总结。《唐鉴》卷二十四中有对唐朝290年历史的系统评说：

> 唐自高祖取隋，五年而四方底平，九年而太宗立，贞观之治几于三代。然一传而有武氏之篡，国命中绝二十余年。中、睿享国日浅，

---

① 范祖禹：《唐鉴》卷二，北京，中华书局，1984。
② 同上。
③ 同上。

朝廷浊乱，明皇以兵取而后得之。开元之治几于贞观，而终之以天宝大乱，唐室遂微。肃宗以后无称者，惟宪宗元和之政，号为中兴。凡唐之世，治日如此其少，乱日如彼其多也。昔三代之君，莫不修身齐家以正天下，而唐之人主，起兵而诛其亲者，谓之定内难；逼父而夺其位者，谓之受内禅，此其闺门无法，不足以正天下，乱之大者也。其治安之久者，不过数十年。或变生于内，或乱作于外，未有内外无患承平百年者也。

这段总评一方面认为唐代历史总体上是治日少而乱日多；另一方面指出造成这种局面的根本原因在于唐主不修身齐家，非礼乱伦，闺门无法。很显然，在范祖禹看来，历史治乱兴衰的决定因素是纲常伦理道德，是天理。

应该说，范祖禹的历史盛衰观与司马光的一致之处，在于都强调君主的决定性作用。但是，范祖禹只强调君主道德修养对国家治乱兴衰的决定作用，是一种道德决定论；而司马光则以仁、明、武来要求君主，认为君主要治理好国家，这三者是缺一不可的，显然没有完全归结于道德一途。

对于唐朝推行的很多和戎的民族政策和具体做法，《唐鉴》从《春秋》"夷夏之防"立论，给予否定。如贞观四年（630）东突厥被灭后，唐太宗安置降服的突厥人，"酋长至者，皆拜将军，中郎将布列朝廷，五品以上百余人，殆与朝士相半，因而入居长安者近万家。"对此，范祖禹评曰："先王之制，戎狄荒服，夷不乱华，所以辨族类，别内外也。……太宗既灭突厥，而引诸戎入中国，使殊俗丑类，与公卿大夫杂处于朝廷。……是以唐室世有戎狄之乱，岂非太宗之所启乎？"① 又如贞观年间，唐太宗被臣服的少数族首领尊称为"天可汗"，范祖禹指责唐太宗"以万乘之主，而兼为夷狄之君，不耻其名，而受其佞。"② 对于唐朝实行的和亲政策，如唐高祖接受西突厥统叶护可汗求婚、唐太宗以女新兴公主嫁薛延陀、唐中宗以女金城公主妻吐蕃赞普等，范祖禹评论说："夫匹士庶人求配偶，犹各

---

① 范祖禹：《唐鉴》卷三。
② 同上。

以其类，况王姬公族，而弃之远裔，变华为夷，岂不哀哉。"认为这种做法的结果，必然使"中国与夷狄无异"①。从总体上看，范祖禹对夷狄是持蔑视态度的，将他们视为"殊俗丑类"，甚至将中国与夷狄之间的关系说成是昼与夜、阳与阴、君子与小人的关系②，主张严明夷夏之别。

范祖禹以严明夷夏之别的观点来评述唐朝民族政策，显然与司马光的民族观不同。司马光强调以信义来处理民族之间的关系，赞扬正义的民族战争，而不拘泥于夷夏之别。他对唐朝恃强而失信于少数民族的一些做法加以指责，同时对其和抚夷狄的民族政策给予肯定。

二、编年系事书法不一致

纪年问题，在中国古代史学史上，是关系到封建王朝正统与否的问题，深受史家的重视。一般来说，自汉武帝后，每个封建帝王都要建元立号，因此，书写统一王朝的历史，其纪年是没有问题的。而遇到修撰分裂时期的历史，该用哪个政权的年号纪年，就直接涉及对哪个政权的认可问题。站在不同立场上的史家们，往往会为此纷争不已。唐王朝是一个大一统王朝，本不会有纪年书法问题。然而，由于唐高宗之后，唐代历史上出现了一个持续21年之久的武周统治时期，对是否采用女主武则天的年号来书写这段历史，司马光与范祖禹的看法不同，《通鉴》与《唐鉴》对这段历史的编年系事书法完全不一致。

关于编年系事书法问题，司马光有一个比较明确的认识，他说："光学疏识浅，于正闰之际，尤所未达，故于所修《通鉴》，叙前世帝王，但以授受相承，借其年以记事尔，亦非有所取舍抑扬也。"③ 在司马光看来，用某一帝王年号纪年，只不过是"借其年以纪事尔"，它只是史书编撰的一种需要，而不是为了要"有所取舍抑扬"，没有褒贬之义。至于该用某朝某帝年号纪年，则完全是以"授受相承"为原则。反观中国古代历史，

---

① 范祖禹：《唐鉴》卷二。
② 范祖禹：《唐鉴》卷六。
③ 司马光：《司马文正公传家集》卷六十一，《答郭长官纯书》。

司马光认为像周、秦、汉、晋、隋、唐这些大一统封建王朝的纪年书法是不存在问题的，可以按照帝王相承之序，借其年号以编年系事。而对于天下分裂时期的历史记载，因"不可无岁时日月以识事之先后"，怎么办？司马光认为，对此必须坚持"授受相承"的原则。如关于魏晋南北朝以降至宋朝的纪年问题，司马光说："据汉传于魏而晋受之，晋传于宋以至于陈，而隋取之，唐传于梁以至于周，而大宋承之。故不得不取魏、宋、齐、梁、陈、后梁、后唐、后晋、后汉、后周年号，以纪诸国之事。非尊此而卑彼，有正闰之辨也。"① 也就是说，分裂时期借用哪国年号纪年，纯粹是依据"授受相承"关系来定，没有"尊此而卑彼"之义。

基于此种认识，司马光编撰《资治通鉴》，其编年系事未囿于《春秋》褒贬书法。他书写唐武周朝历史，沿袭司马迁为吕后作"本纪"、《旧唐书》、《新唐书》为武则天作"本纪"的传统，直接用武则天年号纪年系事。在司马光看来，唐朝是个大一统王朝，只需借历朝帝王年号编年系事而已。武则天虽为女主，但她毕竟是高宗死后直至中宗复位前唐朝21年统治时期的皇帝，既然纪年只是为纪事，而不是为褒贬，没有理由不将这段历史系于"则天后"编年之中。

范祖禹强调从天理的高度来评判历史，因此，他不承认女主武则天的统治。唐中宗嗣圣元年（684）二月，中宗才继位不久，便被武则天废为庐陵王，紧接着，武则天就取代唐睿宗做了皇帝，改元光宅。从中宗嗣圣元年，亦即武则天光宅元年开始，一直到公元704年中宗复出，这21年唐朝历史是武则天统治时期。范祖禹从理学角度，将这21年历史看做是"母后祸乱"时期。《唐鉴》书写这段历史，其纪年方式则完全援引《春秋》"公在乾侯"例，以此申明褒贬之义。首先，《唐鉴》将仅存二月之久的中宗嗣圣年号作为这21年的纪年，而不用武则天的年号。其次，从公元685年武则天迁唐中宗于房州后，《唐鉴》记载此后每年历史，纪年之后必书"帝在房州"；从公元699年起，因中宗已被召回居东宫，则书"帝在东宫"。

---

① 司马光：《资治通鉴》卷六十九，魏纪一，世祖文皇帝上。

关于书写武则天统治时期所用编年系事书法问题，范祖禹在《唐鉴》卷七中有一个较长的附论，从中可以看出他的基本思想。他说：

> 昔季氏出其君，鲁无君者八年，《春秋》每岁必书公之所在；及其居乾侯也，正月必书曰："公在乾侯"，不与季氏之专国也。自司马迁作《吕后本纪》，后世为史者因之，故唐史亦列武后于"本纪"，其于纪事之体则实矣，《春秋》之法，则未用也。或曰："武后母也，中宗子也。母虽不慈，子不可以不孝。中宗欲以天下与韦元贞，不得为无罪；武后实有天下，不得不列于'本纪'，不没其实，所以著其恶也。"臣以为不然，中宗之有天下，受之于高宗也。武后以无罪而废其子，是绝先君之世也，况其革命乎？中宗曰："我以天下与韦元贞何不可！"此乃一时拒谏之忿辞，非实欲行之也。若以为罪，则汉哀帝之欲禅位董贤，其臣亦可废立也。《春秋》吴、楚之君不称王，所以存周室也。天下者唐之天下也，武氏岂得而间之。故臣复系嗣圣之年，黜武氏之号，以为母后祸乱之戒，窃取《春秋》之义，虽获罪于君子而不辞也。

在这段附论中，范祖禹首先肯定了《春秋》书鲁昭公因季氏所逼而被迫逃亡在外这段鲁国历史时所用的"公在乾侯"书法，指出《春秋》书法之义在于"不与季氏之专国"；同时对司马迁作《吕后本纪》，《旧唐书》、《新唐书》列武后于"本纪"的做法提出批评，认为没有用《春秋》之法。其次，认为天下是李唐的天下，武则天以无罪废中宗，以武周代李唐，是"母后祸乱"。因此，他作《唐鉴》要取《春秋》之义，黜去武氏年号，而系之以中宗嗣圣年号。最后，范祖禹明确表示《唐鉴》编年系事书法"虽获罪于君子而不辞也"，表明了其捍卫《春秋》书法的决心。

由上可知，范祖禹与司马光在书写武则天朝历史时所用的编年系事书法是截然不同的，这显然不是一般历史编纂方法上的分歧，而是历史写作指导思想的不同。范祖禹出于义理史学的需要，而摈弃女主，不承认武则天的统治。所以他要用已经被废的唐中宗年号，要书"帝在房州"、"帝在东宫",以明示《春秋》褒贬奖惩之义。而司马光则不拘泥于天理,不主张用《春秋》褒贬书法编年系事,更多的是从历史事实出发,从历史编纂的角度去理解编年系事书法问题。

三、结语

众所周知,宋代是理学兴起并逐渐成为时代哲学思潮之时。作为一种时代哲学,理学自然要对各门学科、各家各派学术思想产生影响,史学当然不能例外。宋代史学从一开始就受到理学的影响,而且随着理学的发展,史学的理学化倾向愈益明显。上述司马光与范祖禹关于唐史观点的分歧,若将其放到宋代史学思想大潮中加以考察,其实在一定程度上反映了宋代史学在理学化倾向过程中的矛盾和斗争。

范祖禹是北宋倡导义理史学的重要代表人物,他叙史、论史,目的是要陶铸历史于一理;而司马光的史学则更讲求经世致用,他叙史、论史也以封建纲常伦理道德为旨归,但却不拘泥于天理,不囿于《春秋》笔法,而更重视从史事入手,通过了解史事的本末源流、历史盛衰和人事成败的前因后果,以期更好地从中取得借鉴。这种史学思想的不同,是范祖禹撰成《通鉴·唐纪》长编后,又退而另撰《唐鉴》一书的原因所在。其实《唐鉴》的修撰,有范祖禹不得已之苦衷。范祖禹比司马光年少22岁,两人的师友之情异常深厚。范祖禹非常感激司马光的知遇之恩,"从游温公十五年",于仕途"不事进取",专心致力于《通鉴·唐纪》长编的撰写工作;而司马光对范祖禹也非常赏识,充满信任,"温公家事无大小,令先生商之,虽公子康不敢专也。"① 这种长期共事建立起来的深厚友情,使范祖禹极不愿意通过另修唐史,而公开暴露自己与司马光唐史观点之不同。也正因此,甚至当《唐鉴》修成后,范祖禹还有"欲毁京师所刊《唐鉴》"的想法,只是由于其子范冲的"固请",《唐鉴》才得以幸免②。但另一方

---

① 黄宗羲等:《宋元学案》卷二十一,《华阳学案》。
② 同上。

面，毕竟范祖禹所撰《通鉴·唐纪》长编经司马光笔削定稿后，体现的是司马光的唐史观，并不符合范祖禹的理学思想。出于卫道的需要，范祖禹自然希望通过另撰唐史，来系统阐发自己的义理史观，甚至表示为此"虽获罪于君子而不辞也"。显然，《唐鉴》的修撰以及后来幸免于毁版，最终还是卫道的责任感战胜了私人友情的结果。我们从范祖禹修撰《唐鉴》过程中表现出的思想斗争不难看出，在史学理学化过程中的矛盾与斗争还是比较尖锐的。

朱熹和史学

作为理学集大成者，朱熹在史学领域所取得的成就相当大，史学家开始注意到这一点，但总的说来，认识还是不够的。如梁启超称朱熹所撰《资治通鉴纲目》"自不失为小小的创作"，却又称他为"司马光附属的第二流史家"。① 显然，这一评价是远远不够的。

朱熹撰写的历史专著有三部，即《资治通鉴纲目》、《伊洛渊源录》和《八朝名臣言行录》，其中《资治通鉴纲目》为朱熹所撰，其弟子赵师渊等也做了一定的工作。此外，还有大量的史学议论被收录在《朱文公文集》和《朱子语类》中。本文仅从史书体裁、史料考辨、史书笔法和正统之辨四个方面对朱熹的史学贡献作一简述。

一

南宋以前，我国史书体裁种类繁多，主要有编年、纪传、典志、史评、会要及各类杂史体裁等，可谓群星璀璨。其中最重要、最具代表性的则属编年、纪传二体，是记述历史的两种基本体裁。关于纪传、编年二体的纪事得失，朱熹之前的史家如刘知幾等作了详细评说，提出了很多中肯的批评。朱熹偏重编年体，而对纪传体评价不高。针对编年纪事的种种缺陷，他主张通过错综的办法来加以改造，成为新的史书体裁。那么，何谓错综呢？朱熹说："错者，杂而互之也。综者，条而理之也。"② 因此，错综的史体应该具有"杂而互之"和"条而理之"的特点。在朱熹看来，先秦史书《国语》和南宋袁枢编写的《通鉴纪事本末》，便是一种在编年体史书基础上错综而成的史体；而汉代以后的纪传体史书，不讲错综之意。

---

① 梁启超：《中国历史研究法》，325 页，北京，东方出版社，1996。
② 朱熹：《朱文公文集》卷五十四。

朱熹在为袁枢写的《跋〈通鉴纪事本末〉》中，比较系统地阐发了他的思想。朱熹的《跋》说：

> 古史之体可见者，《书》、《春秋》而已。《春秋》编年通纪以见事之先后，《书》则每事别记以具事之首尾。意者当时史官既以编年纪事，至于事之大者，则又采合而别记之。……故左氏于《春秋》，既依经以作传，复为《国语》二十余篇，国别事殊，或越数十年而遂其事，盖亦近书体，以相错综云尔。然自汉以来，为史者一用太史公纪传之法，此意固不复讲。至司马温公受诏纂述《资治通鉴》，然后千三百六十二年之事，编年系日，如指诸掌。……伟哉书乎？自汉以来，未始有也。然一事之首尾，或散出于数十百年之间，不相缀属，读者病之。今建安袁君机仲（指袁枢）乃以暇日作此书，……于以错综温公之书，其亦《国语》之流矣。①

在这段话中，朱熹一方面认为纪传体不讲错综之意；另一方面在肯定编年叙事的同时，也如实地指出了此体对事件首尾"不相缀续"的弊端，主张要在编年叙事的基础上加以错综，并对讲究错综之意的史体《国语》和《通鉴纪事本末》给予充分肯定。

朱熹在自己的作史实践中，努力贯彻这种错综的思想。《资治通鉴纲目》一书，便是通过错综司马光《资治通鉴》而成。有趣的是，朱熹的好友袁枢通过错综《资治通鉴》而成的《通鉴纪事本末》，创立了纪事本末体；而朱熹通过错综《资治通鉴》而成的《资治通鉴纲目》，则创立了纲目体。《纲目》一书，"表岁以首年，而因年以著统，大书以提要，而分注以备言。"② "纲"是根据时间顺序写出的史事提纲，犹如《春秋》之经，既具有标题作用，又表达了作者对史事、人物的看法，字数不多，顶格而写。"目"是对"纲"的具体叙述，字数比"纲"要多，犹如左氏之传。

---

① 朱熹：《朱文公文集》卷八十一。
② 朱熹：《资治通鉴纲目·序》。

这种史体"纲举而不繁，目张而不紊，国家之理乱，君臣之得失，如指诸掌"①，是一种便于陈理叙史的史体。这种史体注重点在纲，作者可借助纲的书法来蕴寓其褒贬之意，阐明其作史目的。近代史家梁启超评价此体时说："此法很容易，很自由，提纲处写断案，低一格作注解，在文章上不必多下工夫，实为简单省事的方法。做得好，可以把自己研究的结果畅所欲言，比前法（指《通鉴》编年纪事法）方便多了。"②认为"这体的好处，文章干净，叙述自由，看读方便。"③当然，该体缺点也是很明显的，主要是对到底要多大的史事才可作纲颇费斟酌，往往容易造成专记大事而忽略小事的状况。一般来说，纲目体史书往往都过于简单，史料价值不太高。

《伊洛渊源录》是朱熹撰写的一部关于学术发展史的专书。我国古代关于学术史的研究和撰述，可以溯源到先秦，《庄子·天下》、《荀子·非十二子》、《韩非子·显学》等，都是有关先秦学术发展史的著名专篇。秦汉以后，大量的学术史研究专篇则散见于用各种史体编纂的史书之中。不过，作为完整意义上的学术史专著，朱熹的《伊洛渊源录》无疑是第一部。

作为理学宗师和学术大家，朱熹非常重视对以往学术发展史的研究，散见于《朱子语类》和《朱文公文集》的相关论述很多，特别是《伊洛渊源录》，它是一部记述以理学家二程（程颢、程颐）为中心的理学发展源流的学术专著。《伊洛渊源录》展示了二程理学由来以及传承的基本脉络，阐明了二程理学的主旨大义。《伊洛渊源录》的撰写目的之一，显然是要确立二程理学在整个思想学术发展史上的地位，是为确立程朱理学的一脉相承性和正统地位服务的。对此，元代官修史书《宋史》已经作出肯定，《宋史·道学传》所列二十余名所谓对传道有功的人，其论列依据就是《伊洛渊源录》所排定的理学传承统系，只不过是补录了若干朱熹时代及其以后的理学人物而已。

---

① 黄宗羲等：《宋元学案·晦翁学案"附录"》，四部备要本。
② 梁启超：《中国历史研究法》，179页。
③ 同上书，326页。

《伊洛渊源录》由于有撰写范围的限制，不可能去反映北宋一朝整个学术（包括各家各派）的发展状况，但它毕竟为我国学术史专著的撰写奠定了初步基础，其在史学史上最突出的贡献，是为我国古代史体园地又增添了一种新的史书体裁——学术体。

综上所述，朱熹主张错综编年纪事，因此撰成《资治通鉴纲目》，创立了纲目体；为了展示二程理学的由来、传承及其大旨，而撰成《伊洛渊源录》，开启了学术体。这两大史体的创立，对我国古代史学的发展，无疑产生了重大影响。

二

朱熹在文献学上的突出贡献之一是疑古辨伪，其疑古涉猎的领域包括经、史、子、集各方面。白寿彝先生曾专门编写了一部《朱熹辨伪书语》，该书比较全面地反映了朱熹的疑古辨伪思想和成就。以下集中谈论朱熹在史料考辨上对我国古文献学所作出的成就。

（一）注重从文字、文体着眼来考辨史料的真伪

梁启超说："各时代之文体盖有天然界画，多读书者自能知之"。① 朱熹是位博大精深的学者，因此，他考辨史料的真伪，比较注重从文字、文体着眼。如在谈论《尚书》真伪时，朱熹说：

> 今文乃伏生口传，古文乃壁中之《书》。《禹谟》、《说命》、《高宗肜日》、《西伯戡黎》、《泰誓》等篇，凡易读者皆古文。况又是科斗书，以伏生《书》字文考之，方读得。岂有数百年壁中之物，安得不讹损一字？又却是伏生记得者难读，此尤可疑。今人作全书解，必不是。②

明确表示他对古文《尚书》的怀疑。他从文章风格上断定出古文《尚书》

---

① 梁启超：《中国历史研究法》，105页。
② 朱熹：《朱子语类》卷七十八。

的序文并非西汉人孔安国所作,说:

> 《尚书·序》不似孔安国作,其文软弱,不似西汉人文,西汉文粗豪;也不似东汉人文,东汉人文有骨肋;也不似东晋人文,东晋如孔坦《疏》,也自得。他文是大段弱,读来却宛顺,是做《孔丛子》底人一手做。看《孔丛子》撰许多说话,极是陋。……看他文卑弱,说到后面,都无合杀。①

他还认为古文《尚书》孔安国传也是后人所作,说:"《尚书》孔安国传,此恐是魏晋间人所作",原因是《传》和《序》一样,都"文字困善,不类西汉人文章,亦非后汉之文。"② 朱熹甚至从字义出现的先后推论出《尚书》中有些篇章是在《国语》之后为人所作,如"《典》、《谟》中百姓,只是说民,如'罔咈百姓'之类。若是《国语》中说百姓,则多是指百官族姓。"③ 显然,《国语》中"百姓"一词是古义,而《尚书》典谟中"百姓"词乃是后义,自然《典》、《谟》成文要晚于《国语》。《朱子语类》卷七十八记录了大量的朱熹对《尚书》疑而辨之的言论,他只是怕倒了经书,才没有对《尚书》的很多疑问深究下去。他说:"《书》中可疑诸篇,若一齐不信,恐倒了六经。如《金縢》亦有非人情者。……《盘庚》更没道理。……《吕刑》一篇,如何穆王说得散漫,直从苗民蚩尤为始作乱说起。"④ 因此,他告诉其弟子说:"《书》中易晓处直易晓,其不可晓处且阙之。"⑤ 实际上,后人所疑《尚书》诸端,朱熹大都已先发现。应该说,朱熹在考史方面最显功力、最有发明、最有贡献于后代、为后代学者所不断称述的,当属对《尚书》的考辨,而注重从文字、文体着眼,则是其考辨《尚书》的一大特点。当然,这一特点也表现在对其他史料的考辨上。

---

① 朱熹:《朱子语类》卷一二五。
② 朱熹:《朱子语类》卷七十八。
③ 同上。
④ 朱熹:《朱子语类》卷七十九。
⑤ 朱熹:《朱子语类》卷七十八。

（二）注重用第一手和权威性的资料来考辨史料的真伪

朱熹认为，考辨文王之事，当以《尚书》、《诗经》为重要依据，因为它们是现存的关于文王之事的最古老资料。他根据这些资料考证出周文王革商一事与后代史实的普遍说法是有悖的。他认为"后人把文王说得忒恁地，却做一个道行看著，不做声，不做气。如此形容文王，都没情理。以《诗》、《书》考之，全不是如此。"在朱熹看来，周文王是早有革商之念和准备的，不然的话，"只当商之季，七颠八倒，上下崩颓，忽于岐山下突出许多人，也是谁当得？"他认为，关于周文王革商之事，孟子是知道的，他没有把文王早有革商之心告诉世人，而只是告诉当时列国国君说周文王是如何的"道行看著"，这并不是孟子在欺骗列国国君，在朱熹看来，孟子这样说和做的本意，无非是要对当时的列国国君"勉之以王道"①，是出于一种政治教化和推行王道政治的需要，而非孟子不尊重史实，至少他的用意不在这里。又如孔子杀少正卯之事，权威资料应该是《论语》和《左传》。朱熹说："少正卯之事……《论语》所不载，子思、孟子所不言，虽以《左氏春秋》内外传之诬且驳，而犹不道也，乃独荀况言之。是必齐鲁陋儒，愤圣人之失职，故为此说以夸其权耳。"② 朱熹这一论断已被后人所认可。再如关于魏国后元年王位承继之事，朱熹以《竹书纪年》来证明出《史记》的记载有误，并肯定司马光修《资治通鉴》记录此事选取《竹书纪年》之说的正确性。朱熹说：

> 《史记》，魏惠王三十六年，惠王死，襄王立。襄王死，哀王立。今《汲冢竹书》不如此，以为魏惠王先未称王时，为侯三十六年，乃称王，遂为后元年，又十六年而惠王卒。即无哀王。惠王三十六年了，便是襄王。《史记》误以后元年为哀王立，故又多了一哀王。汲冢是魏安釐王冢，《竹书》记其本国事，必不会错。温公（司马光）取《竹书》，不信《史记》此一段，却是。③

---

① 朱熹：《朱子语类》卷五十一。
② 朱熹：《朱文公文集》卷六十七。
③ 朱熹：《朱子语类》卷五十一。

（三）注重从义理着手来论断史料的真伪

朱熹认为，从义理角度看，《左传》的记载很多是不可信的，"如赵盾一事……如司马昭之弑高贵乡公……后来三晋既得政，撰造掩覆，反有不可得而掩者矣。"① 弑君当然是违反纲常伦理的，赵氏后人得政后，自然要予以掩饰，这就造成了历史记载的不真实。同时，也可从中看出《左传》的成书时间当在三家分晋之后，因为只有赵盾后人建国掌政后，才有条件和可能对其前人不光彩的历史进行掩饰。又如《史记》从义理上加以考辨，其很多记载显然也是有问题的。如用庙号称高帝刘邦即是一例，朱熹说："《史记》亦疑当时不曾得删改脱稿。《高祖纪》记迎太公处称'高祖'，此样处甚多。高帝未崩，安得'高祖'之号，《汉书》尽改之矣。"② 还有《史记》载尧以其女妻舜之事，朱熹认为也有未妥之处，他说："若以为尧舜俱出黄帝，是为同姓之人。尧固不当以二女嫔于虞，舜亦岂容受尧二女，而安于同姓之无别。"③ 在朱熹看来，尧、舜之时，已是同姓不婚，固不可能出现尧以其女妻舜之事，认为这是《史记》记载之"疏谬处"。

（四）从是否有悖于情理来考辨史料的真伪

有些史料，在朱熹看来，显然是有悖于情理的。如大禹治水，这是一个为后人所尊信的史事，朱熹以情理论断，认为此说不可靠。他说："尧之水最可疑，禹治之，尤不可晓。胡安定说不可信。掘地注海之事，亦不知如何掘。……必不是未有江河而然。……常疑恐只是治黄河费许多力。"④ 朱熹不但怀疑大禹治水的说法，而且对记载此事的《尚书·禹贡》这一不朽的古地理文献也提出了疑问。朱熹在《九江彭蠡辨》、《答程泰之》、《答董叔重》等文中，反复辩难《禹贡》之不可信。如他说："……《禹贡》说三江及荆、扬间地理，是吾辈亲目见者，皆有疑；至北方即无

---

① 朱熹：《朱子语类》卷一三七。
② 朱熹：《朱子语类》卷一三四。
③ 朱熹：《朱文公文集》卷四十四。
④ 朱熹：《朱子语类》卷五十五。

疑，此无他，是不曾见耳。"① 他还以情理论断《史记》记载长平之战坑杀赵卒四十万之说不可信，他说："长平坑杀四十万人，史迁言不足信。败则有之，若谓之尽坑四十万人，将几多所在！又赵卒都是百战之士，岂有四十万人肯束手受死？决不可信。"② 朱熹据此疑辨史料的例证还很多。

除此之外，朱熹考辨史料的方法还很多。如他断定后代史事被载于前人史书中，此史书往往是后人伪作，据此，他认定"《左传》是后来人做。为见陈氏有齐，所以言'八世之后，莫之与京'。见三家分晋，所以言'公侯子孙，必复其始'。"在他看来，作史的人不可能推算出几代以后的事情，此史书显然是后人所为。他认为书名、篇名一旦和所载内容相矛盾，那么该史书、史料也不能当作信史来看。如"《酒诰》，却是戒饮酒，乃曰'肇牵车牛远服贾'，何也？《梓材》又自是臣告君之辞，更不可晓。"显然，《尚书》中的《酒诰》、《梓材》等篇名与所载内容是相矛盾的，也就无法被当作信史来看待。朱熹还注重从时代风俗的不同来管窥史料的真伪，如《左传》记有"虞不腊矣"之文，朱熹便认为"秦始有腊祭，而《左氏》谓'虞不腊矣'！"以此断定《左传》"是秦时文字分明。"③

由上可知，朱熹在疑古辨伪方面是有着重要成就的，他的很多考史辨伪方法，对许多重要史籍尤其是《尚书》的种种质疑，对后代考据学者无疑有着重要的启迪和影响作用。他在总结其一生史料考辨的经验时，认为主要是得益两条："一则以其义理之所当否而知之，二则以其左验之异同而质之。未有舍此两途，而能直以臆度悬断之者也。"④

三

史家记载历史所运用的笔法（又称书法），历来就有曲、直之分。而究其原因，既有史家主观方面的因素，如历史观、史学认识等；也有客观

---

① 朱熹：《朱子语类》卷八十三。
② 朱熹：《朱子语类》卷一三四。
③ 朱熹：《朱子语类》卷八十三。
④ 朱熹：《朱文公文集》卷三十八。

方面的因素，如时代政治氛围、时代史料环境等。在中国古代史学史上，曾经涌现出不少刚正不阿、直书不隐的杰出史家，他们在当时和后代，都一直受到人们的崇敬和钦佩，而朱熹便是其中的一位。

作为一名具有良好史德的史家，朱熹一贯崇尚直书，对历史上那些直书不隐的史家，他总是给予肯定和赞许。如他在评价春秋时期晋国史家董狐和齐国太史不畏强权、仗义直书权臣弑君之事时，说："晋董狐、齐太史，书赵盾、崔杼弑君而不隐，史氏之正法也。"① 又如孔子作《春秋》，后人对其书法褒贬不一，不少史家认为《春秋》首开曲笔之端。朱熹否定《春秋》曲笔书法说，认为孔子作《春秋》，"不过直书其事，美恶人自见。"② 这一说法是否符合实际姑且不论，但他肯定"直书其事"的书法则是显而易见的。从史体的角度而言，朱熹对司马迁纪传叙事法评价不高；但从书法的角度而言，朱熹对这部享有实录之称的《史记》却是倍加推崇，他认为整部《史记》，于史实"无妄作"。

朱熹认为，作史的目的就是给后人留下可信的史料。因此，如实地反映和记录客观历史，让历史上的"善善恶恶，是是非非，皆着存得在那里"，这是史家义不容辞的职责，也是衡量史家品德和史书价值的重要尺度。朱熹认为孔子作《春秋》，对善恶是非都一同载入，"若是不好底便不载时，孔子一部《春秋》便都不是了，那里面何所不有？"③ 他对顾祖禹所作《唐鉴》和司马光所作《资治通鉴》都有较高的评价，称《唐鉴》"文章议论最好"④，而惊叹《资治通鉴》是自汉以来所没有过的伟大史著。但从书法角度而言，朱熹对二书提出了批评。他认为《唐鉴》遗漏史实太多，"于制度规模久远意思，大段欠阙。如论租庸两税等处，亦甚疏略也。"⑤ 人们无法从中管窥到有唐一代制度全貌。又说《资治通鉴》一书

---

① 朱熹：《资治通鉴纲目·凡例》。
② 朱熹：《朱子语类》卷一三三。
③ 朱熹：《朱子语类》卷一三四。
④ 朱熹：《朱子语类》卷一三〇。
⑤ 朱熹：《朱文公文集》卷五十四。

"凡涉智数险诈底事,往往不载,却不见得当时风俗。"① 他批评司马光只是根据个人好恶而不是根据史实来修史,说"温公不喜权谋,至修书时颇删之。"② 认为据此而修成的史书,不仅史实多被埋没,社会风俗无法知晓,而且文章也显得枯燥无味,"只读着,都无血脉意思"③。

朱熹还对宋代有伤直书的史馆修史制度提出了尖锐的批评。朱熹认为宋代史馆所修之史,"大抵史皆不实"④,如官修实录,只是徒有其名,实际上并不能真实地反映客观事实。朱熹说:"今日作史,左右史有《起居注》,宰执有《时政记》,台官有《日历》,并送史馆著作处参改,入《实录》作史。大抵史皆不实,紧切处不敢上史,亦不关报。"⑤ 当然,造成宋代史馆修史不实的原因,除史馆制度本身、史官个人品质等因素之外,也与宋代新旧党派争论激烈有关。分属不同党派的史官,当然要维护各自党派的私利,而不惜故意删削、歪曲、篡改史实,对此,《朱子语类》卷一二八就有所透露。在朱熹看来,不管出自何因,史馆曲笔作史,这是"史之大弊"。

从存信求真的角度出发,朱熹甚至对任意删改古书的做法持反对态度。他说:"大抵古书有未要处,随事论者,使人知之可矣。若遽改之以没其实,则安知其果无未尽之意耶?"他认为,从孔孟到汉代诸儒,他们都是反对依据己意而任意删改古书的,"汉儒释经,有欲改易处,但云:'某当作某',后世犹或非之,况遽改乎?且非特汉儒而已,孔子删书,'血流漂杵'之文,因而不改。孟子继之,亦曰'吾于《武成》,取二三策而已。'终不刊去。"⑥ 应该说,朱熹这一存信求真思想,是其直书不隐思想的外延和发挥。

朱熹在自己的治史实践中,也是非常注重秉笔直书的。如他所编的

---

① 朱熹:《朱子语类》卷八十三。
② 朱熹:《朱子语类》卷一三四。
③ 同上。
④ 朱熹:《朱子语类》卷一二八。
⑤ 同上。
⑥ 朱熹:《朱文公文集》卷三十。

《伊洛渊源录》一书，系统、全面而又如实地反映了北宋时期以二程为中心的理学发展史，成为我们今天了解和研究宋代理学的重要参考文献。又如《八朝名臣言行录》，实录了大量北宋朝臣的言论和事迹。其中有一件事很值得一提，那就是他在编《八朝名臣言行录》时，将《涑水记闻》作为司马光所撰之书收入该书中，结果却遭到吕祖谦兄弟的极力分辩和否定，该事详见《朱子语类》卷一三〇：

> 《涑水记闻》，吕家子弟力辨，以为非温公书（盖其中有记吕文靖公数事，如杀郭后等——原注）。某尝见范太史之孙某说，亲收得温公手写稿本，安得为非温公书！某编《八朝言行录》，吕伯恭（祖谦）兄弟亦来辨。为子孙者只得分雪，然必欲天下之人从己，则不能也。

《涑水记闻》是否为司马光手写之书自当别论，然吕祖谦与朱熹、张并称为"东南三贤"，和朱熹私交甚笃，而朱熹却不顾其分辩，不徇私情，根据己意收录进去。在他看来，他之所以这样做，是为了尊重史实，这种精神是值得肯定的。再如针对宋代史馆修史之弊，朱熹曾提出过一整套对史馆修纂当时历史的措施和方法，这集中体现在其《史馆修史例》一文中。此文虽被收录在朱熹的文集中，却只是涉及排列总目、注明立传人的仕历及立传人之论、著、碑状等资料的搜集登记，显然不是一个完整文件，但却能从中管窥朱熹重视实录的精神和注重搜集史料的思想，是朱熹直书不隐书法的一种体现。朱熹本人曾经入过史院参与修史工作，并且以秉笔直书而闻名于时。也正因此，当他被调离史院时，那些"秉笔之士，相顾嗟惜。"[①] 对于朱熹的直笔书法，当时的史家、学者都是一致首肯的，如陈傅良在评论当时的史家时，就说："当今良史之才，莫如朱熹、叶适。"[②]

应该说，就中国古代史学史的全过程来看，有意曲笔的史家总是少

---

① 陈傅良：《止斋文集》卷二十七，四部丛刊本。
② 同上。

数，追求秉笔直书是主流。而且书法不隐这一史学史上的优良传统之所以能够传承不绝，与像朱熹这样的大批优秀史家的极力提倡和努力实践是分不开的。当然，朱熹毕竟是一个封建义理史家，当彰显义理与反映史实发生矛盾时，直书不隐的笔法往往就无法贯彻到底了，这在其所编《资治通鉴纲目》一书中表现得非常突出。对此，我们今天在吸取其直书精神的同时，应该要加以剔除。

四

在中国古代史学史上，史家关于正统之辨可谓源远流长。史家们之所以对正统的问题津津乐道，其目的无非有以下几种：（1）为颂扬某一封建政权的需要。如肇端正统之辨的东汉史家班固，羞于将西汉政权"厕于秦、项之列"，不仅专述西京，包举一代，在纪传体体例上作了重大创新，而且宣称"汉绍尧运以建帝业"，应以火德上承周之木德，视暴秦为"闰位"，居然将秦王朝摈于封建政权的统绪之外。（2）表明一种划分对立政权的政治立场。如南朝梁史家沈约撰《宋书》，便斥责当时与南朝并立的北方少数民族政权北魏为"索虏"；同样，北齐史家魏收撰《魏书》，也指骂与北朝并立的南朝政权为"岛夷"，他们相互都将对方政权视为敌国。（3）为本朝政权的建立和存在提供合法依据的一种需要。如西晋史家陈寿撰《三国志》正魏而伪蜀、吴，实是为西晋王朝争正统，因为该政权是由曹魏政权脱胎而来的；而南朝史家习凿齿撰《汉晋春秋》正蜀而伪魏，又显然是为与当年偏安江南的蜀汉政权处境相似的东晋政权争统绪。

从根本上说，史学史上的正统之辨都是史家为迎合某一或某些封建政权统治的需要，是史学为封建政治服务的一种表现。朱熹作为一名封建史家，其论辨正统之目的显然也是为维护封建统治服务的。但与以往史家相比，他的正统论确实又蕴含着不少新的积极的因素，值得我们去认真加以总结。

1. 从内容来看，朱熹将是否"天下为一"作为衡量封建政权是否得正统的唯一标准，朱熹认为，"只天下为一，诸侯朝觐狱讼皆归，便是得正统"；反之，国家分裂，诸国并立，"不能相君臣，皆不得正统。"① 根据这一标准，被朱熹确定为正统的王朝，自周以降至五代，有周、秦、汉、晋、隋、唐六朝，而其余如三国、东晋、十六国、南北朝、五代十国等分裂时期的政权都不得正统。

不得正统的分裂时期各政权又被严格定分为无统和僭伪两类。朱熹认为，无统的封建政权有六种情形，即列国、建国、不成君、远方小国、正统之始和正统之余。列国是指正统王朝所封之国，如周所封鲁、齐、宋、卫、晋、燕等；建国是指仗义自主或相王者，如秦之楚、赵、齐、燕、韩、魏等；不成君是指仗义承统而不能成功者，如刘玄等。值得注意的是，朱熹从大一统之正统论出发，将正统王朝在建国初期尚未将全国统一起来的那段时间称作正统之始，"如秦初犹未得正统，及始皇并天下，方始得正统。晋初亦未得正统，自泰康以后，方始得正统。隋初亦未得正统，自灭陈后，方得正统。"这种"始不得正统，而后方得者，是正统之始。"② 并明确提出正统之始应从无统之例，"晋、隋、唐创业时未有天下，自从无统之例。"③ 同样的道理，朱熹认为一旦正统王朝丧失大一统局面而成为偏安政权时，其正统地位也就随之丧失，这样的偏安政权只是正统政权之余绪，叫做正统之余，如"蜀汉是正统之余，如东晋，亦是正统之余也。"④ 这种正统之余的政权只是正而无统，因此也属于无统之例。

僭伪一例的划定，显然具有贬损和挞伐之意。朱熹认为，僭伪可分为篡贼和僭国两类，前者指"篡位干统而不及传世者"⑤，如王莽、吕后、武后等；后者是指篡位、据土并且能够传世的，如汉之魏、吴，晋之汉、赵、诸燕、二魏、二秦、成汉、诸凉、代、夏等。与正统相对称，僭伪又叫"伪统"、"窃统"。

---

① 朱熹：《朱子语类》卷一〇五。
② 同上。
③ 朱熹：《资治通鉴纲目·凡例》。
④ 朱熹：《朱子语类》卷一〇五。
⑤ 朱熹：《资治通鉴纲目·凡例》。

2. 从寓意来看，朱熹正统之辨的主旨之一是强调大一统和尊王攘夷。众所周知，大一统和尊王攘夷是《春秋》两大宗旨，以绍道统、继绝学自居的朱熹，在其正统论中大力宣扬了《春秋》这两大宗旨。他依据是否大一统来严格定分封建王朝是否得正统，并为那些正而无统的封建王朝特创正统之始、正统之余诸例，一方面肯定这些政权是正的，与那些僭伪者有别；另一方面又认为这些政权毕竟没有完成国家的大一统，是正而无统，仍属无统之例。如关于三国正统的分定，朱熹认为蜀汉是东汉政权之余绪，属正而无统，而魏、吴则属僭伪。此外，在朱熹看来，凡属少数民族建立的政权都是不得正统的。显然，这是偏见。

朱熹大力宣扬大一统和尊王攘夷，是有着深刻政治寓意的。朱熹生活的南宋时代，中原已沦为金王朝的版图中，西边还有西夏王朝。朱熹将少数民族建立的政权摈弃于正统之外，也就明示金和西夏没有资格得正统；同时希望正而无统的南宋王朝能够励精图治，完成统一大业，做一个正统的封建王朝。

朱熹正统之辨的主旨之二是明示顺逆、扶植纲常。朱熹说："岁周于上而天道明矣，统正于下而人道定矣"。[①] 这就明确无误地告诉人们，其正统之辨意在于明定人道的是非善恶。朱熹的正统论将封建政权分为正统、正而无统和伪统三类，他认为凡是正统、正而无统的政权都是顺和义的，而伪统政权则是逆和不义的。对逆和不义的伪统政权，史家应该口诛笔伐，在史书笔法上要做尽贬损、挞伐之能事。朱熹本人所著《资治通鉴纲目》就非常注重阐发《春秋》微言大义。朱熹定正统明顺逆的目的，显然是整饬人心、扶植纲常的一种需要，这是他思想上的局限性。

综上所述，我们认为朱熹的正统论是有一定的积极意义的。首先，他极力宣扬大一统思想，努力维护大一统社会政治局面，是顺应民心和社会发展需要的，值得肯定；其次，他将那些正而无统的王朝归于无统之例，意在激励当时南宋统治阶级奋发有为，完成统一大业，有现实意义；再次，朱熹的正统论，毕竟为历史上的正统之辨立定了一个较明确的标准，应该说也是有意义的。

---

① 朱熹：《资治通鉴纲目·凡例》。

朱熹的史论和史学评论

一

注重史论，是朱熹史学的一大特色。在《朱子语类》中，集中专论历代和当代史实的就有十多卷，还有大量的史论散见于各卷之中。他和他的学生赵师渊共同成就的《资治通鉴纲目》一书，其实也是一部以议论为主的史书，其中的"目"就是对"纲"的议论。朱熹的史论不但涉猎面广，而且深邃透彻，有些尽管只是片言只语，却是他多年研究的结论，往往深中肯綮，发人深思。兹举其史论之荦荦大者分述如下。

（一）三代、汉唐分论

首先，朱熹继承了儒家法先王思想，把中国历史发展的过程截然分成三代与汉唐两阙，美化三代，贬损汉唐。朱熹认为，夏、商、周三代是一个王道社会，三代统治者"致诚心以顺天理，而天下自服，王者之道也。"[1] 认为正是这种王道政治造就了三代的太平盛世景象。与此相反，汉唐统治者只靠"智谋功力"，不讲义理，推行霸道政治。如汉高祖、唐太宗等人做事"都是自智谋功力中做来，不是自圣贤门户来，不是自自家心地义理中流出。"[2] 他们虽然靠才智获取一些功业，"然无人知明德、新民之事"。[3] 朱熹把三代帝王喻为"金"，认为"汉祖唐宗用心行事之合理者，铁中之金也。"[4] 只是暗合了圣人之理，从总体言之，"却只在利欲上"[5]。这种急功好利的霸道政治，是导致汉唐统治不能长治久安的根本原因。显

---

[1] 朱熹：《四书或问·孟子或问》卷一，四库全书本。
[2] 朱熹：《朱子语类》卷二十五。
[3] 朱熹：《朱子语类》卷十三。
[4] 朱熹：《朱文公文集》卷三十六。
[5] 同上。

然，在朱熹看来，推行王道政治还是霸道政治，这是区别于三代和汉唐的一个重要标志。

其次，朱熹认为三代是一个治统与道统并存的社会，而汉唐只有治统而无道统。朱熹接过韩愈的道统论，却又重新规定了道统的内涵和传道统绪。他认为"道统之传有自来矣。其见于经，则'允执厥中'者，尧之所以授舜也；'人心惟危，道心惟微，惟精惟一，允执厥中'者，舜之所以授禹也，"① 这尧、舜、禹相传的"十六字"经，便是道统的具体内涵。认为三代社会就是一个道统相传的社会，"若成汤、文、武之为君，皋陶、伊、傅、周、召之为臣，既皆以此而接夫道统之传，若吾夫子，则虽不得其位，而所以继往圣、开来学，其功反有贤于尧舜者。"② 孔子之后，曾子、子思、孟子相继接过传道统绪。只是到了孟户死后，道统才失传了。他认为汉唐社会便是一个道统失传的社会，这"千五百年之间，正坐如此，所以只是架漏牵补过了时日，其间虽或不无小康，而尧、舜、三王、周公、孔子所传之道，未尝一日得行于天地之间也。"③ 显然，在朱熹看来，道统是独立于治统而存在的。他认为三代社会是一个治统与道统合一的社会，因此是一个光明的盛世；汉唐社会虽有治统，却没有道统，因此圣教不明，异端邪说并起，是一个黑暗的衰世。

（二）历史人物评论

朱熹对历史人物的评论，与他的三代、汉唐分论是相互发明的。在他看来，三代的传道之人都是圣人、仁人，他们所言所行都是从"自家心地义理中流出"，而不是靠"智谋功力做出来"。他们有救民之心和爱民之意，正心诚意，以天下为公。这些人进能教化、平治天下，退能独善其身。他们的人格是至善、至美、至正、至大的。

当然，在历史长河中，能够称得上是圣人、仁人的人毕竟是凤毛麟角，因为圣人的标准很高，一般人无法企及。在朱熹看来，即使是在三代

---

① 朱熹：《中庸章句序》，新编诸子集成《四书章句集注》本。
② 同上。
③ 朱熹：《朱文公文集》卷三十六。

时期，大多数人也如同汉唐君臣一样，都是"功利之徒"。因此，朱熹评论人物，并不求全责备，如他所说的，"若一一责以全，则后世之君不复有一事可言。"① 为此，他又立了一条"仁者之功"的标准。他认为，凡是资禀高，能做得一番大功业，主观上虽无救民之心和爱民之意，客观上却是利泽于民者，这些人虽本于功利，却与一般"功利之徒"不一样，他们称不上是圣人、仁人，但却有"仁者之功"。朱熹认为，历史上的名君贤臣能得入此列的人不少，如管仲相齐，尊王室，攘夷狄，九合诸侯不以兵车，他所成就的事业，"其利泽及人，则有仁之功矣"。② 又如汉高祖、唐太宗虽称不上是仁人，然"自周室之衰，更春秋战国以至暴秦，其祸极矣！高祖一旦出来平定天下，至文景时几致刑措。自东汉以下，更六朝五胡以至于隋，虽曰统一，然炀帝继之，残虐尤甚，太宗一旦扫除以致贞观之治。此二君者，岂非是仁者之功耶！"③ 他认为诸葛亮"细看不得"，④ 于义理则粗。然而他的"天资甚美，气象宏大"，⑤ 处事严密，也做得许多事业来。又如周世宗，"天姿高，于人才中寻得个王朴来用，不数年间，做了许多事业。"宋太祖也"直是明达。故当时创法立度，其节拍一一都是，盖缘都晓得许多道理故也。"⑥ 说到学者，朱熹认为汉唐名儒当推贾谊、董仲舒和王通，认为"贾谊之学杂。他本是战国纵横之学，只是较近道理，不至如仪秦蔡范之甚尔。他于这边道理见得分数稍多，所以说得较好。""汉儒惟董仲舒纯粹，其学甚正，非诸人比。""王通也有好处，只是也无本原功夫"。⑦ 这些人虽非传道之人，却也是有"仁者之功"的人。一般说来，有"仁者之功"的人，为政则有一番大功业，为学则能说得一番大道理。

朱熹从其封建伦理观出发，对历史上的篡臣如曹操、刘裕等人则是大

---

① 朱熹：《朱子语类》卷一三四。
② 朱熹：《论语集注》卷七，新编诸子集成《四书章句集注》本。
③ 朱熹：《朱子语类》卷四十四。
④ 朱熹：《朱子语类》卷九十九。
⑤ 朱熹：《朱子语类》卷一三六。
⑥ 同上。
⑦ 朱熹：《朱子语类》卷一三七。

加贬损。他曾把圣人比作"金";认为汉高祖、唐太宗等人从全体而言属"铁",但他们行事偶尔与道"不无暗合",这是"铁中之金也";而"曹操、刘裕之徒,则铁而已矣。"①

(三) 史论标准

1. 以道德为本位

朱熹评论历史,总是把道德放在第一位。他认为三代之所以成为盛世,是因为它推行德政;相反,汉唐靠的是力治,所以天下得不到善治。他认为一个社会统治的好与坏,起决定因素的是道德。他评论历史人物,也是以道德为先,事功为次。他把历史人物截然划分为三等,便是以此为依据的。在他看来,汉高祖、唐太宗虽都成就了一番伟大的功业,却"一切假仁借义以行其私",② 他们是无法与三代功德无量的圣人相比的。至于曹操、刘裕等篡臣,则更是无德之徒,他们与汉高祖、唐太宗等人又无法相提并论。

值得注意的是,朱熹以道德为本位来评论历史,一方面固然是继承了儒家的传统,另一方面也是服务于当时现实政治的一种需要。我们知道,唐末五代是一个封建纲常伦理道德大坏的时代,因此,继之而建立的赵宋王朝便迫切需要重振伦常。两宋理学家、史学家无不致力于这一工作。欧阳修把"道德"作为"为治之原",正是这种需要在史学工作中的反映。作为宋代理学集大成者,朱熹更是以扶持名教、整饬人心为己任。他由理学兼治史学,以道德为本位来评判历史,正是出于维护宋王朝封建统治的需要,其政治寓意是很深刻的。

2. 诧于理想,又能本于现实

朱熹对三代政治的描述以及对先贤人格的构想,是含有许多理想成分的。其实,美化先王,这也是中华民族敬宗法祖的民族心理意识的一种具体体现。我们知道,"先王作为华夏民族的共同祖先,是种族聚合与延续的精神支柱,得到全民族的崇奉和敬仰。人们总是把对理想社会的憧憬,

---

① 朱熹:《朱文公文集》卷三十六。
② 朱熹:《朱子语类》卷一三五。

寄托于对祖宗先王的崇拜，将先王时期的政治，美化成完美无瑕的社会图景，把先王塑造为品德高尚、能力无比的圣人。"① 朱熹的真实用意只不过是要后人能够以先圣为榜样，努力实践于儒家一贯提倡的"修身、齐家、治国、平天下"这一修治图式。

朱熹史论立义虽然很高，却又能本于现实，从宽处评判古人。如他对汉高祖、唐太宗等人的评价即是如此。实际上被朱熹列入有"仁者之功"行列的人，都是我国历史上有所作为的名君、贤臣和大儒，他们虽然次于理想化的圣人，却又高于一般人。至于对曹操、刘裕这些有作为的君臣加以贬损，这只能被看做是时代和阶级局限性所造成的。何况他对曹操等人也并非一概否定，如在谈到解救宋代时弊时，他就说："今日之事，若向上寻求，须用孟子方法；其次则孔明之治蜀，曹操之屯田许下也。"② 可见他对曹操屯田这一举措还是加以赞许的。

二

钱穆先生说："朱子理学大儒，经学大儒，抑其史学精卓，亦旷世无匹。"③ 作为一名颇有成就的封建史学家，朱熹也对史学本身诸多理论问题作过系统的评论。这些史学评论往往被后世封建史家奉为修史之圭臬，对我国封建史学的发展产生过重要影响。

（一）论经史关系

作为理学集大成者，朱熹治史，只是把它作为明理的一种手段。因此，相对于理学而言，史学只是处于附庸地位。故在论及经史关系时，朱熹明确主张要"以经为本，而后读史"。④ 朱熹认为，读经的目的在于端正见识，只有识得正，明其理，然后才能看史。他说："先读《语》、《孟》，然后观史，则如明鉴在此，而妍丑不可逃。若未读彻《语》、《孟》、《中

---

① 李晓东：《经学与宋明理学》，载《中国史研究》，1987（12）。
② 朱熹：《朱子语类》卷一○八。
③ 钱穆：《朱子新学案》，下册，1595页，成都，巴蜀书社，1986。
④ 朱熹：《朱子语类》卷一二二。

庸》、《大学》便去看史，胸中无一个权衡，多为所惑。"① 朱熹对当时浙东学派吕祖谦重史轻经的态度大不以为然，说"伯恭（指吕祖谦）于史分外仔细，于经却不甚理会。"② "东莱（指吕祖谦）聪明，看文理却不仔细。……缘他先读史多，所以看粗着眼。"③ 他认为看史不先读经明理，就直如"看人相打"一样，"相打有甚好看处？"④ 在朱熹看来，看史必先读经明理，否则或被史惑，或如看人打架，没有意义。

既然经书是专载义理的，那么，是否治经就可以不要治史？朱熹的答案是否定的，有人说："只是看《六经》、《语》、《孟》，其他史书杂学皆不必看。"朱熹明确回答道："如此，即不见古今成败，便是荆公（指王安石）之学"。⑤ 他认为："经学者，于义理上有功，然记事多误。"⑥ 而史学记事详，"该古今兴亡治乱得失之变"⑦。通过读史，人们可以从中"知古今之变"，"观其所处义理之得失之耳。"⑧ 也就是说，读史是为了进一步明理的需要。因此，"凡圣贤之言行，古今之得失，礼乐之名教，下而至于食货之溉流，兵刑之法制"，人们都必须要加以认真地研习，只有这样，才能尽悉天理而"一以贯之"。⑨ 显然，经与史是不可偏废的。

（二）论史书体裁

朱熹认为，过去史书编纂主要是采用编年与纪传二体，但就记述历史而言，这两种体裁都有其自身的缺陷。他认为编年体依年纪事，能明了事情发生之先后，但对跨年、跨代大事，则不能首尾连贯，详明事情始末。因此，应该通过错综的办法来改造编年体，以便克服这一体裁的不足。那

---

① 朱熹：《朱子语类》卷十一。
② 朱熹：《朱子语类》卷一二二。
③ 同上。
④ 同上。
⑤ 朱熹：《朱子语类》卷十一。
⑥ 朱熹：《朱子语类》卷八十三。
⑦ 朱熹：《朱文公文集》卷六十九。
⑧ 朱熹：《朱文公文集》卷四十六。
⑨ 朱熹：《朱文公文集》卷八十。

么，何谓错综呢？朱熹说："错者，杂而互之也。综者，条而理之也。"①也就是说，要在编年体的基础上条理出一种更易记述历史的新的史学体裁。他认为先秦史书《国语》和南宋袁枢编纂的《通鉴纪事本末》，就是一种错综的书体。朱熹对纪传体评价不高，他认为自汉代以来，人们一照司马迁纪传之法，是埋没了前人错综之意的。关于朱熹错综史体的思想，在他为袁枢写的《跋〈通鉴纪事本末〉》中有比较系统地论述，他说：

> 古史之体可见者，《书》、《春秋》而已。《春秋》编年通纪以见事之先后，《书》则每事别记以具事之首尾。意者当时史官既以编年纪事，至于事之大者，则又采合而别记之。……故左氏于《春秋》，既依经以作传，复为《国语》二十余篇，国别事殊，或越数十年而遂其事，盖亦近书体，以相错综云尔。然自汉以来，为史者一用太史公纪传之法，此意固不复讲。至司马温公（司马光）受诏纂述《资治通鉴》，然后千三百六十二年之事，编年系日，如指诸掌。……伟哉书乎！自汉以来，未始有也。然一事之首尾，或散出于数十百年之间，不相缀属，读者病之。今建安袁君机仲（指袁枢）乃以暇日作此书，……于以错综温公之书，其亦《国语》之流矣。②

显然，朱熹对具有错综之意的史体如《国语》、《通鉴纪事本末》等，是给予充分肯定的。

朱熹在自己的作史实践中，努力贯彻了这一错综史体的思想。他错综《资治通鉴》而成的《资治通鉴纲目》一书，不仅是一部比袁枢《通鉴纪事本末》更为简明扼要的史书，而且还为我国史学园地增添了一种新的史学体裁——纲目体，对我国封建史学的发展产生了重要影响。近代学者梁启超对此评价很高，他认为："此法很容易，很自由，提纲处写断案，低一格作注解，在文章上不必多下工夫，实为简单省事的方法。做得好，可

---

① 朱熹：《朱文公文集》卷五十四。
② 朱熹：《朱文公文集》卷八十一。

以把自己研究的结果畅所欲言，比前法（指《资治通鉴》编年叙事之法）方便多了。"认为"这体的好处，文章干净，叙述自由，看读方便。"①

(三) 论史书语言

首先，朱熹主张史书要文风朴实，"以道贯文"。朱熹说："作文字须是靠实，说得有条理乃好，不可架空细巧。"② "据某意，只将那事说得条达，便是文章。"③ 他反对那种虚华空言的文风，认为"文字只取达意而已，正不必过为华靡辨巧也。"④ 在他看来，史书若过分注重语言文字的华丽，于事理就难以说清楚。他纵考历代文史作家的文风，认为秦汉间史家如司马迁、班固等，其文尚"先有其实而后托之于言"，而宋玉、司马相如、扬雄等人"则一以浮华为尚，而无实之可言矣。"认为东汉以降，"数百年间，愈下愈衰，则其去道益远，而无实之文亦无足论"⑤。就连以"文以载道"号于一世的韩愈，也是"第一义是去学文字，第二义方去穷究道理。"⑥ 在朱熹看来，只有北宋欧阳修还算"近质"，"自荀、扬以下皆不能及"，但他也"未免于韩氏之病也。"⑦

其次，朱熹强调史书语言要时代化。朱熹认为，史书既然是以叙事为主，因此，记叙历史的语言就必须要通俗易懂、时代化，只有这样，才能发挥史书的导齐风俗和传播历史知识的作用。朱熹对司马迁运用当时语言进行写作给予了充分肯定，说："《史记》所载，想皆是当时说出。"⑧ 认为屈原的《离骚》，文字也很通俗易懂，"只是信口恁地说，皆自成文"⑨。而后人训释却"只求之于雅，而不求之于俗"⑩，是非常不妥当的，它抹杀了

---

① 梁启超：《中国历史研究法》，179、326 页。
② 朱熹：《朱子语类》卷一三九。
③ 朱熹：《朱子语类》卷一三七。
④ 朱熹：《朱文公文集》卷四十九。
⑤ 朱熹：《朱文公文集》卷七十。
⑥ 朱熹：《朱子语类》卷一三七。
⑦ 朱熹：《朱文公文集》卷七十。
⑧ 朱熹：《朱子语类》卷一三九。
⑨ 同上。
⑩ 同上。

原作文字的时代性。朱熹本人所写的史著或其他文著，文字都很浅显易懂，近于白话。这在宋人的作品中是不多见的。应该说，朱熹这一通俗史学观在今天仍有其价值。

（四）论史书笔法

笔法又称书法，历来就有直、曲之分。朱熹崇尚直书，对历史上那些直书不隐的史家，他都给予充分肯定。如说："晋董狐、齐太史，书赵盾、崔杼弑君而不隐，史氏之正法也。"① 认为孔子作《春秋》，"不过直书其事，美恶人自见"。② 司马迁作《史记》，也是于史实"无妄作"。③ 朱熹自己在治史实践中也非常注重直书不隐。他进过史院，有鉴于当时史馆修史"大抵史皆不实"④，而系统提出了自己对史馆修纂当时历史的一些措施和方法，这主要体现在《史馆修史例》一文中。关于朱熹秉笔直书，时人陈傅良曾评论说："当今良史之才，莫如朱熹、叶适。"⑤ 由于朱熹以直书闻名当时，故在他调离史院时，"秉笔之士，相顾嗟惜"。⑥

同时，朱熹还主张存史。他认为，作为记叙历史的史书，对历史的"善善恶恶，是是非非，皆着存得在那里。其间自有许多事。若是不好底便不载时，孔子一部《春秋》便都不是了。那里面何所不有！"⑦ 从存史角度出发，朱熹对任意删改旧文的做法也持否定态度。他说："大抵古书有未安处，随事论著，使人知之可矣。若遽改之以没其实，则安知其果无未尽之意耶？"⑧ 这是一种正确对待古籍的态度。

当然，作为一个封建史学家，朱熹是不可能真正把直书精神贯彻到底的。他在主张直书不隐的同时，却又大力提倡"春秋笔法"，把它发展到无以复加的程度。《资治通鉴纲目》就是一部通过法《春秋》用字规则以

---

① 朱熹：《资治通鉴纲目·凡例》。
② 朱熹：《朱子语类》卷一三三。
③ 朱熹：《朱子语类》卷七十一。
④ 朱熹：《朱子语类》卷一二八。
⑤ 陈傅良：《止斋文集》卷二十七。
⑥ 同上。
⑦ 朱熹：《朱子语类》卷一三四。
⑧ 朱熹：《朱文公文集》卷三十。

明"《春秋》之义"的史著，其间出于序名分、明顺逆、倡明纲常伦理道德的需要，而为尊、亲、贤者虚美隐恶的现象比比皆是。此外，朱熹在主张存史的同时，又用义理陶铸历史，以纲目体记述历史，因此，自然也裁汰了大量史料，这是有悖于其存史主张的。

白寿彝民族史学理论述略

　　白寿彝先生是我国当代杰出的马克思主义史学家。他一生致力于中国史学的研究，在民族史、史学史和通史等诸多领域都取得了令人瞩目的成就，形成了一套独具特色的史学理论。纵观白寿彝先生的史学研究，其中一以贯之的思想，就是强调中国史学的民族性。以下试从通史撰述和历史教育两个方面，对白寿彝先生的民族史学理论作一论述，以求教于大方之家。

一、中国通史是中华人民共和国境内各民族的历史

　　关于中国通史的记述对象与范围，这似乎是一个人人都明白因而无需回答的问题。然而，从以往的中国通史撰述实践来看，并不尽然。如有的通史著作将中国历史写成朝代更替的历史，有的则将中国历史几乎与汉民族史等同起来，等等，都使中国通史的记述对象与范围大大缩小。造成这种现象的原因，其中虽有史料不足的因素，更主要的还是受史学思想所囿。白寿彝先生从20世纪70年代中期就开始筹划中国通史的编撰工作，经过20余年的努力，其间吸收了大量的最新研究成果，终于在20世纪末，继范文澜、翦伯赞、郭沫若等史学大家之后，完成了规模宏大的《中国通史》的撰写工作，成为20世纪中国通史撰写的压轴之作。白寿彝先生主编的《中国通史》，从编纂体例到思想内涵，都给人以耳目一新之感，是一部颇具理论特色的通史著作。纵观白先生的通史编纂理论，其中最具特色的，就是强调中国历史的多民族性。以下就其多民族通史编纂理论之荦荦大端加以论述。

（一）对"中国"这个概念的认识

　　白寿彝先生认为，从文献记载来看，"中国"这个概念在不同的历史时期，其内涵是不相同和不断变化的。最早的"中国"是指黄河中下游地区，像春秋战国时期的南方楚国和西方秦国都在很长时间里不被视为"中

国";南北朝时期,北朝说南朝是"岛夷",南朝说北朝是"索虏",他们互不承认对方是"中国";今天的"中国",则是指拥有56个民族和960万平方公里国土的中华人民共和国。白寿彝先生认为,既然"中国"是一个不断变化的历史概念,今天的中国人讲中国历史,就应该采用今天"中国"的概念,即要讲中华人民共和国各民族的历史,"要明确这个概念,讲中国历史,是讲中华人民共和国各个民族的历史"①,而不能也无法采用历史上的"中国"概念,因为它们在不同历史时期的指向是不一样的,不能任意地取舍其中的一种概念。所以白先生强调说:"咱们是现在的中国人讲中国史,应该用现在的概念,不应用过去的概念。这不只是名词问题,不只是概念问题,是具体的历史分析,是合乎历史唯物主义的。"②

(二) 要用辩证的观点来看待中国历史的疆域问题

白寿彝先生认为,既然中国历史是讲中华人民共和国各民族的历史,那么中华人民共和国的疆域也就是"境内各民族共同进行历史活动的舞台,也就是我们撰写中国通史所用以贯串今古的历史活动的地理范围"③。但是,我们又不能将中国历史的这个"地理范围"固定化、绝对化。譬如对待某些跨国境的民族,我们虽然只写这些民族在我们国境内这部分人的活动,一般不写这些民族在国境外那部分人的活动,但是,在论述这些民族的族源时,则不应当受国界的限制;有些在历史上曾经煊赫一时而后来却不见于中国历史的民族,如匈奴、突厥等,有些则是见于古老的传说和记载却弄不清楚他们与国内民族的关系,由于他们都曾经在中国地理范围之内生存过、活动过,只要有材料,就应该记述他们的历史;历史上有些朝代的版图、有些战争与重大活动都超越了现在的国境,对于这些与我国历史的发展有着密切关系的活动,当然要载入我们的历史当中;有些中国人到外国去并且长期居住下来了,只要他们对人类的进步有贡献,跟祖国的事业、祖国的威信有联系,也都要写在我们的历史里。由此看来,通史

---

① 白寿彝:《关于中国封建社会的几个问题》,载《白寿彝史学论集》上册,5页。
② 同上。
③ 白寿彝:《中国通史》第1卷,79页。

撰述中的中国历史的地理范围问题,它既是一定的,又是需要变通的。

白寿彝先生认为,对待中国通史撰述中的疆域问题,要切忌两种错误的倾向。一是机械地看待中国历史疆域问题,将中国通史的撰述范围固定在中华人民共和国的疆域内,其结果则是一方面基本上记录下了汉民族的历史活动,另一方面却将"许多少数民族的历史都要排挤出去了"①。二是不能跳出皇朝疆域的圈子,把殷周史限制在黄河流域,把春秋、战国史基本上限制在黄河、长江两大流域,把秦、汉、隋、唐的版图说得如何地统一和恢宏,把元朝的版图要说成跨欧亚两洲,等等,其结果则会"掉入大民族主义的泥潭里,这既不符合历史的真相,也不利于民族的团结"②。

(三) 要重视中原以外地区少数民族历史的叙述

白寿彝先生认为,在中华民族多民族发展史上,汉民族无疑是主体民族,因而也是对中华民族的发展贡献最大的民族。所以他说:"中国历史几千年连续不断,在世界史上是少有的。这个功劳,汉族应居第一位。如果没有汉族,少数民族做不到这一点。"③ 从这个角度而言,中国通史的撰述,理所当然地要以汉民族的历史为主要对象。但是,白寿彝先生也明确指出,"我们说汉族是主体民族,并不是说少数民族无关紧要","我们说尊重汉族的历史地位,这跟大汉族主义是两回事"④。也就是说,中华民族的历史是以汉族为主体包括境内各少数民族共同的历史。由于长期以来的中国通史撰述,人们普遍重视对汉民族历史的记述,而轻视对少数民族历史的记述,因此,重视历史上中原以外地区的少数民族历史的叙述,就显得尤为必要。

白寿彝先生认为,自司马迁以来的中国古代史学家,就具有撰写多民族国家历史的自觉性,这是中国史学的一大优良传统。白先生将《史记》视为多民族史撰述的杰作,他说《史记》不但"对汉族的形成,做了很多

---

① 白寿彝:《中国通史》第1卷,79页。
② 同上书,81页。
③ 白寿彝:《关于中国民族关系史上的几个问题》,载《民族宗教论集》,62页,石家庄,河北教育出版社,2001。
④ 同上。

的工作",而且还"把环绕中原的各民族,尽可能地展开一幅极为广阔而又井然有序的画卷。它写了《匈奴列传》、《南越尉佗列传》、《东越列传》、《朝鲜列传》、《西南夷列传》、《大宛列传》,分别按地区写出北方、南方、东南、东北、西南、西北的民族历史。把这六个专篇合起来,可以说是一部相当完整的民族史,其中有些记载是超越当时和今日国境范围的"①。认为《汉书》和《后汉书》虽然在民族史的见识上比《史记》差得多,却都在民族史的资料上"对前史或续或补","收罗繁富,甚见工力"②。

白寿彝先生还从理论上具体阐述了重视对中原以外地区少数民族历史的叙述的必要性:第一,中国历史上每一个民族都不是孤立发展的。这主要表现在两个方面:一是指民族种群融合。在中国历史上,"每一个民族形成和发展的过程,也是一个不断组合、分化和融合的过程,总是不断地接受兄弟民族的成员,也不断地有自己的成员参加到兄弟民族里去"③。以作为中国主体民族的汉民族为例,它就是经过有关民族的融合而在秦汉时期形成的;经过魏晋南北朝数百年的民族融合后,进入中原的匈奴、鲜卑、氐、羯、羌等少数民族被汉化,汉族因此而充实了自己;又经过五代十国、宋、辽、金、元时期的民族融合,到元朝时期,进入中原的契丹、女真等少数民族也被汉化,成为汉民族的一员。由此来看,汉民族的发展不是孤立进行的,而是通过不断吸收兄弟民族来完成的。二是指民族文化互补。在中国历史上,各民族虽然有大小强弱之分,但是他们都创造出了各具特色的民族文化。而他们在创造民族文化的同时,也相互吸取着各种不同的民族文化,从而共同构成了别具特色的中华民族的辉煌的历史文化。正如白寿彝先生所说的,在中国历史上,"无论在经济的、政治的或文化的方面,每一个民族都从兄弟民族吸收各种营养以丰富自己。每一个民族的语言也不断地接受兄弟民族的影响"④。正是这种民族的融合与文化的互补,使得中华民族大家庭里的各民族已成浑然一体。

---

① 白寿彝:《中国通史》第1卷,9、6~7页。
② 同上书,12页。
③ 白寿彝:《中国通史纲要》,13页,上海,上海人民出版社,1980。
④ 同上。

第二，中国封建社会的发展与民族关系的发展分不开。白寿彝先生将中国封建社会的发展划分为 4 个时期，这一历史分期理论的主要特色是注重从民族关系发展的角度来看待中国封建社会的发展和分期问题，认为这样看问题"能看得更宽些"①。白先生认为，秦汉时期是中国汉民族形成时期，当时各少数民族还比较落后，还没有封建化，封建化的区域是在中原地区，那是中国封建社会的成长时期。三国、两晋、南北朝、隋、唐时期，随着民族的大规模流动、移居和民族间的长期斗争，南北方的民族杂居地区都扩大了，久而久之，内迁的少数民族已经跟汉人很难区别，"这就在新的民族关系的局面出现后，有了民族重新组合的出现，而促进了原来地区封建化过程"②。这是中国封建社会的发展时期。五代至元时期，汉民族与各民族之间又经历了一次新的组合，从而使中国的广大地区从东北的部分地区到西北，再到西南，基本上都进入了封建社会，这是中国封建社会的进一步发展时期。明清时期，一方面民族间的关系比前一历史时期更密切，民族地区的封建化程度进一步加深；另一方面属于民族性质的封建枷锁也更加沉重，故而在这一时期的大部分年代，是中国封建社会的衰老期。当然，白寿彝先生的中国封建社会分期理论的主要依据并不只有民族关系这一条，但他明确认为，"讲中国封建社会的发展，不能丢开民族关系的发展，丢开没法讲。光从汉族地区讲，太小了。"③ 而且白寿彝先生还进一步指出，历史上少数民族的不断封建化过程，也就是少数民族不断进步的过程，而这本身就是中国封建社会发展的重要标志。以史观今，我们今天搞现代化建设，如果民族地区不实现现代化的话，中国的现代化就很有局限，就不能说是真正实现了。所以他说："从历史发展的阶段来看，少数民族的进步，同样是中国整个社会进步的重要标志。"④

第三，中国历史上的少数民族对统一多民族国家历史的发展起了不可替代的作用。一是开发与捍卫边疆。在中国历史上，少数民族主要都居住

---

① 白寿彝：《关于史学工作的几个问题》，载《白寿彝史学论集》上册，339 页。
② 白寿彝：《中国通史》第 1 卷，83～84 页。
③ 白寿彝：《在历史剧与民族关系座谈会上的发言》，载《民族宗教论集》，46 页。
④ 白寿彝：《关于中国民族关系史上的几个问题》，载《民族宗教论集》，60 页。

在边疆地区。由于边疆地区自然环境恶劣,因而居住在那里的各少数民族长期处于比较落后的状态,发展受到了很大的限制。正因如此,以往我们讲历史,总是看不起这些弱小、落后的少数民族。其实这是一种偏见,既不客观也不公正。道理很简单,我们说边疆地区既是艰苦的地方,又是国防前线,却是汉人到不了的地方。几千年来,正是依赖少数民族的开发与守卫,才使得我们统一多民族国家的国土或疆域因此而得到了维护,从这个角度而言,边疆少数民族是出了很大的力、作出了很大的贡献的。白寿彝先生以弱小、落后的鄂伦春族和藏族为例,对少数民族的历史性贡献给予了充分的肯定。他很动情地说:"人家是在那样艰苦的地方进行开发工作,汉族到不了的地方,他们做了工作,而且往往在国防前线。""如果我们替西藏人想一想,在那个高山地区建设几千年,值得我们佩服不值得?很值得我们佩服!坚持建设几千年,坚持下来了,成为我们祖国很大的一块地方,底下宝藏不知有多少!值得我们佩服,不能光看一面(指落后)。"① 对于少数民族的开发贡献,当代史学家范文澜有过一个中肯的论述,他说:"一般说来,汉族最先开发了黄河流域的陕甘及中原地区,东夷族最先开发了沿海地区,苗族、瑶族最先开发了长江、珠江和闽江流域,藏族最先开发了青海、西藏,彝族和西南各族最先开发了西南地区,东胡族最先开发了东北地区,匈奴、鲜卑、柔然、突厥、回纥、蒙古各族先后开发了蒙古地区,回族和西北各族最先开发了西北地区,黎族最先开发了海南岛,高山族最先开发了台湾。"因此,拥有广大国土和众多人口的中国,其实是"构成中华民族的各族男女劳动人民长期共同创造的成果"②。二是创造民族文明。在中国历史上,少数民族也有不少突出的文化成就,它们都是中华文明的组成部分。比如冶炼业,完善的铁器制造和风箱的使用,是开始出现于有关南方楚、吴"荆蛮"民族的记录上的,《荀子·议兵》说"楚人……宛钜铁釶,惨如蜂虿";《吴越春秋·阖闾内传》记吴人干将铸剑也说"鼓橐(指风箱)装炭,金铁乃濡,遂以成剑"。比

---

① 白寿彝:《在历史剧与民族关系座谈会上的发言》,载《民族宗教论集》,44页。
② 范文澜:《中华民族的发展》,《学习》,第3卷1期,转引自白寿彝《中国通史》第1卷,96~97页。

如农业，棉花和棉布是中国长期以来的主要衣服材料，它的种植和纺织，主要发源地是南方海岛和新疆少数民族居住区；新疆维吾尔人利用地下水建设"坎儿井"来进行农业灌溉，表现出了他们在农业生产上的智慧。比如建筑，最典型的例子是北京城的建造，梁思成在《我国伟大的建筑传统与遗产》一文中称赞它是"世界绝无仅有的建筑杰作的一个整体"，而根据陈垣先生《元西域人华化考》的考证，最初设计这个伟大杰作的工程师正是一个叫也黑迭儿丁的回回人。比如文学艺术，我国大多数少数民族都能歌善舞，其中的维吾尔族、哈萨克族、蒙古族和朝鲜族等在舞蹈方面最为丰富多彩；少数民族在历史的发展过程中还创造了丰富的口头文学和艺术品，像维吾尔族、蒙古族、回族、满族、藏族、白族、傣族等，他们都有不少的文学、艺术、历史、科技等方面的著作和宗教经典流传于世。三是支持盛大皇朝。白寿彝先生认为，从整个国家和历史的发展来看，凡是盛大的皇朝，都得到了少数民族的支持。比如汉朝，它的建立当然与汉族的形成过程有着密切的关系，但是，汉朝不可能把全国的人都变成汉族，因此它的强盛，是与广大的少数民族的支援和拥护分不开的。又比如唐朝，唐太宗李世民实行安抚四夷的民族政策，从而被各少数民族尊称为"天可汗"；在唐朝政府中，有许多少数民族的人居朝做官；唐都长安，云集了广大的少数民族商人。由此可见，唐朝的强盛，是与其在更广范围和更大程度上得到了各少数民族的支持密不可分的。白先生正是依据这些事实而得出结论："大的皇朝，没有少数民族的支持，不跟少数民族搞好关系，是不行的。"①

二、历史教育要关注国内民族团结的历史前途

重视历史教育，这是白寿彝先生史学研究的一大特色。从白先生已有的研究成果来看，仅《白寿彝史学论集》收录的关于历史教育的论文就多达20篇，还有一些论述散见于其他著作之中。这一系列论著，蕴含了白先

---

① 白寿彝：《关于中国民族关系史上的几个问题》，载《民族宗教论集》，60页。

生丰富的历史教育思想。在白寿彝先生看来，历史教育的目的、任务很多，而最根本的则是历史前途的教育。他说："历史教育从根本上说，是历史前途的教育。我们的祖国前途怎么样？我们中华民族的前途怎么样？这是学历史的很重要的大问题。"① 而历史前途的教育，其中一项重要任务，就是要加强"国内民族团结的历史前途"的教育②。毫无疑问，历史教育——历史前途教育——加强国内民族团结的历史前途的教育，这是白寿彝先生历史教育思想体系中的一个重要的逻辑环节。

那么，究竟如何加强国内民族团结的历史前途的教育呢？首先，如何看待历史上的民族关系（主要是指汉族与少数民族之间的民族关系），进一步说，就是如何看待历史上民族关系的主流，这是关于民族团结的历史前途教育的首要问题。学术界关于历史上民族关系的认识存在着两种观点：一部分人认为友好是主流；一部分人又认为斗争是主流。对此，白寿彝先生提出了自己的看法。他认为这两种说法都对又都不对，说都对，是因为历史上民族之间有时确实是友好往来、互通有无甚至形成一体的，而有时却又有矛盾、斗争甚至兵戎相见；说又都不对，是因为这两种说法都失之偏颇，都将问题绝对化了，并不能真实、全面地反映出历史上民族关系的本来面貌。所以他说："在民族关系史上，我看友好合作不是主流，互相打仗也不是主流。主流是什么呢？几千年的历史证明：尽管民族之间好一段、歹一段，但总而言之，是许多民族共同创造了我们的历史，各民族共同努力，不断地把中国历史推向前进。我看这是主流。"③ 显然，白先生没有纠缠于友好还是斗争的具体纷争，而是肯定了各民族对中国历史发展的整体贡献，认为这才是民族关系的主流。

同时，看民族关系还必须要看民族关系的发展趋势，或者说要看民族关系发展的历史前途，而不能局限于某一个或几个具体的阶段，换言之，就是要用发展的眼光来看待历史上的民族关系问题。白先生认为，从几千

---

① 白寿彝：《历史工作者的光荣职责》，载《白寿彝史学论集》上册，220～221 页。
② 白寿彝：《在历史教学研究会成立大会上的书面发言》，载《白寿彝史学论集》上册，212 页。
③ 白寿彝：《关于中国民族关系史上的几个问题》，载《民族宗教论集》，58 页。

年民族关系发展史来看,"国内各民族是越来关系越密切,越来对于创造中国前进历史上越提供出来共同的力量"。特别是近代,"在反对殖民主义、反对帝国主义、反对封建主义斗争中,各民族关系同过去不一样了"①。这种不一样的具体表现,一是各民族联合起来,共同进行反清反封建压迫的斗争;二是过去少数民族往往被认为是威胁中原政权的力量,近代却成为捍卫祖国边疆的重要力量。由此体现在近代史家的民族史撰述上,不但在史书编纂上出现了近代形式的中国民族史论著,而且在史学思想上充分认识到民族问题在中国史上的重要地位,民族思想也呈多样化趋势,甚至还出现了民族平等的新思想②。由历史看未来,白先生满怀信心地说:"将来我们民族关系的前途,会愈来愈好,越来越对祖国的前进贡献力量的。这是断然无疑的。"③并且明确认为,这种民族关系越来越友好的发展趋势或民族前途,是民族关系的又一主流:"几千年的民族历史的发展愈来愈密切,这是历史上的主流。"④"民族间的关系是越来越团结,在反帝反封建的斗争上,在新中国的建设上,越来越需要互相依存、互相支持,这是民族关系史上的主流,这是民族关系的历史前途。"⑤

其次,如何看待历史上民族之间的差异与共同、矛盾与团结问题。重视民族团结的历史前途教育,不但要对历史上民族关系发展的主流和趋势有着正确的认识,同时还必须要用辩证的观点来看待民族之间的差异与共同、矛盾与团结问题。白寿彝先生指出:"没有差别,不能形成不同的民族。没有共同的地方,我们几十个民族不能建立这么伟大的祖国。"⑥ 在白先生看来,民族间的差别是客观存在的,没有必要否定,也不必害怕去

---

① 白寿彝:《历史工作者的光荣职责》,载《白寿彝史学论集》,上册,221页。
② 白寿彝:《中国通史》第1卷,26~30页。
③ 白寿彝:《历史工作者的光荣职责》,载《白寿彝史学论集》上册,221~222页。
④ 白寿彝:《关于史学工作在教育上的作用和史学遗产的整理》,载《白寿彝史学论集》上册,232页。
⑤ 白寿彝:《在历史教学研究会成立大会上的书面发言》,载《白寿彝史学论集》上册,212页。
⑥ 白寿彝:《史学工作在教育上的重大意义》,载《白寿彝史学论集》上册,245页。

讲。我们之所以要讲加强团结,这就说明进行团结的各方面本来就不是一种东西,是有差别的,如果是一种东西,没有差别,就不能叫团结。同时,承认差别,其实也就是尊重各民族的特点,从而在尊重的基础上相互吸取各民族的长处,相互进行合作,结成一种相互依存的关系。从中国历史的发展来看,各民族间当然是存在着差别的,换言之,各民族都有不同于其他民族的特点,这是历史的事实。而正是由于这种民族特点的不同,决定了各民族在发展的过程中结成了互相合作和互相依存的关系,如内地民族将盐、茶、铁输往西部和北部民族地区,是对游牧民族地区的一种支援;同样,内地得到的皮毛、皮革及肉类,则又是来自于游牧民族的支援。诸如此类,这便是一种各民族间相互依存的关系。但是,我们又不能只讲差别,不讲共同,这既是一种片面的观点,也不符合民族关系的客观事实。而且正是由于各民族间有着共同的地方,才使民族间的团结成为可能。这种共同是什么?那就是各民族都认为自己是华夏的后裔,并且都在为中华民族的发展贡献着自己的力量。我们说各少数民族都有强烈的本民族的民族意识,他们都不愿意被人说成是别的民族。但是,他们自古以来又都以中国人自居的,并且都将中原地区作为自己向往的地方。如汉代的匈奴就认为他们是夏后氏的后裔;南北朝时少数民族建立的北朝政权就以中原正统自居,而称南朝为"岛夷";古代汉族历史学家以及封建帝王一般也都承认少数民族政权的历史统治。很显然,中国境内各民族从血缘关系、文化意识到政治观念,都存在着共同的地方,而这正是各民族实现团结的基础所在。

当然,民族间的差别,也必然由此出现民族矛盾。因此,对于民族矛盾与民族团结的关系,也存在着一个认识问题。一是既要讲民族团结,也要讲民族矛盾。就中国历史上的民族关系而言,民族之间的矛盾是经常发生的,这是历史事实。因此,否认矛盾或者回避矛盾,都不是一种实事求是的态度。更重要的是,我们应该用辩证和发展的观点来看待历史上民族间的矛盾问题。白寿彝先生说:"矛盾有两个发展可能,一个可能是矛盾激化,闹矛盾、不团结,甚而可能发生战争;第二个可能是相辅相成,这有什么不好!农业地区同牧业地区各方面不同,但两个地区可以相辅相成、互相帮助，可以把生产搞得更好。"① 这两种发展可能，其实是反映了中国历史上民族关系的两个基本方面。对于前者，我们要以史为鉴，努力消除民族间的矛盾；对于后者，我们要发扬这种民族关系的友好传统，为实现中华民族的伟大复兴而共同努力。二是要从民族关系的发展趋势来看待民族矛盾问题。白寿彝先生主张要用整体的、全局的观点来看待历史上的民族关系问题，而不能割断一片、就一片去说，认为只有这样，才能看出民族关系发展的趋势，才能认清民族矛盾与民族团结的关系。他说："我们回想，春秋战国时期的民族关系是什么情况？汉唐时期是什么样子？汉唐之间南北朝时期是什么关系？宋元明清时又是什么关系？"他认为民族关系正是经过这一次次民族间的大的冲突，从而不断地向团结迈进。在中国历史上，"民族关系就是这样发展起来的，一步比一步团结"②。

最后，要将爱国主义思想教育和少数民族史相结合。宣扬爱国主义是历史教育的一项重要内容，而强调将爱国主义思想教育与少数民族史相结合，则是白寿彝民族史学理论的又一个显著特点。早在1937年，白寿彝先生曾经写过一篇题为《回教的文化运动》的文章，其中讲到了他最初研究回教史，就是出于爱国的动机。他说："我不是回教徒，在民国二十年前也不曾注意过回教。……直到东四省失掉，日本的大陆政策给我们以最严重的压迫，才使我注意到边疆，因注意边疆而连带注意到在西北各省最有力量的回教，因注意回教而和教中人士多所往来，才敬服他们信仰的忠诚，团结的坚固，作事的勇敢，生活的刻苦，使我亲身知道，中华民族的复兴，回教徒应有沉重的担负。但要回教徒担负起这沉重的职责，必先使非回教徒尽量知道回教中一切，才能激起彼此的同情心，造成合作的大事业。"③ 上述从东北沦陷——注意边疆史地——研究回教历史——民族团结抗战，说明白先生是将回教史的研究与当时全民族的抗战事业紧紧地联系在一起的，贯穿其中的便是白先生的爱国主义思想情绪。1951年，白寿彝

---

① 白寿彝：《在清史国际学术讨论会上的讲话》，载《白寿彝史学论集》上册，364页。

② 同上。

③ 白寿彝：《回教的文化运动》，载《民族宗教论集》，81页。

先生还专门写了一篇题为《论爱国主义思想教育和少数民族史的结合》的文章，一方面对加强爱国主义思想教育和少数民族史相结合的必要性作了系统论述，其基本观点是：第一，国内少数民族都有悠久的历史；第二，国内少数民族，在中华民族历史创造的过程中，有不少特出的贡献；第三，国内少数民族也都是"酷爱自由、富于革命传统的民族"；第四，国内各族人民的亲爱团结，是有历史传统的。另一方面则对加强爱国主义思想教育和少数民族史相结合的重要意义作了充分论述：它宽广、深刻、强化了爱国主义思想教育的内容，更加巩固了各族人民的团结；而各族人民团结得更加巩固，又大大提高了爱国主义思想教育的效果①。由此可见，白寿彝先生将爱国主义思想教育和少数民族史相结合的根本目的，是为了巩固中国境内各民族的团结，因而是历史前途教育的一项重要内容。

综上所述可知，白寿彝先生的民族史学理论，其内涵是丰富而深刻的，它对于我们今天正确认识民族关系、巩固民族间的团结，无疑具有重要的理论意义和现实意义。

---

① 白寿彝：《论爱国主义思想教育和少数民族史的结合》，载《民族宗教论集》，21～25页。

论白寿彝先生对汉代
史学思想史的研究

汉代史学发达，史学思想异彩纷呈，在中国史学与史学思想发展史上占有十分重要的地位。长期以来，人们一直关注于对汉代史学与史学思想的研究，并且取得了丰硕的成果。在众多的研究者当中，白寿彝先生可谓卓越不凡。他在几十年对汉代史学与史学思想的精心研究过程中，先后撰成并出版了《〈史记〉新论》、《史学史教本初稿》（第二编第一、第二章）等著作，发表了《说"秦汉时期"的史学》、《司马迁寓论断于序事》、《司马迁与班固》、《司马迁两题》、《说"成一家之言"》与《刘向和班固》等一批重要学术论文，对汉代史学与史学思想的研究作出了开创性的贡献。特别值得一提的是，白寿彝先生通过对汉代史学思想史的深入研究，提出了关于这一时期史学思想发展走向的独到见解——从西汉正统与异端的对垒到两汉之际折中主义思潮的出现。这一观点的提出，有助于人们对汉代史学思想的发展作出全面的认识，同时也引导人们对汉代史学思想作出进一步的研究。基于此，本文试对白寿彝先生关于汉代史学思想史的研究作一具体论述，以求教于大方之家。

一、西汉史学思想的特点是正统与异端的对垒

白寿彝先生认为，西汉史学思想发展的基本特点是正统与异端的对垒，而这一史学思想特点的形成，是以汉武帝时期社会发展的特点为背景的。西汉武帝时期的社会特点，一方面表现为封建等级制度在社会经济和政治中普遍确立起来，封建大一统政治得以形成和巩固；另一方面则表现为适应封建政治统治需要，封建统治者几经抉择，最终确立儒家学说作为封建正统思想。同时秦末大起义给社会思想造成了深刻的影响，而这一时期的社会却在经过一个相对安定的局面之后，矛盾又开始日趋尖锐起来。

在这样一种特定的社会历史背景之下，思想界"出现了董仲舒和司马迁这两位大师"。其中"董仲舒是代表儒学正宗的大师"①，而司马迁则"结合自己身世的感受和亲见亲闻而形成了对抗正宗思想的异端思想"②。反映在历史观上，也表现出了这两种思想的对垒："一种是适应王朝统治要求的正统思想，以董仲舒为代表"；另一种"和董仲舒的正统思想相反的，是以司马迁为代表的一派思想"③，即所谓异端思想。

董仲舒的正统史观，主要是通过阐发其大一统观、三统说和天人感应论而得以体现的。对此，白寿彝先生作如是说："他（指董仲舒）发挥了春秋公羊学大一统的论点为汉皇朝的统一事业服务，宣扬了三纲的论点为稳定封建统治秩序辩护。他于五行之外，又宣扬三统说，以补五行说之不足。他倡言'天不变，道亦不变'，强调封建统治的永恒秩序"④。

1. 从董氏大一统观来看，白寿彝先生认为董仲舒的大一统观是"发挥了春秋公羊学大一统的论点"。《春秋·隐公元年》开篇说："元年，春，王正月"。对此，《公羊传》解释说："何言乎王正月？大一统也"，明确将"王正月"与"大一统"联系在一起。所不同的是，《公羊传》认为"王正月"是奉周正，一统于周天子，而董仲舒则认为"王"是受命新王，新王即位须改正朔、易服色，"以奉天地"，从而打通了天人关系⑤。同时，董仲舒还对经文首言"元年"作了追究，认为其间也蕴含深刻大义。《春秋繁露·重政》说："《春秋》变一谓之元，元犹原也，其义以随天地终始也。故人唯有终始也而生，不必应四时之变，故元者为万物之本，而人之元在焉。安在乎？乃在乎天地之前。"这就是说，"王正月"所体现的天下一统于王（新王）、王一统于天，归根到底则是天一统于元。当然，董仲舒说天说元是为了说王，立元正始的根本目的还是为了立王正始，是要强调王者一统，所以《春秋繁露·为人者天》说："唯天子受命于天，天下

---

① 白寿彝：《说"秦汉时期"的史学》，载《北京师范大学学报》，1986（5）。
② 白寿彝：《司马迁》，载《中国史学史论集》，59页。
③ 白寿彝：《〈史记〉新论》，10~11页。
④ 白寿彝：《说"秦汉时期"的史学》。
⑤ 董仲舒：《春秋繁露》卷七，《三代改制质文》。

受命于天子"。而王者政治一统,必须思想一统,要一统到儒家学说上来。董仲舒说:"《春秋》大一统者,天地之常经,古今之通谊也。今师异道,人异论,百家殊方,指意不同,是以上亡以持一统;法制数变,下不知所守。臣愚以为诸不在六艺之科孔子之术者,皆绝其道,勿使并进。邪辟之说灭息,然后统纪可一而法度可明,民知所从矣。"① 在董仲舒看来,诸子百家及其学说的存在,是不利于封建国家政治大一统局面的维护的,只有定儒术于一尊,才能使《春秋》大一统思想得以光大,封建政治大一统局面得以巩固。所以白寿彝先生认为,"儒家一尊,也是董仲舒的建议","这是典型的正统思想"②。

2. 从董氏"三统说"来看,白寿彝先生认为董仲舒宣扬"三统说"是"以补五行说之不足"。董仲舒认为,历史朝代的更替,总是按照黑统、白统和赤统"三统"之序依次循环进行的,凡是异姓受命而王,都必须要改正朔、易服色,车马、牺牲、冠礼、昏礼、丧礼、祭牲、荐尚物、日分朝正等各项制度也都随之而不同。③ 新王为何必须要改制呢?董仲舒说,新王是受天命而王,而不是继前王而王,因此,新王必须通过改制的形式来报答天命,显示天命的恩宠,同时依此与前朝区别开来。④ 以"三统"来对应历史朝代,董仲舒认为殷朝是白统,周朝是赤统,《春秋》是黑统。不过,《春秋》的一王之法是专门为汉朝制定的,《春秋》为黑统制度,其实也就是许汉朝以黑统制度。统属不同,治道也须随之而改变,如"夏上忠,殷上敬,周上文者,所继之捄,当用此也",而"三道"政治的本质特征则是质、文互变,质盛而文、文盛而质。⑤ 当然,董仲舒所谓历史之"变",仅仅是"改正朔,易服色",以此报答天命,并不是要对王朝政治制度进行变更,"若夫大纲、人伦、道理、政治、教化、习俗、

---

① 《汉书》卷五十六,《董仲舒传》。
② 白寿彝:《〈史记〉新论》,10页。
③ 董仲舒:《春秋繁露》卷七,《三代改制质文》。
④ 董仲舒:《春秋繁露》卷一,《楚庄王》。
⑤ 董仲舒:《春秋繁露》卷七,《三代改制质文》。

文义尽如故，亦何改哉？故王者有改制之名，无易道之实"。① 为何只需改制而不必易道？董仲舒回答说："道之大原出于天，天不变，道亦不变，是以禹继舜，舜继尧，三圣相受而守一道，亡救弊之政也，故不言其所损益也。"② 这便是他的道不变论的依据所在。③ 从上所述可知，"三统说"所补五行说之不足，主要表现在它不但揭示了受命新王改制的必要性——报答天命，而且宣扬了"道不变"的思想，从而为封建统治的永恒性作出了说明。

3. 从董氏的天人感应论来看，白寿彝先生认为董仲舒的"天不变，道亦不变"，"这个意思就是天人合一，古今永恒"④。如上所述，董仲舒"道"不变论的依据是"天不变"。那么，"天不变"为何能成为"道"不变的依据呢？换言之，天人之间究竟存在着什么关系？为此，董仲舒构建了一套天人感应学说。董仲舒认为天有意志，天与人的关系是一种授受关系，天授命于人，人受命于天，因而不但王权受自于天，"天之所大奉使之王者，必有非人力所能至而自至者，此受命之符也"，⑤ 而且人副天数，人的形体、性情和道德等也受自于天，如形体上"惟人独能偶天地。人有三百六十节，偶天之数也；形体骨肉，偶地之后也。……"⑥ "喜怒之祸，哀乐之义，不独在人，亦在于天"⑦。道德上"君臣、父子、夫妇之义，皆取诸阴阳之道。……王道之三纲，可求于天"⑧。正是由于天有意志、天人同类、人副天数，所以天人之间能够感应；而天人感应的具体表现就是上天通过布祥降灾，以对人间的政治作出回应。所以《春秋繁露·必仁且智》说："凡灾异之本，尽生于国家之失。"又说："灾者，天之谴也；异者，天之

---

① 董仲舒：《春秋繁露》卷一，《楚庄王》。
② 《汉书》卷五十六，《董仲舒传》。
③ 董仲舒的"三统说"究竟只是鼓吹循环，还是蕴含着救弊和变道思想，论者颇有分歧，这里不作分辨。
④ 白寿彝：《〈史记〉新论》，10页。
⑤ 《汉书》卷五十六，《董仲舒传》。
⑥ 董仲舒：《春秋繁露》卷十三，《人副在天数》。
⑦ 董仲舒：《春秋繁露》卷十一，《天辨在人》。
⑧ 董仲舒：《春秋繁露》卷十二，《基义》。

威也。谴之而不知，乃畏之以威。……国家之失乃始萌芽，而天出灾害以谴告之；谴告之而不知变，乃见怪异以惊骇之；惊骇之尚不知畏恐，其殃咎乃至。以此见天意之仁而不欲陷人也。"应该说，董仲舒的祥瑞灾异说有制约王权的作用，具有一定的积极意义。但是，它毕竟是一种彻头彻尾的神学理论。

司马迁曾从董仲舒问学，与董仲舒一样，司马迁也拥护汉朝的统一，尊重孔子在历史上的成就。但是，白寿彝先生认为，由于司马迁关注当时社会日益严重的阶级矛盾，特别是结合自己身世的感受，使得"他的历史观中有不少的唯物主义因素和朴素的辩证观点，这跟董仲舒的唯心主义和形而上学是有区别的"①。

第一，司马迁"'究天人之际'，而不同意'道之大原出于天'"，"司马迁提出'究天人之际'，实际上是同以董仲舒为代表的阴阳五行禁忌学说、正统儒学相对立的。董仲舒把天和人结合起来，标榜'天人感应'，司马迁却要把它们分开"②。在白寿彝先生看来，"司马迁是一个有科学知识素养的人"，故而《史记》在《天官书》和《封禅书》等篇中对历来鬼神之事的诬妄作了揭露。同时，《史记》也重视从正面阐述无神论的观点，如"《伯夷列传》和《货殖列传》有从正面阐述无神观点的有历史价值的论难"③。《伯夷列传》针对董仲舒宣扬的"礼无不答，施无不报，天之数也"④ 这样一种天道"报善乐施"的说法，司马迁借善人伯夷、叔齐饿死和好学颜渊早夭之事，明确表示了自己对天道的怀疑，提出了对天道的质问。白寿彝先生认为"一切宗教和有神论都是要麻醉人民以'幻想的幸福'，企图以神的灵光遮盖着人民对苦难世界的认识。《伯夷列传》的这些诘问恰好就是戳破这种幻想，揭掉这种灵光"⑤。《货殖列传》是论述社会经济史的专篇，它肯定了社会经济发展具有规律性，指出财富决定人的社

---

① 白寿彝：《说"秦汉时期"的史学》。
② 白寿彝：《〈史记〉新论》，11、21页。
③ 白寿彝：《司马迁》，载《中国史学史论集》，71页。
④ 董仲舒：《春秋繁露》卷一，《楚庄王》。
⑤ 白寿彝：《司马迁》，载《中国史学史论集》，71页。

会地位是"物之理也"，提出了"礼生于有而废于无"的财富与道德关系论。白寿彝先生认为："《货殖列传》试图用经济现象说明社会问题和社会意识问题，这对当时的有神论之以神意解释社会问题是进行了正面的有力的打击。就理论的成就来说，这是朴素的唯物主义的论点"①。此外，《史记》以纪传体论载历史，本身就说明司马迁是以人为中心、重视记载人事的。从《史记》所记载的具体内容来看，通篇都体现了一种重人事的思想。如《秦楚之际月表》肯定了夏、商、周、秦之王天下，都是修仁行义、积德用力的结果，是人为而非天意；而三代与秦《本纪》也如实指出它们最终败亡也是"武伤百姓"、"仁义不施"所致。当然，正如白寿彝先生所说的，《史记》"相信气数，相信祖先的善恶对后代的遭遇起作用"，因而"并没有摆脱神秘思想的影响"②。"但在当时，他能写人的历史就不简单了。在他以前的历史记载几乎都是人鬼不分的。"③

第二，与董仲舒的历史不变论不同，司马迁"'通古今之变'，首先肯定有变，不是'天不变，道亦不变'"④。司马迁以"通古今之变"为撰史旨趣，即是要将自黄帝至汉武帝这三千年历史作为一个整体，来认识和把握其中的治乱兴衰之变：（1）司马迁注重以"原始察终，见盛观衰"为"通古今之变"的基本方法。《史记·太史公自序》说："网罗天下放失旧闻，王迹所兴，原始察终，见盛观衰。"这里所谓"原始察终"，就是要对历史追溯其原始、察究其终结。这种方法要求人们把历史当作一个整体和过程来加以考察，以把握历史发展变化的各种因果关系。所谓"见盛观衰"，就是要注意考察历史的发展变化是一种盛衰之变，是盛中有衰、衰中有盛，因此要注意历史发展兴盛之时可能会出现的向衰的方向的转变。在司马迁看来，这种历史盛衰之变不是一种历史变易的偶然表象，而是一种历史变易的必然规律。《平准书》明确指出："是以物盛则衰，时极而转，一质一文，终始之变也。"可以说，《史记》一书所体现的这种"见盛

---

① 白寿彝：《司马迁》，载《中国史学史论集》，73页。
② 同上书，74页。
③ 白寿彝：《〈史记〉新论》，35页。
④ 同上书，11页。

观衰"的思想是一贯到底的。(2) 司马迁以《易传》中的"《易》穷则变，变则通，通则久"的通变思想为哲理基础，提出了"承敝易变"① 的历史变革论。在司马迁看来，一个政权的覆灭，必然是这个政权在制度上出现了种种弊端，因此，代之而起的新兴政权，就必须要针对前朝制度的种种弊端进行变易，如周、秦、汉的变易更替即是如此，"周秦之间，可谓文敝矣。秦政不改，反酷刑法，岂不缪乎？故汉兴，承敝易变，使人不倦，得天统矣。"② "《易》穷则变"的主体是人，《易传·系辞下》说："神农氏没，黄帝、尧、舜氏作，通其变，使民不倦，神而化之，使民宜之。"因此，《史记》一方面如前所说，肯定人在创造历史过程中的作用；另一方面强调人在变革历史过程中所起的重要作用，故而重视记述和评论那些变革时代的风云人物如管仲、商鞅、李悝、吴起、赵武灵王等变革家们的事迹。司马迁还承袭了《易传》肯定汤武革命的思想，而以这种革命思想作指导，来评述古往今来的历史。最典型的例子莫过于将陈胜首义与汤武革命和孔子作《春秋》相提并论。不可否认，司马迁的历史变易思想并非纯粹，它也受到了邹衍的五德终始说和董仲舒的"三统说"的影响，如《天官书》就认为三五循环之变是天人之际普遍存在的一种法则，所以"为国者必贵三五"。《五帝本纪》与三代《本纪》用五德终始说来解说历史王朝的更替，而《高祖本纪》在评述夏、商、周三王之道的历史变易情况时，则直接采用了董仲舒的"三统说"。这说明在司马迁的"承敝易变"思想中蕴含了循环的观念。

第三，司马迁"要'成一家之言'，就是要自成一家，而不是儒家独尊"，"汉武帝尊崇儒术、罢黜百家，司马迁却要来个'成一家之言'，显然是对正统儒学表示的一种抗议"③。那么，司马迁所谓"家"究竟是一个什么概念呢？白寿彝先生认为，司马迁"'成一家之言'，是在史学领域里第一次提出了'家'的概念。司马迁的工作，他自认为是继《春秋》以后

---

① 《史记》卷一三〇，《太史公自序》。
② 《史记》卷八，《高祖本纪》。
③ 白寿彝：《〈史记〉新论》，11、52页。

的有关工作，是以史学成家的"①。从具体内涵而言，它有三个层次的含义：（1）就学术思想而言，《史记·太史公自序》特记司马谈《论六家要指》，对先秦阴阳、儒、墨、名、法五家之短长作了评论，而特别对黄老道家予以推崇，白寿彝先生认为这"恐怕应该说是司马谈要吸收各家之长，而自成一家之言的企图，至少可以说是潜意识的企图"。司马谈的企图，当然也就是司马迁的企图，因为"他们父子有一种共同的思想感情，就是要把家族的'家'跟作为学派的'家'统一起来"②。从《史记》一书所表现出的思想内涵，也可看出其对诸家思想的兼收并蓄态度。（2）就撰述宗旨而言，即《报任安书》所谓"究天人之际，通古今之变，成一家之言"。《史记》的"究天人之际，通古今之变"，前已论述，此不赘言。（3）就历史编纂而言，即是指《史记》的体裁与取材而言的。众所周知，《史记》不但重视取材，而且创立了由本纪、世家、列传、书和表等五种体例构成的纪传体通史体裁。白寿彝先生认为《史记》的体裁与取材是取众家之长而成一家的结果，他说："《史记》中的这几种体裁都各有所本，《史记》是把它们互相配合，熔为一体。这在体裁上，《史记》也是取众家之长，成为一家。在取材上，其中有史事的材料，有思想的材料，《史记》对各家的材料，加以取舍、提高，这是'成一家之言'的又一个重要的方面"③。当然，司马迁"成一家之言"，与其主张政治大一统并不矛盾。白寿彝先生说："司马迁曾从董仲舒问春秋公羊学，他也拥护汉的统一。"④ 从《史记》一书来看，司马迁的大一统思想也是很丰富的：其一，《史记》体例蕴含着大一统之义。如以记载从黄帝到汉武帝历代君主统系的《本纪》为全书大纲，视"三十世家"为君王的"辅拂股肱之臣"，以"七十列传"论载"忠臣死义之士"，无不体现了以尊王为内涵的大一统思想。其二，《史记》重视对大一统政治的颂扬。如司马迁一方面对秦朝"仁义不施"⑤

---

① 白寿彝：《说"成一家之言"》，载《中国史学史论集》，106、99页。
② 同上书，104页。
③ 同上书，106页。
④ 白寿彝：《说"秦汉时期"的史学》。
⑤ 《史记》卷六，《秦始皇本纪》。

提出批评，另一方面又肯定秦的统一是"世异变，成功大"①。《平准书》则对文景盛世经济繁荣局面作了满怀激情的颂扬。其三，司马迁强调夷夏一统。《史记》之《四夷传》的设立，把那个时期中原华夏族与四邻各少数民族的历史都纳于其中，充分体现了夷夏一统的思想。

二、两汉之际史学思想的折中主义倾向

两汉之际，封建社会的发展出现了新的历史特点。汉武帝之后的西汉社会，一方面封建政治经过昭、宣短暂中兴后迅速衰败，社会阶级矛盾和统治阶级内部矛盾都异常激烈，至王莽代汉而达极点。另一方面，封建皇家加强了对学术思想的控制，如石渠阁会议（公元前51年）汉宣帝亲临决断五经异同；与此同时，作为封建统治思想的经学不但发生分化，出现了古文经学派，而且逐渐与谶纬迷信神学相结合，儒家思想开始神学化。刘秀建立东汉政权后，刘家天下失而复得，使得新政权更加重视借助于谶纬神学进行统治，如光武帝于公元56年宣布图谶于天下；汉章帝于公元79年白虎观讲五经同异时亲称制临决，会后辑成的《白虎通德论》标志着谶纬神学的法典化。白寿彝先生认为，两汉之际社会政治、思想出现的新特点，必然要反映到这一时期史学思想中，集中表现为这一时期的史学思想出现了一种折中主义的倾向。刘汉政权的失而复得，要求史家从神意角度作出解释；同时经学的谶纬迷信神学化，必然会对这一时期的史学思想产生重要影响，从而使自董仲舒开始建立起来的封建正统史学思想（即神意史观）在这一时期得到了加强。与此相对应，"《史记》的体例和司马迁史学才能虽受到推重，《史记》的进步的历史观点却决不会在正宗学者或正宗思想中得到地位。""正宗学者继承了司马迁的技术的方面而阉割了他思想上的精华"，两汉之际的学者、史家如扬雄、刘向、刘歆、班彪和班固等，他们的思想"都是折衷主义的"②。纵观两汉之际史学思想的折中主义

---

① 《史记》卷十五，《六国年表》。
② 白寿彝：《刘向与班固》，载《中国史学史论集》，109页。

倾向，主要有以下几个方面的具体表现：

（一）表现在对刘汉政权建立的评述上

我们知道，西汉皇朝的建立与秦以前各王朝的建立有着很大的不同，之前的王朝建立者多为圣王之后，至于秦皇朝的建立，则是秦始皇"奋六世之余烈"的结果。而刘邦起于闾巷，无尺土之封，却在秦末乱世之时，手持三尺剑而得以倒秦灭项，最终建立了汉皇朝。正如班固所说："夫大汉之开原也，奋布衣以登皇极，繇数期而创万世，盖六籍所不能谈，前圣靡得而言焉。"① 刘邦"无土而王"，这是时人感到困惑不解的问题，却又是必须要作出说明的问题。对此，自西汉以来，史学家们已经作出过不少解说，班彪便是其中最具代表性的一个。他曾特著《王命论》一文，提出"神器有命"，非人力所为的观点。班彪说："刘氏承尧之祚，氏族之世，著乎《春秋》。唐据火德，而汉绍之，始起沛泽，则神母夜号，以章赤帝之符。……世俗见高祖兴于布衣，不达其故，以为适遭暴乱，得奋其剑，游说之士至比天下于逐鹿，幸捷而得之，不知神器有命，不可以智力求也。"② 这就是说，汉绍尧运早已是著明于《春秋》，而刘邦斩蛇，"神母夜号"，则是汉兴的符应。班彪从维护刘氏正统出发，曾经还从神意角度规劝当时割据天水的军阀隗嚣打消觊觎神器的念头，而归顺刘秀。他说："汉德承尧，有灵命之符，王者兴祚，非诈力所致"③。当然，隗嚣并没有听从班彪的规劝。后来，班彪转而避地河西，为河西大将军窦融"画策事汉"。然而，班彪毕竟是史家，引史为鉴是其本色，故而他又能从人事角度来探讨刘汉政权得以建立的原因，从而肯定了刘邦善谋略的作用，他认为："（刘邦）信诚好谋，达于聪受，见善如不及，用人如由己，从谏如顺流，趣时如向赴；当食吐哺，纳子房之策；拔足挥洗，揖郦生之说；寤戍卒之言，断怀土之情；高四皓之名，割肌肤之爱；举韩信于行陈，收陈平于亡命，英雄陈力，群策毕举，此高祖之大略，所以成帝业也。"④ 上述事例足

---

① 《后汉书》卷四十下，《班彪列传》。
② 《汉书》卷一〇〇上，《叙传》。
③ 《后汉书》卷四十上，《班彪列传》。
④ 《汉书》卷一〇〇上，《叙传》。

以说明刘邦的雄才大略，而正是这种雄才大略才最终成就了刘家帝王之业。由此看来，班彪又是非常重视人事的。班彪评述刘汉政权所表现出的折中主义的史学思想对班固有重要影响。与乃父一样，班固也重视以神意史观来解说刘汉皇朝的统绪，这集中表现在所著《典引》篇①和《汉书·高帝纪赞》中，两文阐发的一个基本思想便是"汉为尧后以得火德"。同时班固在《高帝纪赞》中还对尧的后裔为何只有丰地一支到刘邦时才兴汉的原因作了解释，他说："汉承尧运，德祚已盛，断蛇著符，旗帜上赤，协于火德，自然之应，得天统矣。"这就是说，作为尧后的刘氏，到丰地一支刘邦时恰逢"德祚已盛"，该要承天命而王了。何以见得呢？"断蛇著符"便是上天命汉兴起的符应。既然天命已显，故而刘邦倒秦灭项，建立汉朝，只不过是顺天命行事而已。显然，《高帝纪赞》的说法与《王命论》是如出一辙的。同时，班固也如实指出人为对于刘汉皇朝建立的作用。如同样是在《汉书·高帝纪》中，班固又认为汉高祖"性明达，好谋"。入关之初，便能"顺民心作三章之约"。天下平定后，又能"命萧何次律令，韩信申军法，张苍定章程，叔孙通制礼仪，陆贾造《新语》"，从而使汉初政治得以初具规模。由此来看，刘汉皇朝的建立和巩固，又是与汉高祖的人谋分不开的。

（二）表现在对司马迁的评价上

两汉之际折中主义史家几乎无一例外地都肯定司马迁的史才和《史记》的技术成就。如西汉扬雄就称赞《史记》为"实录"之作②。班彪肯定司马迁"善述序事理，辩而不华，质而不野，文质相称，盖良史之才也。"他认为《史记》"采获古今，贯穿经传，至广博也"，与《左传》、《国语》等史书一样，是"今之所以知古，后之所由观前，圣人之耳目也"③，有着重要的史料价值。班固基本沿用了班彪的说法，肯定《史记》为"实录"之作，认为"然自刘向、扬雄博极群书，皆称迁有良史之材，服其善序事理，辩而不华，质而不俚，其文直，其事核，不虚美，不隐

---

① 《后汉书》卷四十下，《班彪列传》。
② 扬雄：《法言·重黎》，北京，中华书局，1987。
③ 《后汉书》卷四十上，《班彪列传》。

恶，故谓之实录"。① 同时，这些史家也无一例外地对司马迁的异端思想提出批评。如扬雄就明确指出，司马迁的思想"不与圣人同，是非颇谬于经"②。扬雄关于司马迁的评价，对东汉初年史家班彪、班固父子有重要影响。班彪认为司马迁有"三失"："其论术学，则崇黄老而薄《五经》；序货殖，则轻仁义而羞贫穷；道游侠，则贱守节而贵俗功"③。班固则重申其父的"史公三失"论，只是在表述的次序和行文上略有不同而已。他说：司马迁"是非颇谬于圣人，论大道则先黄老而后六经，序游侠则退处士而进奸雄，述货殖则崇势利而羞贱贫，此其所蔽也"④。上述班氏父子所谓"史公三失"，主要是"论大道则先黄老而后六经"，其他两条都是由此派生出来的。而这种"是非颇谬于圣人"的批评，显然是用儒学神圣化时代的正统史观去衡量的。其实，司马迁作《史记》，就是以"继《春秋》"为己任。《史记》推重孔子，重视载记儒家人物，只是由于司马迁受到其父黄老之学（以兼收并蓄为特点）的影响，加上那个时代"独尊儒术"还只是刚刚开始，这就决定了司马迁的儒学思想不可能那么纯粹，它与班固以神学化、绝对化的儒学来陶铸历史的正统主义史学自然相距甚远。班固背离司马迁的史学思想，还具体表现在改写《史记》上。《汉书》有4篇本纪、6篇表、3篇志和40篇列传是在《史记》的基础上写成的。白寿彝先生认为，班固对《史记》的改写也反映了其折中主义的史学思想倾向，他说："《汉书》利用了《史记》在体例、史料、写作艺术以及某些观点上的成就，并且也利用了《史记》的学术威信和社会威信，但用正宗的观点挤掉了《史记》的进步精髓而加以改写。"⑤ 具体来讲，《汉书》改写《史记》所表现出的折中主义史学思想倾向，一是断汉为史，而"不是像《史记》那样把汉的建国放在历史发展过程中去考伏"；二是"抛弃了《史记》'究天人之际、通古今之变'的进步内容，而把天人感应的神秘学说，特别是

---

① 《汉书》卷六十二，《司马迁传》。
② 《汉书》卷八十七，《扬雄传》。
③ 《后汉书》卷四十上，《班彪列传》。
④ 《汉书》卷六十二，《司马迁传》。
⑤ 白寿彝：《刘向与班固》，载《中国史学史论集》，116页。

五行灾异学说当作社会现象的永恒规律来宣扬";三是如上所述,宣扬神圣化的儒家学说,而批评《史记》"是非颇缪于圣人",从而"以强调封建性代替《史记》的进步性"①。

(三) 表现在历史文献的整理上

西汉末年,中国历史文献经过了一次大规模的整理,而主持这次文献整理活动的人便是具有折中主义史学思想倾向的刘向、刘歆父子。白寿彝先生认为,刘向、刘歆父子折中主义史学思想倾向的具体表现,即是"以阴阳五行、天人感应作为论证的依据",来"论历代兴革、国政得失",解说历史;同时"当校订皇家藏书的时候却很少运用这种神学历史观,而在很大程度上表现了人文主义的态度"②。

刘向早年就因得《枕中鸿宝苑秘书》而深受神秘思想的影响,后来又参加石渠阁五经讲论而濡染于正宗经学。因此,他的史学思想具有明显的神意倾向。刘向生当汉末衰世,作为汉室宗亲和朝中大臣,他深感外戚干政之患,每每总是借灾异以言政事得失。他著《洪范五行传论》,直接目的就是借当时"灾异"而斥外戚王氏干政;他在元帝、成帝时的很多上书,也常常是借灾异以说事。我们不可否定刘向的忧患意识,但从历史观角度而言,则无疑"是神学的倒退","他这种思想反映了西汉晚年大权旁落、皇族失势的悲观情绪"③。刘歆的政治态度与刘向有很大的不同,他曾著《三统历谱》,其中的《世经》篇宣扬五行相生之说,提出"汉为尧后而得火德",为王莽以土德代汉提供理论依据。同时刘歆也好以灾异言事,与乃父一样,他也著有《洪范五行传论》,如同《汉书·楚元王传》所说,二书皆"集合行上古以来历春秋六国至秦汉符瑞灾异之记,推迹行事,连传祸福",因而都是以天人感应的神学说历史。

然而,刘向、刘歆父子在整理古文献时,"他们考镜学术源流,就脱离了神学的支配"④。正是由于他们的努力,不但使中国历史典籍在西汉成

---

① 白寿彝:《刘向与班固》,载《中国史学史论集》,116～118页。
② 同上书,112～113页。
③ 同上书,112页。
④ 同上书,109页。

帝、哀帝年间得到了一次全面的整理，而且这次文献整理工作的巨大成功，也为后世历史文献整理提供了范例。正如白寿彝先生所说的，"在技术上，刘氏父子创造了大规模校雠的范例，大规模缮写定本、编撰叙录的范例和制成系统目录的范例。这对于后来所谓'校雠学'、'目录学'有很大的影响，被称为它们的始祖"①。从留存的刘向的《别录》零篇和《汉书·艺文志》所删存的刘歆的《七略》来看，刘向、刘歆父子历史文献学思想足可称道者主要有两个方面：（1）对学术分类概念的发展。先秦评论学术流派多以学术思想接近之学者并举，而不称学派。西汉司马谈开始区别六家，第一次对先秦学术思想进行了系统总结和分类。与司马谈相比，刘向、刘歆父子的学术分类不但增六家为十家九流作为诸子类，而且在诸子之外又划分了五大类，因而是一种囊括各种学术于其中的真正意义上的学术分类。白寿彝先生认为刘氏学术分类"当然谈不上是科学的分类，在思想本质上反映了皇权思想。但这毕竟在学术分类的概念上有了很大的发展，对于书籍的具体分类、书籍的保存和检寻上是可以起一定的作用的"②。（2）注重考镜学术源流、评述各派学术。刘氏通过对学术渊源的考索，提出了"诸子出于王官"之论。而对于各派学术的评论，则贯穿了尊崇儒术的思想，甚至将诸子、诗赋说成是六经的支流余裔而为衰世的产物；同时又肯定各派学术都是为了治政的需要而出现的，因此人们应该在尊崇儒术的前提下，积极吸取诸家学术之长。白寿彝先生认为"把这两方面合起来看，好像是给了诸子一定的地位，而实际上是在有限度地承认诸子的现实影响下为儒术独尊提出了历史的依据"③。

三、余论

自西汉武帝时期形成的正统与异端史学思想的对垒，无疑奠定了西汉史学思想发展的基本格局。到了两汉之际，史学思想的发展出现了折中主

---

① 白寿彝：《刘向与班固》，载《中国史学史论集》，114页。
② 同上书，113～114页。
③ 同上书，114页。

义的倾向，遂成为终东汉一代的主要史学思潮；而作为这股史学思潮后期的代表人物，当属《汉纪》的作者、东汉末年的正宗史学家荀悦。荀悦改《汉书》而成的《汉纪》，从技术层面来讲，是"发展了《春秋经》和《左传》的体例而建立了断代的规模具备的编年体"①。若从思想层面而论，其正宗意识是很浓厚的。首先，《汉纪》以刘歆的新五德终始说开篇，以班彪"神器有命"说收尾，天命皇权思想可谓是一贯到底；其次，《汉纪》在天人关系上虽然也在一定程度上肯定人事作用，却又鼓吹天人感应论，大凡《汉书》所载灾祥之事，《汉纪》可谓是应有尽有；再次，《汉纪》提出的选材"五志"论，其中所谓"达道义"、"彰法式"，"不过是宣扬封建统治的义理和法制"，所谓"著功勋"、"表贤能"，"不过是表扬封建统治阶级的代表人物"，所谓"通古今"，"不过是表达封建统治的兴衰成败"②。所以白寿彝先生说："《汉纪》的出现，扩大了《汉书》的影响。它们成为封建社会正宗史学两类'正史'的创始者。"③

纵观汉代史学思想史的发展及其基本走向，基本表现为从正统思想与异端思想的对垒，进而滑向折中主义思潮的出现。白寿彝先生认为，如果说西汉正统思想的出现是服务于汉武帝建立大一统政治的需要，那么两汉之际折中主义史学思潮的出现，则"一方面表示正宗思想已在史学领域内建立了阵地，又一方面则表示正宗思想的危机，它在社会矛盾的剧烈冲击下已暴露出其内在的贫困，而不得不谋求某些合理的因素以增强自己的力量。在这个意义上，有如司马迁进步的历史观之为当时正宗思想的对立物一样，折中主义历史观是作为司马迁进步的历史观之对立物而出现的，这是正宗思想向进步思想反攻的对立物"④。

---

① 白寿彝：《刘向与班固》，载《中国史学史论集》，127页。
② 同上书，125页。
③ 同上书，129页。
④ 同上书，110页。

后　记

　　史学思想史作为一门独立的学科被提出来，始于1920年李大钊编印《史学思想史讲义》、并在当时北京多所大学讲授史学思想史课程；1960年侯外庐先生主编的5卷本《中国思想通史》完成出版，这部思想通史巨著第一次将较为系统的史学思想史纳入到中国思想通史之中，使其成为中国思想发展史的重要组成部分；白寿彝先生则最早将史学思想史作为史学史学科的一个分支学科提出来，并在自20世纪60年代以来的一些论著中对其研究对象和意义、与史学史和史学史其他分支学科之间的关系等基本理论问题作出了重要论述；1996年，吴怀祺先生出版的《中国史学思想史》一书，是关于中国史学思想研究的第一部专著；2002年，由吴怀祺先生主编的历经数年之久的10卷本《中国史学思想通史》完成出版，这是新时期史学思想史研究的一项重要成果，它对人们进一步探寻史学思想史学科建设、揭示中国史学思想史的民族特点，都有着启示作用。

　　我真正从事中国史学思想史的研究，是从1998年师从吴怀祺先生开始的，如今屈指算来已有十多个春秋了。在裒辑这部中国史学思想史论文集的过程中，很多往事总是让我难以忘怀。首先，我庆幸1998年选择来到北京师范大学史学所访学，并于次年被录取为该所中国史学思想史博士生，使得我有了在这个全国史学史与史学理论研究重镇得到系统专业学习的机会，并由此确定了今后的专业研究方向。其次，我庆幸得以师从吴怀祺先生，正是先生的引领，使我得以步入中国史学思想史的研究领域，领略到中国史学史学科里这片新天地的光彩夺目；也正是在先生的谆谆教导和治学路径的影响下，使我有了对中国史学史、学术史、思想史、经学史和政治史进行综合研究的兴趣，从而大大扩展了自己的学术视野。再次，我庆幸一路走来遇到了很多学界前辈给予的帮助和提携，还有同辈学友的关心和鼓励，特别是那些为拙文的相继发表倾注大量心血的编辑朋友们的大力支持。最后，我庆幸自己十余年的研究成果最终能得到北京师范大学出版社的认可，而给予付梓出版。在此，我怀着一颗感恩的心，真诚地道一声谢谢。

  这部论文集因篇幅所限，只收集了 30 篇论文，它是我近十余年来关于中国史学思想史研究的代表性成果中的一部分。论文收录本着以下几个原则：第一，内容分布上，尽可能全面地反映各个不同历史时期史学家、思想家的史学思想，以期人们能够对中国史学思想发展史的总貌有所了解；第二，结构安排上，分综合研究或宏观研究与具体研究或微观研究两个部分，前一部分又分成史学思想史综论和经史关系两个部分；第三，技术处理上，文章的内容除了个别文字的纠误，一仍其旧，这样做的目的是为了忠实地记录下我认识中国史学思想史的具体历史过程；文章的注释因刊载文章的原刊物标识不统一，现在结集出版时自然需要进行体例格式的统一处理，具体做法是：(1) 注释的内容与格式，统一按照北京师范大学出版社的要求来标注；(2) 在尽量遵守原注释使用书籍版本的同时，也有一部分注释依据新的权威版本进行了重新校正和标注；(3) 补充了一些原来刊文漏注的注释，对于原刊文没有标注上版本的一律补上，并作出重新校对。

  史学思想史涉及的研究领域广博，本人学识有限，书中疏漏、不足和错误之处在所难免，真诚地期盼学界同仁批评指教。

汪高鑫
2009 年 10 月记于京师园寓居